以知为力　识见乃远

胡马度阴山

中古华北山居族群丁零与稽胡

严昊 著

中国出版集团 东方出版中心

目　录

图书在版编目（CIP）数据

胡马度阴山：中古华北山居族群丁零与稽胡 / 严昊
著. -- 上海：东方出版中心，2025. 5. -- ISBN 978-7-
5473-2686-2

I. K289

中国国家版本馆CIP数据核字第2025R28U15号

上海市版权局著作权合同登记：图字09-2025-0055号

胡马度阴山：中古华北山居族群丁零与稽胡

著　　者　严　昊
责任编辑　朱宝元
助理编辑　陆　珺
封扉设计　余佳佳

出 版 人　陈义望
出版发行　东方出版中心
地　　址　上海市仙霞路345号
邮政编码　200336
电　　话　021-62417400
印 刷 者　山东韵杰文化科技有限公司

开　　本　890mm×1240mm　1/32
印　　张　16.125
插　　页　2
字　　数　415千字
版　　次　2025年5月第1版
印　　次　2025年5月第1次印刷
定　　价　98.00元

表目录

图目录

推荐序一

　　作为严昊博士的口试委员，在相隔数月后收到其博士论文修改而成的书稿，倍感欣喜。历史治学讲究"左图右史"，还记得口试之时，严博士在论文中列入大量手绘图表，不但鲜明地呈现出历次事件的经纬，对于史籍中一些可能存在的讹误也有校雠之裨益。其书稿又补充了一些论文未收入的细节材料，丰富了其研究课题。

　　对于匈奴、丁零等族群问题，中外学者已有广泛探讨，取得了丰硕的研究成果。然而对于这些族群的入塞后裔，学界却存在关注不足之处。入塞匈奴的研究往往止于十六国，对丁零的探讨则集中于其塞外族群。在匈奴诸国灭亡后，匈奴余部避入山、陕山中，与其他族群融合形成了稽胡，直到隋唐之时，此族仍有活动。一部分丁零从中亚启程，跋涉千里入居中原，最后定居于太行山区。在十六国末，丁零甚至跃马黄河，建立了昙花一现的翟魏政权。虽然近世以来不乏学者研究这段历史，但论述多散见各家文中，相关问题点到即止，难称系统性研究。

　　不得不说，该书为严博士在搜集传统史料及近现代考古资料后，作出的系统整理与总结之作，对此前学者未深入涉及的问题进行了探讨，并提出了一些新颖的观点。比如稽胡中鲜卑的融入问题，严博士从胡部首领的姓名入手，提出鲜卑某些部落与入塞匈奴融合，进而发展为稽胡的可能性。虽非铁证如山，但可自圆其说，成一家之言。其利用图表研究的方法，也校正了《魏书》等史籍可能存在的讹误之处。在撰写过程中，其较为重视使用墓志、造像记等考古金石资料，书中收入的《刘细利造像记》《郝伏颠墓志》等资料虽然出土已有时日，但未被以往学者重视。严博士却发现其中存在对于稽胡研究颇有助益的文字资料，以之探讨稽胡族群信仰转变、心理认同等问题。

值得一提的是，严博士为了寻访当地可能存在的相关史迹，搜集民间传说，亲赴太行山区、黄土高原、吕梁山区考察，取得了一些有利研究的口碑史料，也自我修正了一些观点。读万卷书，行万里路，司马迁为撰写《史记》曾走遍大江南北，有时只有身临其境才能理解同情古人之所作所为。这种实地调查之治学方法无疑是当代学人不能忽视的。

当然由于本书涉及族群较多，时间线较长，故其中一些论述未免武断，是否成立存在值得商榷之处，一些观点也期待将来或有考古发现能予以支持。不过总体来说，本书对稽胡与入塞丁零作出了全面性论述，堪称目前该课题研究的总结性著作，具备一定的学术价值。不管严博士将来如何发展，在此预祝其更上一层楼。

台湾"中央研究院" 張廣達 院士

癸卯季秋

推荐序二

　　自公元304年南匈奴刘渊建立汉魏式政权"汉"后，北方诸胡族纷纷建立政权，中国北方进入诸胡列国时代，也就是一般史书所说的"五胡十六国"或"五胡乱华"。其实当时建立政权者，不止匈奴、鲜卑、羯、氐、羌五族，另有丁零、卢水胡等，所以称五胡并不合适；至于说"乱华"，更是不妥，试问自古以来可曾有一律法规定黄河流域只能由华夏之族建元立号，如有非华夏之族命王称帝，则斥之为"乱华"？因此"五胡乱华"之词绝不可取，称之为诸胡列国较为妥适。

　　北方诸胡列国最后为鲜卑拓跋氏的北魏所统一，也有许多胡族融入鲜卑之中，再随鲜卑融入广义的汉人之中。这是众所周知的历史，如元稹为鲜卑族裔，刘禹锡是匈奴族裔，但是仍有一些胡族遁入秦、晋山区伺机而动。这一部分历来史传鲜少提到，而这些山居胡族却对中古时期的社会造成了一定程度的影响。但在既有的历史著作中，却少见这一方面的论著，造成史学上的一个缺口。

　　政治大学历史研究所博士严昊专攻中古时期山居民族活动历史，正好填补了史学上的空白。所谓山居民族以丁零、稽胡为主，丁零历史悠久，史传称西汉苏武曾被匈奴放逐北海牧羊，其羊又被丁零所盗，可见丁零一族源远流长，其分布地域极为广袤，自贝加尔湖（北海）周边，西至咸海以东均有丁零之族游牧其间，之后南下大漠南北，更有进入华北地区者。丁零或称敕勒，北朝以其俗乘高轮车，多称之为高车，南朝则称之为丁零，一度在今新疆建有高车汗国。至于稽胡，其族源极为复杂，形成于北朝后期，多分布于秦晋山区，遂成为中古时期之山居民族，为中古时期社会造成一定程度之影响。以往史传对此往往未多着墨，或虽曾提及，但仅三言两语轻轻带过，对山居民族之来龙去脉仍然无法明了。

严昊以《中古时期华北的山居族群：以丁零、稽胡为例》作为其博士论文，并经"中央研究院"张广达院士等五位知名教授口试通过，可见此论文确具相当学术水准。笔者忝为口试委员，对论文曾详加阅读，并提出若干意见，对全书有颇为深入了解，此书有以下几项特色：

一、对中古时期山居民族的源流及分布作了清晰的叙述。丁零分布地域广袤，其进入中原为时颇早，其中一支高车与拓跋魏屡有接触，《敕勒歌》一曲即是歌咏敕勒人驻牧地区之风光。敕勒乃丁零之一支，此一《敕勒歌》传唱千年。至于稽胡，其族源复杂，但严昊于著作中详加剖析，按稽胡又称步落稽或山胡，自诸胡列国匈奴汉赵、[1] 羯族石氏之后赵灭亡后，稽胡即出现于秦、晋一带，至隋、唐之数百年间，诸史传均零星提到稽胡，但均未能作较详细之叙述，严昊之书对此一部分有极详尽之析论，颇为难得。

二、丁零、稽胡也均有尝试建立政权（王朝），其与中原王朝之关系，时服时叛。[2] 丁零一支翟氏曾建有国祚短暂之"魏"政权，严著对此等情况有深入之叙述及分析，并附以地图，使读者有一目了然之感。

三、中原王朝如何治理境内丁零、稽胡，历来史传虽有记载，却极为零碎，难窥真貌。严著对此作了系统化之整理，加以分门别类，如置之以镇州、征之以赋役、行之以教化、诱之以官爵等（详见该书

1　刘渊所建者称汉，刘曜篡位后改称赵，一般史书均称之为前赵，此对刘渊而言颇不公平，合称汉赵较为妥适。
2　对丁零、稽胡而言，诸胡列国也可称为中原王朝。

第四章），读之秩序井然。

四、该书详细论述了入塞丁零、稽胡与中原汉人融合的情形。不过该书使用"汉化"一词并不十分妥适，因为"汉人"并不是单一血缘之民族，最早期之汉人（应指两汉时期）已包含了华夏系、东夷系、百越系及荆吴系四大族群。之后由于各民族之接触（包括武力冲突及和平交流），使汉人的内涵随时代演进而不断扩大，如两汉时有不少匈奴降于汉，当然也有不少汉人降于匈奴，因此称之为相互融合较为合适，称"汉化"总带有大汉族主义之嫌。然该书对丁零、稽胡与中原汉人之融合有颇详细的叙述，也为此书的一个亮点。

五、此书最难能可贵之处是严昊在写作过程中曾亲赴山西、陕西中古时期丁零、稽胡之聚居地区实地考察并访问耆老，探询古老传说，这是一般历史论著者所办不到的。因为要去这些偏远县乡调研，除了主观的身体因素、经济因素外，还有客观因素，严昊能克服这些主客观因素，使本书更具可信度。

由于以上五种原因，严昊在该书即将出版时请我为之作序，乃乐为之。

台湾"中国边政协会"　刘学铫　名誉理事

2023 年 8 月 22 日

第一章

绪　论

第一节　研究缘起

十六国北朝在国史上是一个草原游牧族群入塞，掀起一连串多米诺骨牌式变化的动荡时期。"五胡"诸族原本生活于塞外草原、河西边陲，却自汉末以来纷纷入居中原，上演了一出出金戈铁马的历史话剧，其影响也颇为深远。

到十六国后期，啸聚中原的诸族有不少已名存实亡，或者说在旧族基础上脱胎换骨、改头换面，以新的族群身份出现。这些族群虽为游牧族群之后，但生活的地理环境与祖先却截然不同——由草原、平原策马扬鞭转为进入山区生存。此二者之代表即丁零与稽胡，以此二族群为例，对于探讨山居族群的生活、其族与政府之互动等问题具有典型意义。

丁零早在秦汉以前就已进入中原人的视野，时常出现在有关匈奴的记载中。两汉之交，北疆边郡也有了丁零分布。汉末战乱四起，不少丁零人沦为各军阀势力的佣兵，为之冲锋陷阵。魏晋以前，南下或东迁丁零多分布在边境，缘塞而居。晋代匈奴入塞，进而丁零也逐渐随之南入中原。匈奴时有入塞十九种，丁零之"赤勒"种亦在其中。南下之入塞丁零主要分布于华北太行山区，在十六国时期多次与羯胡、鲜卑诸政权发生关系，战和不定，甚至在淝水之战后积极参与后燕复国运动。到北魏时期，丁零的反抗成为北魏不得不面对的头痛问题。

与丁零这一古老族群相对的新兴族群则为吕梁山区、黄土高原之稽胡，匈奴刘氏政权覆灭后，曾经叱咤风云的匈奴（胡）虽然在史籍中仍时有出现，但频率渐少，取而代之的是与其存在密切联系的稽胡。稽胡又称山胡、步落稽，为与原匈奴有关的诸杂胡之后，可以视为新兴的融合胡人，对匈奴习俗多有继承之处。与丁零相似，其族亦为统治政权役使的对象，从北魏至唐，反抗起事不绝于史。

事实上，这两大族群不止在祖先经济形态、自身生活环境方面存在相似之处，语言上也存在互通可能。丁零在塞外之胞族——敕勒所使用的语言与匈奴大同小异，稽胡作为匈奴后裔，语言自然多有承袭匈奴语之处。二者语言可互通并不意外。此共性之外，在统治者眼中，二者身份性质也较为相似。丁零亦被称为"丁零胡"，在北魏对外战争中，有时也与稽胡处于同一作战序列。尽管两者存在诸多相近处，可最后的消失途径、过程却大相径庭。二者均在十六国时期登上历史舞台，前者作为区别于他族的独立实体至北魏中后期已罕见史册，但后者直到中晚唐仍然活跃，在族群身份上较早已被同化的丁零多延续了三百余年。

在少数族入塞建立政权，华夷秩序重构的时代背景中，这些山居族群与统治族之间的关系不能不说是个值得注意的问题。厘清二者在汉族统治之下与少数族统治之下的异同，对于揭示这一阶段族群关系也有一定意义。

以往学界对此一时期族群问题之研究不可谓不充分，然而前辈学者多将目光集中于北方少数族之入塞、建政以及汉化诸问题，中央与少数族之关系亦以鲜卑、柔然等统治族或边疆强势族居多。研究重点多置于曾建立政权之统治族与边疆域外族群，而对于域内诸少数族，虽也有涉及，但综合对比较为欠缺。故此一时期域内诸族之生活地域与经济形态的关系如何？其对中央之策略与祖先之习俗是否存在继承之处，对其与中央之互动有何影响？除政府之压迫外，其反抗是否有其他因素影响？中央治理下，本族地位之高低由哪些因素决定？面对中央政权试图控制自身时，该族又有何种应对策略？何以在相似的居住环境、历史传统下，不同族群的汉化过程却差异巨大？这些问题无疑值得思考。另一方面，从统治者角度而言，中央政权将其纳入统治秩序的用意究竟为何？何种原因影响策略转变？这也是需要深思的问题。因此，本书选择稽胡与丁零这两个相似的族群进行对比，在相似的地理环境中，其发展、汉化过程以及面对中央之应对之策有何异同？此异同由何种原因造成？这些将是本书试图探讨的问题。

第二节 研究回顾

本书研究探讨的对象族群为北方之丁零与稽胡（山胡、步落稽）。关于这两种族群之研究，以下分别略述以往学者之见。

一、稽胡

相较于匈奴研究的历史悠久，成果汗牛充栋，对稽胡的探讨则相形见绌，不过仍有一定数量的研究成果见之于世。目前学界对于稽胡之研究主要集中于以下几方面：

（一）族源问题

虽然《周书·稽胡传》将其祖先定为入塞匈奴五部，山戎赤翟起源也备一说。[1] 不过学界对此并未完全认同，各种族源推测议论纷纷。

1　令狐德棻：《周书》卷四十九《稽胡传》，北京：中华书局，1983年，第897页。

1. 匈奴说

较早提出稽胡与匈奴关系密切者为马长寿先生，其从分布地域、姓氏、语言特征等方面考证，认为稽胡"可能是由几种胡人融合而成的，但就其大多数来说，应该是匈奴之裔为主"。[2] 其高足周伟洲先生深化了老师的观点，在《试论魏晋时与匈奴有关的诸胡》中，认为稽胡主体应该是内迁之匈奴五部，以后融合了山居土著、西域胡等。促成其族形成的关键为前赵之灭亡，余部在"并州之西山谷间，与当地居民杂处"，逐渐融合。[3] 田毅、王杰瑜也持"稽胡定以大量的匈奴人为基础而形成"之观点。[4]

2. 西域胡说

据笔者掌握之资料，周一良先生是目前可见最早研究稽胡族源问题者，西域胡后裔说为其主张。在《北朝的民族问题与民族政策》中，周一良先生认为其族源为匈奴别种，而非匈奴本部。当匈奴称霸西域时，有不少西域胡人部落附属于匈奴，成为所谓匈奴别种，即"匈奴胡"，因为"本非匈奴，所以下面赘以胡字"。[5] 这些西域胡随匈奴来到中原，其中部分在并州居住，成为后来之稽胡。对于稽胡姓氏多为匈奴旧姓之问题，周先生认为此乃胡酋对匈奴冒姓，目的在于"提高自己的地位"。[6]

3. 土著戎狄说

林幹先生所持意见为稽胡既非匈奴后裔，也非西域胡，其主体"是一个土生土长的独自形成的部族，不过后来羼入了少数的匈奴和

2　马长寿：《北狄与匈奴》，桂林：广西师范大学出版社，2006年，第128页。

3　周伟洲：《试论魏晋时与匈奴有关的诸胡》，收入中国社会科学院民族研究所主编：《中国民族史研究》，北京：中国社会科学出版社，1987年，第372页。

4　田毅、王杰瑜：《南北朝时期吕梁山区的稽胡叛乱与行政区划变迁》，《山西档案》，2015年第6期，第15页。

5　周一良：《北朝的民族问题与民族政策》，收入氏著《魏晋南北朝史论集》，北京：北京大学出版社，2010年，第130页。

6　周一良：《北朝的民族问题与民族政策》，第132页。

西域胡的民族成分"。[7] 认为稽胡在族群特性、人口、姓氏等方面均有别于匈奴与西域胡。总之，依林幹先生之见，稽胡主体当为山居之土著族群。

加拿大学者蒲立本（E. G. Pulleyblank）认同《周书》所录稽胡祖先之另一说——山戎赤翟，认为稽胡与先秦之义渠、山戎存在密切关系，为北狄之后。至于林幹之土著居民观点，蒲立本对前者未进一步认同戎狄起源感到奇怪。呼吁"人们应该更认真地研究他们是早期生活在这一地区戎狄之后裔的可能性"。[8] 蒲立本主张稽胡祖先主体为很久以前已迁到陕北、晋西之土著，即所谓戎狄。

4. 铁勒说

铁勒之说最早见于李志敏《魏晋六朝"杂胡"之称释义问题》，作者认为"史载北魏初期铁勒（高车）多居住在离石以西、安定以东的山区"，稽胡与之"居住地又合，可见其成分应以铁勒为主"。[9] 不过必须指出，李氏对史书及地理之理解可能存在一些偏差，有穿凿附会之嫌。

相比李氏曲解《魏书》，林梅村之铁勒说主张要严谨得多，通过对语言及民族迁徙史之分析，认为"稽胡主体属于讲突厥语的北狄系统民族，源于中亚铁勒"。[10]

5. 混合说

混合说以唐长孺先生为代表，其在《魏晋杂胡考》中指出，北齐之山胡即北周之稽胡，推测到北魏之后，除与汉族同化的部分外，其

7　林幹:《稽胡（山胡）略考》,《社会科学战线》1984年第1期，第149页。

8　E. G. Pulleyblank（蒲立本）, "JI HU 稽胡: Indigenous Inhabitants of Shanbei and Western Shanxi", in E. H. Kaplan and D. W. Whisenhunt (ed.), *Opuscula Altaica: Essays Presented in Honor of Henry Schwarz*, Western Washington, 1994, p.514.

9　李志敏:《魏晋六朝"杂胡"之称释义问题》,《民族研究》1996年第1期，第77页。

10　林梅村:《稽胡史迹考——太原新出隋代虞弘墓志的几个问题》,《中国史研究》2002年第1期，第83页。

族退入山谷者一律被称为稽胡。[11] 对于周一良先生之西域胡族源说，唐先生表示"稽胡既然为各种族之混合，必然也包含西域胡以外的其他各族"。[12] 其次，稽胡中的匈奴著姓，不能一概认为假冒。[13] 在稽胡的历史地位方面，唐先生认为稽胡是最后出现的各种杂胡的混合，"稽胡的同化与分化是汉代以来入塞匈奴及其别部在长期分并过程中最后的消失"。[14] 杜登在总结各家之说时，将唐先生之观点提炼为其"并不认为哪个族体是稽胡的构成主体"，"倾向认为稽胡（山胡）是个混杂体，包含了许多的部族"。[15] 最早研究稽胡的欧美学者——西方汉学巨擘卜弼德（Peter A. Boodberg）亦认同稽胡的混血属性，[16] 其论述仅一笔带过，未如唐先生之深入。然卜弼德根据某些词汇之相似读音，推测稽胡可能与保加尔人（Bulgars）存在联系，借以强调其族之混合性。[17] 但此论点未提供其他论据。"郦学"泰斗陈桥驿之子陈三平先生也指出在稽胡形成过程中除匈奴旧部外，高加索人种也起到了重要作用。[18] 换言之即大量西域胡融入其中。

吕思静在其硕士论文《稽胡史研究》中，对此问题之看法更为折中，称之为"复合型民族结构"。在肯定其以入塞匈奴为主体外，也主张促成稽胡形成的其他族群为"与匈奴有密切历史联系的诸别部，

---

11 唐长孺：《魏晋杂胡考》，收入氏著《魏晋南北朝史论丛》，北京：中华书局，2011年，第426—427页。

12 唐长孺：《魏晋杂胡考》，第428—429页。

13 唐长孺：《魏晋杂胡考》，第429页。

14 唐长孺：《魏晋杂胡考》，第429—430页。

15 杜登：《稽胡族源问题研究综述》，收入《元史及民族与边疆研究集刊》第22辑，上海：上海古籍出版社，2010年，第164页。

16 Peter A. Boodberg（卜弼德），"Two Notes on The History of The Chinese Frontier", *Harvard Journal of Asiatic Studies*，Harvard-Yenching Institute，Nov.，1936，Vol. 1，No. 3/4，p.297.

17 Peter A. Boodberg（卜弼德），"Two Notes on The History of The Chinese Frontier"，pp.300–301.

18 Sanping Chen（陈三平），*Multicultural China in the Early Middle Ages*，University of Pennsylvania Press，2012，p.95.

曾受匈奴统治的西域胡和先秦以来就生活在此古老突厥语民族白狄"也在其中。[19] 不同于周伟洲所主张之前后赵兴衰推动族群形成的观点，吕氏认为盖吴起事在稽胡形成过程中起了关键作用。[20]

（二）与政府之关系

在稽胡与政府之关系方面，周一良先生分析了北魏时期政府对该族与敕勒之统治差异，认为其中既存在相同点，又有相异之处。相同点即"征发为兵"，相异之处为敕勒得以保存部落，稽胡则"大部分列于编户"，政府对其所谓"轻其徭赋"之说"未尽可信"。[21]

唐长孺先生在《北魏末年的山胡敕勒起义》中，将周一良先生的看法进一步深化，在对所谓"轻其徭赋"的看法上，唐先生与周先生观点一致，认为"由于官吏贪污、兵役繁重和所居都是山谷贫瘠之地，实际的负担绝不会轻"。[22] 在军镇、护军设置之考证方面，唐先生亦更加细化，对于稽胡（山胡）的反抗运动，唐先生肯定其行为正义性与作用积极性，认为这些抗争"不仅每一次都打击了北魏的统治，而且还制止了北魏统治者的南侵"。[23]

马长寿先生的分析较为细致，认为北魏等政权对其统治主要是经济剥削以及成役。为了统治稽胡，北朝统治者在稽胡集中分布之地设立军事重镇。[24] 稽胡与北朝统治阶级之间的关系十分紧张，原因是统治阶级不断的剥削和压迫。[25] 难能可贵的是，在当时鼓吹、肯定阶级斗争的氛围中，马长寿先生区别对待胡变，指出虽然胡民受到压迫，但并不能认为其一切行动都是正义的，在文化方面使用巫术为反

---

19 吕思静：《稽胡史研究》，华中师范大学硕士论文，武汉，2012年，第33页。

20 吕思静：《稽胡史研究》，第46页。

21 周一良：《北朝的民族问题与民族政策》，第128—129页。

22 唐长孺：《北魏末年的山胡敕勒起义》，收入氏著《山居存稿》，北京：中华书局，2011年，第65页。

23 唐长孺：《北魏末年的山胡敕勒起义》，第99页。

24 马长寿：《北狄与匈奴》，第134—135页。

25 马长寿：《北狄与匈奴》，第136页。

抗组织武器，无疑是落后的，而其中存在的掳掠亦是奴隶制残余。[26]
稽胡的所有制虽然落后于北朝当局，但多次斗争使得北朝周齐政权进行政治上的某些改革，因此在互动之下，其奴隶制残余被进一步加速消灭。[27]

吕思静对稽胡与政府之关系探讨较为全面，细化了诸位前辈学者之观点，将政府之统治方式归纳为三点：其一，增设郡县，加强统治；其二，征收贡赋、租调和徭役；其三，征发兵役。并叙述历代政府对稽胡之镇抚经过。[28]

廖幼华先生则从历史地理学的角度阐发政府对稽胡之管理以及随之而来的汉化问题。《丹州稽胡汉化之探讨——历史地理角度的研究》一文中，廖先生以丹州稽胡为研究对象，分析了丹州境内不同区域胡人汉化的先后顺序、开发方向，提出当地开发在北魏中期迈向高峰，胡人与汉人接触亦增多，汉化速度加快，武则天朝完全汉化。[29]廖先生通过对丹州的个案研究，为其他地区稽胡之汉化历程提供了一些可能的参考。

同样从历史地理学角度讨论稽胡与政府之关系者，还有田毅、王杰瑜，在《南北朝时期吕梁山区的稽胡叛乱与行政区划变迁》中，二人认为"稽胡在吕梁山区的频繁活动，迫使政府对吕梁山区的行政区划作出调整，对吕梁山区的政治格局产生了深刻的影响"。[30]

安介生在《山西移民史》中讨论了稽胡的迁徙，列举历代政府对其族群实施之移民政策。推断稽胡为当时山西地区人口仅次于汉人的第二大族群，稽胡问题"是山西文化史上具有特殊意义的重要

---

26 马长寿：《北狄与匈奴》，第141页。
27 马长寿：《北狄与匈奴》，第144页。
28 吕思静：《稽胡史研究》，第93—107页。
29 廖幼华：《丹州稽胡汉化之探讨——历史地理角度的研究》，《中正大学学报》（人文分册）1996年第1期，第281—313页。
30 田毅、王杰瑜：《南北朝时期吕梁山区的稽胡叛乱与行政区划变迁》，第18页。

课题"。[31]

日本学者滝川正博在政府与胡人关系之论述上，视角较为独特。其在《北周における「稽胡」の創設》中，认为"稽胡"一族是北周时期创造的族群词汇，此前为山胡或地区胡。北周政府在以"周礼"作为立国指导思想的前提下，需要确立与中华相对的四夷，故北周将作为夷狄集团的"稽胡"列为北狄，以图符合"周礼"。[32]

（三）经济形态

关于稽胡主要经济形态之见解，主要存在两种观点，即农业说与农牧混合说。

持农业说者，主要为林幹先生。其根据《周书·稽胡传》"亦知种田"之记载，认为稽胡是农业部族，且在以麻布生产为代表的手工业方面较匈奴发达。凭借此二区别，林幹先生进一步认为稽胡与匈奴并非同类。[33]

强调农牧混合经济之学者，以史念海先生、谭其骧先生为代表。史先生并不否认稽胡中存在农业，但对"亦知种田"之看法与林幹先生相左。认为此记载说明稽胡"并不一定以种田为主"，推测居于平原者多从事农耕，居于山谷者仍从事畜牧，并强调为畜牧，而非游牧。[34]谭其骧先生观点与史念海先生相近，也认为"种田并不是他们的主要生产活动"，山谷居住者，"大致仍以畜牧为主"。[35]

吕思静观点较为折中，认为稽胡经济为以农业主导的混合经济，

31　安介生：《山西移民史》，太原：山西人民出版社，1999年，第478页。

32　滝川正博：《北周における「稽胡」の創設》，早稻田大学史学会：《史觀》第160期，第37—56页。

33　林幹：《稽胡（山胡）略考》，第150页。

34　史念海：《隋唐时期黄河中上游的农牧业地区》，收入氏著《史念海全集》第五卷，北京：人民出版社，2013年，第171页。

35　谭其骧：《何以黄河在东汉以后会出现一个长期安流的局面》，收入氏著《长水集》下册，北京：人民出版社，2011年，第26页。

"畜牧仍然保持有相当的地位"。[36] 北朝后期，其主要经济类型为农耕，粮食为重要产品。不过畜牧传统仍体现在生活习俗、地名遗址上，胡人亦多有凭借旧俗成为政府治下牧子者。此外在佛藏中亦留下了稽胡从事狩猎的记载，当时较为良好的生态环境支撑了胡中狩猎业的存在。吕氏通过对当时胡人风俗、信仰之推测，进一步提出胡中存在商业交换与商品经济。

（四）宗教信仰

稽胡宗教信仰之讨论大致可分为如下几类：

1. 佛教

学界广为瞩目的稽胡宗教信仰专题当为其族之弥勒信仰，开此研究先河者当为唐长孺先生。唐先生提出了稽胡在起事中可能以弥勒教为宣传手段之说。在《白衣天子试释》中，唐先生列举了稽胡起事中白衣举事者之存在情形，提出这些胡众有弥勒信徒之可能。[37]《北魏末年的山胡敕勒起义》中对此亦有探讨，指出宗教活动在稽胡起事中频频出现，崇尚白色之弥勒教特征亦颇为凸显。[38] 唐先生之说对后世影响颇大，后辈论及稽胡起事时多延续弥勒教之说，如张继昊、黄敏枝等。[39]

吕思静除更深一步讨论弥勒教信仰外，又通过翻检佛藏等资料，提出稽胡中存在的佛教派别尚有禅、净二宗。[40]

在有关稽胡佛教信仰的讨论中，除弥勒教外，另一受人关注者为刘萨诃研究。毋庸置疑，慧达大师（刘萨诃）对稽胡佛教传播起到了

36　吕思静：《稽胡史研究》，第107—110页。

37　唐长孺：《白衣天子试释》，收入氏著《山居存稿三编》，北京：中华书局，2011年，第11—14页。

38　唐长孺：《北魏末年的山胡敕勒起义》，第89页。

39　参见黄敏枝：《唐代民间的弥勒信仰及其活动》，《大陆杂志》第78卷，第7—19页。张继昊：《北魏的弥勒信仰与大乘之乱》，《食货月刊》复刊第6卷第3—4期，1986年第59—79页。

40　吕思静：《稽胡史研究》，第129页。

重要作用，蒲立本有叙述刘萨诃之生平，提出慧达等人弘扬佛法入胡中后，稽胡利用佛教培养、维持了自己的民族特性。[41]

陈祚龙先生撰有《刘萨诃研究——敦煌佛教文献解析之一》，文中校录了敦煌文献——《刘萨诃因缘记》。陈先生提出其书写年代不早于初唐，蓝本为释道宣之《续高僧传》。[42]陈先生的校录使得稽胡宗教研究在《续高僧传》《集神州三宝感通录》等传统佛藏外，又获得了其他资料，多少令人耳目一新。

刘苑如通过分析王琰、慧皎、道宣三家对刘萨诃之撰述，提出刘萨诃为作为中古圣僧的人物类型之一，其形象的形成经历了前后多次叙述重构。"从辅教杂传而至僧人正传，以至于作为僧人宣验的传记记载"，其整体为逐步拼合、衍化而生成。[43]

尚丽新亦将刘萨诃作为研究对象，撰有《刘萨诃信仰解读——关于中古民间佛教信仰的一点探索》《敦煌本〈刘萨诃因缘记〉解读》《从刘萨诃和番禾瑞像看中古丝路上民间佛教的变迁》等文，通过解读刘萨诃之传说，分析佛教入华后的民间传播方式、特点，探讨民间佛教、哲学形态的正统佛教与上层权力社会的互动。[44]

日本学者田林启对刘萨诃亦有研究，其在《神異僧図を軸とした美術作品の伝播と受容の様相——劉薩訶像を中心に》中以刘萨诃为例，归纳总结围绕神僧特质呈现的各种特点，以及为适应时代、地域变化，

41　E. G. Pulleyblank（蒲立本），"JI HU 稽胡：Indigenous Inhabitants of Shanbei and Western Shanxi"，p.527.

42　陈祚龙：《刘萨诃研究——敦煌佛教文献解析之一》，《华冈佛学学报》1973年第3册，第33—57页。

43　刘苑如：《重绘生命地图——圣僧刘萨诃形象的多重书写》，《中国文哲研究集刊》第34期，第1—51页。

44　参见尚丽新：《敦煌本〈刘萨诃因缘记〉解读》，《文献》2007年第1期，第65—74页；《刘萨诃信仰解读——关于中古民间佛教信仰的一点探索》，《东方丛刊》2006年第3期，第6—23页；《从刘萨诃和番禾瑞像看中古丝路上民间佛教的变迁》，《西南民族大学学报》（人文社会科学版）2018年11期，第68—72页。

这些特点如何变化。并有介绍刘萨诃相关的美术作品。[45]《劉薩訶の美術——吳越阿育王塔と敦煌莫高窟第七二窟》中，田林先生探讨了该窟的世界观，分析了南壁《刘萨诃因缘变》与北壁《弥勒经变》的关系。[46]

2. 祆教

稽胡祆教信仰之提出者为林梅村先生，通过分析《虞弘墓志》，其认为祆教（火祆教）不仅存在于波斯人、粟特人中，"讲突厥语的稽胡人也曾信仰火祆教"。[47]吕思静虽不认同林梅村将虞弘定为稽胡之结论，但亦不否认有祆教传入稽胡之可能。[48]

3. 摩尼教

吕思静从唐代稽胡白铁余起事时自称"光王"出发，认为其具有摩尼教特征，并进一步认为在弥勒教与摩尼教合流的社会环境下，稽胡之原弥勒信仰为促使其改宗之有利条件。[49]

4. 道教

该观点之提出者亦为吕思静，其从《太平广记》之神话及道教地理分布推测稽胡地区也有存在道教信仰之可能。[50]

（五）语言

由于在唐宋地方志中，留下了少数存在汉语解释的稽胡词汇，故有学者对稽胡语言进行了一些探索。最先探讨稽胡语言问题者当属卜弼德先生，其推断出稽胡语中"库利""可野"二词属于突厥语族。[51]

---

45 田林启：《神異僧図を軸とした美術作品の伝播と受容の様相——劉薩訶像を中心に》，收入百桥明穂、田林启：《神異僧と美術伝播》，东京：中央公论美术出版，2021年，第51—67页。

46 田林启：《劉薩訶の美術——吳越阿育王塔と敦煌莫高窟第七二窟》，收入百桥明穂、田林启：《神異僧と美術伝播》，第97—132页。

47 林梅村：《稽胡史迹考——太原新出隋代虞弘墓志的几个问题》，第84页。

48 吕思静：《稽胡史研究》，第130页。

49 吕思静：《稽胡史研究》，第130页。

50 吕思静：《稽胡史研究》，第130页。

51 Peter A. Boodberg（卜弼德），"Two Notes on The History of The Chinese Frontier"，pp.297–300.

此后马长寿先生也对这一问题作出了一些推测，由于稽胡对"奴隶"之称呼与匈奴存在显著区别，马先生推测稽胡语为一种以匈奴语为主，融合龟兹等族的语言。[52]

蒲立本对稽胡语言提出了一种有趣的猜测，认为其名"步落稽"可能与中古汉语"白"的发音有关，但前提是稽胡语为汉藏语系，或者其族名为汉语借词。在讨论"白""赀""库利"等词后，蒲立本对稽胡语与蒙古语族、突厥语族之关系持否定意见。[53]

较早对稽胡语言给出比较合理的对音解释者为何星亮先生，其利用突厥语、蒙古语及汉语方言，对"库利""贺兰"等八个稽胡词汇给出了解释，认为现存之稽胡词汇属于阿尔泰语系，虽然难以进一步确定其语族，但"似与突厥语族的关系较为密切"。[54]

与何星亮将稽胡之族名"步落稽"释为突厥语"部分"之意不同，林梅村认为该词汇当来自突厥语"鱼"，[55]亦可自圆其说。在此词汇上，二人之见解可谓见仁见智。

吕思静也利用比较语言学方法，在前人基础上又对"白室"等词汇给予了解释，并搜出"吐延""奢延"等可能为稽胡语之词汇。认为"稽胡语是一种与匈奴语有传承，但又不同于匈奴语的新语言"，受到突厥语、汉语之影响。[56]

（六）稽胡之去向

在稽胡最终之去向方面，学界普遍认为其族主要融合于汉人。较早进行研究的林惠祥先生提出该族乃"匈奴中最后同化于汉族者"。[57]唐长孺先生认为稽胡大部分汉化，小部分"北入突厥，西入党项、吐

52　马长寿：《北狄与匈奴》，第156—157页。

53　E. G. Pulleyblank（蒲立本），"JI HU 稽胡: Indigenous Inhabitants of Shanbei and Western Shanxi"，pp.523-526.

54　何星亮：《稽胡语若干词试释》，《民族语文》1982年第3期，第41页。

55　林梅村：《稽胡史迹考——太原新出隋代虞弘墓志的几个问题》，第81页。

56　吕思静：《稽胡史研究》，第124—125页。

57　林惠祥：《中国民族史》上册，台北：台湾商务印书馆，1965年，第251页。

谷浑诸族中"。[58] 白翠琴《魏晋南北朝民族史》的见解踵唐先生之说。[59]
以上诸家仅提及大略推测，吕思静则对此四种去向有加以考证，补充
同化之例证。[60]

二、丁零

与学界对稽胡问题讨论尚称活跃不同，对入塞丁零之研究则较
为沉寂，关注度甚至不如其塞外胞族——高车。就目前所见之研究而
言，其焦点主要为以下几类：

（一）丁零起源及与高车之关系

1. 丁零之起源

对丁零之起源问题，主要存在两种说法，其一为赤狄说，主张者
以姚薇元先生为代表。姚先生在《北朝胡姓考》中引用《元和姓纂》
等史料，认为入塞丁零之大姓——翟氏即狄氏，出自春秋时之赤狄，
以族名为姓。[61] 势力仅次于翟氏的鲜于氏亦为古狄国鲜虞之余种。[62]

胡秋原先生亦认同此说，认为丁零即狄。其族本起源于西伯利
亚，逐水草而居，一部分经蒙古高原再进入河套平原，与三晋接触后
成为华夏族晋人所谓的"狄"。[63]

谭其骧先生并不认同赤狄之说，认为"其说不知所本"，"无由证
其为赤狄"。[64] 故谭先生提出第二种说法，即丁零本为汉代位于匈奴之
北的族群，而非华北之赤狄，其族原作丁灵，入居华北者，五胡十六

58　唐长孺：《魏晋杂胡考》，第430页。
59　白翠琴：《中国历代民族史·魏晋南北朝民族史》，北京：社会科学文献出版社，
　　2007年，第171页。
60　吕思静：《稽胡史研究》，第134—137页。
61　姚薇元：《北朝胡姓考》，北京：中华书局，2007年，第335—336页。
62　姚薇元：《北朝胡姓考》，第338—339页。
63　胡秋原：《丁零·突厥·回纥——其起源，其兴衰，其西迁及其文化史意义》，台
　　北：中土文化协会出版，1961年，第3页。
64　谭其骧：《记五胡元魏时之丁零》，收入氏著《长水集》上册，第242页。

国以来"或作丁零"。[65]

随着一系列考古发掘的重见天日，取地下之文物对照古籍之记载，以二重证据法探讨丁零起源者日众，周伟洲、段连勤二位即为代表。周伟洲先生根据汉文史籍，结合西伯利亚卡拉苏克文化、塔加尔文化之考古发现，认为丁零祖先即赤狄。[66] 段连勤先生除利用苏俄考古成果外，也配合殷墟甲骨之释读，进一步在赤狄与鬼方之间建立联系，认为丁零即商代远遁的鬼方后裔。[67]

此外，周国琴通过分析丁零与羯胡之关系，对丁零起源有所补充，在其硕士论文《十六国时期太行山区丁零翟氏研究》中提出丁零与羯胡同源于康居之说，二者存在千丝万缕之联系，可能以匈奴之名相携入塞，入塞后又在同一地区居住。[68]

2. 丁零与高车之关系

虽然史籍谓丁零、高车为同族，但对于二者之关系学界也存在两种截然不同的说法。持否定意见者主要有冯承钧先生，主张丁零、高车二者有别，高车强盛时，丁零曾为其役属。[69] 岑仲勉先生通过对史料整理，加以语言对比，举《魏书》分称高车、丁零等例，以为"康居、丁令为两种，则高车丁零亦两种"，"丁零、高车应不能混而为一"。[70] 周连宽先生亦支持二者相异说，以《晋书》中丁零、敕勒对举，证明其并非一族。[71] 不过持此说者属于少数派。

65　谭其骧：《记五胡元魏时之丁零》，第241页。

66　周伟洲：《敕勒与柔然》，桂林：广西师范大学出版社，2006年，第9—12页。

67　段连勤：《丁零、高车与铁勒》，桂林：广西师范大学出版社，2006年，第7—10页。

68　周国琴：《十六国时期太行山区丁零翟氏研究》，内蒙古师范大学硕士论文，呼和浩特，2003年，第8—9页。

69　冯承钧：《高车之西徙与车师都善国人之分散》，收入氏著《西域南海史地考证论著汇辑》，香港：中华书局香港分局，1976年，第36页。

70　岑仲勉：《突厥属部传校注》，收入氏著《突厥集史》下册，北京：中华书局，1958年，第746页。

71　周连宽：《丁零的人种和语言及其与漠北诸族的关系》，《中山大学学报》（社会科学版）1957年第2期，第55页。

《魏书》等史籍中既称高车、丁零同族，又不时将二者对举，何以有如此自相矛盾之表述？王日蔚先生最早给出了答案，在《丁零民族史》提出丁零、铁勒等词汇为同一词语的音译，"高车音不相近，当系以其乘高轮车而名之"。[72] 周一良先生也认为狄历、敕勒、丁零均为"一声之转，高车丁零者，以其乘高车，故冠此二字以形容之，又省称曰高车"。[73] 周伟洲先生提出这些名称均为古代各族对阿尔泰语系突厥语族民族的统称，是汉文史籍在不同时代反映的各民族对敕勒的称谓，北朝人称之高车，南朝人称之敕勒。[74] 段连勤先生对此二称呼进一步提出了解释，即因内迁丁零的存在，北朝政府为区别二者，故对居于北方居草原者以高车称呼。这一做法表明二者既存在相同的族源，也存在区别。将此二者与汉魏丁零之关系概括为"北朝时期的高车与北朝时期的丁零是族内兄弟或支派的关系，同汉魏丁零是祖裔关系"。[75]

（二）入塞丁零之活动

这一方面之研究主要可分为两部分，即入塞丁零与政府之互动、翟魏建国之问题。

1. 入塞丁零与政府之互动

周一良先生较早考证此问题，其《北朝的民族问题与民族政策》一文中记述了自十六国到北魏，入塞丁零对政府之反抗活动，提出丁零"对统治者反抗的最勤，并且对北魏政权之覆亡有很大关系"。而历次"叛乱"的原因则是丁零遭受不平等待遇，"并且特别受压迫和剥削"。[76] 段连勤先生分析十六国诸政权对丁零之统治，发现除前燕较

72　王日蔚：《丁零民族史》，收入北平研究院史学集刊编辑委员会编：《史学集刊》第1册，台北：台湾学生书局，1969年，第90页。
73　周一良：《论宇文周之种族》，收入氏著《魏晋南北朝史论集》，第200页。
74　周伟洲：《敕勒与柔然》，第8页。
75　段连勤：《丁零、高车与铁勒》，第15—16页。
76　周一良：《北朝的民族问题与民族政策》，第117、120页。

少摩擦外，后赵、前秦等政权均对其采取高压政策。到北魏时期，政府甚至对其实行"历史上罕见的民族压迫和民族歧视政策"，主要表现为残酷的经济剥削和政治压迫，强迫丁零人服兵役，迁移一部分丁零人，强迫其就近纳贡或守边。[77]

周国琴在丁零对政府之反抗论述上，不出以上几位讨论之范围。不过对丁零在各政权间叛服无常这点，周国琴为之辩护，认为应在当时北方混乱的时局背景下理解这一行为。弱时需要依附强权以自保，强时希望拥有独立的主权与地位，这是民族求生之本能。[78]

2. 翟魏建国

十六国末期，丁零翟氏曾建立昙花一现的魏国，史称翟魏。最早进行翟魏研究者为谭其骧先生，谭先生在《记翟魏始末》中，综合各家史书之记载，将翟氏从前秦时出仕苻坚，到反秦助燕，再到反燕建国，最后亡于后燕之过程加以叙述。对翟魏所领之七郡，氏考证为荥阳、顿丘、贵乡的一部分，黎阳、陈留、济阴、濮阳的西半部。但考虑到中间之并省等因素，则实际曾控制之地区不止七郡。[79]

周伟洲、段连勤、周国琴等学者在对翟魏建国之叙述上对谭先生之简略说明加以补强，内容大同小异。[80] 唯周国琴提出酋长翟斌曾参与淝水之战的观点。[81] 对其政权所控制之七郡问题，周国琴确定其中五郡，即黎阳、河南、泰山、高平、荥阳，[82] 较谭说有所不同。

（三）丁零入华之迁徙路线

十六国以来在中原活动最为活跃之丁零部落为翟氏，对于翟氏之

77　段连勤：《丁零、高车与铁勒》，第171—174页。

78　周国琴：《浅谈丁零在十六国时期北方政权博弈中的作用》，《黑龙江民族丛刊》2016年第5期，第89页。

79　谭其骧：《记翟魏之始末》，收入氏著《长水集》上册，第253页。

80　参见周伟洲：《敕勒与柔然》，第21—25页；段连勤：《丁零、高车与铁勒》，第132—135页；周国琴：《十六国时期太行山区丁零翟氏研究》，第16—19页。

81　周国琴：《十六国时期太行山区丁零翟氏研究》，第12页。

82　周国琴：《十六国时期太行山区丁零翟氏研究》，第18页。

来历，《资治通鉴》称其"世居康居，后徙中国"。[83] 这条记载引发了学界的探讨，周一良先生提出其早在北魏统一北方前就定居中原，虽不知道其何时迁来，但不晚于后赵。[84] 后辈学者提出的具体路线主要如下：

1. 南下说

南下说之代表为段连勤先生，其认为东汉檀石槐之鲜卑联盟瓦解后，居住于南西伯利亚的丁零人再次进入蒙古草原，翟氏作为前锋穿越大漠，进入漠南及黄河中下游地区。[85]

2. 西来说

持西来说者，如前述之周国琴即主张丁零翟氏与羯胡一同从康居入华。在丁零入华的中转站方面，敦煌成为焦点。最早关注到此点者当为冯承钧先生，其指出内附丁零人中多翟氏，翟、狄相通，唐代敦煌翟姓众多，可能有来自西域之丁零。[86] 王晶阐发该意见，认为西域迁来的翟氏先入敦煌，再有一支进入河西，参与西秦建政，后可能又有支系回到敦煌。[87] 在敦煌、陇西翟氏的先后关系上，陈菊霞之看法与王晶相反，认为敦煌翟氏中有源于陇西翟氏者，这支翟氏可能出自丁零，为贝加尔湖南下之乞伏鲜卑成员，西秦灭亡后，迁居敦煌，冒籍攀附汉人。[88]

（四）入塞丁零之分布

最早对丁零入塞后之分布、居住状况予以分析者为谭其骧先生，

83　司马光：《资治通鉴》卷九十四《晋纪十六·咸和五年》，北京：中华书局，1956年，第2977页。

84　周一良：《北朝的民族问题与民族政策》，第118页。

85　段连勤：《丁零、高车与铁勒》，第117页。

86　冯承钧：《高车之西徙与车师部鄯善国人之分散》，第36页。

87　王晶：《论汉宋间翟氏的民族融合》，《中国边疆史地研究》2015年第1期，第106—107页。

88　陈菊霞：《敦煌翟氏研究》，北京：民族出版社，2012年，第53页。

其指出定州之中山、常山、赵郡三地为丁零根本所在。[89]太行山区之外，黄河、汾水、燕山也有少量分布，上述地区为其原始分布地，此后有播迁各地者。[90]

周伟洲先生对丁零入塞后之分布进一步细化，举北魏时之情况，列出西山、定州、并州、密云、榆山、西河、朔州和代郡等八支。[91]段连勤先生则通过姓氏部族等加以划分，增加建安、朔方等分布地区。[92]

（五）后世入华翟氏与丁零之关系

当翟斌诸翟销声匿迹后，北朝以后又有翟氏在西域等地频繁出现，在契约文书中屡屡见到翟氏人名，而且带有粟特特征之翟氏人物更是重新出现在中原，某些墓志中甚至出现"翟国"之称。这些翟氏是否为丁零后裔？诸家说法不一。

赵超先生对此意见审慎，认为丁零翟氏已在中原长期活动，而且与政府保持一定的联系，故在中原人的认识中，会对丁零与西域其他民族区别对待。故并非所有翟氏都为丁零，还存在粟特与其他民族的可能。[93]

罗丰、荣新江二位则倾向于将这些"西胡出身的翟姓看作粟特人"，这些翟姓来自康居，在丁零盛时进入其中，后进入中原，一如此后粟特人进入突厥或中原王朝。[94]陈菊霞之看法与此二位相反，认为原康居境内有大量丁零人，未外迁之丁零在康国灭亡成为康居臣

---

89 谭其骧：《记五胡元魏时之丁零》，第243页。

90 谭其骧：《记五胡元魏时之丁零》，第245—246页。

91 周伟洲：《敕勒与柔然》，第47页。

92 段连勤：《丁零、高车与铁勒》，第126页。

93 赵超：《介绍胡客翟门生墓门志铭及石屏风》，收入荣新江、罗丰：《粟特人在中国：考古发现与出土文献的新印证》，北京：科学出版社，2016年，第678页。

94 荣新江、罗丰：《北周西国胡人翟曹明墓志及墓葬遗物》，收入氏编《粟特人在中国：考古发现与出土文献的新印证》，第297—298页。

民，后来来到敦煌。[95] 法国汉学家童丕（Eric Trombert）亦倾向带粟特色彩之翟氏本为丁零或高车。[96]

综上所述，学界对此二族群已经进行了一定深度的研究，不过其中还存在一些不足之处。稽胡研究方面，唐长孺先生等前辈学者在分析稽胡起事时，由于时代背景特殊，往往采用阶级分析法，强调其反抗正义性，令文章之可读性受到影响。吕思静之《稽胡史研究》可以说是近年来较为全面论述、分析稽胡史事之作品，不过由于所用文献版本、地理考证等问题，某些论点存在值得商榷之处。比如其引用《太平寰宇记》（中华书局2007年版）中保留之《后魏风土记》之记载——"山胡内侵，太原之户来向山东，戎即居之"，以论证戎狄在稽胡形成中之作用。[97] 然翻查原文，却非"山胡"，而为"山戎"。此外在诸如匈奴对稽胡之文化影响等方面，亦有进一步讨论的空间。

在丁零研究中，对于入塞丁零与政府关系、翟魏建国等问题，学界之讨论往往大同小异，或者可改变角度，从政府治理、对抗手段等角度再深入探讨。内徙丁零之文化习俗目前尚未见有深入研究者，不能不说尚为学术空白。在前辈学者已经进行的讨论中，由于翻检史乘之疏忽、理解偏差，值得重新探讨者亦存在。如姚薇元先生在《北朝胡姓考》中谓后燕曾封丁零翟德、翟楷为王，[98] 此说对后辈较有影响，陈菊霞即承其说。[99] 然此条实为传统书法对王公书名不书姓之习惯所致之误读，二人本为慕容德、慕容楷，只因名列翟斌之后，故致此

95　陈菊霞：《敦煌翟氏研究》，第53—64页。

96　童丕撰，阿米娜译：《中国北方的粟特遗存——山西的葡萄种植业》，收入"法国汉学"丛书编委会编：《粟特人在中国：历史、考古、语言的新探索》，北京：中华书局，2005年，第213页。

97　吕思静：《稽胡史研究》，第32页。

98　姚薇元：《北朝胡姓考》，第336页。

99　陈菊霞：《敦煌翟氏研究》，第61页。

误。又谭其骧先生将榆山丁零之地望拟于居庸关附近,[100] 周伟洲先生承此说。[101] 然对照北魏军队平定榆山丁零之行军路线,可知此说非也。这些需要利用地图分析等方式重新进行检讨。

更值得深思的是,二者同为山居族群,但入塞后之发展轨迹却存在明显差异,究竟是何种原因造成? 尚待分析、对比与阐释。以此二者作为对比研究之对象,对于揭示入塞族群之变迁可以说存在一定的意义与研究价值。

第三节 研究方法

本书以稽胡、丁零两大族群为研究对象,探索其族从塞外草原到中原山区的演进过程,与中央政权之互动,以及其汉化之不同轨迹。该研究涉及两族群之内部发展以及与中央政权的关系,为了描绘其发展历程以及中央与其族之相互关系,拟利用如下方法进行研究:

一、史料的搜集与考证、分析

由于本书所研究的对象时间跨度较大,其历史活动轨迹从汉末三国延续到唐代,事迹散见于各种文献,因此在史料的搜集方面需要做较大工作。主要有以下几类:

（一）正史、编年、类书

最早将稽胡作为传主记载者为《周书》,其后《北史》《通典》之有关专门记载大同小异。丁零翟魏之专史本有梁人所撰《翟辽书》二卷,惜已亡佚无存,相关事迹只能从唐人《晋书》中加以勾稽。

由于相关史籍在长期流传中散佚者众多,故除八书二史等必要正

---

100 谭其骧:《记五胡元魏时之丁零》,第245页。
101 周伟洲:《敕勒与柔然》,第47页。

史外，收录了大量当时尚存史料的《资治通鉴》亦能提供不少相关线索。如对于十六国时期驰骋中原的丁零豪帅诸翟之来源，《通鉴》明确提及其源自康居。[102] 此外也提供了一些对于研究族群治理颇有裨益的材料，如后燕在稽胡居住区设置护军加以管理，[103] 将胡区护军设置时间由北魏提前到后燕，这些对补正史之阙大有帮助。对于记录这一时期历史颇多的《十六国春秋》，虽然崔鸿原本已经亡佚，但散见于《太平御览》等类书，明人屠乔孙、清人汤球亦有辑本，可窥其一斑。屠本《十六国春秋》收录的某些条目即可为丁零迁徙与稽胡形成提供一些线索与思考。如在西秦政权中表现活跃的翟瑥诸翟，虽然其来源当为丁零，但对于其入塞后之籍贯、居住地，目前可见之材料唯屠本明确录有"武始"之记载，[104] 对探index丁零入塞后之迁徙颇有意义。另外稽胡马氏并非匈奴传统贵族姓氏，当为其他族群。屠本有卢水胡马氏之记载，[105] 可资证明稽胡形成过程中大量吸收其他族群。

（二）方志

《魏土地记》为二族活动频繁之北魏时期方志之代表，可惜原本亡佚，不过在《太平寰宇记》等后世志书中有援引部分内容，其中亦有关于稽胡活动的部分佚文。《元和郡县图志》《太平寰宇记》均保留了一些稽胡词汇片段，并录有汉语解释，也留存了一些含有稽胡内容的隋代史料。在《元和郡县图志》中，对翟氏建政也有涉及，记录了翟辽城之地望，可供探索其在中原的活动历程。

（三）金石

由于本书涉及具体人物，因此碑刻、墓志、神道碑、造像记等

---

102 司马光：《资治通鉴》卷九十四《晋纪十六·咸和五年》，第2977页。

103 司马光：《资治通鉴》卷一百八《晋纪三十·太元二十一年》，第3430页。

104 崔鸿撰，屠乔孙辑：《十六国春秋》卷八十七《西秦录三·翟瑥》，收入纪昀等总纂，台湾商务印书馆编审委员会主编：《景印文渊阁四库全书》第463册，台北：台湾商务印书馆，1983年，第463-1020页。

105 崔鸿撰，屠乔孙辑：《十六国春秋》卷九十七《北凉录四·马权》，第463—1085页。

金石碑刻也为必需之物。如唐代之《刘仁愿纪功碑》，展现了稽胡豪帅入唐后之从军经历。[106] 中唐稽胡军官墓志——《刘明德墓志》则为稽胡之认同变化、迁徙过程提供了线索。[107] 对于其汉化之轨迹，册命、家状等材料也存在从侧面提供佐证之可能，如刘光世所受册命载有其家族先世女性成员之姓氏，为证明其可能存在稽胡血统提供了证据。论及宗教信仰时，造像记也是必须参考的资料。《白伏原造像记》为唐代延州地区的稽胡宗教信仰之转变——弥勒逐渐为净土所取代提供了可能的支持依据。[108]《翟兴祖造像记》除解释北魏末期之佛教影响外，也为附魏丁零之政治待遇及与其他族群之关系提供了一些参考。[109]

（四）佛藏

由于稽胡之中佛教信仰流行，故在佛藏中留下了不少关于稽胡酋帅部民的记载。如慧达大师（刘萨诃）对佛教进入稽胡之中厥功至伟，其人亦列于道宣之《续高僧传》，敦煌变文中也有《刘萨诃变文》。其余与稽胡有关之僧人如释法通、普满等亦在佛藏中留下记载。通过这类史料，除纸面之佛教传播外，也可挖掘佛教之外的其他方面，如生活习俗、语言变迁、族群关系等，《法苑珠林》等佛藏史料即在正史之外补充了唐初稽胡酋帅骚扰关中的相关史实。对研究胡人的生活区域，佛藏作用亦不可忽视，严耕望先生即利用佛藏资料分析了稽胡空间地理分布。[110]

---

106 阙名:《唐刘仁愿纪功碑》，收入董诰等:《全唐文》卷九百九十，北京：中华书局，1983年，第10294页。

107 胡聘之:《山右石刻丛编》卷八《刘明德墓志》，收入《石刻史料新编》第20册，台北：新文丰出版公司，1977年，第15101页。

108《白伏原造像记》，参见白文、尹夏清:《陕西延长的一批唐代窖藏造像碑调查》，《文博》2008年第2期，第18页。

109 参见李献奇:《北魏正光四年翟兴祖等人造像碑》，《中原文物》1985年第2期，第21—26页。

110 严耕望:《佛藏所见之稽胡地理分布区》，《大陆杂志》1986年第4期第72卷，第3—5页。

（五）诗文笔记

诗文资料中可能也存在能从侧面提供当时知识阶层视角中该族形象之记叙，或可展现同一族群中某些成员之汉化历程，如唐初稽胡后裔贺遂亮等人之诗作。笔记小说如《太平广记》中收入丁零王翟钊之故事，虽为小说家之言，却或多或少反映了翟魏之宫廷生活。同书关于慈州稽胡猎户之故事或蕴藏了唐代当地各宗教势力消长、竞争的史实。

在资料搜集过程之中，以直接史料为主，与后汉三国、十六国北朝、隋唐相关之部分，尽量使用本朝正史与文献，如《三国志》《晋书》等，如直接史料不存在，或对于某一事件记载过于简略，则参考《资治通鉴》等史料。墓志碑刻等金石资料对于印证、对比史书等"纸上史料"之作用不可忽视，故墓志碑铭等资料亦作为本书不可或缺的参考。

二、比较法与归纳法

比较法用于不同时期对于相同族群之对照研究以及分析相似自然条件下不同族群发展之异同。本书在运用该方法时，一方面将年代跨度较大的族群在不同政权统治下与中央之关系作比较。如北魏治下之稽胡与隋唐治下之稽胡，虽然稽胡之被统治地位在数百年中没有发生根本变化，然而其与中央之关系却不大一样。北魏治下频频起事之稽胡到隋唐时起事频率大为减少，与中央之关系出现缓和趋势。另一方面，文中所着重分析的稽胡、丁零虽然同为山居族群，但分布地区之地形不尽相同，故其经济形态、族内组织形式也存在差异。以丁零而言，虽为山居族群，但主要依托太行山山麓生活，而且太行山自古即存在联通外界的道路——"太行八陉"，所以至少部分丁零并非处于完全意义上的封闭状态。相比之下，生活在吕梁山区、黄土高原的稽胡则由于山峦的阻隔，与外界之交通远比丁零恶劣，封闭性自然较强。因此就客观条件而言，由于环境作用，丁零更容易受到外界影响，在除西河以外的其他地区，稽胡与外界交流较为困难。故少数族群的传统社会组织方式——部落制度也比前者存在更久。

归纳法则是将不同政权对山居族群统治政策之异同予以归纳，尽管两族均处于中央政权的控制之下，但控制力有所差异，统治方式、族群地位也有所不同。这些差异及背后的深层原因，必须通过对比、归纳才可能说明问题。如北魏在长时间内对稽胡之统治虽然刚柔并济，然以刚猛为主，且倾向军政管理，榨取稽胡部民可利用之价值。但隋朝建立之后，隋文帝对稽胡之统治策略却大为缓和，甚至削减胡人服役工期。二者虽然在治理策略上宽严不同，但利用稽胡为政府服务之目的并没有根本区别。

三、分析综合法

笔者将通过对一系列有关此时期山居族群与中央政权关系之史料的归纳、分析、整理、对比，综合提出一些新的观点，如影响其族对中央政权叛服之决定因素。对于中央政权向其居住地区扩张、施加影响力，丁零、稽胡的应对措施无非降服与反抗两端。如果综合分析历次起事之经过与最终结果，可以看出这两种策略的选择除对祖先与中原政权打交道时采取的一贯政策之继承外，实际上也是出于自身利益最大化之考量。此外，酋长之个人意志、其他政权或族群的介入也是影响因素。对于这些族群宗教的变化，大体为传统巫术信仰到佛教之变革，若分析历代之造像记，可以综合得出其族在接触佛教后，宗教信仰大致经历了一条由左道异端到"正法"的变迁之路。

四、图表分析法

因现有史料之限，如果完全拘泥于史料，对某些问题显然难以深入解释，所以有必要在史料解读的基础上，结合历史地理学研究法，在丁零匈奴内徙、历次与中央之冲突等方面绘制地图，以便较为清晰地展示诸过程，并以推理的方式解决一些问题、厘定史书可能之讹误，如通过胡女布、龙须席等稽胡传统手工制品之分布探讨稽胡分布范围，或可以将稽胡文化之影响区域由黄河两岸扩大到黄土高原南端，甚至塞上。另外以绘图之方法展示历次冲突过程，也可以对史书的某些记载进行校正。如《魏书》所云之白龙起兵区域，魏收将白龙余党列于五原，然五原位于塞上，以距离而论，白龙败亡后其余众绝无数日内到达之可能，且五原为此役前魏太武帝巡行之所，当为魏师控制之地，撤退之胡人当无自投罗网之理。通过地图比对，可以推断此"五原"或为"五城"之误，距西河较近且为稽胡居住区之五城成为白龙余党撤退目的地之可能性远较五原塞上为高。

在起事频率、管理机构设置方面，量化列表分析当为可行之道。与其单纯罗列史料，不如将有关资料一一统计，更能说明问题。如在起事方面，若将不同时代之起事频率列表，则结果一目了然，对于解释不同时段之族群关系必有助益。

五、比较语言学

虽然这两大族群已经成为历史的过客，但稽胡却在《元和郡县图志》《太平寰宇记》等史料中留下了一些存在汉语释义的胡语词汇，而且在稽胡曾经活跃的山西、陕西等地存在一些用汉语难以解释的地名，或与稽胡有关，可能为其当年活动留下之印记。此外，某些酋帅之名可以通过中古汉语拟音，推测其身份及可能之族属。利用比较语言学方法对厘清其族群形成当有帮助，而判断目前留存的胡语地名也能在某种程度上展现稽胡在此区域曾经的历史活动。

六、历史人类学理论

虽然本书研究的山居族群作为独立的文化主体，目前已不存在，但历史人类学理论对于分析这些族群的行为仍存在可借鉴之处。如其文化行为、对外交流方式等，稽胡中存在的男女服饰之分别在近代川西山区少数族中也有反映，而屡屡出现的掠奴行为在近代四川彝族中也存在。即使身为封闭性较强、尽量避免与外界接触的族群，可出于获得必要生活物资之需求，也不得不寻求与外界之商品交换。这在近代台湾泰雅系诸族中可见一斑，泰雅诸族虽然居于深山，但需不时下山与外界换取食盐等生活物资以为生计。而受稽胡青睐之某些装饰品在其原乡并无出产，必然仰赖于对外商品交换。诸如此类生活模式，古今族群存在相似之处，这些现象背后的文化意涵或可以尝试用现代理论分析。

七、田野调查法

即使这些族群早已与汉人融合，但在其生活过的地方却可能存在一些文化遗存或历史记忆。如在丁零活跃的华北平原，仍有不少"翟"氏村庄，村民对于自己的身份是否还留存历史记忆？是否还记得自己祖先的族属？这对于探索其汉化过程有一定帮助。而在山陕地区，至今还有一些难解之村名，如延长县之可也村，其得名显然不是汉语，很可能与历史上在此显赫一时的稽胡有关。除利用比较语言学外，直接寻访当地村民，问询名称来历，也不失为一探索身份记忆的方法。另一方面，当地分布较广的可汗崇拜或许也与某稽胡酋长存在一定联系，向村民请教其来历与传说，也是探讨可能来源的途径之一。故笔者曾于2021年5月赴河北、山西、陕西三省，到当地乡村搜集口述资料。

八、文化心理学分析

由于此二族群在汉化速度上存在较大差异，所以除外在力量之影响外，其内部之族群心理亦需要加以分析。是否有某些存在于族人内心深处的特性致使二者差异明显？这可能需要借助文化心理学理论分析原因。稽胡之祖先主要为匈奴，匈奴曾统治草原，而丁零在塞外则长期处于被统治地位，二者祖先之统治地位差异或导致了其后人在被他族统治时，心理抵触程度不尽相同，从而影响其汉化进程。

27

第二章

丁零之入塞与分布

　　十六国初期丁零翟氏之名出现开始于华北平原，故其入塞时间必然不晚于十六国。但对于其入塞途径、时间，史籍记载却较为含糊，仅《资治通鉴》有翟氏世居康居之语。如果此记载可靠，则该族是在何时，通过何种路线东行入华？确实值得探讨。有趣的是，河西走廊也先后出现了不少翟氏活动的踪迹，甚至包括敦煌大姓——翟氏，其中一些不乏粟特色彩，这些翟氏和丁零翟氏是否存在关系？如果可判定其为丁零翟氏东迁路上居留者之后代，无疑对探讨丁零入华路线存在帮助。

　　《魏书·高车传》将"狄氏"列为高车六种之一，无论是唐长孺先生还是姚薇元先生，均认为狄、翟互通，此即翟氏。不过吊诡的是，比起高车六种的其他部族，这一支似乎缺乏草原活动的踪迹。然而以拓跋鲜卑之北族出身，不太可能对这些草原部族不甚熟悉，至少可以表明这一支曾在其治下或邻近草原生活过。此狄氏是否为入塞翟氏之属？需要加以分析。

　　由于丁零居塞外者分为北丁零与西丁零，王莽、曹魏时期均有丁零驻守或款叩边郡之记录。这些应与北丁零关系密切者是否南下构成了另一条丁零入塞道路？从地理上并非不可能。

　　至于入塞丁零中地位仅次于翟氏者——鲜于氏，其来源更发人思考。翟氏还可从高车六种中寻得踪迹，鲜于氏则无法在塞外丁零中看到，反倒是春秋战国时白狄中山国有鲜虞种类。其为汉魏以来之入塞丁零，抑或是更早之非汉族群，又何以会与丁零翟氏形成同盟？尚待合理解释之提出。

第一节　丁零之概述

"敕勒川，阴山下。天似穹庐，笼罩四野。天苍苍，野茫茫，风吹草低见牛羊。"

一曲《敕勒歌》经北齐名将斛律金传唱而家喻户晓，至今仍在长城内外回响，不过曲名中的族群却并非一直在蒙古草原阴山脚下过着牧牛放马的田园牧歌式生活。其胞族从草原进入中原，在十六国到北魏的历史舞台上留下了浓墨重彩的印记，以金戈铁马书写了属于自己的族群故事。这一支即通常被认为与敕勒同源，名曰丁零的族群。

丁零之起源可以追溯到公元前3000年左右南西伯利亚的阿凡纳谢沃文化（Afanasievo Culture），该文化带位于阿尔泰山、米努辛斯克（Minusinsk）盆地，其居民以石器、骨器为生产工具，饲养牛、羊等家畜，并有发现马的遗骸，拥有一定的原始农业，还有颇具特色的车辆出土。[1] 此后相继出现的卡拉苏克文化（Karasuk Culture）、塔加尔文化（Tagar Culture）及塔施提克文化（Tashtyk Culture）均有丁零参与之嫌。

卡拉苏克文化已普遍使用青铜工具，制陶业发达，并且形成庞大的氏族公社。[2] 陶器、青铜器器形风格多有与华北商周时代器物类似者，甚至有出土与殷墟器形相同之弓形器、青铜矛、镞等。[3] 苏俄学者

1　Mallory，J. P.，*Encyclopedia of Indo-European Culture*，Taylor & Francis，1997，pp.4-6.
2　杨圣敏：《回纥史》，长春：吉林教育出版社，1991年，第14页。
3　段连勤：《北狄族与中山国》，桂林：广西师范大学出版社，2007年，第13页。

即肯定该文化为丁零人传播中国文化因素之结果。[4]

公元前8—2世纪活跃于叶尼塞河流域的塔加尔文化在经济上沿袭卡拉苏克文化，也为半游牧与锄耕农业。铸铜业生产开始专业化，以出土类似中国北方风格的铜镞而著称，[5]后期铁器逐渐取代青铜。其居民与斯基泰人体质类型接近，有认为其为丁零者。[6]

塔施提克文化上承塔加尔文化，后来发展为黠戛斯文化。为半游牧和犁耕社会，阶级分化日益加强，铁器广泛使用，陶器以圈足杯形器为代表。苏俄学者认为其为原居住于米努辛斯克盆地之丁零人与公元前2—1世纪由外蒙古西北迁徙而来的坚昆人的混合。[7]总之到汉代，丁零已经发展为一个庞大的部落联合体，中间虽包括操各种语言之族群，然其主要通用语言仍属突厥语族。

虽然《魏书·高车传》谓高车、丁零为同类，[8]不过反对意见古已有之。契丹出身的元代诗人耶律铸认为"诸书所载丁灵、丁零、丁令三字不同，详其先后事迹，似非一种"。[9]纪晓岚认为耶律铸"足迹涉历多西北极远之区，故所述塞外地理典故往往详核"，其关于丁零之注释"辨论颇详"，"有裨于考证"。[10]但王日蔚先生认为耶律铸根据读音判断族属的方法"置正史及重要史实于不顾"，有"好立奇论"之嫌。[11]

4　Академия Наук, *СССР:Всемирная история*，TOM I，стр.458，М.1956.

5　郭物：《青铜镞在欧亚大陆的初传》，《欧亚学刊》第1辑，1999年，第140页。

6　Леонид Романович Кызласов, *Очерки по истории Сибирии и Центральной Азии*，Изд-во Красноярского университета，1992，p.17.

7　Таскин В.С., *Материалы по истории сюнну*（по китайским источникам），Предисловие，перевод и примечания В. С. Таскина М.，1968，p.136.

8　魏收：《魏书》卷一百三《高车传》，北京：中华书局，1974年，第2307页。

9　耶律铸：《双溪醉隐集》卷五《丁零二首》，收入纪昀等总纂，台湾商务印书馆编审委员会主编：《景印文渊阁四库全书》第1199册，第1199-448页。

10　纪昀等总纂，台湾商务印书馆编审委员会主编：《景印文渊阁四库全书》，第1199册《集部五·提要》，第1199-1356页。

11　王日蔚：《丁零民族史》，第87页。

根据时代及地域之分，丁零又称钉灵、丁令、狄历、高车、敕勒，是突厥兴起前北亚、中亚地区突厥语族群之共称。依胡秋原先生之见，"丁零"得名当与今外蒙古中北部之土拉河（Tula）有关，此河古名 Til（意为大河），"铁勒"（Til）大概为"匈奴时代以河为氏之称"，为汉人传为"丁零"。[12] 另一观点则认为该族名源于突厥语族之"Türk"或"Türks"（含"联盟"之意），持这一观点者以施瑛先生、马长寿先生、刘义棠先生为代表。[13] 施瑛先生进一步提出"丁令的末音 'ng'"对于"不惯读此音的民族"往往省去，故成"铁勒"。[14] 二说虽存在一定分歧，但均肯定"丁零""铁勒"为同音异译。

既然丁零与敕勒为胞族已是学界共识，所以中外学者通常也多认为丁零与隋以后之铁勒、回纥有着密切的亲缘关系，可以视为同一祖先的后代。唯岑仲勉先生等少数学者意见审慎，认为丁零不能等于全部铁勒，"回纥对高车只是一时臣属，并不是高车族之分子"。[15]

丁零与后世兴起之突厥亦存在一定的亲缘关系。清人丁谦谓"突厥与狄历、敕勒、铁勒皆一音之转，其同出一族又何疑乎？"[16] 马长寿先生、胡秋原先生均直接提出突厥本为丁零一部。[17] 林幹先生举出《阙特勤碑》《苾伽可汗碑》之突厥文记载，明确"突厥为铁勒同族即

12　胡秋原：《丁零·突厥·回纥——其起源，其兴衰，其西迁及其文化史意义》，第8页。

13　参见施瑛：《中国民族史讲话》，北京：中国图书馆学会高校分会委托中献拓方电子制印公司复印，2009年，第72页；马长寿：《突厥人和突厥汗国》，桂林：广西师范大学出版社，2006年，第5页；刘义棠：《中国边疆民族史》，台北：台湾中华书局，1969年，第210—211页。

14　施瑛：《中国民族史讲话》，第72页。

15　岑仲勉：《敕勒与铁勒、高车与回纥之区别（附论丁令、乌护）》，收入氏著《突厥集史》下册，第1060—1061页。

16　丁谦：《汉书匈奴传地理考证》，收入氏著《蓬莱轩地理丛书》第1册，北京：北京图书馆出版社，2008年，第73页。

17　参见马长寿：《突厥人和突厥汗国》，第5页；胡秋原：《丁零·突厥·回纥——其起源，其兴衰，其西迁及其文化史意义》，第9页。

出于铁勒的一支"。[18] 段连勤先生认为丁零祖先即商周时期的鬼方、北狄，"丁零"为"狄（翟）"之音转，并考证该族为"我国远古时期以翟鸟为图腾的民族"。[19] 无独有偶，在后世突厥传说中也提到其同祖分支族群之鸟类崇拜习俗。《周书·突厥传》云：

> 或云突厥之先出于索国，在匈奴之北。其部落大人曰阿谤步，兄弟十七人。其一曰伊质泥师都……娶二妻……一孕而生四男。其一变为白鸿；其一国于阿辅水、剑水之间，号为契骨；其一国于处折水；其一居践斯处折施山，即其大儿也。[20]

依薛宗正先生之见，所谓白鸿之后即丁零，白鸿为其族鸟图腾崇拜之产物。[21] 通过鸟崇拜之传说，也可知突厥与丁零当为堂兄弟之关系，同源异流。

对于丁零和高车的区别，《魏书·高车传》指出："高车，盖古赤狄之余种也，初号为狄历，北方以为敕勒，诸夏以为高车、丁零。"[22] 又《南齐书·芮芮虏传》谓柔然西北之高车阿伏至罗国为"丁零"，[23] 可见高车与敕勒、丁零实为一族，只是由于冠名者文化、族群的差异，产生了同族异名的结果。"云高车者，不过因车制之异，从而呼之，并非部名。"[24] 王日蔚先生对此一族二名的现象有精辟的解释："或因魏与高车为邻，高车必为彼时通行之名，故魏人用之。南朝诸国与之相距甚远，于高车一词不甚熟悉，故沿用旧名。"[25] 认为"高车"为

---

18 林幹：《突厥与回纥史》，呼和浩特：内蒙古人民出版社，2007年，第18页。

19 段连勤：《北狄族与中山国》，第2—4页。

20 令狐德棻：《周书》卷五十《突厥传》，第908页。

21 薛宗正：《突厥史》，北京：中国社会科学出版社，1992年，第50页。

22 魏收：《魏书》卷一百三《高车传》，第2307页。

23 萧子显：《南齐书》卷五十九《芮芮虏传》，北京：中华书局，1972年，第1023页。

24 丁谦：《魏书高车传补地理考证》，收入氏著《蓬莱轩地理丛书》第2册，第119页。

25 王日蔚：《丁零民族史》，第91页。

该族群之意译乃是学界共识，唯英国学者巴克尔（E. H. Parker）认为"高车"一词出自突厥语"康里"（Kankly）。[26]

除十六国北朝时期生活于中原的入塞丁零外，似乎还存在高车丁零。北魏明元帝曾于泰常三年（公元418年）春，"自长川诏护高车中郎将薛繁率高车丁零十二部大人众北略，至弱水，降者二千余人，获牛马二万余头"。[27] 对于"高车丁零"之断句，段连勤先生认为，由于入塞丁零的分布位置以及经济形态限制，很难与草原上的胞族一样以骑兵长驱北上，因此此处的高车丁零并非指代两个分支——高车与丁零，而是专指草原分支。即入居塞内者为丁零，仍居塞外之敕勒又称为高车丁零。[28] 其观点可备一说。

与前述考古资料显示的丁零发展史有所不同，在以汉文史籍承载的中原人之记忆中，丁零的历史可以追溯至先秦时期。《山海经·海内经》谓其钉灵，"其民从膝以下有毛，马蹄善走"。[29] 钉灵即丁零、丁令之异译。到两汉时期，随着中原王朝势力向北疆不断扩展，丁零也进一步为前者熟悉，史籍中之记载不断增多。《汉书·苏武传》留下了苏武牧羊时丁令盗其牛羊的记载。[30] 又《汉书·李陵传》称汉武帝时，匈奴单于曾以卫律为丁零王，[31] 该记录反映了在匈奴称霸草原的时代，丁零臣服于匈奴权威之下的事实。由于这段历史的存在，丁零在语言文化上不可避免受到匈奴影响，甚至可能存在通婚融合，故而《魏书·高车传》录有"其先匈奴之甥"之说，指出"其语略与匈奴

26　巴克尔著，向达、黄静渊译：《鞑靼千年史》，太原：山西人民出版社，2015年，第182页。

27　魏收：《魏书》卷三《太宗纪》，第58页。

28　段连勤：《丁零、高车与铁勒》，第14—15页。

29　袁珂校注：《山海经校注》卷十八《海内经》，上海：上海古籍出版社，1980年，第463页。

30　班固：《汉书》卷五十四《苏武传》，北京：中华书局，1962年，第2463页。

31　班固：《汉书》卷五十四《李陵传》，第2457页。

同而时有小异"。[32] 随着匈奴在汉朝打击下衰弱，丁零也反客为主，扮演了趁火打劫的角色。在匈奴攻乌孙无果后，"丁令乘弱攻其北，乌桓入其东，乌孙击其西"，[33] 丁零与其他各族一起发难，加剧了匈奴帝国的瓦解。

由于游牧经济的移动性，逐水草而居的生活形态使丁零分布区域极广，在草原各地多有留下身影，其部落主要分为匈奴以北的北丁令及西域的西丁零。鱼豢之《魏略》云：

> 丁令国在康居北，胜兵六万人，随畜牧，出名鼠皮，白昆子、青昆子皮……或以为此丁令即匈奴北丁令也，而北丁令在乌孙西，似其种别也。又匈奴北有浑窳国，有屈射国，有丁令国，有隔昆国，有新梨国，明北海之南自复有丁令，非此乌孙之西丁令也。乌孙长老言北丁令有马胫国，其人音声似雁骛，从膝以上身头，人也，膝以下生毛，马胫马蹄，不骑马而走疾马，其为人勇健敢战也。[34]

当匈奴的权威已难号令其他草原部族时，摆脱控制的丁零亦开启了南下进程。这一过程也逐渐改变了中原人以往的种种神话想象。在此之前，由于匈奴阻隔，了解丁零的生活形态对汉人来说存在一定困难，在道听途说及主观想象下，产生了《山海经》《魏略》等对其不同寻常的体貌特征之描述，即中原人对边徼风物奇异想象的体现。这些当然带有神话成分，不过也或多或少反映了其经济生活。其实"膝下生毛"当为寒冷气温下对保暖毛皮服装的依赖，人腿似马腿的特征则说明游牧生活中马的重要地位。

---

32 魏收：《魏书》卷一百三《高车传》，第2307页。
33 班固：《汉书》卷九十四上《匈奴传上》，第3787页。
34 陈寿：《三国志》卷三十《乌丸鲜卑东夷传》裴注引鱼豢《魏略·西戎传》，北京：中华书局，1982年，第862—863页。

图2-1 塞外丁零诸族分布图

随着丁零人不断南迁、接近汉王朝的北疆，一部分丁零人也被汉朝纳入管理体系。在王莽时期，已有丁零牧民成为政府的兵士，和其他族群一起防卫边疆。《后汉书·乌桓传》云：

> 及王莽篡位，欲击匈奴，兴十二部军，使东域将严尤领乌桓、丁令兵屯代郡，皆质其妻子于郡县。乌桓不便水土，惧久屯不休，数求谒去。莽不肯遣，遂自亡畔，还为抄盗，而诸郡尽杀其质，由是结怨于莽。匈奴因诱其豪帅以为吏，余者皆羁縻属之。[35]

由于边将的人身控制意图过于强烈，乌桓等族不堪压力，终于走上反抗之路，重归匈奴怀抱。而丁零的动向可能稍比乌桓温和，反抗的力度似不及乌桓激烈，可能仍在政府的控制下。这些丁零可能以服

---

35 范晔：《后汉书》卷九十《乌桓传》，北京：中华书局，1965年，第2981页。

兵役的形式换取居留权，最后融合于边郡汉民。而在更远的塞外，仍有丁零以独立族群身份生活，并通过朝贡等方式，与中原发生联系。其向中央职贡之最早记录出现在东汉末年，曹操执政时有"鲜卑、丁零，重译而至"。[36] 到三国时，丁零仍向边郡贡献，魏明帝太和五年（公元231年），丁零大人儿禅即随鲜卑首领轲比能至幽州贡名马。[37] 此时草原为鲜卑首领轲比能称霸，丁零应为鲜卑之役属。随着时间的发展，丁零内部不可能长期保持不变，部族分化也在不断进行，新的氏族不断出现，《魏书·高车传》云：

> 其种有狄氏、袁纥氏、斛律氏、解批氏、护骨氏、异奇斤氏……高车之族，又有十二姓：一曰泣伏利氏，二曰吐卢氏，三曰乙旃氏，四曰大连氏，五曰窟贺氏，六曰达薄干氏，七曰阿仑氏，八曰莫允氏，九曰俟分氏，十曰副伏罗氏，十一曰乞袁氏，十二曰右叔沛氏。[38]

六种十二姓代表了北魏官方对塞外高车内部支系情况的认识，其中"狄氏"即"翟氏"，为内徙丁零中执牛耳者，在太行山麓、黄河流域上演了一出纵横百年的大戏。

第二节　丁零之内徙路线

先秦时期，丁零居匈奴之北，在今贝加尔湖一带游牧，到西汉末方进入中原王朝之北疆边郡。但至十六国时期，太行山以东的华北平

36　陈寿：《三国志》卷一《武帝纪》，第38页。
37　陈寿：《三国志》卷三《明帝纪》，第98页。
38　魏收：《魏书》卷一百三《高车传》，第2307页。

原中山、常山诸郡却成为入塞丁零的最大聚居区。丁零何以能由塞外入居内地？其入居路线又如何？均发人思考。笔者认为其入居中原之路径应该存在多条。

一、西线

对于太行山以东中山丁零的由来，《资治通鉴·咸和五年》给出了简要解答：

> 初，丁零翟斌，世居康居，后徙中国，至是入朝于赵；赵以斌为句町王。[39]

"世居康居"的记载无疑对应了《魏略》"丁令国在康居北""随畜牧"之说。[40]综合两家说法，结合贝加尔湖周边为北丁零，咸海以东为西丁零之族内划分，翟斌之祖先当即汉代康居之北的西丁零。需要看到的是，虽然丁零本在康居以北，但丁零却可能存在后来南下进入康居境内居住之可能。《隋书·康国传》云：

> 康国者，康居之后也。迁徙无常，不恒故地，然自汉以来相承不绝。其王本姓温，月氏人也。……其王索发，冠七宝金花，衣绫罗锦绣白叠……丈夫翦发锦袍。[41]

康国国王与平民之发式区别较大，何以如此？或与其族源不同有关。日本学者白鸟库吉不赞成《隋书》之王室月氏说，推断"汉代有一游牧民族建立此国，其统治阶级则非伊兰人，此乃北方闯入之游牧

39　司马光：《资治通鉴》卷九十四《晋纪十六·咸和五年》，第2977页。

40　陈寿：《三国志》卷三十《乌丸鲜卑东夷传》裴注引鱼豢《魏略·西戎传》，第862页。

41　魏徵：《隋书》卷八十三《康国传》，北京：中华书局，1974年，第1848页。

民族，而将伊兰土民克服之"。[42] 该论述颇有见地，然而白鸟氏谓其王室为突厥。[43] 如果结合时代及族群之空间分布，可知该入居康居之游牧族群当为丁零。虽然丁零发式史无明确记载，但不妨通过其胞族高车加以推断。《魏书·崔浩传》将高车与柔然并称为"旄头之众"，[44] 柔然之发式为"编发左衽"，[45] 则高车亦当相似。"索发"与"编发"同意，故康居国王之发式为从丁零制度的可能性较高，或为丁零之后。

丁零南下与康居杂居，两大族群之间混血自然难免。汉末繁钦之《三胡赋》描述康居胡人外貌为"焦头折颊，高辅陷无，眼无黑眸，颊无余肉"。[46] 康居原住民本为高加索类型白种人，但汉末居民却呈现出鲜明的混血特征，既有类似白种人的头发卷曲、高眉骨等，又有蒙古人种常见的黑发、低鼻梁。为其带来蒙古人种血统的族群当即南下之丁零游牧民。在入居康居的诸丁零部族中，翟氏未必拥有国君地位，但当为重要之权贵，而且较长时间内保持了一定独立性。北周天和六年（公元571年）《康业墓志》称志主为康居国王之后，其父曾被"雍州呼药、翟门及西国胡豪望等举为大天主"。[47] 对于推举康业之父任大天主的诸群体中之"翟门"，罗丰先生、荣新江先生认为此当为一类人的通称，推测其所在胡人聚落中，翟姓最大，要有翟姓民众和西国豪望一起推举，才能为大天主。[48] 翟氏这一地位的取得或许可以追溯至汉代进入康居时，为对原权贵地位之承袭。

42　白鸟库吉著，傅勤家译：《康居粟特考》，太原：山西人民出版社，2015年，第35页。

43　白鸟库吉著、傅勤家译：《康居粟特考》，第36页。

44　魏收：《魏书》卷三十五《崔浩传》，第816页。

45　萧子显：《南齐书》卷五十九《芮芮虏传》，第1023页。

46　李昉等：《太平御览》卷三百八十二《人事部二十三·丑丈夫》，北京：中华书局，1998年，第1764-2页。

47　《康业墓志》，参见程林泉、张翔宇、山下将司：《北周康业墓志考略》，《文物》2008年第6期，第82页；吕蒙、张利芹：《北周〈康业墓志〉释文校正》，《宜宾学院学报》2009年第2期，第97页。

48　罗丰、荣新江：《北周西国胡人翟曹明墓志及墓葬遗物》，第285页。

然而康居位于中亚，中山则位于太行山以东，二者直线距离将近万里，在交通不便的古代，若无外部力量的驱动，如政府主导移民，这种长距离迁徙恐怕难以完成。即使是游牧部族，若无特别目的，其迁徙也不至于将目的地定在万里之外。对于这股影响丁零迁徙的外力，笔者认为应是匈奴。

在张骞通西域，汉代政府介入天山南北前，"西域本属匈奴"。[49] 因此张骞通西域途中不止一次遇险，甚至遭到扭送匈奴之命运。匈奴对西域的控制不只为藩属式的羁縻，而且设有官吏代表单于征收赋税，进行统治。《汉书·西域传》云：

> 西域诸国大率土著，有城郭田畜，与匈奴、乌孙异俗，故皆役属匈奴。匈奴西边日逐王置僮仆都尉，使领西域，常居焉耆、危须、尉黎间，赋税诸国，取富给焉。[50]

汉朝与匈奴反复争夺西域，主导权虽然几度易手，然在匈奴内部分裂、郅支单于向西发展后，更西部的中亚地区一度成为匈奴北单于盘踞之所。中亚大国康居也曾是匈奴盟友，康居王甚至与郅支单于互为婚姻，"以女妻郅支，郅支亦以女予康居王。康居甚尊敬郅支，欲倚其威以胁诸国"。[51]

既然匈奴铁骑能将势力直入康居，则自然可以将其巨大的影响力施加于康居境内的丁零等部族，让丁零成为其役属。匈奴因劳动力需求而广泛存在掠奴传统，在对待西域诸国、部落时，不乏人为干预、主导之人口迁徙。如在扶植亲匈奴之车师王后，"收其余民东徙"。[52] 在这些人口争夺中，可能也有一些与康居混居或原生活于康居以北的

49　班固：《汉书》卷七十《陈汤传》，第3010页。

50　班固：《汉书》卷九十六上《西域传》，第3872页。

51　班固：《汉书》卷七十《陈汤传》，第3009页。

52　班固：《汉书》卷九十四上《匈奴传上》，第3788页。

丁零人屈从匈奴武力，整部落成为其牧奴，随着匈奴的迁徙而移动。事实上，匈奴中确实存在丁零奴隶。《魏略·西戎传》云：

> 赀虏，本匈奴也，匈奴名奴婢为赀。始建武时，匈奴衰，分去其奴婢，亡匿在金城、武威、酒泉北黑水、西河东西，畜牧逐水草，钞盗凉州，部落稍多，有数万，不与东部鲜卑同也。其种非一，有大胡，有丁令，或颇有羌杂处，由本亡奴婢故也。当汉、魏之际，其大人有檀柘，死后，其枝大人南近在广魏、令居界，有秃瑰来数反，为凉州所杀。今有劫提，或降来，或遁去，常为西州道路患也。[53]

　　赀虏之中明确存在丁零，结合赀虏出现于东汉之初的河西走廊，事在郅支单于入康居之后，故该部很可能为与康居关系密切的西丁零。虽然不能排除北丁零南下之可能，不过从山川地形来说，由西域东入河西走廊的难度显然低于从蒙古高原翻越阿尔泰山南下，故西丁零之可能性较高。或为在匈奴的控制下，从中亚跋涉到凉州，又因匈奴的衰败而获得自由，以畜牧、劫掠为生。据段连勤先生估算，这些赀虏中的丁零人至少有十万口。[54]到十六国末期，凉州仍有赀虏活动的记录。后凉之时，沮渠蒙逊之从兄沮渠男成即曾"逃奔赀虏，扇动诸夷"，[55]反抗吕光，但此时的赀虏可能已役属于吐谷浑，其中是否还有独立的丁零存在不得而知。从某种角度而言，"赀虏"或许只是一种曾经的身份标志，即奴隶，而非统一的族群标志。至少在汉末、三国时，其中的各部族仍然保持了相对独立的身份，或是从赀虏中脱离，继续以原族群身份活动。一些丁零即存在此状况，汉末酒泉苏衡

53　陈寿：《三国志》卷三十《乌丸鲜卑东夷传》裴注引鱼豢《魏略·西戎传》，第859页。

54　段连勤：《丁零、高车与铁勒》，第73页。

55　房玄龄：《晋书》卷一百二十二《吕光传》，北京：中华书局，1982年，第3061页。

起事，"与羌豪邻戴及丁令胡万余骑攻边县"。[56]

　　酒泉为东汉初年赀虏的活动地区，可以推测苏卫的丁零友军可能脱胎自赀虏。丁零在河西走廊的活动到曹魏之末尚能见到。《晋护羌校尉彭祁碑》颂扬彭祁治理酒泉之政绩，称"远夷望风，褯负归命，白山丁令，率服宾贡"。[57]关于白山之位置，司马贞《史记索隐》曰："祁连一名天山，亦曰白山也。"可知白山即祁连山，白山丁零即驻牧于河西走廊之祁连山一带。"失我祁连山，使我六畜不蕃息。"[58]在匈奴控制河西的时代，祁连山就以水草丰美、畜种繁息而著称，无怪乎百年后丁零也选择在此地生活。

　　随着白山丁零为彭祁招安，丁零部众应逐渐与汉人融合。不过到十六国时期，河西的丁零可能还未完全消失，西凉李玄盛《上晋帝表》中即有"西招城郭之兵，北引丁零之众"之语。[59]如果此丁零非文学修辞上对游牧部族的泛指，则此时在凉州北部可能尚有作为独立部族存在的丁零，可以在必要时刻成为其他政权的盟友，为之摇旗呐喊。

　　从中亚进入河西走廊后，丁零的活动范围并不仅仅局限在凉州地区，有部分可能由金城进入临近的临洮。东晋太宁元年（公元323年）刘曜西征时，有临洮人翟楷驱逐守令，以郡县降前赵。[60]此翟楷或与先前之金城赀虏有关，从其降于刘曜来看，此人虽为民籍，但认同上可能犹倾向胡族，这或为此时汉化未久之入塞丁零的共性。另有部分丁零翟氏已迁入今天的青海地区居住。开元十四年（公元726年）《翟

56　陈寿：《三国志》卷十五《张既传》，第476页。

57　赵明诚：《金石录》卷二十《晋护羌校尉彭祁碑》，收入《石刻史料新编》第12册，第8919页。

58　司马迁：《史记》卷一百十《匈奴列传》引注司马贞《索隐》，北京：中华书局，1985年，第2908页。

59　房玄龄：《晋书》卷八十七《凉武昭王李玄盛传》，第2264页。

60　房玄龄：《晋书》卷八十六《张茂传》，第2231页。

舍集墓志》谓志主姑臧人，本为"西平高壤，右地名族"。[61] 荣新江先生认为此段志文似乎表明翟舍集先人在落籍姑臧前，先在西平居住，并且为当地名族。[62] 西平即青海西宁，姑臧即武威治所，也曾为丁零之活动区域，这一支翟氏可能越祁连山入青海，至西宁定居，后又有部分族人回到凉州。从后世留存之地名看，除南下青海者外，另可能有丁零由凉州东部的金城郡渡黄河南下定居。《水经注·漾水》云：

> 漾水又东南于槃头郡南与浊水合，水出浊城北，东流与丁令溪水会，其水北出丁令谷，南迳武街城西，东南入浊水，浊水又东，迳武街城南故下辨县治也。[63]

下辨即今甘肃陇南成县，从丁令溪、丁令谷以"丁令"命名来看，北魏以前当有丁零居住于此。丁令谷之名直到北宋仍然留存，《宋史·地理志三》"西宁州"下即提及"怀和砦，旧名丁令谷，崇宁三年（公元1104年）置砦，赐名"。[64]

西域入塞丁零的内迁南限当即在成县附近。需要指出的是活跃于华北之丁零多为翟氏，而河西走廊也有翟氏活动的踪迹，且其分布范围与赀虏存在重合，这恐怕不能以巧合来解释。敦煌有《翟家碑》，碑文称祖先"从官流沙，子孙因家，遂为敦煌人"。[65] 此外，在鲜卑乞伏氏建立之西秦政权中，翟氏官员颇多。《晋书·乞伏乾归传》云：

61　《翟舍集墓志》，参见王其英：《武威金石录》，兰州：兰州大学出版社，2001年，第46页。

62　荣新江：《北朝隋唐粟特人之迁徙及其聚落补考》，收入氏著《中古中国与粟特文明》，北京：生活·读书·新知三联书店，2015年，第29页。

63　郦道元撰，杨守敬、熊会贞疏：《水经注疏》卷二十《漾水》，南京：江苏古籍出版社，1989年，第1700页。

64　脱脱：《宋史》卷八十七《地理志三》"西宁州"条，北京：中华书局，1985年，第2169页。

65　张维：《陇右金石录》，收入《石刻史料新编》第21册，第16012页。

> 署其长子炽磐领尚书令，左长史边芮为尚书左仆射，右长
> 史秘宜为右仆射，翟瑥为吏部尚书，翟勍为主客尚书，杜宣为
> 兵部尚书，王松寿为民部尚书，樊谦为三公尚书，方弘、麹景为
> 侍中。[66]

乞伏炽磐时又以翟绍为左仆射，[67] 翟爽为秦州刺史。[68] 诸翟在西秦政权中地位不低，翟瑥甚至位居相国显位，显示了其族与西秦王族的特殊关系。唐长孺先生认为西秦乞伏氏可能源于赀虏，[69] 如果此说成立，则诸翟能在西秦如鱼得水的原因当与赀虏时代丁零和其他族群的相处经历有关，是历史传统的延续。对于这支翟氏的籍贯，屠乔孙辑本《十六国春秋·西秦录三》称其为武始人。[70]《晋书·地理志上》"阴平郡"下云：

> 惠帝分陇西之狄道、临洮、河关，又立洮阳、遂平、武街、
> 始兴、第五、真仇六县，合九县置狄道郡，属秦州。张骏分属凉
> 州，又以狄道县立武始郡。[71]

以今中国之行政区划而论，武始郡正位于赀虏活动的东端兰州与目前可知丁零活动的南限成县之间。虽然翟瑥籍贯为武始，但并不代表其祖先只在武始生活过。西秦翟氏另一位闻人翟勍之经历或可提供参考。敦煌莫高窟发现之《翟直碑》将碑主列为翟勍之后，据陈菊霞先生考证，此家系排列具有一定可信性。[72] 不过陈氏将敦煌翟氏视为

66　房玄龄：《晋书》卷一百二十五《乞伏乾归传》，第3118页。

67　房玄龄：《晋书》卷一百二十五《乞伏乾归传》，第3125页。

68　司马光：《资治通鉴》卷一百二十《宋纪二·元嘉三年》，第3787页。

69　唐长孺：《魏晋杂胡考》，第424—425页。

70　崔鸿撰，屠乔孙辑：《十六国春秋》卷八十七《西秦录三·翟瑥》，第463—1020页。

71　房玄龄：《晋书》卷十四《地理志上》"阴平郡"条，第436页。

72　陈菊霞：《敦煌翟氏研究》，第50—52页。

西秦翟氏之后，恐怕有父子颠倒之嫌。炳灵寺石窟中有西秦建弘五年（公元424年）之供养人题名——"敦煌翟奴"。[73] 此人当为效力西秦政权诸翟之一，根据国人重视籍贯之传统，此书写极可能保留了对祖先原乡之认同。从下葬年代不晚于西晋的敦煌翟宗盈墓之考古发掘可以看出与保留部落的白山丁令不同，敦煌部分翟氏已经高度汉化。从墓室之建造材料、规模来看，当时翟氏已是敦煌有相当经济实力之豪族。[74] 经济实力的强大使得翟氏可以获取较为丰富的教育资源以求跻身士族之列，有利加速汉化，令其后裔具备成为西秦股肱之臣的参政能力。

可以推测西秦诸翟当源自敦煌，其中一部分或沿祁连山东行后南迁，停留、定居于武始，这些汉化丁零后来可能投奔西秦，在其政权中扮演重要角色。今天的甘肃临洮即十六国武始县，当地仍有翟姓村落存在，如康家集乡的翟湾村，此或即西秦诸翟之史迹留踪。当然在西秦灭亡之后，这些翟氏中可能有人又回到敦煌故里，如翟勍后人。

不仅河西走廊留下了诸翟的分布痕迹，在西域故地也仍有翟氏活动，或为未东迁之汉代西丁零后裔。可以为丁零翟氏西来之说提供一些支撑。《翟突娑墓志》云志主字薄贺比多，"父娑摩诃，大萨宝"。[75] 萨宝为中亚粟特人之神职人员，翟娑婆诃即为大萨宝。王丁先生认为"中古活跃于西土的翟姓多用粟特名"，墓主字"薄贺比多"为粟特语"bwak ha bi ta"之音译，[76] 荣新江先生则认为此乃中古波斯文"mgwpt'"的对音，意为袄教牧师，志主名"突娑"疑为波

73　杜斗诚、王亨通：《炳灵寺石窟内容总录》，兰州：兰州大学出版社，2006年，第194页。

74　殷光明：《西北科学考察团发掘敦煌翟宗盈画像砖墓述论》，收入樊锦诗、荣新江、林世田：《敦煌文献·考古·艺术综合研究：纪念向达先生诞辰110周年国际学术研讨会论文集》，北京：中华书局，2011年，第166页。

75　赵万里：《汉魏南北朝墓志集释》图版四八四《翟突娑墓志》，收入《石刻史料新编（第三辑）》第4册，台北：新文丰出版公司，1986年，第215页。

76　王丁：《胡名释例》，《敦煌写本研究年报》2019年第13号，第109页。

斯文"tarsā"的对音，指景教徒，具体到墓主则表明其拜火祆教徒之身份。[77]

除此之外，尚有其他墓志记载了这些颇具粟特色彩的翟氏之来历。《翟门生墓志》称志主"翟国东天竺人"，[78]此墓志明确提到翟氏来自翟国，而翟国又与东天竺相关，古印度元素的出现无疑使问题更令人费解。对此赵超先生认为翟国应与丁零无关，与严格意义上的东天竺即印度半岛东部也不能算同一地区，以语音、位置推测，比较可能的位置当在阿姆河流域，即《大唐西域记》中记载的呾蜜国。[79]罗丰先生、荣新江先生则认为翟国可能为今乌兹别克斯坦布哈拉西北的伐地（戊地，Vardana），"翟"可能取自原发音之第二音节。[80]无论两种推论何者正确，均肯定翟氏与中亚粟特关系密切。前文已对丁零与粟特的融合有所论述，故可推断，这些翟姓可能为丁零翟氏留居西域者，其后裔在生活方式、宗教信仰等方面逐渐粟特化。

翟氏等丁零人原为游牧部族，文化方面较粟特等族落后，因此即使可以凭借武力统治当地住民，可在文化上却不得不被更为先进的后者同化。相似的例子不妨参考北魏太和改制后的鲜卑后裔，中唐诗人元稹本为拓跋宗室，可作为鲜卑后裔的他面对"女为胡妇学胡妆，伎进胡音务胡乐""胡音胡骑与胡妆，五十年来竞纷泊"的社会氛围，并未因自身血统抱以欣赏或持中立态度，而是哀叹"自从胡骑起烟尘，毛毳腥膻满咸洛"，[81]对这种非汉文化表现予以批评。经北魏到中唐三百余年的时间冲刷，鲜卑后裔已经不再认同鲜卑胡族文化。更极端者当为司空图笔下之"汉儿尽作胡儿语，却向城头骂

77 荣新江、张志清：《从撒马尔罕到长安：粟特人在中国的文化遗迹》，北京：北京图书馆出版社，2004年，第108页。

78 《翟门生墓志》，参见赵超：《介绍胡客翟门生墓门志铭及石屏风》，第673页。

79 赵超：《介绍胡客翟门生墓门志铭及石屏风》，第678—679页。

80 罗丰、荣新江：《北周西国胡人翟曹明墓志及墓葬遗物》，第298页。

81 元稹：《元稹集》卷二十四《法曲》，北京：中华书局，2010年，第325页。

汉人"，[82] 在不到百年的时间内，河湟汉人对原族已毫无认同。鲜卑、汉人如此，同样自汉代以来，更长的时间洗涤自然也可以令丁零后裔基本融合于中亚粟特诸族，而几乎不再对祖先追本溯源。所以从今天看到的墓志等材料而言，北朝以来的西域翟氏除姓氏外，几乎看不到一丝丁零的影子。

到晚唐沙陀兴起后，其军团中也出现翟氏身影，如沙陀首领翟稽。[83] 沙陀本为突厥别部，"居金娑山之阳，蒲类之东"，[84] 唐时东迁入华。翟稽被视为沙陀首领，当为丁零后裔与沙陀等族融合，并随之东迁的结果。不过需要看到的是，虽然先后在丝绸之路沿途出现的翟氏可能有着相同的丁零祖先，但二者文化却不尽相同。最明显的区别即宗教信仰之差异，相对于北朝以后之翟氏多有粟特祆教色彩，早期迁徙定居入华之翟氏以佛教信仰为主。或可从此判断，至少在汉代迁徙之时，虽然以翟氏为代表的丁零人可能控制了康居国政，但在宗教上尚未完全接受粟特之祆教，仍保留了原萨满信仰。所以迁徙至河西走廊、接触到理论体系更强之佛教后，改宗换教。

综上可知，《资治通鉴》所记载的丁零翟氏本居康居之说可为定论，翟斌之党当为西丁零后裔。部分翟氏在汉末三国时仍然以丁零的族属身份活跃于河西走廊，并有一部分在此定居，在经历西秦朱衣玺绶之荣耀后，后裔一直生活到今天。但是另一部分丁零翟氏何以跨越山川大漠的阻隔，跋山涉水东行来到华北地区？笔者认为原因可能颇为复杂，比较直接的促成因素当为汉末战乱，在战火中，丁零人以充当佣兵的形式为地方军阀所用，并一路转战，最后在定州地区安顿下来。

---

82 司空图:《河湟有感》，收入彭定求等:《全唐诗》卷六百三十三，北京：中华书局，1960年，第7261页。

83 刘昫，《旧唐书》卷十九下《僖宗纪》，北京：中华书局，1975年，第710页。

84 欧阳修、宋祁:《新唐书》卷二百一十八《沙陀传》，北京：中华书局，1975年，第6153页。

开启汉末大乱序幕者，除黄巾外，当为董卓。董卓由于出身凉州，因此得西陲地利，其麾下加入了大批"天下强勇，百姓所畏"的各族军人，有"并、凉之人，及匈奴、屠各、湟中义从、西羌八种"。[85] 其中虽然没有明言丁零存在，但由于后汉时凉州也为丁零活跃区域，因此有部分丁零士兵进入凉州军中不无可能。此外，言及董卓军队组成的郑太为河南开封人，其所言诸族当是汉末在关东士人眼中颇具影响力与知名度之族群。匈奴、屠各自不用多说，羌人凭借多次所谓"羌乱"，令政府痛下血本镇压，自然也能给士大夫留下惨痛的教训。相比之下，此时的丁零可能由于时间空间的间隔，在知名度上不及其他诸族，因此难以称为"百姓所畏者"，所以郑太没有提及。

董卓率领其多族混合军团鼓行东进，扰乱两京，最终为吕布、王允所除。在其身后，部众也发生分裂，其中的少数族军队可能流入其他势力手中。陈琳《檄吴将校部曲文》云：

> 今者枳棘翦扞，戎夏以清，万里肃齐，六师无事。故大举天师百万之众，与匈奴南单于呼完厨及六郡乌桓、丁令、屠各、湟中羌、㵎，霆奋席卷，自寿春而南。[86]

曹操欲伐吴时麾下已有丁零军人存在，丁零为其统一北方，鏖战江淮的助力之一。既然屠各、湟中羌等族为董卓旧部，则丁零之来源可能也与董卓残部有关。曹魏对少数族军队进行管理时，实行的是家属与士兵分离制度。《三国志·魏书·梁习传》云：

> 因留骑督太原乌丸王鲁昔，使屯池阳，以备卢水。昔有爱

85　范晔：《后汉书》卷七十《郑太传》，第2258页。
86　陈琳：《檄吴将校部曲文》，萧统：《文选》卷四十四，上海：上海古籍出版社，1986年，第1981页。

妻，住在晋阳。[87]

　　乌桓士兵在作战时，家属留在后方以为人质，而这种政策应该也适用于包括丁零在内的其他少数族士兵。故笔者推测，在乌桓家属居于晋阳时，丁零家属可能被安置在太行山东麓的定州，因此之后的丁零活动中心区域在定州一带。

　　除从军进入中原之途径外，翟氏的东迁路线可能尚有另一条，即凉州出发，沿黄河而行，经塞上，再入塞者。该部可能入华较晚，且曾为铁弗匈奴役属，翟鼠可能即为其中之一。雄踞朔方的铁弗刘虎归附刘聪后，后者以其宗室，"拜安北将军、监鲜卑诸军事、丁零中郎将"。[88]刘虎得拜"丁零中郎将"表明所统之众中当存在数量不少的丁零人。就《晋书》书法而论，"丁零"多指翟氏一族。丁零翟氏首次出现在历史舞台为晋愍帝建兴四年（公元316年），而在此前之永嘉四年（公元310年），刘虎曾遭到刘琨与拓跋鲜卑联手打击，损失惨重，部落离散自是不可避免。群龙无首之际，可能曾经一度归刘虎统摄之丁零翟鼠部落顺势南下，翻越太行山，进入常山、中山定居。如果这一假设成立，亦可解释为何当翟鼠遭到石勒打击后，又北上撤退至代郡，或因其部数年前方从塞上草原南下，对此区域较为熟悉之故。

　　此外，尚有一点或许可表明该部翟氏之草原居住史，《魏书·高车传》所称高车六种中存在狄氏，然此狄氏相对其他部落却湮灭无闻。拓跋魏本起自草原，对草原诸族不可能不甚熟悉。如果高车六种之狄氏即翟鼠所部，该问题就比较容易解释。翟鼠部之翟氏曾经在塞上生活，后来随着刘虎部之分裂而南下入塞，进入中原。所以拓跋鲜卑之草原叙事中留下了这段并不遥远的记忆。无论是以兵役的形式定居中原，还是因部落离散被迫南下入华，其原始出发地均为西域，二

87　陈寿：《三国志》卷十五《梁习传》，第469页。
88　魏收：《魏书》卷九十五《铁弗刘虎传》，第2054页。

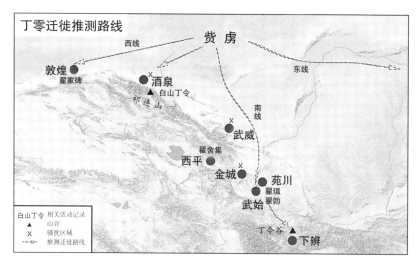

图2-2　丁零迁徙推测路线

者皆东行辗转入华，这点当无疑义。

虽然由西向东进入中原的丁零以翟氏居多，但其中可能还有其他部族存在。后燕慕容奇麾下有丁零严生，[89] 此严氏或与中亚严国有关，[90] "严国在奄蔡北，属康居，出鼠皮以输之"。[91] 丁零严氏可能在中亚原乡遭遇与翟氏相似的命运，从严国为匈奴驱使，辗转东迁，后来融合于丁零之中。

二、东线

虽然入塞丁零中占主要地位的翟氏当为自西向东进入中原，然除此西线外，仍可能存在其他的丁零入塞路径。《太平御览》引崔鸿《十六国春秋·北燕录》云：

89　房玄龄：《晋书》卷一百二十四《慕容盛传》，第3099页。

90　段连勤先生认为，丁零严氏之由来可能与汉代严尤有关，丁零敬之，故从汉姓严氏。参见氏著《丁零、高车与铁勒》，第126页。

91　范晔：《后汉书》卷八十八《西域传》，第2922页。

"后燕光帝始中，丁灵民杨道猎于白鹿山，为契丹所获，流漂塞外。"[92] 按"光帝始"之"帝"当为衍文，其时当在慕容熙光始（公元401—406年）之时。此白鹿山为临近契丹之山，非河南之白鹿山，以熊会贞之见，当即北魏右北平石城县之白狼山，位于今辽宁朝阳喀喇沁左旗东境。[93] 处于西晋幽州、平州之间。此一区域至北魏时，仍有丁零分布。太武帝延和元年（公元432年），北魏征发"幽州民及密云丁零万余人，运攻具，出南道，俱会和龙"，征讨北燕。[94]

密云所在之地即汉末三国时期的幽州渔阳郡，丁零与幽州的关系可以追溯至曹魏时期丁零大人儿禅至幽州贡马。儿禅前往幽州谒见守令、贡马款纳，而非前往并州等其他边郡，其中原因除追随轲比能外，可能也与地望相近有关。其驻牧地当去幽州未远，其后这支丁零或逐渐入塞，发展为幽州的密云丁零。幽州丁零的活动遗迹至唐代仍然在地名中留存，《新唐书·地理志三》"范阳郡"下有纳降军，"本纳降守捉城，故丁零川也"。[95] 据《大清一统志·顺天府三》"纳降城，在宛平县西南"之记载，[96] 丁零川亦当在今丰台附近，而目前此处之河流唯有永定河，如果未发生改道、干涸等致原河川消失之问题，则今永定河当即千年以前丁零人生活的丁零川。

此外，代郡也有丁零活动的地名遗留，嘉靖三十八年（公元1559年）有蒙古军入塞牧马多日，"会久雨，乃分道。西自赵山沟墩，东自丁零岭怀安左右卫引去"。[97] 怀安卫即今张家口之怀安县，为三国西

92　李昉等：《太平御览》卷一百九十二《居处部二十·城上》引崔鸿《十六国春秋·北燕录》，第927-1页。

93　郦道元撰、杨守敬、熊会贞疏：《水经注疏》卷十四《大辽水》，第1268—1269页。

94　魏收：《魏书》卷四上《世祖纪上》，第81页。

95　欧阳修、宋祁：《新唐书》卷三十九《地理志三·河北道》"幽州范阳郡"条，第1019页。

96　穆彰阿撰，潘锡恩等修：《（嘉庆）大清一统志》卷八《顺天府三》，上海：上海古籍出版社，2008年，第163页。

97　《明实录》卷四百七十三《嘉靖三十八年六月》，台北："中研院"史语所，1984年，第7946页。

晋时代郡辖地。代郡丁零的活动可以追溯至西汉末年王莽执政时严尤之领丁零兵。在西晋末期，丁零首领翟鼠为石勒击败后亦出奔代郡。不过丁零岭之名为以上何者所留，已难考证。

能够更为直接进入中原之丁零或许为王莽时期驻守代郡戍兵之后代，代郡以南即中山、常山。依此地利之便，若加以天时，丁零南下实属正常。此契机或亦为汉末战乱，《后汉书·袁绍传》载袁绍曾"与黑山贼张燕及四营屠各、雁门乌桓战于常山"。[98] 或许此时与黄巾军合作之少数族中尚有部分南下丁零，张燕投降后，这些势力并未北上退回，而是留在常山，或有部分进入临近之中山，这或可解释中山、常山丁零的最初由来。在此部丁零居留的影响下，他部丁零亦被吸引进入当地。

三、其他族群之融入

在入塞丁零部族中，除存在西丁零、北丁零后裔外，尚有一些部族其本身可能并非丁零，或与丁零关系较为疏远，可能在后来的族群杂居中逐渐与丁零融合。除严国后裔严氏外，地位更为显眼的鲜于氏可能也属于这种情况。《晋书·慕容垂载记》云：

> 翟真去承营，徙屯行唐，真司马鲜于乞杀真，尽诛翟氏，自立为赵王。营人攻杀乞，迎立真从弟成为主，真子辽奔黎阳。……翟成长史鲜于得斩成而降，垂入行唐，悉坑其众。[99]

又《魏书·太武纪上》录定州丁零鲜于台阳、翟乔起事，"劫掠郡县"。[100] 鲜于氏在丁零内部颇有影响，地位仅次于翟氏，似与后者

98　范晔：《后汉书》卷七十四上《袁绍传》，第2382页。

99　房玄龄：《晋书》卷一百二十三《慕容垂载记》，第3086页。

100　魏收：《魏书》卷四上《世祖纪上》，第74页。

存在联盟关系。在翟真为鲜于氏所杀后，反正之翟成仍以鲜于氏为长史，可见其在丁零内部之势力树大根深。到北魏时甚至有鲜于氏跃居翟氏之前，成为某些起事的主导者。然而《魏书·高车传》所云之高车六种十二姓中只有翟氏（狄氏），不言鲜于氏。对此姚薇元先生认为，"殆以此鲜于氏为古狄国鲜虞之余种，与魏初征讨鹿浑海畔之高车先后有别"。[101] 陈连庆先生进一步提出"彼已为河北土著"，"不仅为丁零大姓，亦河北豪族"。[102] 依笔者之见，鲜于氏或因其特殊的族群背景，在经历汉化之后又重归胡化，融入丁零之中，成为其内部的重要势力。

鲜于即鲜虞，对于此姓之起源，《通志·氏族略》云："鲜于氏，子姓，鲜音仙，商后周武王封箕子于朝鲜，支子仲食采于于，子孙以鲜于为氏。"[103] 鲜于氏虽然被后世官方认证为箕子之后，其族亦闻人辈出。但正如姚薇元先生考证其姓时所言，"碑碣铭文多后世子孙饰词，未可尽信"。[104] 舒大刚先生进一步论证所谓"鲜于子姓"之说为司马彪等人"犯了移花接木的错误"所造成。而《世本》所谓"姬姓"说，则可能出自"鲜虞贵族冒姓姬氏"。[105] 总之，鲜于氏出身本非华夏，对其原族群身份，晋人杜预给出了答案，称其为"白狄别种"。[106] 在春秋时期的华夏族眼中，"鲜虞，夷狄也，近居中山，不式王命，不共诸夏，不事盟主"，[107] 游离于华夏文明秩序之外。

白狄在春秋时期多次与中原各国发生冲突，成为齐桓、晋文"尊

101　姚薇元：《北朝胡姓考》，第339页。

102　陈连庆：《中国古代少数民族姓氏研究——魏晋南北朝民族姓氏研究》，长春：吉林文史出版社，1993年，第169页。

103　郑樵：《通志》卷二十七《氏族略第三》，第457-3页。

104　姚薇元：《北朝胡姓考》，第338页。

105　舒大刚：《春秋少数民族分布研究》，台北：文津出版社，1994年，第37—38页。

106　杜预：《春秋释例》卷七《土地名第四十四之三》，收入纪昀等总纂，台湾商务印书馆编审委员会主编：《景印文渊阁四库全书》第146册，第146—167页。

107　《春秋左传正义》卷四十五《昭公十二年》"晋代鲜虞"条，收入《十三经注疏》整理编委会：《十三经注疏》第19册，北京：北京大学出版社，2000年，第1488页。

王攘夷"的打击对象。到战国时期曾建立一度与三晋抗衡的中山国，中山国在政治模式上虽然采用了中原模式，但戎狄色彩浓厚，游牧族的草原文化气息仍然存在。[108] 李学勤先生通过分析出土之中山国器物，判断战国前期中山国"仍在较大程度上保留了北方民族的特色"。[109]

中山国后为赵武灵王所灭，其统治下的民众也成为赵国的囊中之物。不过文化传承不是靠简单的改朝换代就能迅速掐断，其戎狄文化自然不可能在短期内消失殆尽。因此鲜虞作为白狄后裔在性格、文化上当或多或少保留了一些和汉人不同的地方。直到三国末期，鲜于氏与少数族仍颇为亲近。《三国志·魏书·公孙瓒传》云：

> （刘）虞从事渔阳鲜于辅、齐周、骑都尉鲜于银等，率州兵欲报瓒，以燕国阎柔素有恩信，共推柔为乌丸司马。柔招诱乌丸、鲜卑，得胡、汉数万人，与瓒所置渔阳太守邹丹战于潞北，大破之，斩丹。[110]

鲜于辅后来成为曹操麾下之建忠将军昌乡亭侯，从其借阎柔之手，主动招募少数族士兵来看，除为故主复仇原因外，可能尚有受祖先影响之心理因素在内。另一位鲜于银为刘虞执掌骑兵，可能亦为原戎狄之骑射遗俗使然。白狄祖先的存在，使其在面对其他少数族时，心理障碍可能较小。相似的例子不妨参考汉代之义渠遗族，汉宣帝时，以"光禄大夫义渠安国使行诸羌"。[111] 胡三省考释"义渠"时，指

---

108 段连勤：《北狄与中山国》，桂林：广西师范大学出版社，2007年，第113页。

109 李学勤：《平山墓葬群与中山国的文化》，收入氏著《李学勤集》，哈尔滨：黑龙江教育出版社，1989年，第240页。

110 陈寿：《三国志》卷八《公孙瓒传》，第243页。

111 班固：《汉书》卷六十九《赵充国传》，第2972页。

出"战国时，西戎有义渠君，为秦所灭；子孙以国为姓".[112] 义渠安国为战国义渠之后，西汉屡次遣之出使羌人，当为其出身西戎，熟悉羌戎习俗之故。时晁错更是明言："今降胡义渠蛮夷之属来归谊者，其众数千，饮食长技与匈奴同."[113] 义渠遗民在亡国百余年后，仍然一定程度上保留了原游牧族风俗，武帝时出击匈奴之公孙贺、公孙敖均为义渠后裔，公孙贺之父甚至名叫"浑邪"，北族色彩浓厚。[114] 所以即使族人被纳入华夏文明范畴，可是祖先所留下的文化潜意识却无法在短期内消除。

正如拉铁摩尔（Owen Latimore）所指出的，农牧过渡地区的居民既可向北拥抱游牧民族，也可向南投靠农耕民族，[115] 这些汉化尚未完成的胡人后代当更是如此。鲜于氏的心理及文化习尚令其在面对文化选择时，可能也存在这种二重属性。既可以在现实的作用下去拥抱汉文化，也可以在传统苏醒后，重拾戎狄的一面。虽然鲜于一族不乏闻人进入朝廷中枢，成为中央之官僚。但是其下层人士在无法享受来自中央王朝的利益恩泽时，如果面对进入其视野的少数族，是否会以较为务实的心态，放下已经获得的汉人身份，去选择加入少数族，从而凭借百年以来华夏化进程中掌握的文化技术优势在其中获得较高的地位？就如同西晋时期姬澹、卫雄等汉人主动投入拓跋鲜卑，成为代国重臣一样。这无疑是值得深思的问题，也是入塞丁零何以会在十六国后期出现鲜于氏的可能答案。

事实上，一些鲜于氏可能早在选择丁零前就已凭借其长技加入其他胡族。匈奴刘渊麾下有太史令宣于（鲜于）修之，[116] 石赵中也有鲜

112　司马光：《资治通鉴》卷二十五《汉纪十七·元康四年》胡注，第836页。

113　班固：《汉书》卷四十九《晁错传》，第2282—2283页。

114　司马迁：《史记》卷一百一十一《卫将军骠骑列传》，第2941—2942页。

115　拉铁摩尔著，唐晓峰译：《中国的亚洲内陆边疆》，南京：江苏人民出版社，2008年，第170、243页。

116　房玄龄：《晋书》卷一百一《刘元海载记》，第2651页。

于氏将领，如鲜于丰、鲜于亮。鲜于亮战败被俘后改投门庭，效力于慕容燕，[117] 而慕容燕内部本已有鲜于氏效力，如营丘内史鲜于屈。[118] 这些鲜于氏可能因同在慕容氏屋檐下，故与丁零诸翟结识，其宗人又在此后的播迁中成为丁零的一员。后燕时，翟真司马鲜于乞弑主后自立为赵王，此称号或反映了鲜于氏因先人仕宦经历，对石赵较为认同。石赵向来有拉拢外族、壮大自身的传统，二者之结合或始于石赵之时。与鲜于氏情况相近的可能尚有洛氏，北魏时期西山丁零之洛支曾领导丁零人反抗北魏，陈连庆认为此洛氏当即东山皋落氏之后，出自赤翟。[119] 若其确为赤翟之后且保留较多先辈遗俗，则与白狄鲜于氏相似，选择融入丁零不无可能。

不止鲜于氏、洛氏，丁零中尚存在其他有外来族群嫌疑的氏族。《资治通鉴·太元十四年》云："翟辽遣丁零故堤诈降于温帐。"[120] 同卷胡三省注曰："何承天《姓苑》有故姓。"《姓苑》原本今已不传，难知故氏郡望何在，但何承天为东晋宋初时人，今观《通志》中保留的原书内容，所录诸姓以汉姓为主，少数族之所谓"虏姓"必难入其眼，故此故氏当出自中原。鲜于氏、故氏可能为某些因缘际会下，融入丁零的其他族群。

总之，在可能来自匈奴的外力压迫下，原本生活于中亚草原的西丁零分支——翟氏的部分成员被迫离开故土，成为匈奴控制下的牧奴役属，踏上东迁的路途。后来随着匈奴衰微，其中一部分获得自由，于凉州游牧生活，以赀虏之名出现在汉人视野中。由于汉末大乱，部分丁零以佣兵的身份随地方军阀东迁中原，并在太行山东麓定居。另一支可能在两晋之间由塞上草原南下，与先前定居在此的同胞会合，

---

117 房玄龄：《晋书》卷一百九《慕容㑺载记》，第2818页。

118 司马光：《资治通鉴》卷九十六《晋纪十八·咸康四年》，第3019页。

119 陈连庆：《中国古代少数民族姓氏研究——魏晋南北朝民族姓氏研究》，第170—171页。

120 司马光：《资治通鉴》卷一百七《晋纪二十九·太元十四年》，第3390页。

在吸收鲜于等其他族群后，形成了后来的定州丁零。另一方面，近塞
而居的一部分丁零或由于边郡官员的招徕，或躲避其他游牧族群的压
力，入幽州、代郡居住，或成为密云丁零的祖先，或成为定州丁零的
始祖。只是密云丁零和定州丁零之间不但互不统属，关系似乎也较为
疏远，或为其形成过程中的迁徙路线差别所致。此外，还有以其他方
式入塞之丁零，《晋书·北狄·匈奴传》云：

> 北狄以部落为类，其入居塞者有屠各种、鲜支种、寇头种、
> 乌谭种、赤勒种、捍蛭种、黑狼种、赤沙种、郁鞞种、萎莎种、
> 秃童种、勃蔑种、羌渠种、贺赖种、钟跂种、大楼种、雍屈种、
> 真树种、力羯种，凡十九种，皆有部落，不相杂错。[121]

入塞十九种中并非均为匈奴部落，其中也有丁零存在。按中古汉
语语音，"赤"为 $t\mathrm{e}^{h}\mathrm{i}\epsilon k$，[122] "敕"为 $t^{h}\mathrm{i}\mathrm{e}k$，可知赤勒种即敕勒，而捍蛭
种则可能出自敕勒蛭氏（阿跌氏）。不过这些丁零部落被视为匈奴别
种存在，说明其或许遭受到与翟氏相似的命运，亦是匈奴对丁零曾经
享有控制权的证明。不过这些丁零的入塞地点、分布已难考证。

第三节 入塞丁零之分布

丁零入塞后，其在中原地区的主要分布聚居区域如下：

一、定州

定州位于太行山东麓、华北平原西部，该区域的丁零主要生活于

---

121 房玄龄：《晋书》卷九十七《北狄·匈奴传》，第2549—2550页。
122 除特殊注明外，本书汉语拟音使用王力先生之拟音系统。

中山、常山诸郡，其中行唐、承营为其部众之大本营。翟真反燕时，即先后率部屯于承营、行唐。[123]

关于此地丁零之人口数量，《魏书》留下了一些蛛丝马迹，太武帝太平真君七年（公元446年），曾"徙定州丁零三千家于京师"。[124]以一户五口而计，三千户当有一万五千口，而定州丁零的总数必然在此之上。在中山、常山等传统聚居地外，赵郡也有丁零分布。《魏书·长孙肥传》云：

> 时中山太守仇儒不乐内徙，亡匿赵郡，推群盗赵准为主。妄造妖言云："燕东倾，赵当续，欲知其名，淮水不足。"准喜而从之，自号使持节、征西大将军、青冀二州牧、钜鹿公，儒为长史，聚党二千余人，据关城，连引丁零，杀害长吏，扇动常山、钜鹿、广平诸郡。[125]

仇儒反魏事在天兴二年（公元399年），时赵郡已有丁零为其后援。又《宋书·臧质传》收有魏太武帝致臧质之信，行文称"设使丁零死者，正可减常山、赵郡贼"。[126]可知后燕在中原统治的甫一崩溃，丁零即从传统区域向外扩散南下至赵郡。

二、西山

西山丁零可以视为定州丁零的分支。西山丁零一词正式出现于北魏时期，《魏书·太宗纪》云："诏嵩遣娥清、周幾等与叔孙建讨西山丁零翟蜀、洛支等，悉灭余党而还。"[127]对于西山之位置，胡三省在注

---

123 房玄龄：《晋书》卷一百二十三《慕容垂载记》，第3086页。
124 魏收：《魏书》卷四下《世祖纪下》，第102页。
125 魏收：《魏书》卷二十六《长孙肥传》，第652页。
126 沈约：《宋书》卷七十四《臧质传》，北京：中华书局，1983年，第1912页。
127 魏收：《魏书》卷三《太宗纪》，第58页。

《通鉴》时曰：

> 　　中山西北二百里有狼山，自狼山而西，南连常山，山谷深
> 险，汉末黑山张燕、五代孙方简兄弟皆依阻其地。丁零余众，翟
> 真之党也，为燕所败，退聚西山。西山，曲阳之西山也。[128]

西山即曲阳之西的太行山区。需要指出的是，西山并非丁零的原生地区，西山之丁零多为因故入山居住。如丁零鲜于乞"保曲阳西山，闻垂南伐，出营望都"。[129]可知丁零本在山区之外居住，因为逃避政府控制等原因入山，保聚而居，行为类似庚衮。人随地名，从定州丁零变为西山丁零。

三、北山

北山丁零见《资治通鉴·太元十二年》："井陉人贾鲍招引北山丁零翟遥等五千余人，夜袭中山，陷其外郭。"[130]既然盟友贾鲍为井陉人，可知北山当在井陉附近。元好问有《过井陉》七律，其首句为"北山亭亭如驿堠"，[131]可知北山当为井陉以北诸山之称。以地望推测，北山丁零当为常山丁零的入山部族。

四、榆山

榆山丁零见《魏书·太宗纪》："（泰常二年，公元417年）夏四月丁未（初六），榆山丁零翟蜀率营部遣使通刘裕。"[132]对于榆山地望何

128　司马光：《资治通鉴》卷一百九《晋纪三十一·隆安元年》胡注，第3443页。

129　司马光：《资治通鉴》卷一百六《晋纪二十八·太元十一年》，第3367页。

130　司马光：《资治通鉴》卷一百七《晋纪二十九·太元十二年》，第3377页。

131　元好问撰，施国祁注：《元遗山诗注》卷四《过井陉》，台北：中华书局，1966年，第11页。

132　魏收：《魏书》卷三《太宗纪》，第57页。

在之问题，谭其骧先生、周伟洲先生均系之于居庸关附近。[133] 不过翟蜀通晋事在刘裕北伐后秦时，如果参考刘裕北伐之时间路线，居庸之说恐难成立。《宋书·武帝本纪中》云：

> （义熙十三年，公元417年）二月，冠军将军檀道济等次潼关。三月庚辰（初八），大军入河。索虏步骑十万，营据河津。公命诸军济河击破之。公至洛阳。七月，至陕城。龙骧将军王镇恶伐木为舟，自河浮渭。八月，扶风太守沈田子大破姚泓于蓝田。王镇恶克长安，生擒泓。九月，公至长安。[134]

四月翟蜀向刘裕遣使时，刘裕当在洛阳。而居庸关不但离洛阳颇有距离，而且离丁零传统区域——定州亦相去较远。从交通方面而言，丁零要从居庸关南下与东晋联络恐怕难度较大。因此榆山当另有所在，考之镇压起事之魏军动向，"司徒长孙嵩等诸军至乐平。诏嵩遣娥清、周几等与叔孙建讨西山丁零翟蜀、洛支等，悉灭余党而还"，[135] 可知此榆山当在乐平（今晋中昔阳县）附近，《大清会典（嘉庆朝）·舆地图·辽州图》云："清河出和顺县东北黄榆山。"[136] 此黄榆山又名黄榆岭，[137] 位于山西和顺与河北邢台之间。和顺县即北魏乐平县地，其地东北之黄榆山亦属太行山系，榆山或为黄榆山之简写。黄榆山不但离刘裕驻地洛阳更为接近，而且同属太行山系的位置也可以解释此后翟蜀等人为何在西山出现。

---

133 周伟洲：《敕勒与柔然》，第47页。

134 沈约：《宋书》卷二《武帝纪中》，第42页。

135 魏收：《魏书》卷三《太宗纪》，第58页。

136 托津：《钦定大清会典图（嘉庆朝）》卷九十六《辽州图》，台北：文海出版社，1992年，第3388页。

137 张廷玉：《明史》卷四十《地理志一·京师》"顺德府"条，北京：中华书局，1983年，第896页。

五、上党

上党丁零见《魏书·太祖纪》："（天兴五年，公元402年）十有一月……遣左将军莫题讨上党群盗秦颇、丁零翟都于壶关。"[138]虽然举事为北魏镇压。然而到魏太武帝时，上党丁零仍有反魏举事。魏将公孙轨屯壶关防备宋军时，"上党丁零叛，轨讨平之"。[139]

需要指出的是，上党丁零并非并州上党之原住居民，而是定州丁零的迁徙者。天兴五年起事的丁零首领翟都本为翟钊部将。《资治通鉴·太元十七年》记载："（二月）翟钊遣其将翟都侵馆陶，屯苏康垒。"[140]在翟魏为慕容燕所灭，翟钊单骑出逃至西燕后，作为其部将的翟都可能率其部众突围到西燕境内与主公会合，并在上党定居。

六、井陉

井陉丁零的情况可能与北山丁零相似，亦当与常山丁零有亲缘关系。《魏书·高宗纪》云："丁零数千家亡匿井陉山，聚为寇盗。诏定州刺史许宗之、并州刺史乞佛成龙讨平之。"[141]

对于井陉丁零的聚集之地，《（光绪）平定州志》云："州东为井陉界，今旧关以东绵延一山，当即丁零亡匿处也。"[142]

七、白涧

白涧丁零见《魏书·张蒲传》："泰常初，丁零翟猛雀驱逼吏民入白涧山，谋为大逆。"[143]白涧山之位置，见《水经注·沁水》："（建兴）

138　魏收：《魏书》卷二《太祖纪》，第40页。

139　魏收：《魏书》卷三十三《公孙轨传》，第784页。

140　司马光：《资治通鉴》卷一百八《晋纪三十·太元十七年》，第3404页。

141　魏收：《魏书》卷五《高宗纪》，第115页。

142　赖昌期修，张彬等纂：《（光绪）平定州志》卷三《疆域》，光绪八年刻本，第322页。

143　魏收：《魏书》卷三十三《张蒲传》，第779页。

郡西四十里有沁水，南流。沁水又南，与溇泽水合，水出溇泽城西白涧岭下，东迳溇泽。"[144] 建兴郡为西燕慕容永由上党分出，故白涧丁零当即上党丁零的一支。

八、西河

西河之丁零见《魏书·太祖纪》："（天兴二年，公元399年）八月……西河胡帅护诺于、丁零帅翟同、蜀帅韩砻，并相率内附。"[145] 西河并非入塞丁零的主要居住区，故该区域的丁零的出现当为十六国时期常见的政府移民所致。从姓氏而言，翟同当为翟斌诸翟之同宗，其入居西河或为慕容垂灭翟魏、西燕后对降燕丁零进行的意在调虎离山之迁徙。翟、狄相通，北宋名将狄青为西河人，或即西河丁零后裔。

九、代郡

代郡早在两汉之交即有丁零的活动，严尤曾领丁零兵负责代郡防务。至明代，属代郡故地的怀安卫附近尚留丁零岭之地名，见证了入塞丁零曾经在此活动的历史。此外，丁零首领翟鼠在反抗石勒失败后，逃至代郡。虽然其后回到中山故地，但可能留有部属在代郡。

十、密云

密云即北魏之安州属郡，原为三国、西晋时幽州辖地。北魏延和元年（公元432年）七月，为攻伐北燕，北魏征发密云丁零运送攻城器械。密云丁零与定州丁零关系似乎并不密切，其来源可能与三国时期至幽州贡马的丁零大人儿禅有关，为北丁零后裔。

十一、白鹿

---

144 郦道元撰，杨守敬、熊会贞疏：《水经注疏》卷九《沁水》，第821页。
145 魏收：《魏书》卷二《太祖纪》，第36页。

白鹿丁零为十六国末期后燕、北燕东北边境之丁零，与密云之幽州丁零可能同源。该部主要分布于与契丹相邻之建德郡，可能以白狼山（白鹿山）、白狼水为主要生活区域，严格意义上为边郡居住，与入居中原者不同。崔鸿《十六国春秋·北燕录》有载丁零民杨道，即属此部丁零，[146] 该部丁零可能已经从部落转为燕政府直接控制下之民户，但非农业之传统狩猎经济似仍有重要地位。参考唐代《翟奴子墓志》之家世追忆，[147] 该部可能亦存在翟氏，其后或与高句丽融合。

图2-3　历代丁零分布图

146　李昉等：《太平御览》卷一百九十二《居处部二十·城上》引（北魏）崔鸿《十六国春秋·北燕录》，第927-1页。

147　赵君平、赵文成：《秦晋豫新出墓志搜佚》第2册《唐翟奴子墓志》，北京：国家图书馆出版社，2012年，第377页。

综上所述，就入塞丁零之分布区域而言，中山、常山为其主要居住地，在太行山区则有北山、西山、榆山、井陉等支系分布，不过太行山区的丁零基本可以视为定州丁零的延伸。随着翟魏政权的兴衰，丁零部族也进入今天的山西境内，由上党扩散到周边地区，由于上党在北魏时为并州辖郡，因此又被称为并州丁零，借由太行山之山间路径"数为山东之害"。[148] 在北魏政权移民实土的政策下，丁零人也被迁徙到魏都平城一带。相较于上述与翟氏关系密切的丁零支系，尚有与翟氏关系不明或无甚关系的丁零居住于属于边郡的密云、代郡。

---

148 魏收：《魏书》卷五十三《李孝伯传》，第1167页。

第三章

稽胡之形成

　　周一良、马长寿等老一辈学者对稽胡的族群构成已有论述。就目前主流意见而言，多族群融合说较占优。只是对于这一问题仍存在可以讨论的空间，如构成稽胡之西域胡是否可以具体分类？冯、薛、马等非主流姓氏之胡人属于何族后裔？李志敏从地理分布论证稽胡源于铁勒，固然存在曲解史籍之嫌，不过此一源头是否真的不存在？这些无疑值得继续讨论。

　　另外，从区域分布而言，严耕望先生有利用佛藏等资料进行探讨稽胡分布，毛汉光先生亦有"汾水南线"之胡汉分界观点。然而在此区域之外的非传统胡区却在北朝之后出现了稽胡的活动，这些稽胡到底是迁徙而来，还是在地族群的稽胡化？尚待合理解释。

第一节　稽胡之名称由来

　　稽胡又名山胡、步落稽、部落稽，是自汉（前赵）、后赵二匈奴系政权覆亡后，活跃于今山西、陕西一带的族群。从十六国到隋唐，其记载不绝于史册。在此先对其几个名称加以厘清。

　　"稽胡"这一名称是今学界对该族群使用较多的称呼，其来源为

《周书·稽胡传》，《周书》有关该族群之活动记载多用稽胡来冠名。稽胡的"稽"来自"部落稽（步落稽）"之简称，对于该词的含义，林梅村先生认为当为突厥语balaq（鱼）之音译。[1]"步落稽"这一名词的出现可以追溯到北魏末期，时"内附叛胡乞、步落坚胡刘阿如等作乱瓜肆"，[2]为尔朱荣所灭。

在中古汉语中，"坚"读为kien，"稽"读为kiei，二者发音极为相近，可知步落稽、步落坚、部落稽三者为同音异译，部落稽与步落稽均源自魏末之步落坚，为后者之音转。

至于"山胡"，则是学界对该族群的另一主流称呼。与"山胡"意思相近的表述早在西晋时期就有出现。《晋书·刘琨传》载其上表，其中有"道崄山峻，胡寇塞路"之语，[3]可以视为"山胡"之滥觞。到不久后的东晋初年，"山胡"之名正式出现。《晋书·石勒载记上》云："（刘）琨司马温峤西讨山胡，勒将逯明要之，败峤于潞城。"[4]虽然"山胡"这一名词在两晋之交已经出现，但是此时的山胡与后世的山胡含义尚有区别。两晋时山胡之含义仍局限于指代山居的入塞匈奴五部及其胡族盟友，"山"之前缀是对其居住环境之描述。与后世"稽胡"意思相近的"山胡"这一词汇则要到北魏太武帝时才见踪影。延和三年（公元434年），太武帝"命诸军讨山胡白龙于西河"。[5]

更为著名的山胡事件要属魏末刘蠡升起事，孝明帝时，"山胡刘蠡升反，自称天子，置官僚"。[6]刘蠡升之事亦见于《周书·稽胡传》，可知至少在北朝末期，稽胡与山胡已经是同义词。又今本《魏书·太宗纪》非魏收原本，而为据魏澹《西魏书》之补本。[7]魏澹将河西胡白

1　林梅村：《稽胡史迹考——太原新出隋代虞弘墓志的几个问题》，第72页。

2　魏收：《魏书》卷七十四《尔朱荣传》，第1645页。

3　房玄龄：《晋书》卷六十二《刘琨传》，第1680页。

4　房玄龄：《晋书》卷一百四《石勒载记上》，第2724页。

5　魏收：《魏书》卷四上《世祖纪上》，第88页。

6　魏收：《魏书》卷九《肃宗纪》，第242页。

7　魏收：《魏书》卷三《太宗纪》校勘记，第64—65页。

亚栗斯、刘虎等称为"山胡"。然此二人统领之胡部未必属于山居状态，可见西魏、北周之史家已视魏初诸胡为后世山胡同类。

到东魏、北齐之时，步落稽和山胡又成为同义词。武定二年（公元544年），高欢"讨山胡，破平之，俘获一万余户口，分配诸州"。[8]此事亦见于《北齐书·皮景和传》，其文为"武定二年，征步落稽"。[9]在这一时期，不但山居之胡被称为步落稽，其他地区的胡人也被目为步落稽。《北齐书·綦连猛传》云："步落稽等起逆，在覆釜山，使猛讨之，大捷，特被赏赉。"[10]《北齐书》原本亡佚甚多，然此卷为李百药原书存本。李百药将此事系于高欢破尔朱氏（公元533年）到元象元年（公元538年）之间，在此期间发生的稽胡起事当为天平三年（公元536年）汾州胡变。当年九月，汾州胡王迢触、曹贰龙"聚众反，署立百官，年号平都"。[11]因此，綦连猛所征讨的步落稽当即汾州胡王迢触、曹贰龙等势力。此外，北齐武成帝之小字"步落稽"也可证明二者之间可画上等号。武成帝高湛死于天统四年十二月初十，即公元569年1月13日。从其得年32岁来推断，生年当在元象元年前后。此时与步落稽相关之事件正好为高欢败汾州胡。北方草原诸族有在为子女取名时采用手下败将名字的习惯，高欢出身于鲜卑化家庭，接受这一风俗当在情理之中。故武成帝之小字当为高欢败汾州胡后之记功留念，可见曹、王之胡类当时已被视为步落稽。

虽然已经考证了稽胡、山胡、步落稽三者之间的关系及其名称起源，三者基本可以画等号。不过按照魏收《魏书》书写"山胡"之笔法，其中诸种胡类可以分为两类，即广义的山胡与狭义的山胡。狭义的山胡为当时政府所不能控制或控制力薄弱地区的胡人，北魏在这些地区缺乏军、镇、州、县等行政机构，管理乏力，因此山居的胡人为

8　李百药：《北齐书》卷二《神武纪下》，北京：中华书局，1972年，第22页。

9　李百药：《北齐书》卷四十一《皮景和传》，第537页。

10　李百药：《北齐书》卷四十一《綦连猛传》，第540页。

11　李百药：《北齐书》卷二《神武纪下》，第19页。

其鞭长莫及的化外之民，可以理解为生胡。与之相对，另一类经常出现的胡人则在"胡"之种族前系以郡县地望，如吐京胡、离石胡、西河胡等，此类胡人当多处于地方政府控制下，与狭义的山胡一起构成了广义的山胡。由于魏收为北齐人，其对胡人的识别标准应该为北齐时之视角，其中也有名称混用之处，或许不能客观反映北魏人的观点。因此，寻找北魏的第一手材料就成为探寻时人视角下胡人身份区别之必要证据。从出土之墓志资料看，广义之山胡与狭义之山胡的界限在北魏中期已经模糊。北魏太和二十三年（公元499年）十一月《持节征虏将军汾州刺史元彬墓志》云："后以山胡校乱，征抚西岳，绥之以惠和，靖之以威略。一二年间，群凶怀德。"[12] 章武王元彬伐胡之事见其《魏书》本传："是时吐京胡反，诏彬持节，假平北将军，行汾州事，率并、肆之众往讨之。"[13] 可知本传中的吐京胡即其墓志所称之山胡，元彬卒于太和二十三年五月，故在太和之末，山胡的范围已经扩大，涵盖郡县之胡，成为不分生、熟的山居诸胡之统称。大致到北魏末，三种名称已成同义互指。

第二节　稽胡的族源构成

"胡"在秦汉至西晋之时主要为中原政权对北方游牧族群匈奴的称呼，后来延伸至天竺、粟特等非汉族群。虽然稽胡名称中有"胡"，可是其族源却众说纷纭。《周书·稽胡传》云：

> 稽胡一曰步落稽，盖匈奴别种，刘元海五部之苗裔也。或云

12　赵超：《汉魏南北朝墓志汇编》，天津：天津古籍出版社，1992年，第38页。

13　魏收：《魏书》卷十九下《章武王太洛传》，第513页。

山戎赤狄之后。[14]

对于稽胡和汉晋匈奴的关系，学界意见不一，代表性意见在绪论中已有列举。对于诸家之说，笔者试从目前可见之稽胡酋帅姓氏入手，对可能构成稽胡形成之族群进行分析推测。

一、匈奴、屠各

匈奴自东汉初分为南、北单于并立后，南单于设庭于美稷（今内蒙古鄂尔多斯准格尔旗西北），成为东汉王朝捍卫边疆的藩篱。向东汉称藩后，南单于一方面接受来自朝廷的各种物资支援，一方面在政府军事行动中履行出兵为援的义务，在对北匈奴、鲜卑、羌等少数族的战争中提供骑兵，辅助政府军作战。中间虽然屡有叛服，但臣属地位大体不变。

随着汉末烽烟四起，汉室对各地的控制力松弛，在试图维护中央权威的频繁战争中，政府对匈奴骑兵的征发力度也渐加大。《后汉书·南匈奴列传》云：

> 中平四年（公元187年），前中山太守张纯反畔，遂率鲜卑寇边郡。灵帝诏发南匈奴兵，配幽州牧刘虞讨之。单于遣左贤王将骑诣幽州。国人恐单于发兵无已，五年（公元188年），右部醢落与休著各胡白马铜等十余万人反，攻杀单于。[15]

羌渠单于被杀后，南匈奴一分为二，叛者立须卜骨都侯为单于，继续居留美稷。不久后，须卜骨都侯单于死，其部"以老王行国

14　令狐德棻：《周书》卷四十九《稽胡传》，第896页。
15　范晔：《后汉书》卷八十九《南匈奴列传》，第2964—2965页。

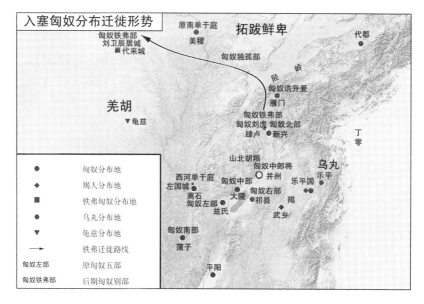

图3-1　入塞匈奴分布迁徙形势图

事",[16] 但单于位置空缺。而羌渠单于之子於夫罗在南下洛阳申诉无果后，与黄巾余部一起劫掠各地，结果屡遭碰壁，北回单于庭又遭拒，只能在河东平阳停留，形成了南匈奴的另一分支。美稷旧单于庭后遂无闻，河东平阳成为入塞匈奴的新庭。在於夫罗南下之初，其身边的追随者只有数千骑，加上战斗减员，能至平阳的匈奴数量必然更少。但到其弟呼厨泉继立后，却能在塞内立足，可见应当有部分原在美稷的匈奴部众认同羌渠单于一系的权威，南下投附于夫罗兄弟。

　　鉴于匈奴入塞后之发展以及其与中原王朝的历史往事，掌握东汉实权的曹操对其加以限制。建安廿一年（公元216年），曹操留来朝之呼厨泉单于于邺，"遣去卑归监其国"。[17] 关于呼厨泉单于与部众分

16　范晔：《后汉书》卷八十九《南匈奴列传》，第2965页。

17　范晔：《后汉书》卷八十九《南匈奴列传》，第2965页。

离的细节，《晋书·江统传》称曹操"又使右贤王去卑诱质呼厨泉"，[18] 可见奸雄之诈术。除此之外，为进一步削弱匈奴的实力，魏晋政府对入塞匈奴进行分割，形成了后来的匈奴五部。对于分割匈奴的始作俑者，《晋书·刘元海载记》认为是曹操："魏武分其众为五部，以豹为左部帅，其余部帅皆以刘氏为之。"[19] 然同书《江统传》又有"咸熙之际，以一部太强，分为三率。泰始之初，又增为四"之说，[20] 将其推迟至魏末晋初司马氏秉政时。不过《三国志·魏书·孙礼传》有"时匈奴王刘靖部众强盛"之记载，[21] 其事系于正始十年（公元249年）高平陵之变前，且不言刘靖属何部，或此时匈奴仍未完全分割，江统之说当较为合理。但无论如何，正如安介生先生所言，入塞匈奴由"塞外之虏"到"并州之胡"的历史性转变正是在曹魏时期完成。[22]

到西晋太康时，政府对匈奴五部的切割已经完成。关于五部的位置、人口，《晋书·北狄·匈奴传》云：

> 其左部都尉所统可万余落，居于太原故兹氏县；右部都尉可六千余落，居祁县；南部都尉可三千余落，居蒲子县；北部都尉可四千余落，居新兴县；中部都尉可六千余落，居大陵县。[23]

除以五部为基础的入塞匈奴外，汉末留居塞上的匈奴部众可能在与羌人的接触、合作中形成了汉末以来所谓的"羌胡"。到西晋时期，河西、塞北一带的匈奴又大量入塞。《晋书·北狄·匈奴传》云：

18　房玄龄：《晋书》卷五十六《江统传》，第1534页。
19　房玄龄：《晋书》卷一百一《刘元海载记》，第2645页。
20　房玄龄：《晋书》卷五十六《江统传》，第1534页。
21　陈寿：《三国志》卷二十四《孙礼传》，第692页。
22　安介生：《山西移民史》，第60页。
23　房玄龄：《晋书》卷九十七《北狄·匈奴传》，第2548页。

武帝践阼后，塞外匈奴大水，塞泥、黑难等二万余落归化，帝复纳之，使居河西故宜阳城下。后复与晋人杂居，由是平阳、西河、太原、新兴、上党、乐平诸郡靡不有焉……至太康五年（公元284年），复有匈奴胡太阿厚率其部落二万九千三百人归化。七年（公元286年），又有匈奴胡都大博及萎莎胡等各率种类大小凡十万余口，诣雍州刺史扶风王骏降附。明年（公元287年），匈奴都督大豆得一育鞠等复率种落大小万一千五百口，牛二万二千头，羊十万五千口，车庐什物不可胜纪，来降，并贡其方物，帝并抚纳之。[24]

以方位而言，晋初入塞诸部中于雍州归附者可能为汉末以来占据河西之羌胡。就前文已有论及的入塞匈奴十九种而言，虽然其中并非全为两汉匈奴后裔，但西晋去后汉未远，对前朝历史及族群关系当不陌生，可以肯定其中相当部分为晋人视野中与匈奴有亲缘或隶属关系之族群，故入塞时以匈奴视之。

八王之乱的混战促使入塞匈奴左部帅刘豹之子刘渊（刘元海）趁机起兵反晋，掀开了十六国兴衰交替的大幕。其子刘聪遣刘曜领兵攻陷长安，灭亡西晋，令晋愍帝青衣持壶，侍奉昔日被其视为奴隶的匈奴主君。在刘曜为石勒击败后，前赵灭亡，刘曜身死，石勒"坑其王公等及五郡屠各五千余人于洛阳"，[25] 匈奴五部也遭到毁灭性打击。但是在入塞匈奴居住的故地，仍然有余众分布。《晋书·慕容儁载记》云：

张平跨有新兴、雁门、西河、太原、上党、上郡之地，垒壁三百余，胡晋十余万户，遂拜置征、镇，为鼎峙之势。儁遣其司徒慕容评讨平……并州垒壁降者百余所，以尚书右仆射悦绾为

24　房玄龄：《晋书》卷九十七《北狄·匈奴传》，第2549页。
25　房玄龄：《晋书》卷一百三《刘曜载记》，第2702页。

安西将军、领护匈奴中郎将、并州刺史以抚之。平所署征西诸葛
骧、镇北苏象、宁东乔庶、镇南石贤等率垒壁百三十八降于儁，
儁大悦，皆复其官爵。[26]

　　张平本后赵将领，族属为汉为羯为屠各尚难断定，不过其控制的
地域半数以上为此前匈奴五部所居之地，而且从拥有胡户及之后前燕
领护匈奴中郎将之设置，可以判定其治下匈奴遗民当不在少数，张平
所署宁东将军乔庶即可能出自匈奴丘林氏。这些地区也是不久之后稽
胡的活动区域，因此稽胡中必然存在大量的匈奴五部后裔，刘渊起兵
时之权力中心左国城亦在稽胡活动频繁的离石地区。二者之间的承继
关系不言而喻。

　　另一方面，史料可见的稽胡姓氏中存在大量匈奴旧姓，如刘氏即
为大宗。早在明元帝神瑞二年（公元414年）即有河西胡酋刘遮、刘
退孤"率部落等万余家，渡河内属"。[27]此外尚有刘云、刘什婆、刘龙
驹、刘蠡升等大量刘姓胡人。刘氏源于匈奴单于之族挛鞮氏（虚连鞮
氏），"汉高祖以宗女为公主，以妻冒顿，约为兄弟，故其子孙遂冒姓
刘氏"。[28]在冒姓刘氏的过程中，当然存在非王室之匈奴或其他族群出身
者在单于权势衰弱之际乘机冒姓的情况，但不至于全为外人改名攀附。

　　又呼延氏，道武帝天兴元年（公元398年），离石胡帅呼延铁、西
河胡帅张崇等"聚党数千人叛，诏安远将军庾岳讨平之"。[29]

　　又乔氏，北周武帝天和二年（公元567年），延州总管宇文盛率众
筑银州城，"稽胡白郁久同、乔是罗等欲邀袭盛军，盛并讨斩之"。[30]

　　又卜氏，太武帝神麚元年（公元428年），并州胡酋卜田谋反

26　房玄龄：《晋书》卷一百十《慕容儁载记》，第2839—2840页。

27　魏收：《魏书》卷三《太宗纪》，第54页。

28　房玄龄：《晋书》卷一百一《刘元海载记》，第2645页。

29　魏收：《魏书》卷二《太祖纪》，第32页。

30　令狐德棻：《周书》卷四十九《稽胡传》，第898页。

被诛。[31]

呼延氏、乔氏、卜氏均为匈奴旧贵。"呼衍氏、兰氏，其后有须卜氏，此三姓其贵种也。"[32]又《晋书·北狄·匈奴传》称四姓，"有呼延氏、卜氏、兰氏、乔氏。而呼延氏最贵"。[33]呼延氏、卜氏、乔氏为自汉到晋的匈奴传统贵族，刘渊之母、妻均为呼延氏，乔智明、卜珝亦为汉赵闻人。稽胡中之同姓者当为其宗人后裔。兰氏虽然在胡中存在感较低，但定襄之《重修镇国寺记》碑阴题名有"副维那头兰政"与呼延璋、呼延普等匈奴后裔同列，兰政当为兰氏后裔。[34]

传统贵族四姓之外，稽胡中还有与匈奴存在关系的其他姓氏。如高氏，十六国末北魏出兵救西燕时，"次于秀容，破山胡部高车门等，徙其部落"。[35]匈奴高氏可以追溯到西汉之高不识，《史记·卫将军骠骑列传》中有霍去病之部将"校尉句王高不识"，裴骃于《史记集解》引徐广之说，谓"句音钩，匈奴以为号"。司马贞《史记索隐》案其为匈奴人。[36]高氏一门在匈奴中虽名望不及前述诸贵，但在刘渊建国后，以直谏著称的陈元达即为高氏改姓者。[37]

需要指出的是，西晋的五部匈奴已不完全是东汉时的南匈奴，其中融入了大量屠各胡人。屠各本西汉匈奴休屠王之后，全称休屠各，为匈奴别种。在西汉取得对匈奴之军事优势后，休屠王降汉，后人不乏进入汉朝权力中枢者，如休屠王子金日磾。休屠一般部众则在西陲边郡定居并渐有东迁者，到东汉时其族甚至参与了南匈奴王庭内的政

31　魏收：《魏书》卷四上《世祖纪上》，第74页。

32　司马迁：《史记》卷一百十《匈奴列传》，第2890—2891页。

33　房玄龄：《晋书》卷九十七《北狄·匈奴传》，第2550页。

34　牛诚修：《定襄金石考》卷一《重修镇国寺记》，收入《石刻史料新编（第二辑）》第13册，台北：新文丰出版公司，1979年，第9959页。

35　魏收：《魏书》卷二十八《庾业延传》，第684页。

36　司马迁：《史记》卷一百十一《卫将军骠骑列传》引注裴骃《集解》、司马贞《索隐》，第2931页。

37　房玄龄：《晋书》卷一百二《刘聪载记》，第2679页。

争，羌渠单于被弑事件中屠各即扮演了重要角色。可能以此次政变为契机，屠各进入南匈奴王庭权力核心，与南匈奴传统贵族合流，甚至可能冒姓挛鞮，借壳上市，获得继承单于王位的权力。唐长孺先生曾指出在魏晋之时，"一个屠各酋长掌握的实力要比空名的左右贤王大得多，刘宣等凭借屠各实力而假以南单于世嫡之空名，企图恢复匈奴旧业，这样就造成了合作"。[38] 故《晋书》有"屠各最豪贵，故得为单于，统领诸种"之说，这应当是匈奴内部权力游戏规则变化后的结果，刘渊一支确有屠各后裔之嫌。

如果说刘渊一系的屠各出身尚有争议，稽胡中其他一些姓氏却在屠各中数见不鲜。如王氏，北魏太武帝时三城胡酋王珍与南来降人谋叛被诛。[39] 匈奴中王氏的出现始于西晋时期，永熙元年（公元290年）杨骏欲"辟匈奴东部人王彰为司马，彰逃避不受"。[40] 东部即刘渊出身之左部，既然部帅有屠各之嫌，则部民也难脱干系。而且王氏较刘氏而言，屠各出身的争议更小。两晋之际有秦州休屠王石武以桑城降刘曜，后者以之为"使持节、都督秦州陇上杂夷诸军事、平西大将军、秦州刺史，封酒泉王"。[41] 屠各王氏至北魏中仍以陇西为主要活动区，文成帝时有王景文反魏。[42] 前赵之秦州与后魏之陇西相去未远，在此生活的屠各王氏当为同一支系。

又郭氏，孝文帝时吐京镇将穆罴麾下有离石都将郭洛头，因讨胡之役不遵将令，为孝文帝下旨免官。[43] 离石为稽胡聚居区，北魏在胡区也屡有以胡治胡的策略实施，此郭洛头当为稽胡。孝明帝时裴庆孙与稽胡作战时，"身自突陈，斩贼王郭康儿"。[44] 可见魏末吐京胡中

38　唐长孺：《魏晋杂胡考》，第398页。

39　魏收：《魏书》卷三十七《司马休之附子文思传》，第854页。

40　司马光：《资治通鉴》卷八十二《晋纪四·永熙元年》，第2602页。

41　房玄龄：《晋书》卷一百三《刘曜载记》，第2692页。

42　魏收：《魏书》卷五《高宗纪》，第112页。

43　魏收：《魏书》卷二十七《穆罴传》，第666页。

44　魏收：《魏书》卷六十九《裴庆孙传》，第1532页。

也有郭氏身影。关于郭氏本来之族属，《资治通鉴·太元九年》录有"帅部众数千"支持慕容农之屠各帅郭超。[45] 可知郭氏当为屠各之姓。

对于西河胡中多有出现的张氏，吕思静认为该部可能与曾在苻、姚之间首鼠两端的屠各帅张龙世有关，在遭到打击后张氏率部东渡黄河，至西河定居。[46] 若如其所说，则稽胡之源自屠各者又添一支。

到北朝后期，本独立于匈奴五部存在的另一支屠各——秦陇屠各也有融入稽胡者。西魏时的黑水稽胡可能活动于陇山以西，已突破稽胡居住的传统西线。考虑到陇西为屠各传统活动区，该部稽胡可能即稽胡化之屠各。隋末有弘化郡（唐之庆州）稽胡帅刘仚成起事，其地本为屠各活动区域，北朝时非稽胡之活跃区，亦存在屠各稽胡化之可能。屠各的稽胡化当在北魏末已开启进程，其族最后一次见诸史册的活动为西魏大统年间之起事，时汉炽屠各"阻兵于南山，与陇东屠各共为唇齿"，为魏将王子直平定。[47] 关于汉炽之地望，宋人江休复《醴泉笔录》云：

> 仪州，唐神策义宁军置使统之。太和年，姚说《充使李茂正墨制义州主公寺碑》"魏晋秦年督护汉炽太守王宝贵"，此即汉炽城矣。[48]

李茂正即唐末岐王李茂贞，考之《太平寰宇记·陇右道一》"唐为神策军，后唐同光元年改为义州"，[49] 李茂贞死于同光二年（公元924年），则同光元年（公元923年）所改之义州（今甘肃华亭）当即

45　司马光：《资治通鉴》卷一百五《晋纪二十七·太元九年》，第3321页。

46　吕思静：《稽胡史研究》，第115页。

47　令狐德棻：《周书》卷三十九《王子直传》，第700页。

48　江休复：《醴泉笔录》卷下，收入《笔记小说大观六编》第4册，台北：新兴出版有限公司，1975年，第1900页。

49　乐史：《太平寰宇记》卷一百五十《陇右道一·仪州》，北京：中华书局，2007年，第2908页。

西魏汉炽故地。该地与陇山（六盘山）东麓恰好两相对峙，呈犄角之势。《周书·梁台传》有传主大统初破两山屠各之记载，[50] 两山或为汉炽屠各之南山与陇东屠各之北山，王子直、梁台二者伐屠各或即同一事。

在受此打击后，屠各可能加快与稽胡融合，或直接以稽胡之名活动。《资治通鉴·武德九年》云："五月，戊子（初一），虔州胡成郎等杀长史，叛归梁师都。"[51] 王崇武点校之中华书局版《通鉴》将此句断为"虔州胡/成郎"，则此举事者为成姓胡人。据胡三省考释，此条"虔州"当作"庆州"。庆州正是稽胡大帅刘没成的根据地，故成郎所属之胡应为稽胡。成氏为屠各大姓，南凉时有屠各成七儿举事反秃发傉檀。[52] 所以迟至隋末唐初，秦、泾之屠各可能已完成与稽胡之融合。

二、西域胡

在稽胡形成过程中，匈奴之外的西域诸胡也扮演了重要的角色。早在西汉时，匈奴已吸收部分西域胡。"本乌孙、康居间小国"的乌禅幕率众数千归于匈奴，首领与匈奴贵族联姻。[53] 此来自西域的乌禅幕当即后来入塞匈奴乌谭种的祖先，此外石勒所属之羌渠种严格意义上也为西域胡。不过对稽胡形成而言，上述两部影响力有限，不及另三支西域胡。

（一）龟兹胡

稽胡中可能出自龟兹者主要为白氏，白氏较大规模活动始见于北魏初年，明元帝神瑞二年（公元415年），"河西饥胡屯聚上党"，推白亚栗斯为盟主反于上党。[54] 更为出名的白姓胡人当属太武帝时举事之

50　令狐德棻：《周书》卷二十七《梁台传》，第452页。

51　司马光：《资治通鉴》卷一百九十一《唐纪七·武德九年》，第6003页。

52　房玄龄：《晋书》卷一百二十六《秃发傉檀载记》，第3151页。

53　班固：《汉书》卷九十四上《匈奴传上》，第3790页。

54　魏收：《魏书》卷三《太宗纪》，第55页。

白龙。白亚栗斯、白龙等白姓酋帅并非出自匈奴传统贵族，族属当另有来源。白龙起事发生于西河，杜预在注释《春秋释例》"白狄"时称"西河郡有白部胡"。[55] 杜预为西晋人，则西河白部胡之出现不会晚于西晋。此白部当与稽胡白氏有直接关联。

在拓跋鲜卑中也有白部存在，《魏书·序纪》有记载拓跋力微祭天时"唯白部大人观望不至，于是征而戮之"。受到拓跋部的铁腕打击后，白部一度向前者称臣，然到西晋末年，又再次背叛拓跋氏。时白部"叛入西河，铁弗刘虎举众于雁门以应之，攻琨新兴、雁门二郡"。[56] 到拓跋什翼犍时，随着拓跋氏的强大，白部再次成为代国属部，甚至与拓跋氏传统盟友独孤部一起抵抗前秦进攻。对于拓跋部属下白部的起源，主要有以下三种说法：

1. 白山起源说

最早将白部起源与白山相联系者为胡三省，其注《资治通鉴》该条时，认为"鲜卑有白部，后汉时鲜卑居白山者最为强盛，后因曰白部"。[57]

关于东汉居于白山之部族，《后汉书·乌桓鲜卑列传》云：

> 光武初，乌桓与匈奴连兵为寇，代郡以东尤被其害。居止近塞，朝发穹庐，暮至城郭，五郡民庶，家受其辜，至于郡县损坏，百姓流亡。其在上谷塞外白山者，最为强富。建武二十一年（公元45年）遣伏波将军马援将三千骑出五阮关掩击之。乌桓逆知，悉相率逃走，追斩百级而还。[58]

55　杜预：《春秋释例》卷七《土地名第四十四之三》，第146—166页。

56　魏收：《魏书》卷一《序纪》，第3、7页。

57　司马光：《资治通鉴》卷一〇四《晋纪二十六·太元元年》，第3278页。

58　范晔：《后汉书》卷九十《乌桓鲜卑列传》，第2982页。

可知胡三省之说当出自《后汉书》，然考之《后汉书》原文，可知居白山者并非鲜卑，而为乌桓。即使乌桓与鲜卑同源，俱为东胡之后，可到东汉初已经发展为两个不同的族群，因此乌桓白部未必就是后来的鲜卑白部。况且乌桓白部在东汉初已经遭到马援的沉重打击，能否在两三百年后仍然保持其族群的独立性？这不能不令人怀疑。

2. 素和氏之起源说

白部出自素和氏之说为唐人林宝提出，氏撰《元和姓纂》云："素和，鲜卑檀石槐之支裔，后魏有尚书素和跋，弟毗，右将军素和突，《后魏书》云以本白部，故号素和。孝文改为和氏。"[59] 林宝所称之《后魏书》当为唐代尚可见到的张太素撰《后魏书》，惜今人可见之魏收本《魏书》中未录此说。对于素和氏原籍，魏收系于高句丽之北勿吉国附近，而非塞外草原南部。[60] 而在另一位素和氏闻人——北齐和士开之传文中，其祖先被指为"西域商胡"。[61] 二者均与白部之说无涉。对于素和氏源于鲜卑白部之说，清人陈毅已有考证：

> 按两说（乌丸、鲜卑）皆非也，前说出自和氏子孙妄尊其祖，后说系涉鲜卑大人素利而误，《北齐书·和士开传》云其先西域商胡，本姓素和氏，《北史》同，是其证。[62]

因此，白部与素和氏当不存在关系。

3. 黄巾余部说

清人沈钦韩认为白部出自黄巾军，当和黄巾之白波部有关，其《春秋左氏传补注》引杜预之说"西河郡有白部胡"，断定"此汉末白

59　林宝：《元和姓纂》卷八《素和氏》，北京：中华书局，1994年，第1233—1234页。

60　魏收：《魏书》卷一百《勿吉传》，第2221页。

61　李百药：《北齐书》卷五十《和士开传》，第686页。

62　陈毅：《魏书官氏志疏证》，收入《四库未收书辑刊（第十辑）》第3册，北京：北京出版社，2000年，第3—11页。

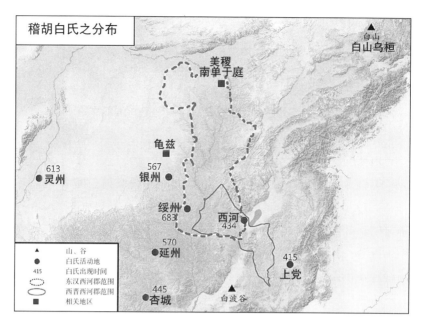

图3-2 稽胡白氏分布图

波贼之遗"。[63]

对于黄巾军中所谓"白波贼"之名称来源，《后汉书·孝献帝纪》引注薛莹书曰："黄巾郭泰等起于西河白波谷，时谓之白波贼。"[64] 至于郭泰等起事之白波谷地望，《（乾隆）汾州府志》系之于"太平县东南三十五里"，并进一步解释"白波谷不属西河郡而曰西河白波谷"之原因为"徒以近龙门西河耳"。[65]

黄巾白波军首倡起事之地虽然不在西河，但距离相去不远，与后来的白部胡存在一定的空间重合性。而且白波军曾经与南匈奴单于

63 沈钦韩：《春秋左氏传补注》卷四，收入《丛书集成新编》第109册，台北：新文丰出版公司，1985年，第364页。

64 范晔：《后汉书》卷九《孝献帝纪》，第368页。

65 孙和相修、戴震纂：《（乾隆）汾州府志》卷一《沿革》，收入《续修四库全书》第692册，上海：上海古籍出版社，2002年，第253页。

於夫罗合作，初平元年（公元190年）於夫罗"将数千骑与白波贼寇冀州界"。[66] 从起事位置及胡汉合作之历史来看，白波军似乎与白部胡存在一定关系，沈说似颇有见地。不过白波为黄巾军的组成部分，其主要成员为汉人无疑。随着黄巾之乱的平息，白波余部也被地方军阀招募。即使其中有少量随南匈奴迁至西河郡，可是要同时满足在几十年的时间中完全胡化，并发展为独立于匈奴五部之外的部落这两大条件，恐怕相当困难。

因此，以上关于白部起源三说均有破绽。对于稽胡白氏的来源，马长寿先生认为与龟兹有关，提出"白姓，便是古代龟兹国王的姓氏"，"龟兹人初徙上郡，后渡黄河而东，便是西河郡稽胡和山胡的白氏"。[67] 此说较前三者合理，不过依笔者之见，在龟兹到稽胡之间，应该还有白部胡这一过渡阶段。

龟兹人入华后之居所地望何在，《汉书·地理志》"上郡"云："龟兹县，属国都尉治，有盐官。"[68] 在此条下，颜师古注曰："龟兹国人来降附者，处之于此，故以名云。"《水经注·河水三》亦云："帝原水西北出龟兹县，东南流，县因处龟兹降胡著称。"[69] 龟兹本为西域城邦之国，因其境内有白山（今天山），故以白为氏。根据新疆克孜尔吐尔龟兹墓出土之遗体分析，龟兹人之欧罗巴人种（高加索人种）特征明显占优势。[70] 龟兹人混有白种人血统，肤色自然较汉人、匈奴白皙，加之部落名称随首领姓氏之习惯，被称为白部当在情理中。

但对于龟兹人的东迁过程，马长寿先生认为龟兹人徙上郡当在汉

---

66 袁宏撰，周天游校注：《后汉纪校注》卷二十六《初平元年》，天津：天津古籍出版社，1987年，第738页。

67 马长寿：《北狄与匈奴》，第154页。

68 班固：《汉书》卷二十八下《地理志下》"上郡"条，第1617页。

69 郦道元撰，杨守敬、熊会贞疏：《水经注疏》卷三《河水三》，第259—260页。

70 张平、王博：《克孜尔墓葬出土人颅的种族研究》，收入张平：《龟兹文明：龟兹史地考古研究》，北京：中国人民大学出版社，2010年，第65页。

武帝时，[71] 但未列其依据，而《汉书》《后汉书》也未给出明确答案。王子今先生认为这些龟兹人可能来自汉宣帝神爵年间为郑吉借用、押解匈奴降人之渠黎、龟兹士兵，其人在辗转入华后，未能回乡者被汉室安置于龟兹县。[72] 根据《汉书·地理志》所录上郡23县、606 658口而计，则平均一县当有26 000余口。[73] 龟兹县人口亦当在2万左右，可是西汉龟兹可供服役为兵的壮年男子亦不超过此数，为郑吉征用入华、居留中原者必然更加少之又少。而其地又以龟兹为名，主要居民当以龟兹为主。故在滞留士兵外，可能还存在以其他途径居留之龟兹人，如入贡未归者。有一些蛛丝马迹可以为此说提供合理的推测。《汉书·西域传》云：

> 龟兹前遣人至乌孙求公主女，未还。会女过龟兹，龟兹王留不遣，复使使报公主，主许之。后公主上书，愿令女比宗室入朝，而龟兹王绛宾亦爱其夫人，上书言得尚汉外孙为昆弟，愿与公主女俱入朝。元康元年（公元105年），遂来朝贺。王及夫人皆赐印绶。夫人号称公主，赐以车骑旗鼓，歌吹数十人，绮绣杂缯琦珍凡数千万。留且一年，厚赠送之。后数来朝贺……其子丞德自谓汉外孙，成、哀帝时往来尤数，汉遇之亦甚亲密。[74]

脱离匈奴，选择汉朝后，龟兹与汉朝的往来不断增多，亦遣子入侍。汉明帝时的龟兹国王白霸就曾在洛阳为侍子。在使节、侍子往返的过程中，自然不可能轻车简从出行，出于安全、补给等因素考量，必定会携带一定数量的随从。某些情况下，这些随从甚至侍子本人可

---

71 马长寿：《北狄与匈奴》，第154页。

72 王子今：《秦始皇直道考察与研究》，西安：陕西师范大学出版社，2018年，第135—136页。

73 班固：《汉书》卷二十八下《地理志下》，第1617页。

74 班固：《汉书》卷九十六下《西域传下》，第3916页。

能长期定居中原，甚至发展为一定规模的本族聚落。比较典型的例子当为由康居入华人士形成的蓝田康氏聚落，由于汉代康居"遣侍子待诏于河西，因留为黔首，其后即以康为姓"。[75] 康居康氏后因乱南迁，刘宋侨立郡县安置之，《宋书·州郡志三·雍州》云："华山太守，胡人流寓，孝武大明元年（公元457年）立。"[76]

康居侍子的后代可以繁衍生息为郡县之规模，则龟兹侍子或从人也有可能与其兵士同乡共居河西，繁衍为部落。而龟兹县的环境远比西北大漠风沙肆虐之地优越，其地"沃野千里，谷稼殷积，又有龟兹盐池以为民利。水草丰美，土宜产牧，牛马衔尾，群羊塞道"。[77] 食盐为人民生活之必需品，所以龟兹人之龟兹县可以凭借该重要民生、战略资源在多族聚居的河西上郡占有一席之地，因此龟兹县也成为当时各族群往来之要冲。东汉张奂通过控制龟兹，逼得"南匈奴不得交通东羌，诸豪遂相率与奂和亲"。[78] 既然占据龟兹县能够切断南匈奴与东羌的往来，则龟兹在二者之间之作用不难想象。不过这时的东汉政府仍然有一定的权威，对治下各族尚能掌控。但到东汉末期，战火令中央无暇顾及边郡，龟兹县之龟兹后裔亦可能渡河到河东西河郡，与匈奴联系更进一步，发展为晋人所谓的白部胡。此后由于拓跋鲜卑的兴起，其中一部分可能加入拓跋部落联盟，身份转换为鲜卑。不过可能由于其与匈奴的长期接触，白部对后者颇有亲近感，因此在刘渊起兵后，与拓跋部选择保晋不同，白部与右贤王之后铁弗刘虎一起支持匈奴汉国。

龟兹白氏与匈奴余部混居的例子，在陕西白水树立的《广武将军□产碑》中可以得到印证。该碑之题名人中有出自龟兹之"大人白平君""扬威将军酋大白安""行事白禽""主薄白国""帛大谷"等，

75　姚思廉：《梁书》卷十八《康绚传》，北京：中华书局，1973年，第290页。

76　沈约：《宋书》卷三十七《州郡志三·雍州》，第1143页。

77　范晔：《后汉书》卷八十七《西羌传》，第2893页。

78　范晔：《后汉书》卷六十五《张奂传》，第2138页。

出自匈奴屠各之"将军张□成""部大张广平""部大王□□""部大王安""部大王崇""部大张爱乡""建威将军董平奴""部大董白"等。[79] 白水县位于关中平原到黄土高原的过渡地区，为稽胡活动之南界，构成其形成之两大族群混居格局明显。除碑刻外，二族之杂居还可以从十六国时期的地名中寻得踪迹。关中豳州胡空堡之东有帛蒲堡，帛氏即白氏，为龟兹王姓，当为龟兹势力所筑，然在前秦之末，该地却为屠各所控制，出于强化实力之考量，屠各未必会尽逐龟兹胡人，可能与顺从者混居，这些龟兹后裔或与屠各一起形成后世之稽胡。

除经由白部胡等途径形成的稽胡白氏外，龟兹白氏尚有一部分后裔融入卢水胡中。盖吴部下有部落帅白广平，受前者派遣，"西掠新平，安定诸夷酋皆聚众应之"。[80] 盖吴为卢水胡，其部落帅白广平自不能例外。这一部分可能在汉末未渡河东向，而是继续留在上郡旧地，经历羌胡的发展阶段后，融入卢水胡中。不过卢水胡北魏以后亦有融入稽胡者，故这一部分白氏可能最终还是有成为稽胡者。马长寿先生之谓"白氏在北魏前称龟兹胡，北魏即以后称稽胡"，[81] 可谓颇有见地。

（二）月氏胡

需要指出的是，即使是胡中第一大姓刘氏，也并非均为匈奴屠各后裔，亦有伪托出身之西域胡存在。前秦皇始三年（公元353年）西域胡刘康"诈称刘曜子，聚众于平阳"，举事反秦。[82] 既然其被称为西域胡，则必非五部正胤。关于其族属来源数十年前之刘芒荡起事或许可以提供线索。《晋书·怀帝纪》云：

79　王昶：《金石萃编》卷二十五《广武将军□产碑》，收入《石刻史料新编》第1册，第451—453页。

80　魏收：《魏书》卷四下《世祖纪下》，第99页。

81　马长寿：《碑铭所见前秦至隋初的关中部族》，第33页。

82　司马光：《资治通鉴》卷九十九《晋纪二十一·永和九年》，第3132页。

（永嘉三年，公元309年）秋七月……辛未（初五），平阳人刘芒荡自称汉后，诳诱羌戎，僭帝号于马兰山。支胡五斗叟、郝索聚众数千为乱，屯新丰，与芒荡合党。[83]

响应刘芒荡起事之族群中确有支胡存在，支胡即来自西域之月氏人。刘康既为西域胡，起事地又在刘芒荡原籍，极可能为早年参与起事的月氏胡人后裔，其得姓刘氏或亦与自称汉室后裔的刘芒荡有关，或为后者"赐姓"，或随主公姓。月氏胡人入华时间当可以上溯至西汉之时，《汉书·地理志》载安定郡下辖"月支道"，[84] 即安置其人所设，其后辗转东迁，进入黄河中游，与匈奴余部融合。

（三）粟特胡

龟兹胡、月氏胡之外，稽胡中还有粟特后裔存在。粟特人以经商闻名，从中亚沿丝绸之路入中原，沿途不乏其踪迹。在稽胡聚居区域内也存在粟特聚落。如西河，唐永徽六年（公元655年）《曹怡墓志》云志主隰城人，"祖贵，齐壮武将军。父遵，皇朝介州萨宝府车骑骑都尉"。[85] 隰城即北魏时稽胡起事频频的西河，为北魏孝昌年间设置。曹怡之父为萨宝，则其家族为粟特人无疑，曹氏入华当不晚于北齐。虽然同为曹氏，但曹怡之族极可能来自中亚之曹国，与前秦之匈奴东、西曹可能关系不大。又如北周大成元年（公元579年），夏州《翟曹明墓志》云志主"西国人也。祖宗忠烈，令誉家邦。受命来朝，遂居恒夏"。[86] 翟曹明当为粟特化之丁零后裔，卒于北周大成元年，享年九旬。墓志称其为"夏州天主"，青年时"咢咢当官，恂恂乡邑"，据

83　房玄龄：《晋书》卷五《怀帝纪》，第119页。

84　班固：《汉书》卷二十八下《地理志下》，第1615页。

85　《曹怡墓志》，参见张庆捷：《唐代〈曹怡墓志〉有关入华胡人的几个问题》，收入荣新江、罗丰：《粟特人在中国：考古发现与出土文献的新印证》，第644页。

86　《翟曹明墓志》，参见罗丰、荣新江：《北周西国胡人翟曹明墓志及墓葬遗物》，第280页。

罗丰先生、荣新江先生推算，翟曹明当在北魏孝明帝时（公元516—528年）于当地胡人聚落任官，而天主当为祆主。[87] 由此可以肯定多族居住的交通要冲——夏州，至少在北魏末年已经有信奉祆教的粟特人居住。

这些粟特人在入华多代后甚至有人忘却其中亚故土，直接以夏州为籍贯。如武周时过世的粟特人安旻，其墓志径称"夏州朔方县人"。[88] 由于夏州为北魏时稽胡之统万胡聚居区，二者之间必然会存在接触。当然这些接触未必都属于和平交流，亦存在战争冲突。北周之末即有粟特胡史射勿"从上柱国、齐王宪掩讨稽胡"。[89] 与拥护政府之粟特相对，亦有支持稽胡之粟特。魏末以来胡人起事中就不乏粟特身影。如康氏，魏末有康维摩"拥率羌胡守锯谷，断甄棠桥"，为魏将源子雍擒获。[90] 康氏出自西域康居，南梁名将康绚即康居后裔，不知康维摩是否亦为蓝田康氏后裔？不过康居本信奉祆教，而康维摩之名则与唐代诗人王维之字摩诘相近，明显源自维摩诘菩萨。应该为其入居中土已久，受佛教影响较深之故。同样皈依佛教的康氏在北朝中期以后的稽胡聚居地鄜城也可见到，《法龙造像记》题名中就有"康拖陁""康长□"。[91] 此二人与屠各、羌人后裔一起参与造像活动，可能已在地化，除姓氏外，粟特特征渐趋模糊。

康氏之外，胡中粟特姓还有穆氏，齐周之交，胡帅刘没铎起事抗周，"遣其大帅穆支据河西"。[92] 穆氏与康氏同源，为西域昭武九姓之一，出自穆国。《隋书·西域传·穆国》云其国"都乌浒河之西，亦

---

87 罗丰、荣新江：《北周西国胡人翟曹明墓志及墓葬遗物》，第282—283页。

88 《安旻墓志》，参见康兰英：《榆林碑石》，西安：三秦出版社，2003年，第211页。

89 王其祎、周晓薇：《隋代墓志铭汇考》第4册《史射勿志》，北京：线装书局，2007年，第40页。

90 魏收：《魏书》卷四十一《源子雍传》，第930页。

91 《法龙造像记》，参见靳之林：《延安地区发现一批佛教造像碑》，《考古与文物》1984年第5期，第33页。

92 令狐德棻：《周书》卷四十九《稽胡传》，第898页。

安息之故地，与乌那曷为邻"。[93] 据白鸟库吉考证，穆国即 Amul，为《大唐西域记》记录之"伐地"，位于今阿姆河右岸。[94] 至于这些粟特后裔进入稽胡的途径，比较可能的解释是先作为官吏进入原匈奴各政权中，匈奴化后与周边其他各族一起逐渐转变为稽胡。十六国各匈奴政权中，确实有粟特人活动的身影。如周隋之间的虞庆则，"其先仕于赫连氏，遂家灵武，代为北边豪杰"。[95] 据荣新江先生考证鱼氏源自中亚，[96] 罗新先生进一步指出鱼氏很可能就是粟特人。[97] 既然赫连夏中有粟特人任职，其他匈奴政权中也可能有粟特存在。石赵政权中就有粟特康这位粟特侍卫效力。[98] 虽然他们曾经位居台阁，执掌宫禁。但随着各政权覆亡，可能与匈奴胡人一起退居山中、边塞，成为后来的稽胡。

其他下层粟特人的入胡途径或不太相同，有可能为战争、民变之催化。虽然粟特人在入华时多保留了聚族而居的习惯，但北魏末年之六镇起事可能打破这一传统。《翟曹明墓志》即可提供一条线索，其"伤魏鼇之衰泯，慨臣下之僭凌。是以慕义从军，诛除乱逆"。[99] 翟曹明或与当时他族首领相似，率领本族丁壮"勤王"，以粟特乡团协助政府军与反抗军作战。可是在战乱中，战败酋长与部落失联乃是常事，如北齐名将斛律金即曾失去对部落的控制。这些部众四分五裂，或主动或被动进入其他群体中并不意外。这一过程自然加速了族群的重整，促使某些族群扩大。稽胡中粟特姓氏胡人活动之出现恰恰在六

93　魏徵：《隋书》卷八十三《西域传·穆国》，第1856页。

94　白鸟库吉著，傅勤家译：《康居粟特考》，第57页。

95　魏徵：《隋书》卷四十《虞庆则传》，第1174页。

96　荣新江：《中古中国与外来文明》，北京：生活·读书·新知三联书店，2001年，第113、171页。

97　罗新：《虞弘墓志所见的柔然官制》，收入氏著《中古北族名号研究》，北京：北京大学出版社，2009年，第109页。

98　房玄龄：《晋书》卷一百七《石季龙载记下》，第2795页。

99　《翟曹明墓志》，录入罗丰、荣新江：《北周西国胡人翟曹明墓志及墓葬遗物》，第280页。

镇烽火燃起后，恐怕不能只用巧合来解释。

粟特在仕宦外，可能还存在因经商入胡区居住、融合的路径。现代吕梁山区的一些残存地名为笔者这一假说提供了可能的线索。山西临县黄河岸边的碛口镇有一叫索达干的村庄。对于其村名来源，当地村民表示与元末起事有关，起事者欲武装反抗元朝统治，故产生了"杀鞑干"之口号，以示要将元朝驻军清除，后音转为索达干。[100]

"索达干"一词明显非汉语，当为少数族语言之译音。村民的解释显然为汉语语境下望文生义的牵强附会。张颌先生曾经提出两种说

图3-3　山西临县索达干村

（笔者2021年5月摄于山西临县碛口镇。）

---

100 笔者2021年5月12日于山西临县碛口镇索达干村走访。

法论证"索达干"的起源。其一为早期意见，即该词为突厥语"虎"的音译，然而突厥语中"虎"为"bars"，与"索达干"发音相去甚远。所以张先生后来也自我否定此说，转而认为这一词汇当是突厥官制的残留。因为突厥诸官号中有"达干"一种，所以推测此地可能有过一位名叫"索"的达干驻守，故以"索达干"之名流传至今。[101]

对于张颔先生之说，笔者并不完全认同。吕梁山区并非突厥人的传统活动地区，在隋唐时期突厥人的影响力虽一度扩张至此，但突厥汗国的铁骑在当地活动时间较短，恐怕难以发挥较大影响力。中唐以后，突厥及其别种沙陀虽然有在吕梁山区活动，但此时的突厥或沙陀能否保留草原时代的政治制度，将原官职设置于此，确实令人怀疑。依笔者之见，张颔先生将这一词汇与突厥语联系起来无疑体现了其敏锐的洞察力，不过说突厥语的族群并非都是草原上的突厥人，稽胡语言中也有大量突厥词汇。与其将"索达干"的出现归因于突厥人，倒不如将有四百多年吕梁山区活动史的稽胡纳入考察范围。索达干村的位置也正好是稽胡曾经的活动区域，这点无疑为笔者之稽胡说提供了可能。

关于稽胡的语言，后文将有论述对比，在此先解"索达干"一词。据喀剌汗王国时期马赫茂德喀什噶里编纂之《突厥语大词典》，商人被称为"sart"。今天的突厥语诸族也存在相似拼写，如维吾尔语称商人为Sodagan，土库曼语为Söwdagär，乌兹别克语为Savdogar。在中古汉语中，"索达干"发音为sɑk dɑt kɑn，与突厥诸语之商人发音相近。如果笔者推论成立，则此村名当源自突厥语"商人"。另外，该村的正好位于黄河沿岸，具有较好的区位优势。《（成化）山西通志·津梁》云"索达安渡路通陕西吴堡县"，[102] 索达安即索达干，其地

---

101 张颔：《"索达干"解——兼谈隋唐之际突厥族在山西的活动》，《三晋文化研究论丛》，1997年，第72—78页。

102 李侃修，胡谧纂：《（成化）山西通志》卷三《津梁》，1933年影钞明成化十一年刻本，第291页。

为连通山西、陕西两地的渡口。虽然该记载为明代情况，但并不代表此地明代才成渡口，其津梁地位的形成自然在此之前。在寻求优越区位、便利交通条件的商人看来，渡口当是作为商品集散地或销售地的较好选择，此地能聚集商人必在情理之中。

需要看到的是，索达干村距离黄河东岸的水路要冲——碛口镇仅有4公里，能分担其部分商贸功能当不意外。虽然胡人过着山居生活，但并不意味完全与世隔绝。其所需之生活用品、必要物资中有一些是无法自给自足的，必然需要依靠对外商业交流来完成。《周书·稽胡传》关注到稽胡妇女"多贯蜃贝以为耳及颈饰"的习俗，[103]"蜃"作为

图3-4　介休祆神楼

（笔者2021年5月摄于山西介休。）

103　令狐德棻：《周书》卷四十九《稽胡传》，第897页。

装饰品深受稽胡妇女喜爱,《说文解字》曰"蜃,大蛤,雉入海所化。蜃属,有三,皆生于海"。[104] 稽胡生活于山区,自然不可能就地采集产自海滨的"蜃贝",必然要依托对外商业交换。即使将"蜃"的含义扩展到广义的、涵盖河蚌在内的所有贝类,当地亦罕有出产。笔者曾走访陕西延河沿岸,获悉以延河为代表的黄土高原河流中螺、蚌极少,[105] 即使有少量生存,产量也难以满足妇女妆扮需要,自给可能性不高。

提到中古时期的商业名族,自然绕不开粟特人。可能在十六国北朝时,有粟特人进入胡中经商,逐渐融合于稽胡中。现代吕梁山区的一些残存地名为证实笔者这一假说提供了可能的线索,如位于吕梁山以东介休的贾胡堡。事实上介休至今保留了粟特人活动的遗迹——祆神楼,与《虞弘墓志》中"(虞弘)领并、代、介三州乡团,检校萨宝府"之记载一起见证了粟特人在此区域活动的历史。[106] 吕梁山侧的粟特人遗迹提供了粟特人融入稽胡的可能证据。此外,稽胡后来出现的一些传说可能也得益于粟特人在行商中联通东、西。宣传稽胡高僧刘萨诃之《刘萨诃因缘记》中有出现驴耳王,[107] 此故事本为希腊传说《弥达斯的驴耳朵》,可能为行商中的粟特人带入胡中。至今前述索达干村仍有中秋耍火把的民俗活动,可能为粟特祆教拜火习俗之遗存。

宁夏盐池出土的金方奇(图7-3)也透露了其他一些西域胡融入稽胡的可能线索。金方奇狩猎图中的猎手所戴之帽与匈奴传统尖帽外形迥异,倒是与北宋李公麟《五马图》中的于阗奚官帽相似,斯坦因(Marc Aurel Stein)考察的唐代丹丹乌里克壁画中也可寻得此类

---

104 许慎:《说文解字》卷十三上《虫部》,北京:中华书局,1963年,第281页。

105 笔者于2021年5月18—20日于陕西延安、延长实地探访,向延河边散步之当地居民询问水生动物状况,所询问的5名年长居民均称延河之中仅存小鱼,无螺蚌贝类。

106 《虞弘墓志》,参见张庆捷:《〈虞弘墓志〉中的几个问题》,《文物》2001年第1期,第102页。

107 《刘萨诃因缘记》,收入陈祚龙:《刘萨诃研究——敦煌佛教文献解析之一》,第34页。

图3-5　李公麟《五马图》于阗奚官帽　　　图3-6　绥德白家山汉墓匈奴尖帽

毡帽之踪迹。[108] 中亚吉尔吉斯人（柯尔克孜人）至今仍流行与之相似的 Kalpak 毡帽，其祖先黠戛斯受回鹘影响所戴"锐顶而卷其末"的白毡帽当即此帽。[109] 出人意料的是这种毡帽在青海亦有发现，青海郭里木出土的一方吐蕃时期的木棺版画中即有三人戴此"山字形的船形帽"。[110] 更早的例子当为山西大同沙岭 M7 号北魏墓壁画描绘的"头戴鸡冠帽的骑士"。[111] 对于这种毡帽之所属族群，周伟洲先生、霍巍先

108　斯坦因（M. Aurel Stein）著，巫新华等译：《古代和田——中国新疆考古发掘的详细报告》第二卷，济南：山东人民出版社，2009年，第59、62页。

109　乐史：《太平寰宇记》卷一百九十九《北狄十一·黠戛斯》，第3822页。

110　霍巍：《吐蕃时代考古新发现及其研究》，北京：科学出版社，2011年，第140—141页。

111　大同市考古研究所：《山西大同沙岭北魏壁画墓发掘简报》，《文物》2006年第10期，第16、18页。曹丽娟认为此帽与司马金龙墓、宋绍祖墓中出土的鸡冠帽为同一种。然以笔者之见，若仔细观察二者形制，可知区别明显，沙岭魏墓壁画之帽下端存在明显卷起之角状设计，与后者迥异，谓之船形帽较合适。参见曹丽娟：《大同沙岭北魏壁画墓研究》，中央美术学院硕士论文，北京，2009年，第24页。

生均认为与鲜卑吐谷浑有关。[112] 不过如果将于阗、吐谷浑、拓跋魏三者结合考量，或许可以作出如下推测，即此帽本出自于阗，魏太武帝时吐谷浑王慕利延为避魏军锋芒，"遂入于阗国，杀其王，死者数万人"。[113] 为吐谷浑所虏的于阗人当更不在少数，这些于阗降人将故国衣冠带入浑中并不意外，而另一些归附北魏的于阗尉迟氏亦将此冠帽保留了一段时间，故多地考古发掘均有出现。考虑到北魏初曾有尉迟部众于朔方活动，[114] 与稽胡生活地域重合，故部分滞留当地的于阗胡人与稽胡接触当在情理中。如果方奇铸造者采用写实手法则可推断当时已有部分源于塞人的于阗人融入稽胡，或于阗胡的某些习尚被部分胡酋接受。

　　比较具体的融合案例可能为贺遂氏之出现。考诸史册，贺遂氏与呼延氏有关，郑樵谓为后者音转，但此姓与匈奴传统贵族呼延氏似乎存在一定区别。《通志》称"晋初赐姓呼延，居西州"，[115] 西州若非隰州之音讹，则当为河西走廊之凉州。而后世贺遂氏又多在胡区西北外围之夏州活动，如北朝末起事之贺遂有伐、隋代叱奴延辉之妻贺遂氏，其族西来嫌疑不小。又以赐姓方式得呼延贵姓于晋初，此赐姓当非西晋政府所为，而极可能出自五部贵族之恩赏。如前所述，连单于之位都可能被屠各贵族以实力鹊巢鸠占，则下属贵族之姓被用于赏赐功臣当不意外。换言之即旧瓶装新酒，内部组织、势力重新洗牌，新贵以旧贵之名借壳上市，贺遂氏或即其中新贵之一。在从西州到并州的过程中，其氏可能尚存在一北上南下的阶段，塞外有贺悦泉，可能为其氏故迹，不排除该氏为从西域东迁塞上，在匈奴十九种入华大潮中一同南下。此后又凭借熟知西陲地理，随刘曜西征，回归故地。

112　参见周伟洲：《新出土中古有关胡族文物研究》，北京：社会科学文献出版社，2016年，第198—199页；霍巍：《吐蕃时代考古新发现及其研究》，第142页。

113　魏收：《魏书》卷一百一《吐谷浑传》，第2237页。

114　魏收：《魏书》卷二《太祖纪》，第40页。

115　郑樵：《通志》卷二十九《氏族略第五》，第474-3页。

前秦《邓太尉祠碑》揭示了当时关中平原、黄土高原南部族群混居状况，时冯翊护军统宁戎、和戎、鄜城、洛川、定阳五部，"领屠各、上郡夫施黑羌、白羌，高凉西羌，卢水，白虏，支胡，粟特，苦水，杂胡七千，夷类十二种"。[116] 其中屠各、卢水为匈奴系统，支胡、粟特为西域胡系统。既然存在如康绚先人这类避难南下的西域胡，自然也可能存在北上避入黄土高原腹地者。而这些龟兹、月氏、粟特诸胡的融入对稽胡之形成而言可以说重要性仅次于匈奴系诸族，族群间之混血甚至改变了某些地区稽胡之体貌特征。丹州之胡即被隋人认为"胡头汉舌"，"胡头"即"其状似胡"。[117] 考虑到匈奴本部与汉人同属蒙古人种，而北朝隋唐延州稽胡区域之造像中，[118] 佛像面部也为典型的蒙古人种北亚类型特征，证明匈奴系稽胡与汉人外表差异并不悬殊。故所谓"胡"或为西域胡，被突出强调的白翟之"白"也可理解为其人肤色较汉人白皙。当属于高加索人种的西域胡或与匈奴余部融合，或以"胡"自居后，外貌异于传统匈奴胡之新胡自然令外界汉人印象深刻。

三、羯、契胡

羯人又称羯胡，本为匈奴别部，在石勒的率领下，羯人曾建立几乎统一北方的后赵政权。对于羯人之来源，《晋书·石勒载记》称"其先匈奴别部羌渠之胄"。[119] 晋代之入塞匈奴十九种中亦见"羌渠种"，据姚薇元先生考证，"羌渠"即西域之"康居"。[120] 但由于匈奴对西域的统治历史，羯人曾为匈奴役属，"在长期隶属下，他们已与匈

116《邓太尉祠碑》，参见马长寿：《碑铭所见前秦至隋初的关中部族》，第13页。

117 李吉甫：《元和郡县图志》卷三《关内道三·丹州》，北京：中华书局，1983年，第74页。

118 参见杨宏明：《安塞县出土一批佛教造像》，《文博》1991年第6期，图版4。

119 房玄龄：《晋书》卷一百四《石勒载记上》，第2707页。

120 姚薇元：《北朝胡姓考》，第384页。

奴本部形成一历史共同体"。[121] 所以与其他西域胡不同，羯人被视为匈奴别部存在，也常与匈奴并称胡羯。石赵覆亡后，羯人不乏入山保聚避乱者。段末波之子段勤即"鸠集胡羯得万余人，保枉人山，自称赵王，附于慕容儁"。[122] 虽然鲜卑段勤麾下的匈奴、羯人后来与其一同降于前燕，没有山居终老，但在冉闵之流种族灭绝的淫威下，入山躲避的羯人当大有人在，这些羯人也成为稽胡的来源之一。

北魏道武帝时胡中已有羯人后裔出现，时山胡酋大幡颓、业易于等"率三千余家降附，出居于马邑"。[123] 归降北魏的稽胡首领之一为业易于，无独有偶，石勒之祖亦名耶奕于。在中古汉语中，"业易"读音为 ŋĭɛp jĭe，"耶奕"为 jĭa jĭɛk，二者发音相近，可知降魏之稽胡首领当即羯胡之后。

又稽胡冯氏，孝明帝时有五城郡山胡冯宜都"以妖妄惑众，假称帝号"，利用弥勒教白衣巫术反魏。[124] 羯人中冯姓的出现可上溯至西晋末之冯莫突，《晋书·石勒载记》云：

> 时胡部大张㔨督、冯莫突等拥众数千，壁于上党，勒往从之，深为所昵，因说㔨督……㔨督等素无智略，惧部众之贰己也，乃潜随勒单骑归元海。元海署㔨督为亲汉王，莫突为都督部大，以勒为辅汉将军、平晋王以统之。[125]

石勒可亲自前往、力劝张冯二人降汉，而且深为其亲近，当以种类相近之故。所以，冯氏亦当为羯人，其后融入稽胡之中。

---

121 雷家骥：《后赵文化适应及其两制统治》，《中正大学学报（人文分册）》第 5 卷第 1 期，1994 年第 178 页。

122 房玄龄：《晋书》卷六十三《段匹磾传》，第 1712 页。

123 魏收：《魏书》卷二《太祖纪》，第 24 页。

124 魏收：《魏书》卷六十九《裴良传》，第 1531 页。

125 房玄龄：《晋书》卷一百四《石勒载记上》，第 2710 页。

契胡部落以魏末枭雄尔朱荣而闻名，尔朱氏在北魏末可谓叱咤风云。姚薇元先生曾回忆陈寅恪先生之说——"契胡"即"羯胡"，《高僧传》之"梵呗三契"，"契"即"偈"之异译。[126] 姚先生以为《魏书》多曲笔，高齐又起自尔朱氏集团，故收受尔朱荣之子贿赂，不言其为羯胡之类。[127]

虽然《魏书·尔朱荣传》将其族出现系于魏初，但契胡与拓跋氏的联系似乎早在西晋时期就已发生。《魏书·序纪》云：

> （穆帝）七年，帝复与刘琨约期，会于平阳。会石勒擒王浚，国有匈奴杂胡万余家，多勒种类，闻勒破幽州，乃谋为乱，欲以应勒，发觉，伏诛，讨聪之计，于是中止。[128]

从当时拓跋氏的控制范围来看，石勒等羯人聚居的上党地区肯定不在其疆域内，而属于后来契胡聚居区的秀容倒是与取得陉岭以北控制权的拓跋部距离不远，这些响应石勒的羯人显然不可能为上党之民，当在靠近陉岭的拓跋部南境生活。在起兵图谋失败后，或有向南逃至秀容者，成为后来被称为契胡的部族。

周一良先生曾经分析北朝的诸种胡族，认为卢水胡、稽胡、契胡、焉耆胡中，前两者地位低下，后两者凭借其武力或文化，在当时地位较高。[129] 不过在地位差异外，契胡和稽胡的关系却颇为微妙，东魏时甚至出现"秀容人五千户叛应山胡"的景象。[130] 以事变不久前之永熙年间户口，秀容户数一万一千五百六，五千户近其半数。秀容为契胡的传统居住地区，叛应山胡的民众中应该有不少为契胡族类。从

---

126 姚薇元：《北朝胡姓考》，第388页。
127 姚薇元：《北朝胡姓考》，第387页。
128 魏收：《魏书》卷一《序纪》，第8页。
129 周一良：《北朝的民族问题与民族政策》，第138页。
130 李百药：《北齐书》卷十九《高市贵传》，第254页。

此条在记述人口时采用的单位为"户"，而非胡族传统之"落"来看，或许可以推测秀容民户与稽胡合作的理由。高欢韩陵破四胡后，契胡的优势地位自然土崩瓦解，除了政坛上少数几个花瓶式点缀人物外，下层族人地位怕是一落千丈。基本社会组织形式或也因受到政府干预而改变，由以往酋长控制下的部落制变为郡县制，往日的契胡部民也成为郡县下的编户。可能难以适应这一转变，才有了东魏初年叛应稽胡的一幕发生。因此，稽胡与契胡的关系也许不会因地位差异导致水火不容，相互之间或较为融洽。契胡首领尔朱荣对稽胡即采取软硬兼施之手段，虽然对"作乱"汾肆的稽胡酋帅刘阿如予以镇压，但不忘怀柔其可争取之部众，特别派叛胡邻州出身的王椿慰劳汾胡，胡人"服其声望，所在降下"。[131]

随着稽胡降服，尔朱氏军团内部吸收了不少胡人，其显赫者如刘贵（刘懿），"起家拜大将军府骑兵参军、第一酋长"。[132] 由于刘贵的领民酋长身份，陆增祥录校其志文时提出其人"出于匈奴左贤王之后，南部大人之族无疑"。[133] 刘贵是否为匈奴王室后裔不得而知，但为匈奴后裔当无疑。《北齐书》谓之"秀容阳曲人"，[134] 据上文东魏初秀容人叛应稽胡之事，可知秀容附近亦有稽胡，故刘贵实为稽胡。又张亮，"西河隰城人也。少有干用，初事尔朱兆"。[135] 西河为北魏胡人长期活跃之地，当地胡帅之中张氏不少，如张崇、张贤等，张亮当为西河胡之后。此外，尔朱荣所署相州刺史刘诞被李元忠斥为"黠胡"，[136] 契胡

---

131 魏收：《魏书》卷九十三《王椿传》，第1992页。

132 《魏故使持节侍中骠骑大将军太保太尉公录尚书事都督冀定瀛殷并凉汾晋建郑肆十一州诸军事冀州刺史肆二州大中正第一酋长敷城县开国公刘君墓志铭》，收入赵超：《汉魏南北朝墓志汇编》，第336页。

133 陆增祥：《八琼室金石补正》卷十九《刘懿墓志》，收入《石刻史料新编》第6册，第4283页。

134 李百药：《北齐书》卷十九《刘贵传》，第250页。

135 李百药：《北齐书》卷二十五《张亮传》，第360页。

136 李延寿：《北史》卷三十三《李元忠传》，北京：中华书局，1974年，第1203页。

中刘氏少见，彼当亦出自稽胡。以上四人均在尔朱集团效力，可见稽胡与契胡的关系当不至太差。北魏时肆州可能存在契胡居忻定盆地，稽胡居山的地域划分，二者基本相安无事，如果契胡在得势之时凌虐稽胡，则其失势后很难向稽胡寻求帮助。

东魏初年的秀容人叛应稽胡事件为契胡进入稽胡提供了可能的线索，而稽胡中确有疑似契胡后裔存在。北周平刘没铎时，刘氏部下"有胡帅自号天柱者，据守河东"。[137] 需要注意的是"天柱"非其本名，而为其称号。对于"天柱"之号，"虽访古无闻，今员未有"，[138] 但有一位北朝枭雄却不能被忽略，即尔朱荣，其于永安二年（公元529年）拜天柱大将军。[139] 此后"天柱"之号也被尔朱兆、高欢所沿用。尔朱荣为"天柱"元祖，故起事稽胡"天柱"之号当借自尔朱荣。

从地理位置来看，当时胡帅"天柱"防区为河东，但黄河以东区域广大，详细位置记载阙如。不过根据北周平胡后在河东的郡县设置，可以推断其大致位置。《元和郡县图志·河东道三·石州》云："临泉县，本汉离石县地，周大象元年（公元579年）于此置乌突郡、乌突县。"[140] 北周平胡后即设置之乌突郡亦在河东，设置郡县一则代表政府对此地控制力之强化，二则证明此地有设置管理机构的价值，如战略要地，这与刘没铎遣"天柱"守卫不谋而合。此外，乌突之地与契胡关系匪浅。尔朱兆败亡后，"慕容绍宗以尔朱荣妻子及余众自保乌突城"，以拒高欢。[141] 乌突之所以能成为尔朱氏最后的据点，或因此地有忠于尔朱氏之力量存在。故用天柱之号或意在以昔日的契胡领袖尔朱荣为号召，试图增强参与起事的契胡裔稽胡之凝聚力。

---

137 令狐德棻：《周书》卷十三《宇文俭传》，第204页。
138 魏收：《魏书》卷七十四《尔朱荣传》，第1653页。
139 魏收：《魏书》卷十《孝庄纪》，第263页。
140 李吉甫：《元和郡县图志》卷十四《河东道三·石州》"临泉县"条，第399页。
141 李百药：《北齐书》卷一《神武纪上》，第9页。

四、鲜卑

虽然鲜卑拓跋氏在西晋末十六国之初作为刘琨的盟友支持晋室，与匈奴汉国对抗，以致"屠各旧畏鲜卑"之说出现。[142] 但在魏晋之时，鲜卑拓跋氏与入塞匈奴却关系匪浅。西晋初，匈奴北部右贤王刘猛叛晋出塞，屯孔邪城，该地当在拓跋氏势力范围内，很难想象如果没有拓跋氏的允许，刘猛能在其地安身。另从江统《徙戎论》称刘猛"连结外房"来看，[143] 此外房非收容匈奴叛部的拓跋氏莫属。刘猛遇刺后，其子副仑亦投奔拓跋部。

拓跋氏之外，与入塞匈奴有往来的还有其他鲜卑部族。刘渊起兵前，其内部即认为"鲜卑、乌丸可以为援"，[144] 起兵后，上郡四部鲜卑陆逐延望烽臣服。到刘氏败亡后，塞内匈奴故地也有鲜卑进入。石勒曾命石虎"讨鲜卑郁粥于离石"，大获全胜。[145] 既然原单于庭所在之离石都有鲜卑活动，则匈奴余部与鲜卑相互接触、融合乃是难于避免。对北方草原诸族而言，你中有我、我中有你的相互融合已是司空见惯。汉和帝时，北匈奴败逃西迁，其牧地遂为鲜卑所居，"匈奴余种留者尚有十余万落，皆自号鲜卑"。[146] 鲜卑宇文氏即源于匈奴属部，北魏人对其匈奴出身一清二楚。鲜卑中可以融入匈奴，反之匈奴也可与鲜卑结合。安介生先生指出魏末晋初，"记载中的鲜卑部众似乎都在向山西地区聚拢"，[147] 这一趋势无疑加速了二者之间的融合。马长寿先生即怀疑匈奴入塞十九种之寇头种为檀石槐部落联盟之槐头。[148] 而铁

142　房玄龄：《晋书》卷六十三《李矩传》，第1707页。

143　房玄龄：《晋书》卷五十六《江统传》，第1534页。

144　房玄龄：《晋书》卷一百一《刘元海载记》，第2648—2649页。

145　房玄龄：《晋书》卷一百五《石勒载记下》，第2739页。

146　范晔：《后汉书》卷九十《乌桓鲜卑列传》，第2986页。

147　安介生：《山西移民史》，第72页。

148　马长寿：《北狄与匈奴》，第94页。

弗匈奴赫连氏的形成更为典型，即"北人谓胡父鲜卑母为铁弗"。[149] 铁弗匈奴形成过程中鲜卑的融入已是广为人知，赫连夏集团出身的朔方胡刘贤胡名落侯，[150]"落侯"为鲜卑语，此名拓跋鲜卑中亦为常见，如拓跋洛侯、于洛侯等，当地融合之紧密由此可见一斑。到北魏末，稽胡中也确有鲜卑后裔出现。《魏书·尔朱荣传》云：

> 秀容内附胡民乞扶莫于破郡，杀太守；南秀容牧子万子乞真反叛，杀太仆卿陆延；并州牧子素和婆仑崄作逆。荣并前后讨平之……内附叛胡乞、步落坚胡刘阿如等作乱瓜肆，敕勒北列步若反于沃阳，荣并灭之。[151]

乞扶即乞伏，本属陇西鲜卑，为西秦国姓，但在西秦灭亡后，一些成员经历了近百年的变迁，到魏末已经被稽胡同化。

前秦时曾与铁弗刘卫辰并称左、右贤王的右贤王曹毂亦可能与鲜卑有关。曹氏在传统匈奴中难寻踪影，但稽胡中曹氏存在感颇强，北魏明元帝时有河西胡曹龙领部落渡河入于蒲子。[152] 曹龙之外，胡中尚有曹成、曹平原、曹仆浑等曹氏出现。这一在匈奴中长期未见的姓氏直到十六国中期方以匈奴右贤王的身份出现，其中的突然性令人疑惑，族源亦显得扑朔迷离。周一良先生认为曹氏当与西域粟特有关，为曹国王室之姓。[153] 然而从某些迹象来看，这一神秘的部族似乎与鲜卑存在关系。

曹毂死后，苻坚分其部落为二，"贰城已西二万余落封其长子玺为骆川侯，贰城已东二万余落封其小子寅为力川侯"，号称东、西

---

149 魏收：《魏书》卷九十五《铁弗刘虎传》，第2054页。

150《刘贤戍主墓志》，收入赵超：《汉魏南北朝墓志汇编》，第502页。

151 魏收：《魏书》卷七十四《尔朱荣传》，第1645页。

152 魏收：《魏书》卷三《太宗纪》，第53页。

153 周一良：《北朝的民族问题与民族政策》，第131—132页。

曹。[154] 曹毂长子曹玺后无记载，少子曹寅在后秦时仍有出现。其与王达献马三千匹于姚苌，姚苌遂"以寅为镇北将军、并州刺史"。[155] 对于此后曹氏之情况，《魏书·高车传》云：

> 太祖大怒，车驾亲讨之。会太悉伏先出击曹覆寅，官军乘虚，遂屠其城，获太悉伏妻子珍宝，徙其人而还。[156]

十六国、北朝时人多有双名单称的习惯，如高欢之父高树生又作高树，刘贵本名刘贵珍。因此结合地望在太悉伏所居三城之南等线索，可知曹覆寅即曹寅。"寅"为其汉式雅名，本名则为"覆寅"。在中古汉语中，"覆寅"音 pʰĭəu jĭĕn，另一个发音与之相近的名字则是"伏允"（bĭəu jĭĕn），二者当为同音异译。伏允为吐谷浑王，吐谷浑为鲜卑慕容氏所建，"伏允"一词自然为鲜卑语，所以与之同音的"覆寅"亦当属鲜卑语。同理其父曹毂之"毂"也应为多音节胡语之节译，"毂"之中古语音为 kuk，与乌孤、利鹿孤等鲜卑常见人名中"孤"之发音 ku 极为接近，若不考虑入声、音译等情况，这点发音差别几乎可以忽略不计，可以认为二者源自同一胡语发音。

可是曹氏立马杏城之时，距离拓跋鲜卑对黄土高原确立统治还为时尚早，因此基本可以排除优势文化辐射之影响。曹氏豪酋之以鲜卑名取名或与其原生文化有关，换言之，其本身可能出自鲜卑。从曹氏降秦后的人事安排来看，笔者之猜测未必不能成立。秦建元三年（公元367年），苻坚为谋灭燕，以曹毂为使，出使前燕。[157] 前燕为鲜卑慕容氏所建，遣曹毂使燕可能考虑到其部与鲜卑之渊源，故予重任。曹氏或与原盟友铁弗之轨迹相似，即原为鲜卑部落，以刘渊起兵为契

154　房玄龄：《晋书》卷一百十三《苻坚载记上》，第2889页。

155　房玄龄：《晋书》卷一百十六《姚苌载记》，第2970页。

156　魏收：《魏书》卷一百三《高车传》，第2313页。

157　司马光：《资治通鉴》卷一百一《晋纪二十三·太和二年》，第3206页。

机，加入汉国集团中，从而走上匈奴化道路。根据左贤王地位高于右贤王的匈奴传统，曹毂只能为右贤王，而将南单于正胤出身的刘卫辰奉为左贤王，这或许也是对自身非匈奴嫡系出身的默认。

五、乌桓

乌桓又称乌丸，为汉代东胡居南的一支，与居北之鲜卑同源。到北魏时期，乌桓含义发生变化，"其诸方杂人来附者，总谓之'乌丸'"。[158] 本书所指融合于胡的乌桓为前者。乌桓由于其地理位置偏南，因此与中原王朝接触较早。其族也不断南下缘塞居住，并有成为朝廷佣兵者，如王莽时期，东域将严尤部下就有乌桓兵。到东汉时，乌桓已遍及汉室北疆郡县，甚至入塞盘踞于后世稽胡的活动区域——石楼山（通天山）。乌桓有时也和匈奴等族协同骚扰汉朝郡县，在与不同族群的交流接触中，乌桓不可避免地走上了融合之路。事实上，乌桓的活动区域与附汉南匈奴不乏重叠之处。《三国志·乌丸传》注引王沈《魏书》云：

> 建武二十五年（公元49年），乌丸大人郝旦等九千余人率众诣阙，封其渠帅为侯王者八十余人，使居塞内，布列辽东属国、辽西、右北平、渔阳、广阳、上谷、代郡、雁门、太原、朔方诸郡界。[159]

乌桓于汉建武二十五年大规模入居边塞，南匈奴亦于前一年近塞而居，二者几乎同时。乌桓分布的代郡为栗籍骨都侯驻地，雁门为左南将军驻地，朔方为右贤王驻地。[160] 因此两族之间的接触、融合已是

---

158 魏收：《魏书》卷一百十三《官氏志九》，第2971页。
159 陈寿：《三国志》卷三十《乌丸传》裴注引王沈《魏书》，第832页。
160 范晔：《后汉书》卷八十九《南匈奴列传》，第2945页。

不可避免。对于二者之间是否存在从属关系，在某些政府官制的设置中或许可以寻得蛛丝马迹。《晋书·苻坚载记上》云：

> 于是分幽州置平州，以石越为平州刺史，领护鲜卑中郎将，镇龙城；大鸿胪韩胤领护赤沙中郎将，移乌丸府于代郡之平城……王腾为鹰扬将军、并州刺史，领护匈奴中郎将，镇晋阳。[161]

从平州为慕容鲜卑分布区，并州为入塞匈奴分布区，其地均同被治理族群有关来看，赤沙当为乌桓聚居地。无独有偶，西晋时，匈奴将领綦毋俔邪曾为赤沙都尉，[162] 刘聪亦曾为晋室之赤沙中郎将。[163] 或许可以推测，虽然入塞之初，乌桓与南匈奴可能相互独立、各有统属，然而后世匈奴在政府支持下，逐渐凌驾乌桓之上，取得对后者的领护权力，这也为乌桓逐渐与之融合提供了有利条件。

到北魏时，除道武帝初定中原时，尚可见到张骧、库傉官鸣等效力慕容燕之乌桓遗臣外，其他关于乌桓之记载已经难寻踪影。北朝末年，虽有闻人在姓氏上还可见到一丝乌桓踪迹，如乌丸神念（王神念）、乌丸轨（王轨），但此时的乌桓后裔已经鲜卑化或汉化，不能再视之为独立族群。可以说从东汉初到北魏初的数百年间，入塞乌桓已经逐渐与其他族群融合，其中包括与匈奴有直接关系的稽胡。周末有蒲川胡帅郝三郎，[164] 隋末有丹州胡帅郝仁郎。[165] 郝氏为乌桓姓，郝氏酋长早在东汉初即与中原王朝发生联系，光武帝建武二十五年，辽西乌

161　房玄龄：《晋书》卷一百十三《苻坚载记上》，第2903页。

162　房玄龄：《晋书》卷九十七《北狄·匈奴传》，第2550页。

163　房玄龄：《晋书》卷一百二《刘聪载记》，第2657页。

164　令狐德棻：《周书》卷四十九《稽胡传》，第898页。

165　乐史：《太平寰宇记》卷三十五《关西道十一·丹州》"汾川县"条，第746页。

桓大人郝旦等"诣阙朝贡，献奴婢牛马及弓虎豹貂皮"。[166] 到西晋时，原为乌桓的郝氏已经被官方视为匈奴。《晋书·孝惠纪》云：

> （永平四年，公元294年）匈奴郝散反，攻上党，杀长吏……（永平六年，公元296年）匈奴郝散弟度元帅冯翊、北地马兰羌、卢水胡反，攻北地，太守张损死之。[167]

郝度元起事于河西，与后来稽胡郝氏之活动地区大体相合。考虑到前文所述西晋时屡有匈奴贵族任职乌桓之地，则乌桓被视为匈奴部署应当顺理成章。当然由于郝氏与卢水胡的合作历史，后来在卢水胡中也有郝氏活动。淝水之战后关中大乱，卢水郝奴于长安称帝，"渭北尽应之"。[168] 卢水胡郝奴后归降魏道武帝，至太武帝时尚有可能为其后裔的酒泉公郝温起事反魏。这些郝氏酋帅在融入稽胡后，直到隋代似乎还保留了一些不同于匈奴裔稽胡的历史记忆。如延州胡郝伏颠在承认胡人出身的同时，又以"西瞿国人"自居。[169] 西天印度出身当然属于杜撰，但从其方位而言却隐藏了祖先西居的历史，卢水胡本居于河西走廊，相对于其余匈奴部落自然为"西"，融入卢水胡的郝氏也接受了这一段历史记忆。总之，郝氏融入稽胡的路径或为乌桓—匈奴—稽胡之直接融入，或中间经历卢水胡之阶段。

稽胡中出现的张氏除屠各外，亦有出自乌桓姓之可能，道武帝时有西河胡帅张崇等"聚党数千人叛"，为庾岳讨平。[170] 明元帝时有西河胡张贤等"率营部内附"。[171] 西河之位置与西晋末乌桓之分布临近，乌

166 范晔：《后汉书》卷九十《乌桓鲜卑列传》，第2982页。

167 房玄龄：《晋书》卷四《孝惠帝纪》，第92—93页。

168 房玄龄：《晋书》卷一百十六《姚苌载记》，第2966页。

169 《郝伏颠墓志》，参见延安市文物编纂委员会编：《延安市文物志》，西安：陕西旅游出版社，2004年，第373页。

170 魏收：《魏书》卷二《太祖纪》，第32页。

171 魏收：《魏书》卷三《太宗纪》，第51页。

丸张伏利度曾"有众二千，壁于乐平"。[172] 乐平去西河未远，张伏利度后为石勒招降归刘渊，或成为稽胡张氏之来源。只不过由于资料限制，要判断胡中张氏何者出自屠各、何者出自乌桓相当困难。

六、羌

唐长孺先生认为，在稽胡中"甚至还包括一些鲜卑、氐、羌"。[173] 唐先生提出此说的主要依据为卢水胡为稽胡族源之一，卢水胡在汉代亦被称为羌虏小月氏，其中吸收了部分羌人，因此当卢水胡被稽胡吸收后，其羌人的部分自然融入稽胡。[174]

唐先生之论可谓鞭辟入里，不过笔者认为，除卢水胡外，羌人融入稽胡应该还存在其他途径。羌与匈奴渊源甚早，关系密切，至今四川松潘之羌民中仍流传有匈奴与羌人亲如兄弟之传说，[175] 甚至有羌人加入匈奴联盟，成为其役属。冒顿单于时匈奴强盛，"威震百蛮，臣服诸羌"。西汉时，匈奴浑邪王、休屠王直接统治了河西走廊的羌人。故休屠王降汉时，所领部落中可能存在一定数量的羌人。汉设五属国处置匈奴降附之众，其中成为后来稽胡聚居地的西河郡亦有部分处在五属国范围内。到东汉时期，西河郡内又有羌族虔人（钳耳）部落活动。羌人首领滇零反抗汉室时，所招集的羌人部落即包含西河部族。永和四年（公元139年），大将军梁商对并州刺史来机等封疆大吏"务安羌胡，防其大故，忍其小过"的嘱咐无疑说明并州已为羌人居住之地。[176] 安介生先生即推断东汉羌乱平息之后，今山西大部已经成为羌人的主要入居地之一。[177] 羌人的活动也在山西地名中留下了遗迹，如

172　房玄龄：《晋书》卷一百四《石勒载记上》，第2710页。

173　唐长孺：《北魏末年的山胡敕勒起义》，第63页。

174　唐长孺：《魏晋杂胡考》，第408—410页。

175　《羌族词典》编委会编：《羌族词典》，成都：巴蜀书社，2004年，第283页。

176　范晔：《后汉书》卷八十七《西羌传》，第2876、2886、2895页。

177　安介生：《山西移民史》，第66页。

位于平遥县西四十里之羌城，《（乾隆）汾州府志》称"汉建安中，筑此以居羌人"。[178]

值得注意的是，东汉时期某些羌人与匈奴之间的接触更为频繁，其中较为重要的渠道即从军，西羌八种与"并、凉之人，及匈奴、屠各、湟中义从"等族一起成为董卓手中的王牌。[179]在军事行动中，地方军阀招募匈奴、羌等少数族从军已成常态，这种军事上的混编加速了族群间相互融合。故此时频见"羌胡"一词出现，如班彪曾上书："羌胡被发左衽，而与汉人杂处"。[180]对于"羌胡"一族，葛剑雄先生即认为，羌胡"实际上是由匈奴、鲜卑、羌等多种民族聚居或杂居"而构成。[181]后世稽胡活动频繁的西河郡为接壤羌胡之处。而到刘渊起兵后，氐羌豪帅也成为其倚仗、笼络的重要力量。刘曜攻占长安后，"诸氐羌皆送质任"，[182]羌人成为匈奴汉赵的重要组成部分。前秦之初，黄土高原的羌人与胡人已经在多地区重合分布。姚襄遣姚兰、王钦卢等"招动鄜城、定阳、北地、芹川诸羌胡，皆应之"。[183]该地区为后世稽胡活动区域，在稽胡出现之前却为羌胡混居。又前、后秦之间，氐王苻登曾在羌王姚苌死后，率众"攻屠各姚奴、帛蒲二堡，克之"。[184]姚氏为羌人，帛氏（白氏）如前述为龟兹胡人，然此二族所居坞壁却为屠各所有，三族极可能相互杂居。通婚、任子、杂居，这些也促使融合进程加快。因此，稽胡之中极可能吸收了部分羌人。

从稽胡一些姓氏、称号来看，胡中当有羌人存在，如王氏除屠各外，亦有出自羌人钳耳氏之可能。又马氏，魏末正光时，汾州吐京群

178 孙和相修、戴震纂：《（乾隆）汾州府志》卷二十三《古迹》，第560页。

179 范晔：《后汉书》卷七十《郑太传》，第2258页。

180 范晔：《后汉书》卷八十七《西羌传》，第2878页。

181 葛剑雄：《分裂与统一——中国历史的启示》，北京：中华书局，2008年，第40页。

182 房玄龄：《晋书》卷一百二《刘聪载记》，第2659页。

183 房玄龄：《晋书》卷一百十二《苻生载记》，第2878页。

184 房玄龄：《晋书》卷一百十五《苻登载记》，第2953页。

胡薛悉公、马牒腾"并自立为王，聚党作逆，众至数万"。[185] 马氏为羌中之姓，姚弋仲有部曲马何罗。[186] 姚氏为南安赤亭羌，则其部曲马何罗亦当为羌人。唐代安息节度使夫蒙灵詧又名马灵詧，故马氏当为羌姓夫蒙氏之汉式改姓。此外，卢水胡中也有马氏，屠乔孙辑《十六国春秋·北凉录四》录有"马权，卢水胡人"。[187] 考虑到卢水胡形成过程中对羌人的吸收，其马氏当即羌人之后。

北魏另一稽胡起事者也颇有羌人后裔之可能，孝文帝时"吐京胡反，自号辛支王"。[188] 马长寿先生从汉语声韵的角度，推测此辛支当为晋代入塞匈奴十九种之一的鲜支种。[189] 然此鲜支种或与羌人存在关系。《史记·帝舜本纪》云：

> 方五千里，至于荒服。南抚交阯、北发，西戎、析枝、渠廋、氐、羌，北山戎、发、息慎，东长、鸟夷，四海之内咸戴帝舜之功。[190]

对于其中"析枝"之族，《大戴礼记》录为"鲜支"。[191] 司马贞《史记索隐》在解释该段时，"又云'鲜支、渠搜'，则鲜支当此析枝也。鲜析音相近"。[192] 作为"鲜支"的同义词"析支"，始见于《禹贡》"织皮昆仑、析支、渠搜，西戎即叙"。[193]《后汉书·西羌传》云：

185　魏收：《魏书》卷六十九《裴庆孙传》，第1532页。

186　房玄龄：《晋书》卷一百六《姚弋仲载记》，第2961页。

187　崔鸿撰，屠乔孙辑：《十六国春秋》卷九十七《北凉录四·马权》，第463—1085页。

188　魏收：《魏书》卷七十三《奚康生传》，第1630页。

189　马长寿：《北狄与匈奴》，第94页。

190　司马迁：《史记》卷一《帝舜本纪》，第43页。

191　方向东：《大戴礼记汇校集解》卷七《五帝德》，北京：中华书局，2008年，第718页。

192　司马迁：《史记》卷一《帝舜本纪》引注司马贞《索隐》，第43页。

193　《尚书正义》卷六《禹贡》，收入《十三经注疏》整理编委会：《十三经注疏》第2册，第187页。

"滨于赐支，至乎河首，绵地千里。赐支者，禹贡所谓析支者也。"[194]
据马长寿先生民国初年所作的实地调查，当时川西之羌民仍称河曲
为"slitsi"，并将其作为其祖先故地，[195] 此点无疑与《后汉书》记载吻
合。笔者也曾向羌人朋友请教，得知至今四川羌区之老人仍将"黄
河"称为"析支"。[196] 不难发现，"赐支""析支""辛支"三词虽然写
法有所不同，但很可能均源自羌语"河曲"（slitsi），为同音异译。又
《晋书·沮渠蒙逊载记》云："蒙逊为李士业败于鲜支涧。"[197] "鲜支涧"
位置史籍无载，但结合《晋书·李士业传》此役"蒙逊率众三万，设
伏于蓼泉"之记载，[198] 可知其地望当与蓼泉相去不远。《新唐书·地理
志》称甘州张掖郡建康军"西百二十里有蓼泉守捉城"，[199] 顾祖禹谓此
即晋代之蓼泉。[200] 此地恰是汉代西羌之活动区域，鲜支涧当为其遗迹。
故鲜支种当为羌人，或因曾受匈奴统治而被视为匈奴一支，后来有部
分成为稽胡。辛支王这一称号的出现或意在唤起羌裔胡人对羌族祖先
之追忆，借以增强对特定族裔之号召力。更能说明稽胡中存在胡、羌
融合现象的资料要属后世胡区之造像记题名。今陕西宜君开凿于西魏
之福地水库石窟中题名羌、胡等族并存，同时期鄜城《李黑城造像
记》《法龙造像记》《郭乱颐造像记》等均存在类似现象。[201] 这些地区
直到唐代仍被视作稽胡风俗笼罩之地，上述题名村民可能亦难避免胡
风浸染之影响。

194 范晔：《后汉书》卷八十七《西羌传》，第2869页。

195 马长寿：《氐与羌》，桂林：广西师范大学出版社，2006年，第10页。

196 笔者于2012年10月就时读于中央民族大学之吴音萃小姐请教此问题，吴小姐为川
   西羌人，告知笔者其生活之羌区犹有老人存此习俗，然中年以下多已不用此词。

197 房玄龄：《晋书》卷一百二十九《沮渠蒙逊载记》，第3198页。

198 房玄龄：《晋书》卷八十七《李士业传》，第2268页。

199 欧阳修、宋祁：《新唐书》卷四十《地理志四》"甘州张掖郡"条，第1045页。

200 顾祖禹：《读史方舆纪要》卷六十三《陕西十二·甘州左卫》，北京：中华书局，
   2005年，第2975页。

201 参见靳之林：《陕北发现一批北朝石窟和摩崖造像》，《文物》1989年第4期，第
   60—67、83页；靳之林：《延安地区发现一批佛教造像碑》，第32—45页。

七、蜀

蜀人为北魏时河东地区一股重要的政治、军事力量，北魏政府对其颇为重视，历来不乏笼络。其后裔薛仁贵更在唐代名噪一时，"三箭定天山"的典故流传至今。蜀人虽然居住于河东，但其祖先却来自蜀地。魏灭季汉后，曾将遗民北迁。如刘封子刘林"咸熙元年（公元264年）内移河东"，[202] 同时被迁徙的还有诸葛亮之孙诸葛京、曾侄孙诸葛显等。[203]

在迁徙河东后，刘备、诸葛亮的后人日渐黯淡，可是另一支蜀人薛氏却日渐崛起。薛氏"其先自蜀徙于河东之汾阴"，十六国初形成薛陶、薛祖、薛落分统部落的三薛格局，后归于薛陶一系。[204] 薛氏与季汉之渊源，《新唐书·宰相世系表三下》云：

> （薛）永，字茂长，从蜀先主入蜀，为蜀郡太守。永生齐，字夷甫，巴、蜀二郡太守，蜀亡，率户五千降魏，拜光禄大夫，徙河东汾阴，世号蜀薛。[205]

刘禹锡所撰之《福州团练薛公神道碑铭》追述薛氏入蜀原因为"汉末避仇之成都"。[206] 蜀人虽然自称本为汉人，然李贤注《后汉书·刘焉传》时却提供了另一种说法——"汉世谓蜀为叟，孔安国注《尚书》云：'蜀，叟也。'"[207] 不管蜀人先世为汉为叟，可以肯定的是当其在政府主导下背井离乡，到达河东后，周围原住居民在面对这些语

202　陈寿：《三国志》卷四十《刘封传》裴注，第994页。

203　陈寿：《三国志》卷三十五《诸葛瞻传》，第932页。

204　魏收：《魏书》卷四十二《薛辩传》，第941页。

205　欧阳修、宋祁：《新唐书》卷七十三下《宰相世系表三下》，第2990页。

206　王轩：《山西碑碣志·福州团练薛公神道碑铭》，收入《石刻史料新编（第三辑）》，第30册，第624页。

207　范晔：《后汉书》卷七十五《刘焉传》李贤注，第2432页。

言、文化差异较大的新移民时，即使后者同为汉人，也会对其产生距离感。而蜀人的聚族而居也有利于其传统文化习俗保留，久而久之形成了河东蜀这一特殊群体。

由于十六国时期各政权对人口控制的重视，因此移民实户政策被各政权奉如圭臬。在各族的迁徙混居中，蜀人与匈奴余部也发生接触，不乏归于同一阵营者。晋太元十八年（公元393年），晋平远将军、护氐校尉杨佛嵩即率胡、蜀三千余户降于姚秦。[208] 淝水之败后，苻坚曾以蜀人兰犊统帅包括胡人在内的冯翊诸族。[209] 苻登时，兰犊"率众二万自频阳入于和宁，与苻纂首尾"，图谋长安。[210] 和宁为和戎戍、宁戎戍之合称，为冯翊护军下辖之戍。关于其族群分布情况，马长寿先生早有研究，其中正有匈奴屠各。[211] 北魏明元时，又有"河东胡、蜀五千余家相率内属"。[212]

对于临近的胡人，蜀人并不陌生，甚至积极参与胡人起事。盖吴起事中就活跃着蜀人的身影，河东蜀薛永宗之党"盗官马数千匹，驱三千余人入汾曲，西通盖吴，受其位号"。[213] 随着与胡人交往的深入，北魏末年稽胡中也出现了蜀人后裔，时吐京胡有"薛羽等作逆"。参与起事的吐京胡薛氏，不止薛羽一人，尚有薛悉公等领袖。薛氏为蜀人著姓自不待言，此外胡中之范氏亦可能与蜀人有关。《魏书·裴庆孙传》录有"贼帅"范多、范安族等。[214] 蜀中之范氏闻人首推西晋范长生，其"率千余家依青城山"。[215] 据颜之推引《李蜀书》云："姓范

---

208 房玄龄：《晋书》卷一百十六《姚苌载记》，第2972页。

209 房玄龄：《晋书》卷一百十四《苻坚载记下》，第2927页。

210 房玄龄：《晋书》卷一百十五《苻登载记》，第2950页。

211 马长寿：《碑铭所见前秦至隋初的关中部族》，第14页。

212 魏收：《魏书》卷三《太宗纪》，第58页。

213 魏收：《魏书》卷四下《世祖纪下》，第99页。

214 魏收：《魏书》卷六十九《裴良传》、《裴庆孙传》，第1531—1532页。

215 房玄龄：《晋书》卷一百二十《李流载记》，第3030页。

名长生，自称蜀才。"[216] 胡中蜀人后裔可能由于融入稽胡的时间较短，因此原族群意识仍较为强烈，与河东之蜀人聚落可能保持了一定联系，所以在举事时其盟友为蜀人陈双炽。

八、高车

前文所指之丁零为高车之入塞胞族，而此处所指融入稽胡的高车则并非入塞丁零，而是塞外部族。北魏末东魏初稽胡中有出现疑似高车种类，《北齐书·薛修义传》云：

> 招降胡酋胡垂黎等部落数千口，表置五城郡以安处之。……时山胡侵乱晋州，遣修义追讨，破之。[217]

房姓胡氏主要出自高车纥骨氏，魏末六镇起事的参与者高平镇敕勒酋长胡琛即为纥骨氏。胡琛兵锋亦曾从高平东向，"遣其将宿勤明达寇豳、夏、北华三州"，[218] 进入稽胡地区。宿勤明达当出宿六斤氏，为铁弗匈奴宗室后裔，此时或已为稽胡。其为胡琛部将，所属当不乏高车。

胡琛势力进入的夏州与后来薛修义招降胡垂黎之北齐晋州仅一河之隔，高车人在被击溃后，辗转东渡过河并非不可能。从被招降安置来看，这些部落当在一段时间内游离于政府统治之外，数千人的数量也符合胡琛败兵之可能，而以后文之山胡起事来看，胡垂黎部落可能和原住山胡存在区别，其或即胡琛宗人。由于五城本稽胡之地，在被安置后，这支可能源自高车的部落很大可能与在地胡人融合。

以上对稽胡形成过程中可能融入的各种族群进行了分析，可谓种类繁杂。在以上详述八种及卢水胡外，高句丽可能也扮演了某种角

---

216 颜之推撰、王利器集解：《颜氏家训集解》卷六《书证第十七》，上海：上海古籍出版社，1980年，第402页。

217 李百药：《北齐书》卷二十《薛修义传》，第277页。

218 魏收：《魏书》卷九《肃宗纪》，第238页。

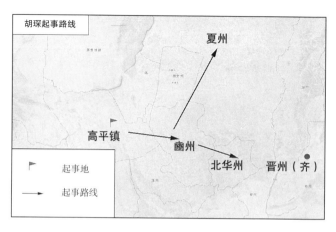

图3-7　胡琛起事路线图

色。黄陵香坊石窟造像题名表明，出自卢水胡之盖氏和似先氏存在婚姻关系。[219] 似先氏亦作兕先、寺仙，郑樵称其"本高丽余种"，[220] 邓名世谓之"高丽扶余种"。[221] 由于高句丽王族出自扶余，故邓说虽将二者混为一谈，[222] 但亦不为错。这些高句丽后裔出现在距离辽东故地千里之遥的山陕地区，当为政府计划移民的结果。后燕治理稽胡的离石护军高秀和可能即出自高丽，北魏国舅高肇、北周将领高琳亦为高丽后裔。这些分布在黄土高原的高丽后裔究竟为后燕移民中渐次渡河者，抑或是北魏移民徙居北疆而后南下者，已难考辨。但可以肯定的是，这些高丽人自北魏以来即与原居住在此的卢水胡等匈奴系族群存在通婚关系，[223] 与后者一同稽胡化并非不可能。

　　此外不容否定的是稽胡中尚有汉人存在。由于稽胡掠奴之风盛行，

219　参见靳之林：《陕北发现一批北朝石窟和摩崖造像》，第62页。

220　郑樵：《通志》卷二十九《氏族略第五》，第475-3页。

221　邓名世：《古今姓氏书辩证》卷二十二《似先》，南昌：江西人民出版社，2006年，第329页。

222　苗威：《高句丽移民研究》，长春：吉林大学出版社，2011年，第55页。

223　如北魏泾州贞女兕先氏与彭氏定亲，彭氏为卢水胡著姓。参见魏收：《魏书》卷九十二《列女传》，第1981页。

不少汉人被掳入胡中，从高欢平定刘蠡升后能获"胡、魏五万户"的记录来看，[224] 稽胡中之汉人当不在少数。在掳掠为奴之外，可能还有一部分汉人出于逃避政府赋役等原因主动进入胡中，类似汉代"闻匈奴中乐"而逃亡出塞者。[225] 此二类汉人在胡中地位是否存在差异，由于史料所限，还无法窥知。至于蒲立本等人所主张的戎狄族源说，不可否认春秋时期山陕地区确实为白狄等族所居，吕梁山区亦有春秋白狄墓被发现，[226] 但根据目前可见之考古发现，东汉时期吕梁地区之墓葬已为同时期中原典型的砖室墓葬形制。[227] 说明此时的居民即使为白狄后裔，也基本汉化，继续将之视为戎狄或有偏颇。其中固然有戎狄后裔入胡之可能，但此类人群在心理、文化上较戎狄祖先当已有较大区别。

不同族源的少数族在相互接触后，其融合速度或许比想象中快，有时甚至不到一代人的时间。以胡中曹氏与王氏为例，上文已考证王氏为屠各或羌，曹氏则可能为鲜卑。在曹氏以匈奴右贤王的身份进入时人视角中时，王氏尚未在其近侧。然此后三十年不到，王氏却与曹氏形成了盟友关系，这种亲密的盟友关系直到东魏时期还被维持。

表3-1 稽胡曹氏、王氏活动表

时间（公元）	地 区	所 属 政 权	代 表 人 物
390	贰城	后秦	曹寅、王达
410	定阳	后秦	曹炽、曹云、王炽佛
420	三城	北魏	王珍、曹栗
536	汾州	东魏	王迢触、曹贰龙

资料来源：《晋书》《魏书》《北齐书》。

---

224 李百药：《北齐书》卷二《神武帝纪下》，第18页。

225 班固：《汉书》卷九十四下《匈奴传下》，第3804页。

226 田建文：《辨识南吕梁白狄墓》，《中原文物》2021年第1期，第73—82页。

227 山西省考古研究所：《吕梁环城高速离石区阳石村墓地与车家湾墓地发掘简报》，收入《三晋考古（第四辑）》，上海：上海古籍出版社，2012年，第428页。

从姚苌封曹寅为刺史，王达为太守来看，曹氏地位较王氏高，二者或为非对等之主从关系，曹氏为主导，王氏为辅佐。这一关系自姚秦时出现后，并未因贰城遭薛干部攻破而中断，反而持续百年之久。其形成当在曹毂死后，其子曹寅居贰城的二十余年中。二者之间牢固的关系或可以诠释为超越原族群界限形成的新部族联盟，亦说明稽胡形成中族群混合之复杂性。

虽然形成稽胡之族群种类颇多，但是翻检史籍中可见的酋长姓氏，可以统计为图3-8。在稽胡各酋长姓氏中，匈奴系诸族仍占一半强，本统计虽然存在未尽之处，但对揭示其中各族裔的组成情况当有一定参考意义。

另一方面，若从《太平寰宇记》等史料记录的稽胡语言入手，也可以支持胡中匈奴系居多这一结论。笔者曾经向土耳其伊兹密尔卡蒂普切莱比（Izmir Katip Çelebi）大学突厥语言与艺术系Rysbek Alimov教授请教其中有汉语解释的稽胡语词源，谨将其与何星亮、吕思静等学者之意见整理、表列于下：

表3-2　稽胡残存语言拟音表[228]

词汇	汉译	中古汉语读音	诸家意见	词源语族	拼写	含义
库碢	香火	kʰu、dʰuɑ	Alimov	突厥	quda	誓约
				蒙古	küriye	聚集的
			吕	突厥	qoqïlïq	气味
			何	突厥	koki	香
				蒙古	küji	香

228　由于Alimov教授与何星亮先生所用之蒙古语拉丁转写标准不同，故笔者请内蒙古大学朝鲁孟老师以现行通用转写统一格式。

词汇	汉译	中古汉语读音	诸家意见	词源语族	拼写	含义
库利	奴隶、贮旧谷	kʰu、lǐe	Alimov	突厥	kül	粉碎的谷物、灰
				突厥	kul	奴隶
			吕	突厥	qulluɣ	奴隶
			何	突厥	kor	储藏
				蒙古	qura	聚集
渭牙	水	jǐuəi、ŋa	Alimov	突厥	uyaŋ	柔软的
			吕	—	—	水木、漂流木
			何	突厥	kaltke	漂流木
可野	城堡	kʰɑ、zǐo kʰɑ、ǐa	Alimov	突厥	qala	城堡、堡垒
			吕	突厥	qorɣan	堡垒
			何	突厥	koɣan	城堡
				蒙古	qorigan	围墙
骨胡	干涸	k uət、ɣu	Alimov	突厥	kuruɋ	干枯
			吕	突厥	subsuz	干燥的
			何	突厥	kuroɋɑoɋ	干的
				蒙古	qagurai	干的

续　表

词汇	汉译	中古汉语读音	诸家意见	词源语族	拼写	含义
哥基	濯筋	kɑ、k ĭə	Alimov	突厥	qaq	消除
			吕	突厥	köl	湖泊
苏何	蚕茧	su、ɣɑ	Alimov	突厥	sooɪan	洋葱
			吕	—	—	茧

资料来源：《太平寰宇记》、何星亮《稽胡语若干词试释》、吕思静《稽胡史研究》。

观于上表，可知在目前已知汉译的残存稽胡词汇中，突厥语族词汇占多数，并存在一定数量的蒙古语族词汇。此外，尚有一些稽胡人名可能源于蒙古语族词汇，如"出以眷"当为蒙古语čerig（士兵）。虽然学界对匈奴语的属性存在争议，但其中含有大量的突厥语族、蒙古语族词汇却是不争的事实。稽胡语可能直接继承自匈奴语，后魏时有稽胡王敕勤，稽胡语中称"香火"为"库碢"。"敕勤"即"直勤"，"库碢"可能为蒙古语中常见之"古列延"。据乌其拉图研究，"直勤"

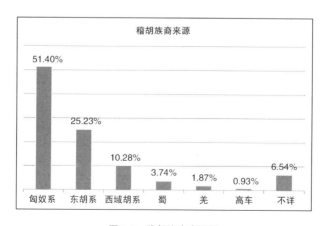

图3-8　稽胡族裔来源图

即匈奴语"屠耆","古列延"则源于匈奴语"谷蠡"。[229] 这些相承之处也可说明匈奴语在稽胡语言形成中之作用难以否认。

第三节　稽胡的分布

《周书·稽胡传》将稽胡的分布区域列于"自离石以西,安定以东,方七八百里"。[230] 严耕望先生考证"自北纬三五度四〇分至北纬四〇度十分之黄河东西两岸,南北直线距离约五百公里,东西直线距离

图3-9　匈奴五部与稽胡活动区域

229　乌其拉图:《匈奴语研究》(蒙古文),呼和浩特:内蒙古大学出版社,2013年,第152—175、176—183页。

230　令狐德棻:《周书》卷四十九《稽胡传》,第896页。

约二至三百公里之大片地区皆为稽胡分布区"。[231] 依笔者之见，稽胡可以分为狭义之胡与广义之胡，故分布区域也有差别。

狭义的稽胡居住于吕梁山区、黄土高原，属于与原入塞匈奴五部存在直接亲缘关系并对其他族群加以吸收而形成的胡人。明显区别于其他胡人的文化特征即基于名僧刘萨诃信仰形成之刘师佛崇拜，"黄河左右慈隰岚石丹延绥银，八州之地无不奉者"。[232] 释道宣《续高僧传》云："自石、隰、慈、丹、延、绥、威、岚等州，并图写其形，所在供养，号为刘师佛焉。"[233]《续高僧传》所谓之威州即胜州，慈、隰、岚、石、丹、延、绥、银、胜九州之地与匈奴之五部及赫连夏关系颇深，居民必多为其后裔。这些以匈奴后裔为主的居民通过刘师佛信仰为中心，形成了狭义的稽胡文化区。如果再依托其他物产要素，稽胡的分布区可以进一步扩大。作为稽胡的重要文化特征之一，胡女布（女稽布）产区可以构成刘师佛信仰之外的另一稽胡文化区。凭借这一稽胡纺织文化的重要载体与象征，唐代庆州、单于都护府也可纳入该文化区。

所以在刘师佛信仰构成的狭义胡区外，尚有一个加入胡女布文化区而构成的广义胡区。单于都护府作为广义胡区之一，其位置已经超过塞内稽胡传统区域之北限，但其贡物却为稽胡特色纺织品胡女布。虽然有接受来自临近胜州之文化传播可能性，但单于都护府辖区在地名上也留下了一些匈奴或稽胡的痕迹。其境内有破落汗山、贺悦泉。[234]"破落汗"即"破六韩"，此姓出自匈奴，"右谷蠡王潘六奚没于魏，其子孙以潘六奚为氏，后人讹误，以为破六韩"。[235] 如果说破落汗

---

231 严耕望：《佛藏所见之稽胡地理分布区》，第4页。

232 释道宣：《集神州三宝感通录》卷下《神僧感通录》"释慧达"，收入大藏经刊行会编：《大正新修大藏经》第52册，台北：新文丰出版公司，1982年，第434-3页。

233 释道宣：《续高僧传》卷二十六《魏文成沙门释慧达传》，北京：中华书局，2014年，第982页。

234 欧阳修、宋祁：《新唐书》卷四十三下《地理志七下》"峰州都督府"条，第1148页。

235 李百药：《北齐书》卷二十七《破六汗常传》，第378页。

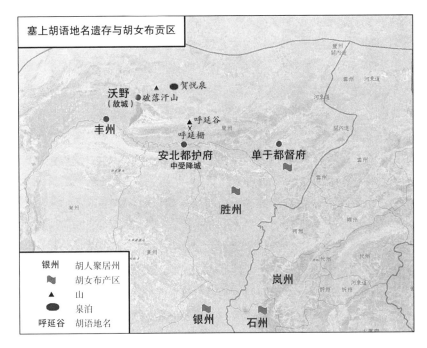

图3-10 塞上胡语地名遗存与胡女布贡区

山还可能是美稷时代之南匈奴留踪，贺悦泉的稽胡属性当毋庸置疑。《通志·氏族略第五》云：

> 贺遂氏，晋州稽胡，晋初赐姓呼延，居西州。后魏正始中，呼延勤为定州刺史于定阳镇，赐姓贺遂氏，因住南汾州件城县，音讹者又为贺悦。[236]

结合该区域地名中稽胡（匈奴）姓氏的残留，或许胡女布的出现并非偶然。或者为稽胡北迁传入，或者胡女布本即经由域外传播入

---

236 郑樵：《通志》卷二十九《氏族略第五》，第474-3页。

塞之纺织技术，传统胡区的胡女布为由北向南传入。关于胡女布为何物，第四章将有推测。

在胡女布、刘师佛信仰构成的稽胡文化区外，广义的稽胡区尚可加入黄土高原南部的唐代鄜、坊二州。安史乱后此地仍有"稽胡草扰"。[237]

综上所述，稽胡的分布区域可以定义为以刘师佛信仰为特征的黄河沿岸九州狭义胡区，以及在此基础上加入以胡女布为文化特征的庆州、单于都护府，再包含鄜、坊二州构成的广义胡区。但是这两个稽胡区的族群形成结构并不相同，与狭义胡区以匈奴五部后裔为主不同，广义的胡区可能吸纳了更多的其他族群。如庆州在北朝时非稽胡活跃地区，但隋末却出现了多次牧马关中的稽胡大帅刘仚成，又如突破陇山传统西限之黑水稽胡。稽胡在当地的活动当非凭空出现，应与其他族群的稽胡化有关，即前文论及的秦陇屠各。而鄜坊稽胡对于刘师佛之崇拜并不热衷，说明该地与其他胡区的稽胡在心理认同上存在一定距离，这当与其族源差别有关。该地区本为卢水胡活动地区，北魏中期后卢水胡之名逐渐消失，未汉化者可能融入稽胡之中。兹将稽胡之地域与族源关系列表于下：

表3-3　稽胡地域族源表

地　域	曾属政权	已知族群组成					可能祖先
		匈奴系	东胡系	西域胡	羌系	蜀系	
西河胡	汉、赵	√	√	√			匈奴五部
离石胡	汉、赵	√					匈奴五部
吐京胡	汉、赵	√	√		√	√	匈奴五部

237　刘昫：《旧唐书》卷一百二十一《仆固怀恩传》，第3486页。

地　域	曾属政权	已知族群组成					可能祖先
		匈奴系	东胡系	西域胡	羌系	蜀系	
河西胡（延绥丹朔方）	前后秦、夏	√	√	√			东西曹、卢水、屠各、杂胡
统万胡	前秦、夏	√					铁弗、杂胡
弘化、安定胡	前后秦、夏	√					卢水、屠各、杂胡
鄜坊胡	前后秦		√				东西曹、卢水

第四章

中央政权对丁零、稽胡之治理

在中国古代，历朝政府对治下的非主体族群很难以平等心态对待。对这些被统治族群，政府必会最大限度地发掘其身上的利用价值。因此，在治理上会通过各种方式，或刚或柔，强化统治。只是具体到稽胡与丁零这些有草原祖先的山居族群时，或许可以探讨统治者之治理方式相较其他族群是否会有一些特殊性？是否存在时空变化？

政府对此二山居族群之治理方式、态度若与其他族群存在差异，又是何种原因所造成？仅仅是现实利益考量，抑或尚有其他因素，如文化等在其中起到作用？不妨分析对比，以图厘清。

第一节　历代政权之华夷观与山居族群地位

丁零、稽胡入塞而居，与中央政府相处时颇多摩擦冲突。在剖析其冲突原因前，有必要讨论各统治王朝的少数族治理思想，而决定少数族治理思想的重要因素为政府主张之华夷观。从十六国到唐，虽然统治者族属不同，但在华夷观方面却并无二致。汉人王朝自不用说，少数族诸政权中除后赵明确肯定自身胡人属性，公开声明"吾自夷"，

"出于戎裔"外，[1] 其他少数族统治者或是二元认同，即在承认自身少数族出身的同时，又谋求华夏君主之地位；[2] 或是直接讳言胡族出身，以华夏自居。[3] 少数族政权在统治阶层构建时，大多试图建立一种以本族为基础，联合汉人士族共治的格局。而在面对其他少数族时，则将本族凌驾其上，或歧视、奴役之，或予以切割削弱。[4]

在这种优越感驱使下，历代王朝对被统治少数族之心态也多为奴役驱使之。即使有出现诸如唐太宗之中华与夷狄"爱之如一"的提法，[5] 也多沦为口号，仅仅停留在理想层面，难以落到实处。现实中的"华夏"和"夷狄"从未实现真正的平等，在"华夏"为根本的固有理念中，"夷狄"只能作为枝叶配角存在。[6] 无论统治者本身族属为何，这一局面均未有太大改善。当然在特定情况下，统治王朝会因不同族群的武力、文化差异予以区别对待，有些地位可能相对较高，如周一良先生对北朝诸胡之地位分析。[7] 在需要拉拢少数族的情况下，统治者有时也能放下"华夏"或以"华夏"自居的身段，或优加抚恤、厚予赏赍，甚至采取胡人习俗，博取其好感。如周齐时期，出使突厥之使者在遇到突厥王公过世时，也效法突厥行劙面之礼。然而这些不过是政治权术、统治手腕而已，多数少数族在华夷秩序中的低下地位不可

---

1 房玄龄：《晋书》卷一百四《石勒载记上》，第2715、2721页。

2 如北魏太武帝一面声称"国人本着羊皮袴，何用绵帛？"一面宣扬"我皇祖胄自黄轩，总御群才，摄服戎夏"。见司马光：《资治通鉴》卷一百二十五《宋纪七·元嘉二十七年》，第3948页；魏收：《魏书》卷九十九《沮渠蒙逊传》，第2205页。

3 如北周武帝声明"朕非五胡"。见释道宣：《广弘明集》卷十《辩惑篇之六》"周高祖巡邺除殄佛法有前僧任道林上表请开法事"，收入大藏经刊行会编：《大正新修大藏经》第52册，第154—1页。

4 如前秦雄主苻坚出身氐人，在论及凉州氐羌时，却认为"彼种落杂居，不相统壹，不能为中国大患"。连本族之文化落后者亦不以同族视之，俨然以中华自居。见司马光：《资治通鉴》卷一百四《晋纪二十六·太元元年》，第3281页。

5 司马光撰，胡三省音注：《资治通鉴》卷一百九十八《唐纪十四·贞观二十一年》，第6247页。

6 刘昫：《旧唐书》卷六十二《李大亮传》，第2388—2389页。

7 周一良：《北朝的民族问题与民族政策》，第138页。

能得到彻底改善，统治者对自身天然抱有之优越感也难以得到反思。

以北魏为例，拓跋氏统治者在心理上有相对其他族群居高临下的自负，令其他胡族难以在其华夷体系中得到相对合理的待遇。鲜卑拓跋氏兴起于草原，风俗自然是游牧族的"贵少而贱老"。因此英雄崇拜甚为流行，鲜卑人的传统宗教正是"敬鬼神，祠天地日月星辰山川及先大人有健名者"。[8]"有健名"的部落大人受到后世崇拜，这一风习到北魏建国依然存在。卫王拓跋仪"膂力过人，弓力将十石"，陈留王拓跋虔"槊大称异"，因此部人传唱"卫王弓，桓王槊"，以歌颂拓跋部的英雄。[9]这种英雄崇拜并不限于本族，也适用于他族，甚至是敌对政权。高车斛律部酋长倍侯利"质直勇健过人，奋戈陷阵，有异于众"，曾经大破柔然。死后，北魏为其"葬以国礼，谥曰忠壮王"。[10]

而另一种情况则更凸显英雄崇拜在游牧族中的普遍性，即对敌方英雄人物的尊敬。后燕慕容垂乃当世名将，为报参合陂之仇，率军北征拓跋，击杀拓跋虔，"魏王珪震怖欲走，诸部闻虔死，皆有贰心，珪不知所适"，[11]几乎令重建未久的北魏遭遇灭顶之灾。这一段经历令拓跋后人回忆起来尚心有余悸，因此慕容垂成为魏室高层衡量对手能力的重要参照。[12]对于武功盖世的慕容垂，拓跋部民甚至尊称其"老公"。[13]在书写历史时也未以成败论英雄，仍然承认其"所在征伐，勇冠三军"，[14]并不因曾经的败绩而有所隐晦。

可见对魏室而言，无论是本族宗室，还是归附的他族，甚至是曾经予己重创的敌人，只要符合勇武过人这一条件，通常就能在英雄崇

8　范晔：《后汉书》卷九十《乌桓鲜卑列传》，第2979—2980页。

9　魏收：《魏书》卷十五《拓跋仪传》，第371页。

10　魏收：《魏书》卷一百三《高车传》，第2309页。

11　司马光撰，胡三省音注：《资治通鉴》卷一百八《晋纪三十·太元二十一年》，第3426页。

12　魏收：《魏书》卷三十五《崔浩传》，第810页。

13　郦道元撰，杨守敬、熊会贞疏：《水经注疏》卷十三《漯水》，第1138页。

14　魏收：《魏书》卷九十五《慕容垂传》，第2065页。

拜的作用下，受到不同程度的尊敬。不过具体到稽胡等山居族群，是否能符合这一条件而受到尊重呢？笔者试从历史渊源与现实两方面进行探讨。

第三章已论及稽胡与魏晋时期的匈奴五部存在直接关系。其祖先在并州居住时，被晋室视为心腹大患。时有识之士担忧入塞匈奴"天性骁勇，弓马便利，倍于氏羌"，[15] 故一度出现徙戎之议。刘渊起兵后，面对晋军，匈奴铁骑屡战屡胜，势如破竹。不过当并州刺史刘琨向拓跋鲜卑求助，拓跋猗卢派兵介入之后，局势却发生了改变。鲜卑军"斩其将刘儒、刘丰、简令、张平、邢延，伏尸数百里"，[16] 匈奴大败而归。

鲜卑之祖先东胡曾经被匈奴冒顿单于所破，故此役可谓报仇雪耻。而以屠各为重要组成部分的匈奴五部在面对拓跋鲜卑时似乎存在天然的畏惧，"屠各旧畏鲜卑"，"望见鲜卑，不战而走"。[17] 面对鲜卑骑兵的铁蹄，匈奴刘氏心存忌惮，极力避免与之交锋。这些历史上的胜利也构筑了鲜卑拓跋氏对手下败将匈奴的鄙夷。该心理恐怕也延伸到作为匈奴后裔存在的稽胡身上。

另一方面，就稽胡本身的起事过程而言，在历次战斗中，除了白龙、辛支王等少数领导人曾经予政府军较沉重打击外，其余举事纵使一时声势浩大，可当面对正规军进剿时，往往旋起旋灭，罕有虽败犹荣者。即便如刘虎起事人多势众，崔玄伯也能一针见血地指出："胡众虽盛，而无猛健主将，所谓千奴共一胆也。"[18] "无猛健主将"可以作为大多数起事酋帅的素质概括。无论是从其先世匈奴与鲜卑交战的惨败历史，还是从当世反抗斗争中缺乏杰出领导人的现实而言，稽胡均难以成为慕容垂那样能令北魏敬畏的对手。在崇拜英雄的鲜卑人看来，

15　房玄龄：《晋书》卷五十六《江统传》，第1534页。

16　魏收：《魏书》卷一《序纪》，第8页。

17　房玄龄：《晋书》卷六十三《李矩传》，第1707页。

18　魏收：《魏书》卷二十四《崔玄伯传》，第623页。

缺乏英雄的稽胡自然无法与高车等族比肩。

总而言之，无论是丁零还是稽胡，其在历代王朝之华夷秩序中，均处于被统治、被贱视的"夷狄地位"。十六国时期的翟斌兄弟尽管封王拜将，显赫一时，但丁零为鲜卑贵族、汉人门阀眼中"山野异类"之地位却颇为清楚。[19] 至于稽胡，即使在治胡较为温和的隋代，其族也难以逃脱官员投来的"编杂稽胡，狼子难驯"之白眼，[20] 连为人的基本地位都未获得。可以毫不夸张地说，直到稽胡基本与汉人融合的北宋之初，这种来自汉人士大夫的歧视仍然存在。兹将北宋时对原稽胡地区之风俗记述列表于下：

表4-1　胡区风俗表

地区	社会经济	风　俗
石州	下	其人有尧之遗教，君子深思，小人俭陋（同并州）。
隰州	下	本号部落，久归汉法。
慈州	下	刚强多豪杰，矜功名，薄恩少礼（同晋州）。
汾州	望	同并州。
岚州	下	蕃民杂居，刚劲之心，恒多不测，纵有编户，亦染戎风，比于他郡，实为难理。
鄜州	上	白翟故地，俗与羌浑杂居，抚之则怀安，扰之则易动，自古然也。
坊州	下	同鄜州。
丹州	上	俗谓丹州白室，胡头汉舌。即言其状似胡，而语习中夏。

19　司马光：《资治通鉴》卷一百五《晋纪二十七·太元九年》，第3320页。

20　《李和墓志》，参见陕西省文物管理委员会：《陕西省三原县双盛村隋李和墓清理简报》，《文物》1966年第1期，第41页。

续　表

地区	社会经济	风　　俗
延州	望	略同鄜州。
绥州	下	同夏州。
银州	下	同夏州。
胜州	下	尚气强悍。
庆州	中都督府	俗尚勇力，习战备，居戎狄处，势使之然。
夏州	中都督府	习俗颇殊，地广人稀，逐水草畜牧，以兵马为务。

资料来源：《元和郡县图志》《太平寰宇记》。

需要指出的是，这些文字为北宋初之记录，当时距离稽胡以独立族群活动的最后记录已有百年。但是对于这些已基本与汉人融合的稽胡后裔，除少数州县外，大多仍被视为难以治理、沾染戎风的难治之民。北宋时尚且如此，遑论此前其未融合之时，当时夷狄地位只能更甚。

第二节　中央王朝对丁零、稽胡之治理方式

上文分析了历代中央政权的基本华夷思想以及丁零、稽胡地位不高的窘境。在以中华为中心的基本理念指导下，丁零、稽胡这些所谓的"夷狄"又会具体受到何种待遇？此二族与当时其他族群相比，又有何差异？本节将对此进行分析论述。

一、置之以镇州

随着各政权统治范围不断扩大，丁零、稽胡之居住区域也逐渐为其控制。因此，为了扩大可控制人口、获取各种资源，政府必然会考

128

虑通过某些手段将这些化外之族纳入统治秩序，故而在治理时，最基本的统治方式即设置行政机构，进行有效管理。设于丁零、稽胡区域的管理机构可分为军政、民政两类，军政机构主要为护军、镇、戍；民政机构则为州、郡、县。

（一）护军

护军本为保护王室安全的中央禁卫职官，如中护军。但到十六国时，除中央仍保留执掌宿卫的传统意义护军外，地方上也出现了军政合一、具备行政职能的护军。仇池氏杨氏即"分诸氐、羌为二十部护军，各为镇戍，不置郡县"。[21] 其地方各部护军不同于魏晋传统护军，已是行使地方行政管理职能之机构。与之相比，前凉护军出现更早，张轨时期已设有枹罕等护军。十六国的乱世硝烟促使各政权普遍投入对人力资源的掠夺，必要时如果不能对土地进行有效控制管理，则退而求其次，将当地居民强制迁走。在这种形势下，传统刺史、太守等民政官吏应对困难，护军的设立则较好地在军事与民政之间找到了平衡，能够适应战事频繁下的特殊需求。在十六国时期甚至出现了一些极端现象，洪亮吉《十六国疆域志·夏国》云：

> 案朔方、云中、上郡、五原等郡，自汉末至东晋久已荒废，赫连氏虽据有其地，然细校诸书，自勃勃至昌、定世类皆不置郡县。惟以城为主，战胜克敌则徙其降虏，筑城以处之。故今志夏国疆域惟以州统城，而未著其所在郡县以别之，与志他国异焉。[22]

不置郡县、以州统城在当时虽为较罕见的案例，但说明了军政机构具备管理人口的功能。赫连夏在稽胡分布的黄土高原即设有黑城，[23]

21　魏收：《魏书》卷一百一《氐传》，第2228—2229页。
22　洪亮吉：《十六国疆域志》卷十六《夏国》，台北：文海出版社，1968年，第744—745页。
23　乐史：《太平寰宇记》卷三十六《关西道十二·延州》"临真县"条，第756页。

其管理职能当不例外。

十六国末期胡区护军之制始于后燕，慕容农以并州乏粮，"遣诸部护军分监诸胡"。[24] 对于慕容农所设之护军，可考者为离石护军，魏将奚牧与燕军作战时，俘获"离石护军高秀和于平陶"。[25]《资治通鉴》亦收入此事，胡三省将此条释为"离石县自汉以来属西河郡，燕置护军以统稽胡"。[26] 作为护军之高秀和出自后燕系统无疑，当与胡中高氏关系不大，以姓氏论，或出自高丽。虽然后燕在并州的势力最终为北魏驱逐，但其行政设计理念却被北魏继承，护军制度也在其中。设于吕梁山一带的护军主要有：

1. 离石护军

离石为入塞匈奴的主要聚居地，刘渊称帝之左国城即在附近。虽然十六国时鲜卑势力曾进入，但匈奴遗民数量相当可观。其地护军为后燕所创，在后燕离石护军高秀和为北魏所俘后，北魏派遣刘托出任该地护军，所部武力不少于三千骑。[27] 从姓氏来看，刘托可能出自当地稽胡，或为此前暗通北魏之胡酋，北魏作为酬庸，以其为护军，用羁縻之道以胡治胡。

2. 吐京护军

吐京本汉代之土军县，由于该地居住的匈奴遗民甚多，在胡人语言的影响下，"音讹以军为京也"，[28] 治所石楼。吐京护军出现于十六国末期魏、夏交锋时，虽然其地在北魏境内，但其设立却可能始于赫连夏。《魏书·太宗纪》云：

> 西河胡曹成、吐京民刘初原攻杀屈孑所置吐京护军及其守

24　司马光：《资治通鉴》卷一百八《晋纪三十·太元二十一年》，第3429—3430页。

25　魏收：《魏书》卷二十八《奚牧传》，第683页。

26　司马光：《资治通鉴》卷一百八《晋纪三十·太元二十一年》胡注，第3431页。

27　魏收：《魏书》卷二《太祖纪》，第41页。

28　李吉甫：《元和郡县图志》卷十二《河东道一·隰州》"石楼县"条，第347页。

三百余人。[29]

吐京为北魏克复后，护军之置不改。

3. 阳曲护军

对于阳曲护军之来源，《水经注·汾水》引《魏土地记》云："阳曲胡寄居太原界，置阳曲护军治。"[30] 阳曲县本在定襄郡，北魏时移至太原北之阳曲城。定襄为原匈奴北部所在地，故南下寄居太原之胡人为稽胡无疑。魏初并州平定后，以许谦为阳曲护军。[31] 许谦之外，奚斤之弟奚普回也曾为阳曲护军。[32]

4. 三城护军

三城护军之记载始于北魏明元帝时，赫连夏骚扰蒲子，"三城护军张昌等要击走之"。[33] 关于三城之地望，河西延安之北有三城，然此时延安三城不在当时北魏控制区内。严耕望先生认为三城当离蒲子不远，怀疑"三城"当为"五城"之误，"或先后异名也"。[34] 然《续高僧传·释慧达传》称其"三城定阳稽胡也"，又云"今慈州东南高平原即其生地矣"。[35] 故此三城当在唐代慈州东南，与蒲子位置相近，或因北魏为安置渡河东来胡人而侨置。张昌以姓氏而言，可能为屠各裔稽胡，或为张龙世之党渡河附魏者。

5. 石羊护军

石羊护军为北魏太武帝时期设置，位于永和县西南五十里，到孝文帝时向东北迁移到永和西南三十五里之狐谋城。其裁撤时间不详，

29　魏收：《魏书》卷三《太宗纪》，第54页。

30　郦道元撰，杨守敬、熊会贞疏：《水经注疏》卷六《汾水》，第529页。

31　魏收：《魏书》卷二十四《许谦传》，第611页。

32　魏收：《魏书》卷二十九《奚斤附弟普回传》，第702页。

33　魏收：《魏书》卷三《太宗纪》，第54页。

34　严耕望：《中国地方行政制度史——魏晋南北朝地方行政制度》下册，上海：上海古籍出版社，2007年，第824页。

35　释道宣：《续高僧传》卷二十六《魏文成沙门释慧达传》，第981—982页。

不过就其位置而言，当为强化对吐京胡控制而设。孝文帝时吐京胡辛支王起事中，稽胡反抗军即选择石羊城为撤退地点，当时该地或一度为起事胡人控制。

除胡区护军外，北魏在丁零区域也有设立护军。北魏景明三年（公元502年）《刘未等造像记》云：

> 景照皇帝时，祖刘黄兄弟九人，四人台士，黄蒙国宠，受作丁零护军，三州贤佐，冀州刺史。[36]

端方《陶斋臧石记》收有此记，对于志文中"景照皇帝"，端方认为"《魏书帝纪》有景皇帝、昭皇帝，皆在魏未建号之先，此记'昭'作'照'，刻时偶误"。[37] 端方指出"照"为"昭"之误刻诚然不假，然对"景照皇帝"之解释却大有可商榷之处。

景皇帝拓跋利仅存在于北魏帝王对先代之追封中，其人是否真实存在不得而知。即使存在，其与昭帝拓跋禄官相隔十二帝，以三十年一代而计，则相差三百年以上，刘黄非有彭祖之寿，安能侍奉主君近四百年？况且拓跋利之时北魏尚未二次南迁，安能提前统治丁零？而昭帝之时北魏尚在塞外，职官多为草原旧制，怎能采用汉式职官？

所以端方之说显然不能成立，比较可能的解释是"景照"当为"景穆"。"禘祭之礼，审谛昭穆，诸庙已毁未毁之主，皆于太祖庙中以昭穆为次序。父为昭，子为穆。"[38] 在汉语语境中，"昭""穆"语意相近，而且经常相伴使用。考虑到鲜卑贵族汉语水准可能不高，在以鲜卑语为思维语言的前提下，鲜卑语、汉语互译时对汉字的遣词造句

---

36 《刘未等造像记》，收入颜娟英：《北朝佛教石刻拓片百品》，台北："中研院"史语所，2008年，第11页。

37 端方：《陶斋臧石记》卷六《刘未等造像记》，收入《石刻史料新编》第11册，第8032—8033页。

38 《春秋左传正义》卷十八《文公二年》"八月丁卯"条，第564页。

自然较为随意，只要意思或发音相近，即可混用。在与《刘未等造像记》年代接近的《魏故咸阳太守刘府君墓志》(《刘玉墓志》)中，魏初将领奚斤之爵位"宜城王"即被刻作"义成王"。[39]太和改制数十年后的鲜卑人在使用汉字时犹有以谐音字替代之随意现象，遑论在此之前？可以推测在鲜卑语语境中，"景穆"与"景昭"意思相近，由于对汉语的掌握程度欠佳，刘氏造像时刻为"景昭"。

所以，刘黄为丁零护军当在景穆太子监国期间，即太延五年（公元439年）太武帝征北凉之时。[40]刘黄为刘未之祖父，以三十年一世计，从景明三年（公元502年）倒推，则其人生活于太平真君时，与景穆太子监国时间相符。所以，对刘黄的人事任命当出自以太子身份监国的景穆之手。北魏初年在丁零地区设有护军管理之说当可成立。由于丁零所在之地区为汉人传统优势之地，和胡区之族群结构并不相同。故以笔者之见，丁零护军在行使统治职权时可能存在两种可能，或仅为管理太行山区之丁零，或可以参考近代蒙古地方之县、旗并行制度，即该区域丁零人由护军管理，汉人由中山太守等民政官员管理，考虑到定州区域并非所有丁零人都山居，后者可能性或许更大。

至于丁零护军治所何在，结合"冀州刺史"等刻文可推知，其地当距离丁零在塞内的最主要聚居区中山、常山不远。

从大同地区发现的离石护军、吐京护军、阳曲护军等虎符来看，[41]统治其地的北魏护军拥有兵权，丁零护军亦不应例外。虽然"护军有符，为前所未闻也"，马衡先生因其"左右皆完"，怀疑"是为制成而未颁发者"。[42]但考虑到魏初时局未定，需要以兵弹压，因此诸护军有符当是通例。至于左右皆在的原因，或与这些地区行政调整后，护军

39　《魏故咸阳太守刘府君墓志铭》，收入赵超：《汉魏南北朝墓志汇编》，第212页。

40　魏收：《魏书》卷四下《世祖纪下》，第108页。

41　罗振玉：《增订历代符牌图录》，哈尔滨：哈尔滨出版社，2003年，第53—60页。

42　马衡：《北魏虎符跋》，《考古通讯》1956年第4期，第76页。

取消，旧符上交有关。护军虽然可以凭借兵威震慑当地居民，但此数枚虎符铭文均强调"皇帝与"，明确表明权力来源，其军事行动必须服从国家意志。与单纯依靠酋长代为统治相比，护军的存在更可维护中央权威。

北魏护军制度进行过两次调整：第一次为魏初天兴元年（公元398年）"令诸部护军皆属大将军府"；[43] 第二次则为文成帝时期将护军转为太守。在第二次调整后，除少数地区外，原护军已多转变为郡一级的行政机构，以上诸护军除个别外，当多在此次调整中民政化。马剑斌等学者推断大同地区出土虎符的制造、使用年代在神瑞元年（公元414年）到真君九年（公元448年）之间，[44] 更缩小了某些地区护军存在的可能时间范围。

（二）镇戍

十六国时期，各政权在稽胡居住区域已设置拥有军事职能的镇。北魏可能承袭十六国，除主要管理鲜卑以外的少数族之护军外，政府的军政机构亦有镇，与出任护军者族群多样不同，各镇长官的出任者多为鲜卑显贵甚至拓跋宗室。胡区设有护军的同时，也设有镇，由镇将出任最高长官，对辖区进行管理，镇下设戍，长官为戍主。北魏治下丁零区域可见之镇仅有一处，为广阿镇。其具体设立时间不详，但当在燕、魏之交。该镇因辖区内之广阿泽而得名，因定、相、冀三州交界处地广人稀，丁零等反抗势力颇多，政府控制力薄弱，故立镇以治之。先后有叔孙建、费峻、韩茂等人出任镇将，北魏中期曾罢广阿镇，太和十三年（公元489年）又复立。魏末设立殷州后，广阿成为州治所，不再以镇称之。同时期胡区可见之镇主要如下：

43　魏收：《魏书》卷一百十三《官氏志九》，第2973页。

44　马剑斌、彭维斌：《读〈北魏虎符跋〉札记》，《中国国家博物馆馆刊》2013年第5期，第62页。

1. 三堡镇

三堡镇为前、后秦时期在黄土高原胡区设置之军镇，至西魏时尚在。《元和郡县图志·关内道三·丹州》云：

> 其地晋时戎狄居之，苻、姚时为三堡镇。后魏文帝大统三年（公元 537 年），割鄜、延二州地置汾州，理三堡镇。[45]

三堡镇为目前可见之地方政权于胡区最早设立的军镇，其设置可能影响了后来北魏之胡区治理思想。对于三堡镇地望，廖幼华先生考证其与古丹州城（即丹阳城，今陕西宜川）为同一地，在对外交通之地理区位上，三堡镇与定阳优势互补，与东部联络便利。[46]

2. 离石镇

离石镇治所离石，镇将一职早在北魏入并州初就有设置，较早任职者为陆突，道武帝时陆突"率部民随从征伐，数有战功，拜厉威将军、离石镇将"。[47] 由于陆突任职不到两年即离任，到太武帝中期仍未见任职离石之镇将，加之在北魏平定天兴初离石呼延铁起事时未见镇将活动之身影。因此，牟发松先生推测离石镇在此阶段设置并不稳定，倾向于其职能被离石护军取代。[48] 不过到太武帝之后，离石镇将一职又得到恢复，又《魏书·奚受真传》云："高宗即位，拜龙骧将军，赐爵成都侯。迁给事中，出为离石镇将。"[49] 奚受真为奚斤之孙，文成帝时出任离石镇将，可知此时离石镇已恢复。至孝文之时，离石镇降级，镇将被撤销，改为离石都将负责管理，原辖区并入吐京镇下。

45　李吉甫：《元和郡县图志》卷三《关内道三·丹州》，第 74 页。

46　廖幼华：《丹州稽胡汉化之探讨——历史地理角度的研究》，第 292 页。

47　魏收：《魏书》卷四十《陆俟传》，第 901 页。

48　牟发松：《北魏军镇起源新探》，《社会科学》2017 年第 11 期，第 135—136 页。

49　魏收：《魏书》卷二十九《奚受真传》，第 701 页。

3. 吐京镇

吐京镇治所石楼，北魏任吐京镇将者有谷浑之子谷季孙，其具体任职时间不详，但参考其兄谷阐过世于孝文之初，谷季孙当在太武至孝文之间掌兵吐京。[50] 由于该地胡人屡有起事，故北魏对吐京镇将人选较为重视，其中不乏宗室懿亲，如"骠骑大将军左承相卫王泥"之子"羽真尚书冠军将军使持节吐京镇大都将"拓跋陵。[51] 拓跋泥爵位为卫王，辅以官位考之，当即卫王拓跋仪，墓志云"泥"当为两字发音相近，故有此音译。其父拓跋陵《魏书》无载，或即曾为都将之拓跋幹。可以看出，主政吐京镇者不但地位显赫，而且"都将"官号亦加"大"，有使持节之威仪，掌握治下官民生杀大权，或为便于在对胡作战中杀一儆百、立威示人之故。

4. 六壁镇

六壁镇位于西河，为北魏防御离石稽胡所设，因城有六面，故曰六壁。太武帝太平真君五年（公元444年）曾讨胡于六壁，到孝文帝太和八年（公元484年），六壁镇罢，改西河郡。正光元年（公元520年）《魏平北将军怀朔镇都大将终广男叔孙公墓志》云其"夫人百宇文氏，六壁镇将胡活拨女"，[52] 可知宇文胡活拨曾为镇将。

5. 安民镇

由于资料限制，目前对安民镇可知者仅有为避唐太宗讳，该镇又作安人镇，治所位于今陕西延川东南。乃北魏末所立军镇，隶属于延昌二年（公元513年）新设之东夏州。[53]

---

50 魏收：《魏书》卷三十三《谷季孙传》，第781页。

51 《大魏故宣威将军白水太守小剑成主元公墓志铭》，收入赵超：《汉魏南北朝墓志汇编》，第143页。

52 《魏平北将军怀朔镇都大将终广男叔孙公墓志铭》，收入赵超：《汉魏南北朝墓志汇编》，第117页。

53 乐史：《太平寰宇记》卷三十六《关西道十二·延州》"延水县"条，第755页。

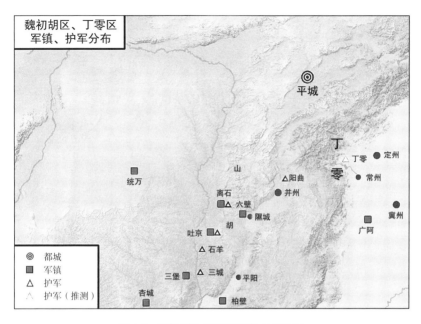

图4-1　魏初胡区、丁零区军镇、护军分布

6. 石龟镇

石龟镇治所在今陕西神木南，为唐代胜州银城所在地。具体设立时间不详，然北周保定二年（公元562年）已废弃，[54] 其设置当在六镇之乱前，恐废于六镇之乱中。

此外，北魏一朝尚有柏壁、杏城、长安诸镇，似有分担治理胡人之职能。不过，柏壁之主要控制对象当为河东蜀，杏城初立时治理重点当为卢水胡，长安治下则以氐羌杂胡为主。上述三镇设立之时均以他族为控驭重心。另有夏州统万镇为北魏后期治理胡人之重镇，不过在其设立之初，当地铁弗杂胡尚未完全稽胡化，故不加赘述。

对于镇将与护军之关系，如前述牟发松先生之推测，护军或可代

54　乐史：《太平寰宇记》卷三十八《关西道十四·麟州》"银城县"条，第808页。

替镇将职能。[55] 然而在同时设有镇与护军的区域内，二者之间是否存在隶属关系，由于资料缺乏已难判定。不过镇将之下另有都将，二者存在隶属关系。《魏书·穆罴传》云：

> 转征东将军、吐京镇将。罴赏善罚恶，深自克励。时西河胡叛，罴欲讨之，而离石都将郭洛头拒违不从。罴遂上表自劾，以威不摄下，请就刑戮。[56]

穆罴称"摄下"，可知都将郭洛头为其下属。

北魏政府在设立军镇统治胡人的同时，也注重建设其他工程以加强对当地资源控制、分配，配合军事统治。《元和郡县图志·河东道二·并州》云交城县东南有羊肠山，"后魏于此立仓，今岭上有故石墟，俗云太武帝避暑之处"，[57] 羊肠山西面即稽胡居住之吕梁山区。建于山上之粮仓可被后世称为行宫，其规模必然不小。故其未废止前之存粮数量不在少数，加之地势易守难攻，应当足以在后勤补给方面为镇戍官兵消除后顾之忧。

太和十二年（公元488年），吐京镇改为汾州，由军政转为民政。到北魏末年，为应对六镇起事之烽火，安抚镇民对太和以后地位降低的不满，孝明帝"改镇为州，依旧立称"。[58] 但是军镇之下的镇戍直到周齐之时仍可在胡区见到。西魏即改安民镇为安民戍，并在陕北设有蒲川镇、五原镇、伏夷镇（伏夷防）。据王仲荦先生考证，蒲川镇当在固原东北、定边西南，可能即唐代宁州之蒲川折冲府所在地。[59] 大统十三年（公元547年），王德即被授予"大都督、原

55　牟发松：《北魏军镇起源新探》，第135页。

56　魏收：《魏书》卷二十七《穆罴传》，第666页。

57　李吉甫：《元和郡县图志》卷十三《河东道二·并州》"交城县"条，第372页。

58　李延寿：《北史》卷四《魏孝明纪》，第151页。

59　王仲荦：《北周地理志》卷一《关中》，北京：中华书局，1980年，第100页。

灵显三州五原蒲川二镇诸军事".[60] 五原镇位于今陕西定边。伏夷位于东夏州，从其名可知防胡意图明显。北齐天保十年（公元559年）《文海珍妻周双仁等造像碑》题名中有"镇远将军石楼戍主文庆安",[61] 其像造于高洋破石楼稽胡之后，可以推测石楼戍当为高洋破胡后，出于强化对该区域统治之目的而设。直到北齐之末，吕梁山区仍有军政机构创设，如永和县为汉代狐谼城所在地，"高齐后主于其城置永和镇".[62] 同一时期另有斛律光于武平元年（公元570年）冬所筑，冠以"州"名之南汾城，主要目的虽为遏制北周势力，但客观上使得"夷夏万余户并来内附",[63] 其中"夷"自然指稽胡。

护军、镇戍治理效果的发挥必须通过军事震慑以实现。政府择当地之要冲险塞，配以少量士兵，以控制治下少数族部落，意图体现政府控制能力。这些驻军的传说直到宋代仍然流传，《太平寰宇记·关西道十一·丹州》"汾川县"条云："安乐山，在县南十里。古老传云昔屯兵于此，因名安乐。"[64] 诸酋长中虽然不服王化者大有人在，但一般情况下敢在政府军队眼皮底下动武之可能性并不高，因此驻防地附近战事较少，当然"安乐"。虽然镇戍治理离不开军队等暴力工具，但如侯旭东先生所论，护军与镇戍遵循的依然是传统的羁縻之策，治下之胡族固有生活方式与社会组织并未改变。政府未直接控制胡族，必须通过部落酋长进行管理。部落组织的存在令首领动员部民、反抗政府成为可能，确实为政府之隐患。[65] 随着北魏在中原的统治日趋稳定，军政下的护军、镇戍已难以适应新形势下之统治需

60　令狐德棻：《周书》卷十七《王德传》，第286页。

61　端方：《陶斋藏石记》卷十一《文海珍妻周双仁等造像碑》，第8089页。

62　李吉甫：《元和郡县图志》卷十二《河东道一·隰州》"永和县"条，第347页。

63　李百药：《北齐书》卷十七《斛律光传》，第224页。

64　乐史：《太平寰宇记》卷三十五《关西道十一·丹州》"汾川县"条，第746页。

65　侯旭东：《北魏境内胡族政策初探——从〈大代持节豳州刺史山公寺碑〉说起》，《中国社会科学》2008年第5期，第174—175页。

要，因此丁零、稽胡区域也逐步向民政改革。丁零之居住区不用多言，中山、常山、赵郡、上党等地所在之定州、并州均为衣冠人物之乡，因此当丁零臣服北魏统治后，其护军之存在意义即日益降低。北魏中期以后，丁零已逐渐同化于汉人，因此护军之职能必然逐渐让位于太守，丁零区域的护军当在文成帝改护军为太守之后完成历史使命。

另一方面，稽胡所在的吕梁山区则从孝文帝时开始推行民政治理。首先进行的改革即太和八年（公元484年）改六壁镇为西河郡，太和十二年（公元488年）又改吐京镇为汾州，原离石、吐京二镇均包含在内，原镇将也转变为州刺史。北齐时，高洋亦在离石县以北增设良泉县。不过，即使在改镇为州后，对于一些山区稽胡，政府也力有未逮，鞭长莫及。

北魏在统治初期，对于被军事征服的胡人，管理策略仍偏向军政。太武帝灭赫连夏后，收胡户迁徙至原汉代富平县地，"因号胡地城"。[66] 从以城统治而言，太武帝时代的治胡重点当即军镇统摄。到孝文帝时期，胡区行政设置为之一变，偏向以民政之郡县治理胡民，曾特别为渡河东来的胡人置定阳县。[67]

自北朝末起，当政府将胡人纳入统治后，多直接设置郡县管理，而非以镇戍统之。北魏末期，政府虽然在六镇之乱面前焦头烂额，然安置降服胡人的郡县设置并未停止，如大斌县设立于孝明帝神龟元年（公元518年），"取稽胡怀化、文武杂半之义"。[68] 又如文安县为北魏分安民县所设，"以稽胡未淳，取文德以来之之义"。[69]

设置郡县管理稽胡的思路并未因北魏分裂而中断，出于加强人口控制的目的，该政策更为后世政府所奉行。如东魏晋州刺史薛

66　李吉甫：《元和郡县图志》卷四《关内道四·灵州》"灵武县"条，第94页。

67　李吉甫：《元和郡县图志》卷十二《河东道一·慈州》"吉昌县"条，第342页。

68　李吉甫：《元和郡县图志》卷四《关内道四·绥州》"大斌县"条，第104页。

69　乐史：《太平寰宇记》卷三十六《关西道十二·延州》"延川县"条，第758页。

修义对胡垂黎部落之处置方式即为设五城郡；对入境之夏州胡人流民，东魏政府亦于并州侨立西夏州。西魏北周出于政治、军事之考量，在胡区郡县设置方面远较东魏北齐积极，廖幼华先生曾考察其在宜川地区之设治情况，探明在这一范围不大的区域内西魏竟然保有九县，而人口远比北朝增加的今天，该区域仅存一县。[70] 这一广设州县的政策在周武帝灭齐平胡后仍然延续，《隋书·地理志中》云：

> 修化，后周置，曰窟胡，并置窟胡郡。开皇初郡废，后县改为修化。又后周置卢山县，大业初并入焉。有伏卢山。定胡，后周置，及置定胡郡。开皇初郡废。有关官。平夷，后周置。太和，后周置，曰乌突，及置乌突郡。开皇初郡废，县寻改焉。[71]

张庆捷先生谓定胡之设置与安置粟特胡人有关，[72] 然考之《太平寰宇记·河东道三·石州》"定胡县"条，定胡县设于大象元年（公元579年），[73] 恰好在北周平定稽胡刘没铎、刘受逻干之后，加之郡县名称中之"胡"字，必然与对稽胡的军事行动有关，系之于粟特商胡恐不妥。北周灭齐后在今天的离石、临县、中阳一带设置四郡八县，其中三郡只领一县，[74] 确实较为特殊，在凸显北周对其重视的同时，也透露了治理胡人实属不易。兹将十六国至唐之胡区郡县设置列表于下：

---

70 廖幼华：《丹州稽胡汉化之探讨——历史地理角度的研究》，第305页。

71 魏徵：《隋书》卷三十《地理志中·离石郡》，第852页。

72 张庆捷：《唐代〈曹怡墓志〉有关入华胡人的几个问题》，第650页。

73 乐史：《太平寰宇记》卷四十二《河东道三·石州》"定胡县"条，第887页。

74 田毅、王杰瑜：《南北朝时期吕梁山区的稽胡叛乱与行政区划变迁》，第17页。

表4-2　胡区州县社会经济、设置时间表[75]

地区		社会经济	设置时间						
州	县		十六国以前	十六国	北魏	齐、周		隋	唐
						齐（含东魏）	周（含西魏）		
石州	离石	中	√						
	平夷	中					√		
	定胡	中					√		
	临泉	中下					√		
	方山	中				√			
汾州	西河	望	√						
	孝义	紧			√				
	介休	望	√						
慈州	吉昌	中郭下			√				
	文城	中			√				

75　关于州县人口与社会经济之关系，通常可认为二者呈正相关，即政区户口等级越高，经济越发达。因其地除必要之农业人口外，另有人口从事商业、手工业活动，对活跃、促进当地经济颇有帮助。故本表利用户口作为经济之表现，表4-1、4-3、4-4亦采用此原理。关于此二者关系之详细论述，可参考翁俊雄：《唐代人口与区域经济》，台北：新文丰出版公司，1995年，第5、299—301页。

续　表

地区		社会经济	设 置 时 间					隋	唐
州	县		十六国以前	十六国	北魏	齐、周			
						齐（含东魏）	周（含西魏）		
慈州	昌宁	中			√				
	仵城	中下			√				
	吕香	中			√				
隰州	隰川	中郭下					√		
	蒲县	中					√		
	大宁	中					√		
	温泉	中			√				
	永和	中下					√		
	石楼	中下			√				
岚州	宜芳	上			√				
	静乐	上						√	
	合河	中			√				
	岚谷	中						√	

143

地区		社会经济	设 置 时 间						
州	县		十六国以前	十六国	北魏	齐、周		隋	唐
						齐（含东魏）	周（含西魏）		
鄜州	洛交	紧		√					
	洛川	上		√					
	三川	中					√		
	直罗	中下						√	
	甘泉	中下							√
坊州	中部	上		√					
	宜君	上		√					
	升平	上							√
	鄜城	上			√				
丹州	义川	上					√		
	云岩	中							√
	汾川	上			√				
	咸宁	中下			√				

144

续　表

地区		社会经济	设　置　时　间						
州	县		十六国以前	十六国	北魏	齐（含东魏）	周（含西魏）	隋	唐
延州	敷施	上郭下						√	
	延长	中					√		
	临真	中			√				
	金明	中			√				
	丰林	中下			√				
	延川	中			√				
	敷政	中下			√				
	延昌	中						√	
	延水	中下			√				
	门山	中					√		
绥州	龙泉	中下郭下			√				
	延福	中下			√				
	绥德	中下					√		

145

续　表

地区		社会经济	设置时间			齐、周		隋	唐
州	县		十六国以前	十六国	北魏	齐（含东魏）	周（含西魏）		
绥州	城平	中下			√				
	大斌	中下			√				
银州	儒林	中郭下						√	
	真乡	中下					√		
	开光	中下					√		
	抚宁	中下					√		
胜州	榆林	中下郭下						√	
	河滨	中下							√
庆州	顺化	中郭下						√	
	乐蟠	中					√		
	马领	中						√	
	合水	中							√
	华池	下						√	

地区		社会经济	设置时间						
州	县		十六国以前	十六国	北魏	齐、周		隋	唐
						齐（含东魏）	周（含西魏）		
庆州	同川	中下							√
	洛原	中下						√	
	延庆	中							√
	方渠	中下							√
	怀安	下							√
总计	望	2				1	16		
	紧	2							
	上	10	3	4	23			11	9
	中	28							
	中下	23				17			
	下	2							
比例			4.48%	5.97%	34.33%	25.37%		16.42%	13.43%

资料来源:《隋书》《旧唐书》《新唐书》《元和郡县图志》《太平寰宇记》。

可以看出，北魏以前政府对胡区设治不甚热衷，然自北魏起，为强化人力资源控制，扩大赋役所出，政府于胡区广设州县。设置力度、重视程度与政府核心区位置密切相关，北魏前期定都平城，部分胡区甚至划入京畿重地司州。由于胡区地处黄土高原，居高临下直接威胁关中平原，任由生胡横行必为长安卧榻之患，故北周之设治力度亦远胜北齐。

不过需要指出的是，虽然设置州县自北朝以来已是大势所趋，但正如明清之改土归流并未彻底废除土司制度一样，稽胡的部落组织并未随之完全消失。直到唐代，某些地区仍然存在政府认可之稽胡酋长。唐永泰元年（公元765年），《左武卫将军白公神道碑》载碑主白道生之父白崇礼统领部落，"为宁朔州刺史兼部落主"。[76] 虽然白氏在吐谷浑中也为大姓，但吐谷浑裔出鲜卑，其后裔到五代时仍认同鲜卑祖先，如《白万金墓志》自叙祖先本居"岱川北鲜卑山之阳"，"吐浑即其本"。[77] 而白道生一族却以"呼韩之宗，谷蠡之允"自豪，加之宁朔州位于朔方即夏州之境，此白氏一族当为稽胡，虽本出龟兹，但赫连夏故地的居住史令其早已匈奴—稽胡化。依《太平寰宇记·关西道十三·夏州》"德静县"条之记载，唐时宁朔州户三百七十四，[78] 以一户五口计之，其部民当在两千口左右。

二、辅之以交通

丁零与稽胡在生活环境上虽然存在一定差别，但在利用山区复杂地形阻止中央力量进入方面却存在相似性。山区交通殊为不便，对山居族群来说，山地险阻为其依靠部族力量屡降屡叛的倚仗；可对政府而言，却是限制其力量进入少数族地区的阻碍。故寻求交通条件之改善就成为中央强化区域治理的必要手段。

丁零居住的太行山区，由于山路崎岖，盛传"太行之路能摧车"之说。[79] 不过即使山路难行，却存在名曰"太行八陉"的山间道路可

---

76 于翼：《左武卫将军白公神道碑》，收入董诰等：《全唐文》卷三百七十一，第3765-1页。

77 《白万金墓志》，收入周阿根：《五代墓志汇考》，合肥：黄山书社，2012年，第636页。

78 乐史：《太平寰宇记》卷三十七《关西道十三·夏州》"德静县"条，第788页。

79 白居易：《白氏长庆集》卷三《太行路》，收入纪昀等总纂，台湾商务印书馆编审委员会主编：《景印文渊阁四库全书》第1080册，第1080-36页。

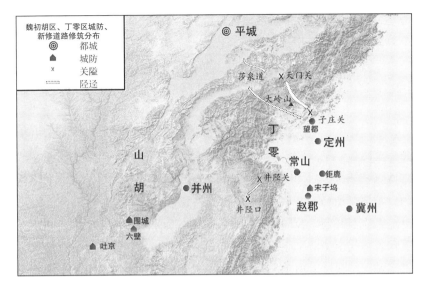

图4-2　魏初胡区、丁零区城防、新修道路分布

与外界交通，因此对以北魏为代表的中央政府而言，控制、维护这些道路就成为其巩固对丁零地区统治的较优选择。《魏书·于栗䃅传》云：

> 后与宁朔将军公孙兰领步骑二万，潜自太原从韩信故道开井陉路，袭慕容宝于中山。既而车驾后至，见道路修理，大悦，即赐其名马。[80]

虽然于栗䃅重开井陉故道的直接意图在于攻击后燕，但道路的开通对于日后统治丁零无疑也有帮助。井陉为丁零多次利用、出入太行山的路线，政府对其之控制自然有助于将并州兵力向山东地区快速投送，从常山威胁丁零。另一方面，在丁零居住区的北部，北魏也有交

80　魏收：《魏书》卷三十一《于栗䃅传》，第735页。

通建设。北魏对后燕取得战略优势后，于皇始三年（公元398年）"发卒万人治直道，自望都凿恒岭至代五百余里"，[81] 从太行山东麓，穿越恒山，直达北魏核心区，从名为"直道"来看，其工程要求当参考秦代之直道。日本学者前田正名从交通网络的连接角度分析，指出此"直道"与飞狐道传统路线相比，可更为直接联通平城与中山。[82]

此后不久，太行山区又有新的道路建设工程启动。安同"东出井陉，至钜鹿，发众四户一人，欲治大岭山，通天门关"。[83] 安同此举虽因擅兴获罪，但后为明元所有，再参照《水经注·滱水》之"车驾沿溯，每出是所游艺焉"的记载，[84] 能供魏帝出行，则大岭山至天门关之道路应当开通。天门关在灵丘县东南，为平城东面之门户，其开通意味着恒代至华北平原交通线的打通，北魏可以在必要时刻直接从国都平城派精兵进入山东。天门关路与井陉路对中山、常山之丁零正好形成南北夹攻之势。太武帝太延二年（公元436年），北魏又开通莎泉道。《水经注·滱水》有"莎泉水注之，水导源莎泉，南流，水侧有莎泉亭，东南入于滱水"之记载，杨守敬据《魏书·地形志》认为莎泉县当在灵丘县西。[85] 故此道为连接平城与太行山西部之孔道，亦有利于魏军追击在太行山区流动之丁零。颇具讽刺意味的是，开凿该道的民夫为北魏征发之定州居民，其中极可能存在一定数量的丁零。

对于稽胡居住的吕梁山区，东魏政府也有进行交通建设。《北齐书·封子绘传》云：

晋州北界霍太山，旧号千里径者，山坂高峻，每大军往来，

81　司马光：《资治通鉴》卷一百一十《晋纪三十二·隆安二年》，第3462页。

82　前田正名著，李凭等译：《平城历史地理学研究》，上海：上海古籍出版社，2012年，第179页。

83　魏收：《魏书》卷三十《安同传》，第713页。

84　郦道元撰，杨守敬、熊会贞疏：《水经注疏》卷十一《滱水》，第1049页。

85　郦道元撰，杨守敬、熊会贞疏：《水经注疏》卷十一《滱水》，第1045—1046页。

士马劳苦。子绘启高祖，请于旧径东谷别开一路。高祖从之，仍
令子绘领汾、晋二州夫修治，旬日而就。高祖亲总六军，路经新
道，嘉其省便，赐谷二百斛。[86]

封子绘修新道的直接目的当然是为了适应对宇文氏的作战，不过
汾、晋山区也为稽胡分布之地，当东魏大军沿此路浩浩荡荡行军时，
无疑会对胡人产生震慑作用。

与东魏北齐对峙的西魏北周，虽然没有在黄土高原大兴土木、修
筑军用道路，但这一区域本来就留存历史悠久的道路，即秦代遗留的
直道。据史念海先生考证，直道在黄土高原之修筑路线为从陕西淳化
县北梁武帝村北行，至子午岭上，延主山脉北行，直到定边县南。[87]
其道路分布虽然并非直接穿越黄河以西之黄土高原中东部，但经过黄
土高原西部边缘地带，这一地区为稽胡分布的西限。虽然秦直道没有
筑于黄土高原中心，但并不意味此地没有前人留下的捷径。北宋延
州保安军东有圣人道，"即赫连勃勃起自夏台入长安时，平山谷开此
道"。[88] 依史念海先生之见，赫连勃勃所筑之圣人道连结夏州到鄜州。[89]
结合赫连勃勃对工程营造之严苛要求，该道路之水准自不待言，当为
南北横贯黄土高原大部之孔道，该道路之存在对于政府向胡人山区采
取军事行动必然大有助益。除陆路外，魏末孝明之时，政府也试图于
部分沿河胡区开辟水运。《魏书·食货志六》载薛钦之奏曰：

计京西水次汾华二州、恒农、河北、河东、正平、平阳五
郡年常绵绢及贲麻皆折公物，雇车牛送京。道险人弊，费公损
私……汾州有租调之处，去汾不过百里，华州去河不满六十，并

86　李百药：《北齐书》卷二十一《封子绘传》，第304页。
87　史念海：《秦始皇指导遗迹的探索》，收入氏著《史念海全集》第四卷，第311页。
88　乐史：《太平寰宇记》卷三十七《关西道十三·保安军》，第790页。
89　史念海：《直道和甘泉宫遗迹质疑》，收入氏著《史念海全集》第四卷，第326页。

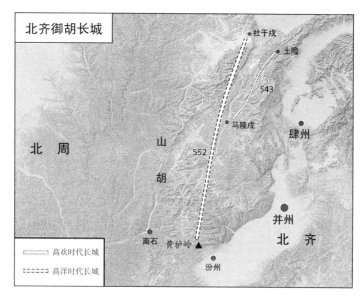

图4-3 北齐御胡长城

令计程依旧酬价，车送船所……则于公私为便。[90]

薛钦的改革建议没有得到全部执行，不过也表明了北魏政府有意发展水运航路以深入胡区，加强物资控制。

在修路便利官军通行之外，政府也主动出击，以修筑城戍、城墙等防御工事的方式对丁零、稽胡依赖的交通线予以扼断，阻止其骚扰外部边县。魏初安同即"筑坞于宋子，以镇静郡县"。[91]赵郡为丁零的分布区域，宋子坞的修筑自然也对其有震慑作用。城坞的修筑与翻越太行山之道路的开通也从侧面回答了为何北魏丁零举事逐渐减少这一问题。

相对政府在丁零地区以城砦为重点进行点状防御，对稽胡之防御

90　魏收：《魏书》卷一百一十《食货志六》，第2858—2859页。

91　魏收：《魏书》卷三十《安同传》，第713页。

则全面升级，呈现线状防御，围堵工程更为常见，其中最极端、最浩大的工程当为东魏北齐时期修筑的齐长城。高欢执政时，"于肆州北山筑城，西自马陵戍，东至土隥"，[92] 沿陉岭进行了四十日城防修筑。不过从工期来看，此工程量难说巨大，防御范围也当有限，所以至高洋时代，齐长城规模进一步扩大，"至黄栌岭，仍起长城，北至社干戍四百余里，立三十六戍"。[93] 齐长城的修建为当时北齐之军事中心、副都晋阳提供了一道西部屏障。当然，齐长城之防御对象也有西魏、北周在内。不过，在高欢、高洋时代，北周的力量尚未壮大到可渡河直接威胁北齐的程度。《资治通鉴·天嘉五年》云：

> 初，齐显祖之世，周人常惧齐兵西渡，每至冬月，守河椎冰。及世祖即位，嬖幸用事，朝政渐紊。齐人椎冰以备周兵之逼。[94]

直到武成帝时，周、齐在黄河一线的军事力量对比方易位，因此在高欢、高洋之时修筑的长城与其说主要是为了防御北周，倒不如说旨在遏制久居山区、不服王化的稽胡对山外之骚扰。齐长城对稽胡的遏制到隋朝末年可能仍发挥了一定作用。隋炀帝在得知突厥犯塞、稽胡劫掠的情况后，"下书令（杨）子崇巡行长城"。[95] 隋炀帝命离石郡守杨子崇巡行之长城为针对突厥与稽胡而兴建之防御工程，除利用部分齐长城修筑的隋开皇长城外，齐天保长城可能亦在其中。

与工程浩大、劳师动众的修筑长城相比，在丁零地区实行的以城栅遏其交通要道之策略以其较低的建筑成本更受各政权青睐。北魏已将筑城防御之方式推广到时常出山抄掠的稽胡，如太武帝时在狐谗县

92　李百药:《北齐书》卷二《神武帝纪下》，第22页。

93　李百药:《北齐书》卷四《文宣帝纪》，第56页。

94　司马光:《资治通鉴》卷一百六十九《陈纪三·天嘉五年》，第5238页。

95　魏徵:《隋书》卷四十三《杨子崇传》，第1215页。

西南筑石羊城，"置石羊军"。[96] 又六壁城，"魏朝旧置六壁于其下，防离石诸胡，因为大镇"。[97] 六壁城外，北魏在这一地区还筑团城于孝义西北，意在"筑以防稽胡，其城纡曲，故名团城"。[98]

北魏置城防胡的策略为之后的西魏北周继承，并被后者发展升级，如姚岳城，《周书·韦孝宽传》云：

> 汾州之北，离石以南，悉是生胡，抄掠居人，阻断河路。孝宽深患之。而地入于齐，无方诛剪。欲当其要处，置一大城。乃于河西征役徒十万，甲士百人，遣开府姚岳监筑之。[99]

韦孝宽命姚岳所筑之城为防卫北齐境内胡人外出骚扰而修建，其城位于隰州之东北，[100] 已深入齐境。北周境内之防胡城建工程则以郭荣五城为代表，郭荣"于上郡、延安筑周昌、弘信、广安、招远、咸宁等五城，以遏其要路，稽胡由是不能为寇"。[101]

由于材料所限，目前可大致确定方位的唯有广安、咸宁二城。《太平寰宇记·关西道十二·延州》"延长县"条云："后魏废帝元年（公元552年）于丘头原置广安县。"[102] 又《太平寰宇记·关西道十一·丹州》"宜川县"条云："废咸宁城，在州东四十五里，一乡。本秦上郡之地。"[103] 郭荣对咸宁、广安之城防修筑当在此前设治之基础上进行，离其故地当不远。从此两地位置来看，可以推测其城址当择河津、关山、交通要冲之地，以图对稽胡形成包围遏制。

96　乐史：《太平寰宇记》卷四十八《河东道九·隰州》"永和县"条，第1013页。

97　郦道元撰，杨守敬、熊会贞疏：《水经注疏》卷六《文水》，第597页。

98　李吉甫：《元和郡县图志》卷十三《河东道二·汾州》"孝义县"条，第378页。

99　令狐德棻：《周书》卷三十一《韦孝宽传》，第539页。

100　顾祖禹：《读史方舆纪要》卷四十一《山西三·隰州》，第1933页。

101　魏徵：《隋书》卷五十《郭荣传》，第1319页。

102　乐史：《太平寰宇记》卷三十六《关西道十二·延州》"延长县"条，第754页。

103　乐史：《太平寰宇记》卷三十五《关西道十一·丹州》"宜川县"条，第745页。

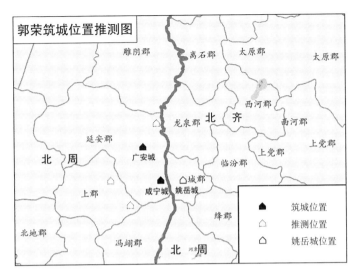

图4-4　郭荣筑城位置推测

对一些新控制的稽胡地区，北周也筑城加以统治，如银州城为延州总管宇文盛所筑，其修筑甚至引发了当地胡帅与周军的冲突。[104] 其遗址尚存，位于今陕西榆林党岔镇北庄村，无定河与榆溪河交汇处。有上、下两城，上城位于山丘之上，视野开阔；下城位于山下平地，扼守河流。整体依山向水，凭借地势沿河傍流而筑。位于河流、群山拱卫之中，易守难攻。对于当地胡人而言，其修筑自然如鲠在喉，故聚众反抗周军。

而另一些建于前代的城池也为北周继续采用，以震慑胡人。如延州丰林城，本为赫连勃勃所筑，北周在此设丰林县，以旧赫连城作为延州州治。丰林城所在地延河河道较为旷阔，城址面向延河，依山而建，控扼作用明显。

北朝时，河东河西的胡人不时渡河往来，相互接纳起事失败者，

104　令狐德棻：《周书》卷四十九《稽胡传》，第898页。

图4-5 银州城遗址

（笔者2021年5月摄于陕西榆林。）

在北方统一后，周、隋对黄河渡口也设关津加强管理，如定胡县"以其地厄险固，置孟门关"。[105] 据严耕望先生统计，在流经黄土高原的黄河沿岸，从北到南有榆林关、河滨关、君子津、合和关、合和津、孟门关、孟门津、永和关、马斗关、乌仁关、采桑津、龙门关、蒲津关等。[106] 其中，除后两关外，均位于稽胡分布区。关津的设置将沿岸胡人的日常往来纳入政府监管下，相互接纳渡河"亡叛"愈加困难。

交通建设的深入强化了政府对丁零、稽胡之管理，也削弱了这些少数族的反抗能力。

---

105 乐史：《太平寰宇记》卷四十二《河东道三·石州》"定胡县"条，第887页。

106 严耕望：《唐代交通图考》第1册，台北："中研院"史语所，1985年，第289—311页。

图4-6　延州丰林城遗址

（笔者2021年5月摄于陕西延安。）

三、征之以赋役

　　历代政府强化人口控制之根本出发点在于增加赋役，尤其是对政府尚未控制或控制未深的少数族地区。罗新先生在论及中古南方诸蛮时即分析了华夏政权控制诸蛮的经济动机。[107] 南朝政府如是，北朝、隋、唐在丁零、山胡地区设置郡县的动机亦不外乎如是。在治理这些曾经的化外之民时，政府最基本的要求即将其转化为官方直接控制下的编户齐民，由部落民、生胡变为胡民（丁零户）。丁零在北魏

---

[107] 罗新：《王化与山险——中古早期南方诸蛮历史命运之概观》，《历史研究》2009年第2期，第15页。

之初尚保留有部落组织，明元帝时通刘裕的丁零首领翟蜀即领有"营部"。[108] 营部为以血缘关系为纽带的部落组织。不过到北魏在中原的统治渐趋巩固后，丁零的社会组织也发生了变化。太武帝时叛入西山的定州丁零鲜于台阳、翟乔率领的户籍单位已是"家"，[109] 而非其传统之"落"。可知至少在定州部分地区，类似营部之部落组织当已被拆散。虽然可能保留了聚族而居的形式，不过社会组织已不是酋帅领导下的部落，而为州郡控制下的编民。当然在尚处于丁零护军管理的区域，部落组织还可能得到保存。

同样的变化在稽胡中也逐渐发生。对于归附北魏的稽胡，北魏逐渐由建国初的羁縻转为直接控制，开启其编民化进程。在改镇为州前，吐京镇已经存在被编为民户的稽胡。明元帝时，吐京民刘初原曾与西河胡曹成攻杀赫连氏所置吐京护军及夏国守军三百余人。[110] 从刘初原之姓氏来看，其人当为稽胡，然与曹成不同，刘氏身份为民，可知已从部落变为民户，造成这种差别的原因或为吐京刘氏附魏相对较早，而曹氏新附，故政府未急于对后者进行社会组织改造。在黄河以西的北魏控制区，变生胡为民的政策也在推行。太武帝时期，盖吴举兵反魏，在一度失利后，通过"假署山民，众旅复振"。[111] 史念海先生即推测"所谓山民可能就是稽胡，至少也和稽胡有关"。[112] 从其身份定义为"民"来看，即使为"山民"之稽胡曾经存在部落组织，也已经编民化，不过这一过程可能推行不久，因此对政府之编民政策心存抵触，故一经盖吴拉拢即加入反抗军。

如果说令盖吴"起死回生"的山民未列具体姓氏，族属是否为稽胡不能直接下定论，那孝文帝时发生的一起起事则比较能说明问题。

---

108 魏收:《魏书》卷三《太宗纪》，第57页。

109 魏收:《魏书》卷四上《世祖纪上》，第74页。

110 魏收:《魏书》卷三《太宗纪》，第54页。

111 魏收:《魏书》卷四下《世祖纪下》，第101页。

112 史念海:《论陕西的历史民族地理》，收入氏著《史念海全集》第六卷，第389页。

朔方民曹平原"招集不逞，破石楼堡，杀军将"。[113] 曹氏为稽胡大姓，朔方、石楼俱为胡区，曹平原为稽胡可能性极大，不过官方所认定的身份却为"民"。从其能"招集不逞"来看，胡人并不乐意接受身份的变化，即使有"民"之身份，但"胡"的心态却无太大改变。所以即使变为民户后，也如生胡一样起事发难，甚至将战线转移到黄河对岸胡区。

对北魏政府而言，移民实京畿为其初期基本国策，为了强化核心区域的力量，政府也会将丁零、稽胡等少数族作为移民实土的征发对象。太武帝时，即徙定州丁零三千家于平城。[114] 以每户五口而计，迁入平城附近的丁零当在一万五千人左右，隋末起兵之雁门人翟松柏可能即其后代。至今在大同郊县还有翟姓村庄存在，或即北魏迁入丁零之史迹留存。[115] 后来，这些丁零也有部分随北魏迁都南下洛阳，如在龙门石窟造像之下层军官翟兴祖等人。

在北魏初年，面对归降的稽胡酋长，北魏政府不乏将其迁至京畿之举。道武帝时，归附之稽胡酋长幡颏、业易于就被迁至离平城较近的马邑居住。此二酋长归魏不久后，援助西燕未果的魏军挥师北回时，又顺路击破高车门部落，将其迁走。太武朝亦徙稽胡以实平城。真君九年（公元448年）"徙西河离石民五千余家于京师"。[116] 此次移民虽然未明言迁徙对象有稽胡，但西河、离石均为稽胡居住地区，被迁徙的民众中必然会有不少民户化之稽胡。次年，北魏又将西晋末进入寿阳之胡迁出，安置于大陵城南，充实并州。[117] 对稽胡采取之移民措施直到东魏北齐之时仍在持续，高欢即迁所俘之胡于并州处置，高洋则进一步釜底抽薪，将"神麚天子"刘蠡升之家眷迁移到远离其故

113　魏收：《魏书》卷七上《高祖纪上》，第135页。

114　魏收：《魏书》卷四上《世祖纪上》，第102页。

115　如大同下辖广灵县壶泉镇翟疃村、浑源县吴城乡翟家洼村。

116　魏收：《魏书》卷四下《世祖纪下》，第102页。

117　乐史：《太平寰宇记》卷四十《河东道一·并州》"寿阳县"条，第853—854页。

里之都城——邺城。[118]

北魏政府虽然将各族迁入京畿，但安土重迁本是人心所向。所以尽管北魏强制移民，但地方部落却存在严重的抵触心理，甚至对政府号令不予理会。明元帝曾下诏迁地方豪帅至平城，可在"民多恋本"的心理驱使下，"轻薄少年，因相扇动，所在聚结。西河、建兴盗贼并起，守宰讨之不能禁"。[119] 其中西河"盗贼"即以胡帅张外为代表之稽胡。另一方面，诚如安介生先生所言，北魏政府将民众迁移到代都附近具有很大的盲目性，当人口超过该地区土地承载力后，形成的局面不容乐观。[120] 由于平城当地粮食储量有限，当移入人口过多时，自然造成生存危机。尤其是当这一农业基础薄弱的区域遭受自然灾害时，严重饥荒更容易出现。[121] 故而北魏政府多次将居民移出京畿，在此回迁政策下，某些京郊稽胡可能又得以还归原乡。如太武帝太延元年（公元435年）"诏长安及平凉民徙在京师，其孤老不能自存者，听还乡里"，[122] 诏书所曰长安者即原赫连夏统治区之迁居者，其中自然有胡户存在。

促使丁零、稽胡民户化的根本目的在于加强政府对人口的控制，扩大赋税来源。可以说，这一政策不止适用于稽胡、丁零，也适用于其他族群，为北魏一贯政策。《魏书·李洪之传》云：

> 赤葩渴郎羌深居山谷，虽相羁縻，王人罕到。洪之芟山为道，广十余步，示以军行之势，乃兴军临其境。山人惊骇。洪之将数十骑至其里间，抚其妻子，问所疾苦，因资遗之。众羌喜

118　安介生：《山西移民史》，第173页。

119　魏收：《魏书》卷二十四《崔玄伯传》，第622页。

120　安介生：《山西移民史》，第147页。

121　前田正名著、李凭等译：《平城历史地理学研究》，第297页。

122　魏收：《魏书》卷四上《世祖纪上》，第84页。

悦，求编课调，所入十倍于常。[123]

成为政府控制下的编民后，丁零、稽胡承担的赋役包括以下几类：

（一）实物

出于生产生活特点之考虑，各政权对北方少数族之课税往往以畜产作为载体加以征收。北魏明元帝时规定以牧业为主之六部民"羊满百口输戎马一匹"。[124] 唐代这一政策大体不变，《赋役令》要求内附胡人"附经二年者，上户丁输羊二口，次户一口，下三户共一口"。[125] 不过从土地利用价值角度考量，畜牧业的回报率比农业低，加之牧业人群移动性远超过安土定居的农业人口，发生叛逃之可能性较后者高，因此政府往往大力促成内附少数族农业化。《旧唐书·张俭传》云：

> 俭前在朔州，属李靖平突厥之后，有思结部落，贫穷离散，俭招慰安集之……便移就代州。即令检校代州都督。俭遂劝其营田，每年丰熟。虑其私蓄富实，易生骄侈，表请和籴，拟充贮备，蕃人嘉悦，边军大收其利。[126]

丁零和稽胡在早期可能也以牲畜承担赋税缴纳，但后来主要以农产品上缴。丁零缴纳的具体物品缺乏直接记录，但《魏书·周几传》中的一段记载或可提供一些启发，"泰常初，白涧、行唐民数千家负崄不供输税，几与安康子长孙道生宣示祸福，逃民遂还"。[127]

白涧、行唐均为丁零居住区域，既然称其有"输税"之义务，则

---

123 魏收：《魏书》卷八十九《李洪之传》，第1919页。

124 魏收：《魏书》卷三《太宗纪》，第61页。

125 仁井田升原著，栗劲等编译：《唐令拾遗》，长春：长春出版社，1989年，第600页。

126 刘昫：《旧唐书》卷八十三《张俭传》，第2775页。

127 魏收：《魏书》卷三十《周几传》，第726页。

缴纳之物应与一般汉人无异。北魏献文朝有"千里内纳粟，千里外纳米"之规定，丁零被北魏纳入管理体系虽在此之前，但承担赋税缴纳之物品当不会有太大变化。其主要居住地区定州去平城未满千里，当地之丁零民自当为输粟。此外，据太和税制，定州"贡绵绢及丝"，[128]丁零人或亦不免贡献。

当稽胡被地方行政机构纳入管理后，首先试图对稽胡征税的政权应为后燕，在面对早霜歉收、军人乏食时，后燕并州刺史慕容农于胡中设置护军，此举自然是要向其征税求粮。至于稽胡的税率问题，《周书·稽胡传》称："轻其徭赋，有异齐民。"[129]纵使北周治下稽胡赋税较一般汉民轻，不过考虑到胡区土地较为贫瘠，开发难度大，加之与官府之间还存在酋长这一阶层的搜刮，因此其实际赋税压力恐怕不会比汉人轻多少。

对于稽胡所缴纳的物品种类，《北齐书·文宣帝纪》高洋自命"九锡"叙平胡功绩，其中之一即令"粟帛之调，王府充积"。[130]故稽胡所缴纳的主要农产品当为粟，依唐代元和税制，胡区州县多以粟米上缴官府。由于地出麻布，因此麻也是其缴纳的产品。胡人麻布生产历史较为悠久，可以上溯至西晋时期，发迹之前的石勒即曾与邻居争麻地。在北魏太和税制中，胡人所居之并、汾、夏等州，"皆以麻布充税"。[131]唐代胡区除作为贡品的胡女布外，一般赋税多以麻布承担。

虽然《周书》称胡地少蚕桑，但胡语中存在称呼蚕茧的专有名词"苏何"，[132]加之高洋"九锡"中"粟帛"之语，故不排除稽胡亦有缴纳少量帛制品之可能。对于丁零、稽胡地区的各种贡赋物品，兹以唐代之贡，表列种类于下：

---

128 魏收：《魏书》卷一百一十《食货志六》，第2852页。

129 令狐德棻：《周书》卷四十九《稽胡传》，第897页。

130 李百药：《北齐书》卷四《文宣帝纪》，第46页。

131 魏收：《魏书》卷一百一十《食货志六》，第2853页。

132 释道宣：《集神州三宝感通录》卷下《神僧感通录》"释慧达"，第434-3页。

表4-3　胡区贡物表

地区	社会经济	纺织品		农产			手工制品		贡蜡		畜产		猎产			药材	矿物	樵采
		布	胡女布（女稽布）	麻	栗	菽	龙须席	鞍面毡	蜡烛	蜡	牛酥	麝香	熊皮	野马皮腾革	青他鹿角			林业 采蜜
石州	下	√	√	√			√			√	√	√				蓝芙		√
隰州	下	√	√	√						√	√	√						√
慈州	下	√		√					√	√	√							√
汾州	望	√		√		√	√	√									石青、消石	
岚州	下	√		√								√	√					√
鄜州	上	√		√			√											
坊州	下	√		√			√		√			√						
丹州	上	√		√			√											

续表

地区	社会经济	纺织品			农产		手工制品		蜡		畜产		猎产			药材	矿物	樵采	
		布	胡女布（女稽布）	麻	粟	菽	龙须席	鞍面毡	蜡烛	蜡	牛酥	麝香	熊皮	野马皮胯革	青鹿角其他	药材	矿物	林业	采蜜
延州	望	√		√						√		√							√
绥州	下	√	√	√						√								√	
银州	下	√	√	√	√				√										
胜州	下	√	√	√	√		√								√	勺药、徐长卿			
庆州	中		√							√	√	√							
单于都护府	中		√									√		√					
上贡州府总计		11	7	12	2	1	5	1	3	6	1	6	1	1	1	2	1	1	5
总计		18		15			6		9		1	9				2	1	6	

164

表4-4　原丁零区贡物表

地区	社会经济	贡赋													
		手工制品									农产品	药材	矿物	采集	猎产
		纺织品								其他					
定州	上	罗	绌	细绫	瑞绫	两窠绫	独窠绫	二包绫	熟线绫						
赵州	望	丝	帛	绢											
恒州	大都督府	孔雀罗	瓜子罗	春罗	帛	绢						梨			
潞州	大都督府	布								墨	麻	人参		石蜜	
泽州	上	布										人参	石英		野鸡

资料来源:《通典》《新唐书》《元和郡县图志》等。

　　相比原丁零居住的定州等地多以绫罗绸缎等工艺奢侈品上贡，胡区的贡品比较寒酸，多为任土作贡原则下之原材料。不过其中仍有较引人注目的胡女布（女稽布）和龙须席这两种手工制品。从胡区常赋为麻布来看，胡女布当亦为麻布产品，蒲立本认为此布可能以独特的方式印染而成。[133] 从石、隰、银三州之年贡仅各为五端来看，或由于工艺复杂，该布产量不大。或许也正因如此，北宋中期已不见上供，

133　E. G. Pulleyblank（蒲立本），"JI HU 稽胡: Indigenous Inhabitants of Shanbei and Western Shanxi"，p.507.

故《元丰九域志》所录石州、隰州、延州、庆州等地之土贡品项中无其踪影。[134] 到清末，曾为胡女布生产区的陕西米脂在编撰县志、追忆这段纺织史时，只能面对"今县境内无织布者"的现实，[135] 发出无可奈何的感叹。在黄河东岸的原胡女布产区中，隰州或对旧俗有所继承，明代尚出产麻布，[136] 此后可能由于棉花种植的推广，清代已少有出产。[137]

胡女布究竟为何物，笔者在此提出一大胆假说，此纺织物或与大名鼎鼎的粟特锦（撒答剌欺）有关，可能为粟特锦之"低配版"。根据俄国学者研究，粟特锦特点为斜纹纬锦，丝线，纬线较粗。纹样组合通常采用拜占庭式对称，织物表面有较宽的纬向色带，由棱角分明的阶梯形构成，图案的主要结构特点是纬向上水平排列的相同团窠，有明确的抽象化、几何化倾向。[138] 第三章对粟特等西域胡融入稽胡已有论述，当这些粟特人进入胡中后，可能也带来了其掌握的纺织技术，因地制宜采用当地出产的麻来纺织粟特风格纹样的布匹。考虑到唐人目稽胡为白翟之风益盛，故定名于中唐之"胡女布"之"胡"可能与当时社会主流认识中之胡颇有关系，而此时汉人视角中之胡类首推粟特，或许正因为该布颇具粟特胡风，才被冠以胡名。

此外，胡女布之空间分布也许亦透露了其粟特血统。在唐代北疆的单于大都护府也有胡女布出产，而单于都护府本为安置突厥降部所设，突厥与粟特之关系紧密，当地之胡女布生产可能亦仰赖粟特技

---

134 北宋元丰之时，石州、隰州贡蜜、蜡，延州贡麝香、蜡，庆州贡紫茸毡、麝香、蜡。参见王存：《元丰九域志》卷四《河东路》，北京：中华书局，1984年，第169、173页；卷三《陕西路》，第108页。

135 潘橚修，高照煦纂：《（光绪）米脂县志》（清钞本）卷九《物产》，第441页。

136 曹树声等：《（万历）平阳府志》卷五《物产》，万历四十三年刻顺治二年递修本，第781页。

137 刘棨修，孔尚任等纂：《（康熙）平阳府志》卷三十《物产》，收入中国科学院图书馆选编：《稀见中国地方志汇刊》第6册，北京：中国书店，1992年，第730页。

138 尚刚：《隋唐五代工艺美术史》，北京：人民美术出版社，2005年，第46页。

术支持。元和以前，武则天、唐玄宗、唐代宗等均有下令限制织锦生产，甚至禁止民间制造。[139] 在此影响下，具有织锦风格特点的其他织物或许会得到上层社会青睐，因此中唐之后胡女布得以作为当地特产进入国家府库。当然以上有关胡女布之种种可能纯属笔者臆测，结论是否成立还需仰赖将来出土考古资料以证实。

　　而龙须席的织造虽然没有直接记载，但韩偓有诗曰"八尺龙须方锦褥"，[140] 尺寸仅八尺见方，可石州上供之数量仅五领，其制作自然费工费力。《太平御览》引《西京记》称隋炀帝"时诸行铺竞崇侈丽，至卖菜者亦以龙须席藉之"，可知其必为奢侈品。制作工艺或可参考朝鲜之龙须席，"皆席草织之，狭而密紧，上亦有小团花"。[141] 相较胡女布在唐代后失传，龙须席到宋代仍然上贡，[142] 北宋坊州知州刘泾、秦州通判蔡抗均以对无端索取龙须席的不法行为加以限制而名著史册。[143] 然此后其织造工艺在原胡区似失传，清代离石只能生产苇席。[144]

　　以上各类只是固定赋税，因战争等原因，政府也会对稽胡加以临时征调，《周书·杨忠传》云：

　　　　是岁，大军又东伐，晋公护出洛阳，令忠出沃野以应接突

139　参见司马光：《资治通鉴》卷二百五《唐纪二十一·长寿元年》，第6491页；王钦若等：《册府元龟》卷五十六《帝王部·节俭》，南京：凤凰出版社，2006年，第590—591页；卷六十四《帝王部·发号令第三》，第682页。

140　韩偓：《已凉》，收入彭定求等：《全唐诗》卷六八三，第7832页。

141　陶宗仪：《说郛》卷七十七《鸡林志》，台北：台湾商务印书馆，1972年，第4456页。

142　汾州、郿州、坊州至宋神宗时仍以席为土贡，当即龙须席。参见王存：《元丰九域志》卷四《河东路》，第170页；卷三《陕西路》，第113、119页。

143　刘泾事见李兰肹等：《大元大一统志（残）》（卷五百四十五《郿州》"宦迹"条，收入郑振铎辑：《玄览堂丛书》第7册，扬州：广陵书社，2012年，第5049页。蔡抗事见陈循、彭时等：《寰宇通志》卷九十七《巩昌府》"名宦"条，收入郑振铎辑：《玄览堂丛书》第9册，第6140页。

144　谢汝霖：《（康熙）永宁州志》卷三《物产》，嘉庆同治间增补重印本，第241页。

厥。时军粮既少，诸将忧之，而计无所出。忠曰："当权以济事耳。"乃招诱稽胡诸首领，咸令在坐。使王杰盛军容，鸣鼓而至。忠阳怪而问之。杰曰："大冢宰已平洛阳，天子闻银、夏之间生胡扰动，故使杰就公讨之。"又令突厥使者驰至而告曰："可汗更入并州，留兵马十余万在长城下，故遣问公，若有稽胡不服，欲来共公破之。"坐者皆惧，忠慰喻而遣之。于是诸胡相率归命，馈输填积。[145]

杨忠军队人数当在上万，要满足其军粮所需，必然不是小数目可以应付，对稽胡而言无疑是一笔沉重的负担。

（二）徭役

在对丁零、稽胡统治建立后，政府自然不会放过向其征发徭役的机会，常常命该族参与各种工程建设。北魏征讨北燕时即征发密云丁零与幽州汉民一起运送攻城器械。此后不久，太武帝又以定州为征发对象，命当地人进行道路维护，"发定州七郡一万二千人，通莎泉道"。[146] 中山、常山均为定州下辖之郡县，故此次征发对象中当有丁零人存在。各种营造也是徭役的目的之一，稽胡也成为此类工程之承担者。隋朝初年，政府"发稽胡修筑长城，二旬而罢"。[147] 此次营造的细节见于《隋书·韦冲传》：

> 发南汾州胡千余人北筑长城，在涂皆亡。上呼冲问计，冲曰："夷狄之性，易为反覆，皆由牧宰不称之所致也。臣请以理绥静，可不劳兵而定。"上然之，因命冲绥怀叛者。月余皆至，并赴长城，上下书劳勉之。[148]

---

145 令狐德棻：《周书》卷十九《杨忠传》，第319页。
146 魏收：《魏书》卷四上《世祖纪上》，第81、87页。
147 魏徵：《隋书》卷一《高祖纪》，第15页。
148 魏徵：《隋书》卷四十七《韦冲传》，第1269页。

从隋廷征发的稽胡为南汾州（唐之慈州）稽胡看来，其维护修筑的长城当为今山西境内西起黄河，沿岚水、陉岭而筑的开皇长城。为防胡而征发稽胡修筑长城，不能不说充满了讽刺与黑色幽默。由于韦冲、隋文帝的措施得当，工期仅二旬，其间皇帝甚至下诏慰劳，工程最终完成，胡人、政府皆大欢喜。不过此前不称职的牧守滥作征发必然曾令民怨沸腾，隋文帝的让步某种意义上代表了政府的妥协与治理理念的柔化。

（三）兵役

对丁零、稽胡而言，贡赋、徭役或许仅意味着体力劳动的加倍付出、可支配时间的减少，至多令其"劳其筋骨，饿其体肤，空乏其身"，可承担兵役却有背井离乡之怨，甚至有性命之忧。

据周国琴研究，翟斌可能参加过淝水之战，其理由为翟斌归秦后为卫军从事中郎，此官为卫将军之属官，而前秦卫将军见于史册者仅梁成一人，梁成为淝水之战中秦军前锋，故推断作为属官的翟斌亦参加此役。[149]如果周氏之论断成立，则入塞丁零早在前秦时即被政府征为兵卒。不过细检《晋书》，苻坚之卫将军尚有李威、杨定等人，故翟斌参战推论存疑。慕容垂起兵后，翟斌归燕，与上层酋长封王拜将不同，翟氏之下层部众成为燕军中的炮灰部队，与乌丸等族一起"为飞梯地道以攻邺城"。[150]攻城战中，进攻方损失巨大乃是常事，这些丁零兵当然九死一生。而除南攻邺城的一部外，北部中山的战事中也活跃着丁零兵的身影。王仲德之父王苗"苻坚时为中山太守，为丁零所害"。[151]中山之战的燕军指挥为慕容麟，中山太守王苗为丁零所害，可知慕容麟部下必有丁零兵，甚至可能如邺城一样担任部下先锋。对于丁零等族服兵役的悲惨命运，北魏攻宋的盱眙之战更可说明问题。此

149　周国琴：《十六国时期太行山区丁零翟氏研究》，第12页。

150　房玄龄：《晋书》卷一百一十四《苻坚载记下》，第2919页。

151　王琰：《冥祥记·自序》，收入鲁迅：《古小说钩沉》，北京：人民文学出版社，1953年，第480页。

役丁零与稽胡同攻城东北，北魏的这一安排或因二者习俗接近，丁零的胞族敕勒语言与匈奴大同小异，丁零与稽胡之间语言应可互通，故在北魏眼中丁零有时也被视为丁零胡。[152]《宋书·臧质传》云：

> 虏以钩车钩垣楼，城内系以疆絙，数百人叫唤引之，车不能退。既夜，以木桶盛人，悬出城外，截其钩获之。明日，又以冲车攻城，城土坚密，每至，颓落不过数升。虏乃肉薄登城，分番相代，坠而复升，莫有退者，杀伤万计，虏死者与城平。又射杀高梁王。如此三旬，死者过半。燾闻彭城断其归路，京邑遣水军自海入淮，且疾疫死者甚众。[153]

除惨烈的拼杀使攻城士卒死伤过半外，水土不服造成的疾病流行也是盘旋在士兵上方的死神。丁零、稽胡士兵若能够在此役保全性命，只能说是上天眷顾。

被政府征发时，从军的距离也不尽相同，有时披甲本州或邻州，有时则可能征战千里之外。近者如遣稽胡守并州，《隋书·豆卢毓传》云：

> 谅攻城南门，毓时遣稽胡守堞，稽胡不识谅，射之，箭下如雨。谅复至西门，守兵皆并州人，素识谅，即开门纳之。[154]

与不识并州总管杨谅的稽胡相比，并州正规军对自己的主帅却十分熟悉，其中原因必然是待遇及慰劳安抚的力度不同。可见即使经历了对稽胡推行德化政策的开皇时代，稽胡戍兵的待遇也难称合理。

152《魏书·周幾传》称丁零翟猛雀为"叛胡"。见魏收：《魏书》卷三十《周幾传》，第726页。
153 沈约：《宋书》卷七十四《臧质传》，第1913页。
154 魏徵：《隋书》卷三十九《豆卢毓传》，第1158页。

　　并州晋阳临近稽胡居住的离石、隰州，还有可能卸甲回乡。但有些时候迎接他们的却是背井离乡、扎根异地的远戍边镇。魏末举事的丁零后裔鲜于修礼即怀朔镇兵出身，另一位鲜于阿胡则是朔州城人，其祖上必为离乡戍边的丁零人，不知道前者在中山举兵时是否还会想到此地是其父祖故乡？在北魏东南边境之徐州，也有疑似丁零戍卒存在。《魏书·严季传》云："有严季者，亦为军校尉，与渴侯同殿，势穷被执，终不降屈，后得逃还。"[155] 严氏见于丁零之中者有后燕严生，严季或即远征徐州之丁零士兵。

　　稽胡的远戍也同样可见。朔方胡刘贤即在太武帝灭赫连夏后，从秦陇被迁至辽东营州。[156] 更为著名的移民事件亦发生在太武帝时，魏将刘洁与拓跋崇"于三城胡部中简兵六千，将以戍姑臧"，胡人不乐从命，"千余人叛走"，为刘洁等"击诛之，虏男女数千人"。[157] 从三城到姑臧，直线距离就达 1 200 里以上，在交通不便的古代，路途艰险可想而知。而从刘洁等人所俘胡人中有男有女可知这次迁徙必然是拖家带口的长距离、定居性移民。虽然胡人以逃亡反对移民远戍的行为遭到官方残酷镇压，后续进展如何没有直接记录。不过从某些记载来看，这一征发并未因胡人抵制而中止。孝明帝时有呼延雄据凉州反魏。[158] 凉州治所即姑臧，呼延氏本出胡中，此呼延雄当为远戍姑臧的稽胡后裔，因此北魏此前推行的远戍政策最终还是被落实。除了风沙弥漫的西陲，与南朝接壤、冲突不止的东南边境徐州也是征发胡人戍守的重点区域之一。《魏书·尉元传》载孝文帝初尉元之奏曰：

　　　　萧道成既自立，多遣间谍，扇动新民，不逞之徒，所在蜂起。……唯以彭城既固，而永等摧屈。今计彼戍兵，多是胡人，

155　魏收：《魏书》卷八十七《严季传》，第1892页。

156《刘贤戍主墓志》，收入赵超：《汉魏南北朝墓志汇编》，第502页。

157　魏收：《魏书》卷二十八《刘洁传》，第688页。

158　魏收：《魏书》卷九《肃宗纪》，第236页。

臣前镇徐州之日，胡人子都将呼延笼达因于负罪，便尔叛乱，鸠
引胡类，一时扇动。赖威灵遐被，罪人斯戮。又团城子都将胡人
王敕勤负衅南叛，每惧奸图，狡诱同党。愚诚所见，宜以彭城胡
军换取南豫州徙民之兵，转戍彭城；又以中州鲜卑增实兵数。于
事为宜。诏曰："公之所陈，甚合事机。"[159]

团城为孝义西北出于防胡需要所建之城，因此团城子都将王敕勤
等彭城戍胡当出自西河稽胡。由于宋、齐对边境胡人戍兵的拉拢，北
魏对其忠诚度持保留意见，所以尉元建议令彭城之稽胡士兵与南豫州
之兵换防，并增加鲜卑兵。此建议得到北魏政府之肯定，不过执行上
恐怕并不彻底，至太和初年尚有刘渴侯等稽胡士兵在徐州作战。而且
换防之措施也未使北魏一劳永逸。宣武帝时，豫州彭城人白早生"杀
刺史司马悦，据城南叛"，得到萧梁援助。[160] 彭城不属豫州，因此唐长
孺先生在校勘这段时认为"彭"为衍文。[161] 白氏为稽胡姓，白早生当
为孝文时转戍豫州之稽胡戍兵后代。城人之身份、地位较一般民户低
下，为承担军事职能的特殊户口。[162] 稽胡一旦为兵，则有终身为兵籍
之可能，若得不到政府放免，子孙后代也可能继续为兵。

在某些特定条件下，离乡远戍的稽胡士兵有回乡的可能，但这种
回乡恐怕多为非法行为。如胡中高僧刘萨诃年轻时"为梁城突骑，守
于襄城"，[163] 后又回到文成郡。其出家与淝水之战在同年，或为战败

---

159 魏收：《魏书》卷五十《尉元传》，第1113—1114页。

160 魏收：《魏书》卷八《世宗纪》，第206—207页。

161 魏收：《魏书》卷八《世宗纪》校勘记，第219页。

162 关于城人身份问题，唐长孺先生认为城民即府户，乃隶属军府的镇戍兵及其家属，
为构成州军的主要部分。谷川道雄先生认为城民是不同于一般州郡民、具有特殊
身份的士兵，平日脱离农业生产，为国家军事力量的担当。参见唐长孺：《北魏南
境诸州的城民》，收入氏著《山居存稿》，第112页。谷川道雄著、李济沧译：《隋
唐帝国形成史论》，上海：上海古籍出版社，2004年，第141—145页。

163 释道宣：《续高僧传》卷二十六《魏文成沙门释慧达传》，第980页。

之后秦军管理混乱，故得以伺机回乡。又刘龙驹，其人曾在魏宣武帝时起事，影响遍及汾、华、东秦等州。然刘氏曾为北魏戍守彭城之稽胡将领。《魏书·尉元传》云：

> 臣欲自出击之，以运粮未接，又恐新民生变，遣子都将于沓千、刘龙驹等步骑五千，将往赴击。但征人淹久，逃亡者多，迭相扇动，莫有固志，器仗败毁，无一可用。[164]

尉元称"征人淹久，逃亡者多"，刘龙驹部当亦远徙至此的稽胡，其能在数十年后领导起事或亦为逃亡之故。

河清二年十二月（公元564年），"周武帝遣将率羌夷与突厥合众逼晋阳"，[165] 进攻北齐。对于周军仆从"羌夷"，毛汉光先生指出自宇文泰于大统九年（公元543年）广募关陇豪杰后，除汉人豪强外，军队的主要参与者应为羌、氐部落，[166] 故北周可指挥羌兵并不意外。至于所谓的"夷"，如果考虑到黄土高原羌、胡混居的族群格局，则"夷"极可能代指被北周征发的稽胡。可以推测，在府兵制推行、积极吸收地方豪强参军的时代背景下，稽胡酋帅率领本部参与北周军事活动已属常见。此役杨忠曾向稽胡酋长征粮，由齐人记录可知粮秣之外，稽胡亦承担部分参战士卒所出。

到隋唐之时，除陈寅恪先生怀疑的以骑射见长之山东豪杰尚有丁零后裔嫌疑外，[167] 其余族人已经难寻踪迹，汉化后裔当与汉人一起服兵役。此时尚存的稽胡以其单兵战斗力得到了政府的肯定，常被政府征发作战。贞观十九年（公元645年），唐朝即"发胜、夏、银、绥、

164　魏收：《魏书》卷五十《尉元传》，第1111页。

165　李百药：《北齐书》卷十六《段韶传》，第210页。

166　毛汉光：《中国中古政治史论》，台北：联经出版事业公司，1990年，第214页。

167　陈寅恪：《论隋末唐初所谓"山东豪杰"》，收入氏著《唐代政治史述论稿》，台北：五南图书出版，2020年，第255页。

丹、延、鄜、坊、石、隰十州兵镇胜州"，[168] 此十州俱为胡人所居之地，其中征发之兵必然多有稽胡。直到安史之乱后的大历九年（公元774年），唐代宗面对吐蕃之军事压力，尚敕令郭子仪率稽胡等族"步马五万众，严会枸邑，克壮旧军"。[169]

除政府行为外，一些野心家也将目光投向了稽胡，试图获取胡人壮士培养私人势力。李建成利用李渊外出、自身居守之机，"令庆州总管杨文幹募健儿送京师，欲以为变"。[170] 庆州即隋代之弘化郡，曾经与李建成交手的稽胡大帅刘仚成即于此地起事。李建成对庆州兵的需求可能与其伐胡经历有关，对稽胡的单兵作战能力较为认可。在至今仍颇受赞誉的唐人府兵制度中，胡区也设有诸多军府，今根据毛汉光先生之考证，表列于下：

表4-5　唐代胡区军府表

类别		左右卫	左右骁卫	左右武卫	左右威卫	左右领军卫	左右金吾卫	左右清道	长上
鄜州	龙交	左卫							
	大同			左武卫					
坊州	杏城								√
	仁里					右领军卫			√

168　司马光：《资治通鉴》卷一百九十八《唐纪十四·贞观十九年》，第6232页。

169　刘昫：《旧唐书》卷一百九十六下《吐蕃传下》，第5244页。

170　刘昫：《旧唐书》卷六十四《隐太子建成传》，第2416页。

续　表

类别		左右卫	左右骁卫	左右武卫	左右威卫	左右领军卫	左右金吾卫	左右清道	长上
丹州	长松					左领军卫			
	通化				左威卫				
延州	延安			左武卫					√
绥州	伏洛			右武卫					
慈州	吉昌				左威卫				
隰州	隰川	左卫							
	大义			右武卫					
汾州	孝义				左威卫				
石州	善训					左领军卫	左金吾卫		
岚州	岚山		左骁卫						
庆州	同川		左骁卫						
	永清	右卫							

资料来源：毛汉光：《唐代军卫与军府之关系》，第139—143页。

175

除上述主要区域外，同州普乐府、彭州弘仁府在初唐时也有稽胡军官出现，如夏州胡人刘神即先后在此二地任职。[171]

稽胡白铁余之乱中，率兵平叛的程务挺为右武卫将军，绥州、隰州均设有右武卫，根据府兵制管理原则，其卫下府兵当归程务挺指挥，参与此次作战。某种意义上可以戏称此役为稽胡打稽胡，兄弟阋墙。

需要看到的是，由于西魏北周府兵制的推行，一些胡酋以其实力成为政府拉拢的对象，因此地位逐渐上升。隋唐时从军稽胡已不再是扮演普通士兵的角色，有不少人成为朝廷军官，隋代延州稽胡郝伏颠为五品鹰扬郎将，[172] 夏州稽胡刘迁则得四品骠骑将军之位，[173] 更为著名者当属唐将刘仁愿，其本雕阴大斌人，"晋右贤王豹之后"，[174] 太宗时以对高丽作战之功，"擢授右武卫、凤鸣府左果毅都尉、压领（阙四字）门长上"，此后对百济作战，又为熊津都督。[175] 当然刘仁愿的高官厚禄在稽胡中并非常见现象，更多的胡人是府兵制下的中下级武官，如唐德宗时过世的刘明德即"泾州四门府折冲都尉员外置同正员"，其为石州临泉县永吉村人，墓志称本贯"延州丰林"，[176] 当亦稽胡。

历代政府除将己方控制区的稽胡征发为兵外，也会利用、操纵敌方境内的胡人，以起事暴动的方式削弱对手。除北魏、赫连夏对峙时相互煽动对方境内胡人起事外，周、齐对峙时也可见到此情况。北齐曾招徕北周胡帅郝阿保等人，对北周进行骚扰。而北周方面，据《周书·韦孝宽传》云：

171 《刘神墓志》，参见康兰英：《榆林碑石》，第208页。
172 《郝伏颠墓志》，参见延安市文物编纂委员会编：《延安市文物志》，第373页。
173 《刘神墓志》，参见康兰英：《榆林碑石》，第208页。
174 林宝：《元和姓纂》卷五《刘氏》，第703页。
175 阙名：《唐刘仁愿纪功碑》，收入董诰等：《全唐文》卷九百九十，第10249-2页。
176 胡聘之：《山右石刻丛编》卷八《刘明德墓志》，第15101页。

今大军若出轵关，方轨而进，兼与陈氏共为犄角；并令广州义旅，出自三鵶；又募山南骁锐，沿河而下；复遣北山稽胡绝其并、晋之路。凡此诸军，仍令各募关、河之外劲勇之士，厚其爵赏，使为前驱。岳动川移，雷驰电激，百道俱进，并趋虏庭。必当望旗奔溃，所向摧殄。一戎大定，实在此机。

……

及赵王招率兵出稽胡，与大军犄角，乃敕孝宽为行军总管，围守华谷以应接之。[177]

韦孝宽建议争取的北山稽胡并非关中以北诸山胡人，《水经注·汾水》有"汾水又西，与华水合，水出北山华谷"，熊会贞按曰："齐斛律光果出晋州道，于汾北筑华谷、龙门二城。即此华谷也。此华谷在汾北。"[178] 此北山位于北齐控制区内的吕梁山南麓，北山稽胡当即韦孝宽此前所防之胡，至周欲伐齐时又被其争取为援。

值得一提的是，在向山居胡族征发赋役之外，随着控制力的强化，政府对当地资源的调查与获取也逐渐深入，尤其是对某些重要战略资源。北魏时对胡区资源蕴藏情况尚不甚了解，但到唐代，政府已探明属于稽胡居住区的坊州中部县、宜君县，慈州文城县、昌宁县，隰州温泉县等地拥有铁矿资源，[179] 当亦进行开采、冶炼。

四、行之以教化

为了令丁零、稽胡愿意接受管理，自觉承担起赋役诸义务，政府仅靠武力逼迫是难以如愿的。在大棒之外，少不了怀柔用的胡萝卜策略，对丁零、稽胡进行绥服与教化即调和二者与政府矛盾的温和手

---

177 令狐德棻：《周书》卷三十一《韦孝宽传》，第540—542页。
178 郦道元撰，杨守敬、熊会贞疏：《水经注疏》卷六《汾水》，第558页。
179 欧阳修、宋祁：《新唐书》卷三十七《地理志一》，第970页；卷三十九《地理志三》，第1002—1003页。

段。相较于征讨行动的巨大军费支出，和平手段无疑更节约行政成本。北魏处理西河胡张外事件时，崔玄伯与元屈曾就剿抚孰先孰后进行辩论，崔玄伯之言可谓是对这一政策之透彻诠释。《魏书·崔玄伯传》云：

> 屈对曰："民逃不罪而反赦之，似若有求于下，不如先诛首恶，赦其党类。"玄伯曰："王者治天下，以安民为本，何能顾小曲直也。譬琴瑟不调，必改而更张；法度不平，亦须荡而更制。夫赦虽非正道，而可以权行，自秦汉以来，莫不相踵。屈言先诛后赦，会于不能两去，孰与一行便定。若其赦而不改者，诛之不晚。"[180]

面对元屈加以兵锋、咄咄逼人之建议，崔玄伯则针锋相对，提出了怀柔优先的主张，考虑到民变之起因可能为"法度不平"，为标榜统治者之"民本"思想，建议不如先以赦免等方式怀柔，若无效再加以军事征伐。此方案就经济成本而言，对于开销庞大的政府来说不失为良策，故崔玄伯之建议最终为明元帝采纳。所以符合政府经济利益与维护爱民形象的大赦、教化等柔性手段也成为治理少数族的重要选择。除上述之大赦外，派遣官员对少数族进行慰问、安抚也屡有实行。《魏书·太宗纪》云：

> 诏北新侯安同等持节循行并、定二州及诸山居杂胡、丁零，问其疾苦，察举守宰不法；其冤穷失职、强弱相陵、孤寒不能自存者，各以事闻。[181]

---

180 魏收：《魏书》卷二十四《崔玄伯传》，第622页。
181 魏收：《魏书》卷三《太宗纪》，第51页。

安同此次巡行的调查结果不容乐观，"并州所部守宰，多不奉法。又刺史擅用御府针工古形为晋阳令，交通财贿，共为奸利"。[182] 在此之后，北魏对该地区存在的问题进行了一定程度的整顿，虽然从长期来看效果难以维持，但可以肯定至少短期内当地丁零、山胡的生活多少有所改善。

此次巡行时，当地总体上处于和平状态。而在战争爆发，面对多股敌对力量时，选择其中某些可能降服的势力进行教谕、劝降，也是体现政府仁政、缓解压力、瓦解敌人的可行之选。尔朱荣面对汾胡起事，即派出王椿前往慰喻，汾胡"服其声望，所在降下"。[183] 有时这种怀柔活动的级别甚至达到皇帝亲自出马，太和廿一年（公元497年），孝文帝巡行离石，"叛胡归罪，宥之"。[184] 离开离石后，孝文帝一行又深入南部胡区，勒石立威，施加政府之影响力。《元和郡县图志·河东道一·慈州》"昌宁县"下称县西南有倚梯故城，"城中有禹庙，后魏孝文帝西巡至此立碑"。倚梯故城，"城在高岭，非倚梯不得上"，[185] 地势险要异常。孝文帝以万乘之尊驾临此地，虽名为至龙门祭拜大禹，但此一区域为稽胡分布的南端，震慑意图不言而喻。而孝文帝此举对于提高政府在此区域之权威确实起到了一定作用，事实上直到民国初年，吕梁山区仍有关于孝文帝的传说流传，如称其在经过今临县之南山时，"见有异气，遂凿断来脉，建庙压之"，[186] 此传说无疑体现了孝文帝试图稳定胡区局势的煞费苦心。

为政之要在得人，为了维护丁零、稽胡居住区域的稳定，选派官吏所任得人也是政府的当务之急。若放任守令"多不奉法"，令贪渎

182　魏收：《魏书》卷三十《安同传》，第713页。

183　魏收：《魏书》卷九十三《王椿传》，第1992页。

184　魏收：《魏书》卷七下《高祖纪下》，第181页。

185　李吉甫：《元和郡县图志》卷十二《河东道一·慈州》"昌宁县"条，第344页。

186　胡宗虞修，吴命新纂：《（民国）临县志》卷九《山川略》，台北：成文出版社，1968年，第221页。

怠政成为司空见惯之现象，则起事必此起彼伏。所以对官吏之选派必须谨慎，唯有能吏、循吏方能有效治理、教化百姓，使其服从王化。相较于明元帝时守令多不守法，北魏中期官员素质有一定提升，如定州刺史韩均，"恤民廉谨，甚有治称"，"轻徭宽赋，百姓安之"。[187]

在丁零地区较有政绩者还有任城王元澄，《魏书·元澄传》云：

> 转澄镇北大将军、定州刺史。初，民中每有横调，百姓烦苦，前后牧守，未能蠲除，澄多所省减，民以欣赖。又明黜陟赏罚之法，表减公园之地，以给无业贫口，禁造布绢不任衣者。[188]

主政地方的循吏在自我道德方面有较强的约束能力，除正常赋役外，不会给百姓摊派太大负担，因此对治下民众而言，必然是可以接受的选择。在百姓安乐的同时，亦能树立中央政府之良好形象。北齐时期，河东稽胡二十余年未有大乱，除高洋之威慑及齐长城的修建外，另一重要原因当为吏治的作用，以房豹为代表的循吏、能吏下车就任后，"政贵清静，甚著声绩"，在政府与胡人之间起到了较好的缓冲作用。作为太守的房豹主政"地接周境，俗杂稽胡"的西河，[189] 通过镇之以静的治理手腕，有效地避免了矛盾激化。这一治理思路也多少可以避免北齐境内的稽胡被北周所拉拢，成为齐人之在背芒刺。

武成帝高湛虽然在治国能力上远逊父兄，但对稽胡的治理却尚有可称道之举。除命循吏房豹治理西河外，对于有大量稽胡移民的侨州侨县之长官也在铨选方面有所重视。如任命治理少数族经验丰富的休屠后裔梁子彦为"假节、督夏州诸军事、夏州刺史"，试图令"久沦虐虏，隔我声教，独为匪民"之当地民众"知稽服之有归，识招携

187　魏收：《魏书》卷五十一《韩均传》，第1128—1129页。
188　魏收：《魏书》卷十九中《元澄传》，第473页。
189　李延寿：《北史》卷三十九《房豹传》，第1416页。

之以礼".[190] 时夏州乃北周所辖，此夏州当属北齐为安置西夏州流民所立，可能寄治于并州寿阳县。[191] 此流民或与东、西魏分立之初，高欢亲征夏州时迁回的五千部落民有关，可能为原安置于灵州之夏州部落人口增长、迁出之结果。由于夏州为稽胡之主要分布地区，流落北齐之夏州民中自然多有稽胡。此外，吕思静甚至推测刘平伏起事失败后，率部撤入东魏。[192] 若确如其说，以刘氏夏州刺史之勋位，东魏为之侨置夏州也不无可能，则此西夏州的主要居民可能为刘氏所部稽胡。为避免其成为不安定因素，威胁到西面近在咫尺的副都晋阳，武成帝不得不在牧守人选上煞费苦心。就效果而言，梁子彦之治当比较成功。

在循吏良守的勤求治理及人格魅力作用之下，即使在天下大乱时，某些治下州县仍可独善其身。《隋书·柳俭传》云：

> 于时以功臣任职，牧州领郡者，并带戎资，唯俭起自良吏。帝嘉其绩用，特授朝散大夫，拜弘化太守，赐物一百段而遣之。俭清节逾励……及大业末，盗贼蜂起，数被攻逼。俭抚结人夷，卒无离叛，竟以保全。[193]

弘化郡即隋末稽胡帅刘仚成起事之地，柳俭所面对的"盗贼"当即刘仚成之党。可是由于柳氏"清名天下第一"的良好声誉，郡中一些稽胡也没有背叛政府，甚至与其同胞胡帅割袍断义。在柳俭任内，弘化郡治始终未被攻陷，可见其得胡、汉人心之深。

---

190 毛远明：《汉魏六朝碑刻校注》第9册《梁子彦墓志》，北京：线装书局，2008年，第1271页。梁子彦籍贯安定天水，当即三国时附魏之休屠梁元碧之后。

191 施和金：《北齐地理志》卷二《河北地区（下）》，北京：中华书局，2008年，第204页。

192 吕思静：《稽胡史研究》，第70页。

193 魏徵：《隋书》卷七十三《柳俭传》，第1683—1684页。

循吏的治理看似温和，但绝不等于传统之羁縻制度，必须代表中央政府执行直接管理。事实上，在受中央委任治理少数族地区的官吏中，较为成功者往往恩威并施，可谓霹雳菩萨之道，一方面以看似菩萨心肠之慈爱对待下层民众，另一面则以霹雳手段之强硬抑制酋帅或由其转化而来的豪强。初唐时，担任隰城县令的长孙安任内"先阳春之熙熙，则人吏苏息；后严秋之肃煞，则奸豪畏威"，先礼后兵，达到"人不忍欺，吏不敢饭"的效果，[194] 在安抚百姓的同时，有效地维护了政府权威。

虽然丁零、稽胡屡次揭竿而起，举事反抗政府，但在一些情况下却能与中央派驻之官吏形成良性互动，维持较为融洽的关系。比如治理官员为同族或与本族有渊源时，官民往往相处无大碍。孝文帝时，吐京太守刘升即颇得人心，"在郡甚有威惠，限满还都，胡民八百余人诣（穆）罴请之"。[195] 刘氏为胡中之姓，加之吐京太守为护军所改，故此刘升或稽胡出身，胡官治胡民，由于相互了解，自然矛盾较少。又如北周夏州总管赫连达。《周书·赫连达传》云：

> 达虽非文吏，然性质直，遵奉法度，轻于鞭挞，而重慎死罪。性又廉俭，边境胡民或馈达以羊者，达欲招纳异类，报以缯帛。主司请用官物，达曰："羊入我厨，物出官库，是欺上也。"命取私帛与之。识者嘉其仁恕焉。[196]

赫连达能令胡人主动以羊相赠，除主政期间廉洁慎刑外，族群出身也当为原因之一。赫连达为赫连勃勃之后，夏州为其先祖故地，当地稽胡也多为与赫连夏有关的铁弗杂胡之后。当父母官为自己同胞

194《长孙安墓志》，收入毛汉光：《唐代墓志铭汇编附考》第17册，台北："中研院"史语所，1994年，第317页。

195 魏收：《魏书》卷二十七《穆罴传》，第666页。

196 令狐德棻：《周书》卷二十七《赫连达传》，第441页。

时，自然会产生一种亲近感，加之其仁政催化，故成一段佳话。

除血缘关系可拉近距离外，另一种能令少数族与官方产生良性互动的情况则是守令的个人素养，除柳俭等官员体现的能力出众、廉洁自律外，对"信"这一原则之坚持也是重要表现。由于突厥以前的北方草原部族长期没有发展出本族文字，下层民众只能靠口头约定或刻木为誓，所以信守诺言在草原文化中极为重要。作为游牧族群的匈奴自不例外，重信用之边郡官员深受匈奴服膺。《后汉书·种暠传》云：

> 会匈奴寇并凉二州，桓帝擢暠为度辽将军。暠到营所，先宣恩信，诱降诸胡，其有不服，然后加讨。……诚心怀抚，信赏分明，由是羌胡、龟兹、莎车、乌孙等皆来顺服。暠乃去烽燧，除候望，边方晏然无警。[197]

推行恩信的种暠深得匈奴尊重，其死后，匈奴"举国伤惜。单于每入朝贺，望见坟墓，辄哭泣祭祀"。[198] 作为匈奴的后裔，稽胡也继承了祖先这一价值观，遇到重视信用的官员时，也可鸣金收兵，刀枪入库，甘愿接受政府统治。北魏孝明帝初，肆州刺史元深"预行恩信，胡人便之，劫盗止息"。[199] 唐太宗时出任石州方山县令的杨越之所以"威名震曜"，亦因其"布大信于獯戎"，[200] 对当地稽胡施以恩信。在这些官吏的个人魅力感召下，甚至有胡人主动归化为民。《隋书·虞庆则传》云：

> 时稽胡数为反版，越王盛、内史下大夫高颎讨平之。将班

197　范晔：《后汉书》卷五十六《种暠传》，第1828页。
198　范晔：《后汉书》卷五十六《种暠传》，第1829页。
199　魏收：《魏书》卷十八《拓跋深传》，第429页。
200　陈子昂：《唐故朝议大夫梓州长史杨府君碑铭》，收入董诰等：《全唐文》卷二百十四，第2168-1页。

师，颖与盛谋，须文武干略者镇遏之。表请庆则，于是即拜石州总管。甚有威惠，境内清肃，稽胡慕义而归者八千余户。[201]

虞庆则本人即赫连夏大臣之后，与胡人有一定渊源，加上其治理得当，故令稽胡欣然附化。

良吏贤牧治理丁零、稽胡等少数族聚居区时，并未将努力局限于缓和官民矛盾、完成赋役征收任务，也试图利用自身的影响力向这些族群推行教化。如唐代石州定胡县令卜冲，面对"离石前墟，稽胡旧俗"，力图"饮羊莫犯，害马先除"。[202] 卜冲虽以晋国卜偃、孔门子夏后裔自居，但西河之籍贯倒是表明其族可能出自匈奴须卜氏。治理离石时，卜冲之策略为"饮羊莫犯，害马先除"，"饮羊"典故见于刘向《新序》，"鲁有沈犹氏，旦饮羊饱之，以欺市人"。[203] 逼羊饱饮之后暂时增加重量，以提高其价值的商业诈欺行为与今日市场上令消费者深恶痛绝的贩卖注水肉相似。种种商业诈欺应该不是民风较为淳朴的稽胡所常用，大概率出自汉人奸商之手。卜冲在处置胡汉"害马"时，也打击汉人"饮羊"，整顿市场交易行为，这种公正持平的为政之道自然受到多数胡汉良民的拥护。

在胡汉杂居地区，因商贸等活动引起的纠纷不可避免，此时作为裁决者的地方官员执法公允与否对维护个人乃至政府之公信力极为重要。可以看到某些官员在履行司法职责时确实较为公正。《潭州都督杨志本碑》称杨氏在唐高宗初任石州司法参军，任内"楼烦之南，咸知审克。离石之境，自以无冤"。[204] 这些溢美之词自然不可尽信，但至少可以肯定在其任内过分偏袒一方的裁判应该较少，故能在稽胡区域

---

201 魏徵：《隋书》卷四十《虞庆则传》，第1174页。

202《卜元墓志》，收入毛汉光：《唐代墓志铭汇编附考》第14册，第437页。

203 刘向：《新序》卷一，收入《古逸丛书三编》第37册，北京：中华书局，1991年，第1页。

204 严识元：《潭州都督杨志本碑》，收入董诰等：《全唐文》卷二百六十七，第2707-2页。

达到较好的治理效果。

　　一些地方官吏在保障胡人的生活外，亦通过文化教育试图对其思想观念加以引导。如兴修学校，利用政府推崇之儒家思想对其心理认同加以形塑，强化对中央之认同。如唐代隰川令李嘉治理胡区时，"市廛无竞，不假鞭丝，学校方兴，唯闻击石"。[205] 李嘉不但重视规范市场秩序，也注重教化。学校的兴建即为其施政之重要一环，唐初庆州弘化县令张皎也同样重视在胡区推行教育，"至于虞庠致礼，[乞]言之道斯光；□□垂衣，忠诲之方允洽"。[206] 通过地方官员兴学重教政策的执行，北朝时屡屡起事的吐京胡区到唐代已被称为"风俗和平"，[207] 这在北魏时是难以想象的。

　　相比胡人地区在隋唐时教化方兴，丁零地区的教育工程早至北魏初即已得到推行。常山太守张恂"开建学校，优显儒士，吏民歌咏之"。[208] 常山乃入塞丁零的主要聚居区之一，张恂兴修之学校虽然主要面向汉人，但也必然惠及民户化后的丁零人。

　　政府对少数族有意识进行的认同形塑在地名命名及封赏方面也有体现。北魏末设立的大斌县即此形塑思想之体现，"取稽胡怀化、文武杂半之义"。[209] 在传统上稽胡被认为是野蛮无礼之尚武族群，单纯的尚武虽然可以维持战斗力，但也极易导致无视政府权威的叛民产生。所以必须融入文治的一面，强化族人对忠孝观念的理解，向政府效忠。在这一考量下，寄托了政府"文武杂半"良好愿望的"大斌"县名应运而生。延州文安县也蕴涵了政府"稽胡未淳，取文德以来之"的以德服人愿景。[210]

205　《李嘉墓志》，收入毛汉光：《唐代墓志铭汇编附考》第10册，第955页。

206　《张皎墓志》，收入毛汉光：《唐代墓志铭汇编附考》第3册，第236页。

207　《李嘉墓志》，收入毛汉光：《唐代墓志铭汇编附考》第10册，第955页。

208　魏收：《魏书》卷八十八《张恂传》，第1900页。

209　李吉甫：《元和郡县图志》卷四《关内道四·绥州》"大斌县"条，第104页。

210　乐史：《太平寰宇记》卷三十六《关西道十二·延州》"延川县"条，第758页。

政府也会在定名时利用当地名人典故及祥瑞传说，试图以汉人伦常感化胡人。如唐太宗时改胡区汾州为慈州，"以州城内旧有慈乌成为名"。[211] 慈乌为乌鸦的一种，《禽经》称其"孝鸟，长则反哺其母"。[212] 以此祥瑞为县名的意图可以参考浙江乌伤县，"以为颜乌至孝，故致慈乌，欲令孝声远闻，又名其县曰乌伤矣"。[213] "欲令孝声远闻"当是促成"慈州"出现的政府意志之一。不过需要看到的是，慈乌成既称"旧有"，则设立必当在唐以前，可见前代政府虽在当地设立军政之"成"，却不忘以孝义之名进行伦理宣导。同样以"孝"命名者尚有魏时屡有稽胡出入的孝义，贞观元年（公元627年）"以县名与涪州县名同，改为孝义，因县人郑兴有孝义，故以为名"。[214] 北朝末期起多有出现的、包含"孝"道之地名正是政府以夏变夷、移风易俗之尝试。

对于某些歧视性、侮辱性地名，出于缓和矛盾、照顾当地少数族感受之考量，政府有时也会加以修正。如北周平胡后在离石西南设立窟胡县，"窟胡"这一名称意在炫耀政府武力，对当地胡人来说无疑是一种屈辱。因此，隋文帝时改为内涵较温和之"修化"，即希望当地胡人修习教化。

需要看到的是，政府用于教化稽胡的意识形塑手段除儒术外，尚有佛法。即面向胡人倡导禁止杀生、慈悲为怀的正统佛教，"惩革胡性，奉行戒约"。[215] 胡中高僧慧达大师（刘萨诃）也凭借凉州瑞像等传说，成为政府宣传的榜样人物，受到与政府关系密切的道宣律师称道。张善庆先生认为刘萨诃信仰及佛法的宣传乃是当时中央政府在一定程度上缓和与稽胡冲突的媒介。到七世纪初，刘萨诃与凉州瑞像传

211　乐史：《太平寰宇记》卷四十八《河东道九・慈州》，第1004页。

212　师旷撰，张华注：《禽经》，收入《笔记小说大观（四编）》，台北：新兴书局，1974年，第447页。

213　郦道元撰，杨守敬、熊会贞疏：《水经注疏》卷四十《浙江水》，第3289页。

214　乐史，《太平寰宇记》卷四十一《河东道二・汾州》"孝义县"条，第868页。

215　释道宣：《续高僧传》卷二十六《魏文成沙门释慧达传》，第982页。

说得以成为胡汉两族的共同崇拜对象，也是政府对少数族强化统治的一种手段。[216]

在对待上层胡人的态度上，唐初政府进行了淡化胡人血统，将其纳入汉人的尝试。如对胡帅刘季真"赐姓李氏，封彭城郡王"。[217] 封为彭城郡王之举看似冒认祖先，实质却是政府意志主导下，希望其接受汉文化的意思表示，彭城刘氏即宋武帝刘裕之宗族，为汉人无疑；另一方面，赐姓李氏则将刘季真纳入李唐宗室之内，双管齐下欲促使其脱胡入汉。

五、诱之以官爵

不同于强化对丁零、稽胡一般民众的控制，使之成为政府的赋役承担者。为了更好地役使这些少数族民众，统驭部落的上层酋长成为政府加以怀柔的合作对象，历代对其上层人士赐予官爵、加以笼络之举层出不穷，目的即希望其向朝廷效忠，使全族更为恭顺。

目前可见，以丁零首领为对象进行的封赠行为最早可追溯至曹魏政权。黑龙江齐齐哈尔有出土"魏丁零率善佰长印"，学界从形制及印文篆刻风格推断其为曹魏时期铸印。[218] 魏明帝时丁零大人儿禅曾随鲜卑轲比能至幽州贡马，然佰长为百人长，以儿禅之"大人"地位而言或许屈尊，可能为赏赐其部下或其他来贡之丁零酋长而铸。

刘渊起兵反晋，开启十六国大幕后，受各政权封赏的丁零酋帅也屡有出现。最早的例子可追溯至石勒封翟斌。后者入朝后赵时，"赵以斌为句町王"。[219]"句町"为汉代牂柯郡之属县，为原夜郎国之"旁

216　张善庆：《刘萨訶、凉州瑞像信仰と中世历史地理》，收入百桥明穗、田林启：《神異僧と美術伝播》，第82页。

217　刘昫：《旧唐书》卷五十六《刘季真传》，第2282页。

218　金涛、李龙：《黑龙江齐齐哈尔市发现"魏丁零率善佰长"印》，《考古》1988年第2期（北京，1988.02），第183页。

219　司马光撰，胡三省音注：《资治通鉴》卷九十四《晋纪十六·咸和五年》，第2977页。

小邑".[220] 可见在羯人眼中，同样来自康居的丁零翟氏连"自大"的夜郎都不如，仅能获一秭爵。不过爵位毕竟为"王"，要比"侯"高。

定州丁零的另一支——曾经反抗石勒的翟鼠则在奔逃代郡后一度下落不明，前燕进入中原时才再度出现，归附慕容儁，封为归义王。相较句町小邑之位卑人轻，归义王乃汉代封赏匈奴、鲜卑归降贵族之常见爵位，有时甚至可得"赐幢麾、曲盖、鼓吹"之荣，[221] 待遇当然高于前者，亦高于同一时期归降前燕之粟特"归义侯"康迁。[222] 慕容氏对丁零的争取可能早在其尚未建国时已有进行，慕容仁有司马翟楷，后以之领东夷校尉。[223] 其人若非十余年前投附刘曜之临洮翟楷，则或为此前北撤代郡之翟鼠部下，为慕容鲜卑所招徕。只是由于成王败寇的传统书写，慕容仁挑战帝位失败，难以得到史家认可，所任属官自然也缺乏合法性，故前燕经略丁零之开端不得不让予翟鼠拜爵。

翟鼠一系在降燕后发展不明，翟斌倒是在前秦时期又被授予了新的官职——卫军从事中郎。秦承晋制，对于此官执掌，《晋书·职官志》记载"诸公及开府位从公加兵者"，"从事中郎二人，秩比千石"，"给侍二人"。[224] 卫将军为武官公，卫军从事中郎为其下属官员。千石之秩相当于汉代万户级县令，虽然谈不上位高权重，但也绝非稗官之俦，以酋长身份来说尚称合理。卫将军为负责京师禁卫之武官，作为属官的翟斌照理应随侍长安，但其人却领部落于新安，可见并非实职，当属笼络性质的虚职。

淝水之战秦军铩羽后，慕容垂起兵复燕，出于获取人力补充兵员之考量，慕容氏对翟氏上层的封赏可谓前无古人，后无来者。慕容垂

---

220 司马迁：《史记》卷一百一十六《西南夷列传》，第2994页。

221 陈寿：《三国志》卷三十《乌丸鲜卑东夷传》，第836页。

222 《康晖墓志》，收入吴钢：《全唐文补遗》第五辑，西安：三秦出版社，1998年，第408页。

223 司马光撰，胡三省音注：《资治通鉴》卷九十五《晋纪十七·咸和九年》，第2993页。

224 房玄龄：《晋书》卷二十四《职官志》，第727页。

"以翟斌为建义大将军，封河南王；翟檀为柱国大将军、弘农王"。[225]
丁零翟氏在慕容燕复国初期甚至一度与慕容宗室地位相埒，凌驾扶余
等慕容氏传统盟友。与后赵、前秦时期的地位相比，无疑是空前提
高。不过好景不长，翟斌求尚书令未果，与盟友反目成仇、大打出
手，兄弟数人终为慕容垂所诛。

　　入魏后，有机会进入中央的丁零人数较少，地位较高者有太武帝
时期的辽东公翟黑子，此人曾奉使并州，高允称之"帷幄宠臣"。[226] 自
非定州、并州之普通酋长可比，然其后因奏对不实为太武帝所杀。疑
其或与魏初归附的丁零帅翟同有关，因归附较早，故得封公爵。

　　对于稽胡酋帅的授爵情况，目前可见最早者为前秦对部落酋长
之部大、酋大既有地位之承认。《广武将军□产碑》即列有多位有匈
奴、龟兹出身之嫌的酋长名号。[227] 此时亦有一部分胡酋被吸纳进入地
方官僚体系中，如《邓太尉祠碑》所刻郝子星，出任宁戎城主簿，辅
佐长官，襄理杂务。赐爵胡人之滥觞开启者亦为前秦，右贤王曹毂降
秦后，苻坚以为雁门公。曹毂死后，苻坚又以其长子曹玺为洛川侯，
少子曹寅为力川侯。这一政策也为后秦继承，曹寅后与王达献马于姚
苌，得后者册封，"寅为镇北将军、并州刺史，达镇远将军、金城太
守"。[228] 由于对姚秦创业有功，贰城胡上层为后秦延揽，多有出任军、
政官员者。姚兴有将领曹炽、曹云、王肆佛，三人属于同一作战序
列。[229] 从曹、王之姓氏来看，其人应出自贰城胡。曹、王势力为姚兴
所用，其中有力之酋长被拔擢为将领，为后秦屏翼北方。在武职外，
后秦地方行政官员中也有稽胡曹氏。《魏书·于栗䃅传》云：

225　房玄龄：《晋书》卷一百二十三《慕容垂载记》，第3082页。
226　魏收：《魏书》卷四十八《高允传》，第1069页。
227　马长寿：《碑铭所见前秦至隋初的关中部族》，第22—23页。
228　房玄龄：《晋书》卷一百一十六《姚苌载记》，第2970页。
229　房玄龄：《晋书》卷一百一十八《姚兴载记下》，第2994页。

敕栗与宋兵将军、交趾侯周幾袭陕城。昌弘农太守曹达不战
而走。乘胜长驱，乃至三辅。[230]

曹达虽为赫连昌之弘农太守，但由于赫连夏主要以军政模式统
治，太守之职十分罕见，曹达为此时孤例。因此，洪亮吉提出"疑曹
达系姚秦氏旧守，赫连氏仍而未改"，[231] 曹氏其人可能本为出任姚秦地
方牧守的贰城稽胡。在姚秦之时，乡郡（上党武乡）太守亦曾由疑似
贰城曹氏出身之曹知出任。[232]

北魏在立足中原之初，出于巩固统治考量，对归化的少数族首领
往往赐以官爵，承认其既有地位。太武时归魏之上郡休屠金崖甚至得
到四征将军之一的征西将军高位。至于归魏之稽胡，《魏故咸阳太守
刘府君墓志》提供了一些线索：

> 大魏开建，托定恒代，以曾祖初万头，大族之胄，宜履名
> 宦，从驾之众，理须督率，依地置官，为何浑地汗。尔时此班，
> 例亚州牧。[233]

周一良先生推测，初万头获得之"何浑地汗"封号当为治北朝史
者熟知的领民酋长。[234] 整部归魏的胡人酋长依此惯例，仍然对属下部
民享有统治之权。刘玉曾祖初万头从龙受封事在北魏定都平城后，时
间当不早于天兴元年（公元398年）。据田余庆先生考证，早在此两年
前独孤部已遭分割离散。[235] 因此，独孤部当难再有领民酋长出现，知

230　魏收：《魏书》卷三十一《于栗䃅传》，第736页。

231　洪亮吉：《十六国疆域志》卷十六《夏国》，第759页。

232　胡聘之：《山右石刻丛编》卷二《大周故谯郡太守曹□□□碑》，第14979页。

233　《魏故咸阳太守刘府君墓志铭》，收入赵超：《汉魏南北朝墓志汇编》，第212页。

234　周一良：《领民酋长与六州都督》，收入氏著《魏晋南北朝史论集》，第153页。

235　田余庆：《拓跋史探》，北京：生活·读书·新知三联书店，2003年，第79—83页。

其族或非出自北魏传统盟友独孤部，又北魏南下时有征服类拔部酋长刘曜，迁其部于秀容，仍以之为胡帅，疑刘玉祖上或与类拔部有关。

北魏初期，已经有少量胡人获得机会进入中央。《孝文帝吊比干文碑》碑阴有"中给事、录大官令臣上党郡白敕"，按《魏书·官氏志》"中给事"位阶为第三品中，[236] 绝非浊官。上党为稽胡白亚栗斯举事之地，白敕或即归附中央之稽胡。

在地方职务方面，北魏与后燕不同，后燕所设之胡区护军由慕容氏集团派出，非选用在地胡人，如离石护军高秀和当即高丽出身。然北魏未执行回避原则，亦曾授予胡人上层护军、太守等职，管理当地事务。离石护军刘托、三城护军张昌、吐京太守刘升等当即以朝廷命官身份执掌地方行政之胡人。对于新设立之胡区郡县，北魏也有以胡人为州牧太守治本州者，"后魏正始中，呼延勤为定州刺史于定阳镇"。[237] 定州刺史治所为中山，故呼延勤之定州必非丁零曾居之定州，而为孝文帝时所置定阳之简称。呼延勤任刺史在宣武帝时，北魏中央权威尚未陨落，此任命自然出自中央，而非自封。不过随着北魏衰弱，这一安排不久后即可能宣告失败。孝明帝时有五城胡贺悦回成等起事，定阳为五城近邻，均乃汾州属县。考虑到呼延勤赐姓贺遂（音转贺悦），并居五城（仵城），则起事之贺悦回成极可能为其宗党。朝廷刺史之亲属却带头反抗朝廷，诚可叹息。

北魏末年或为解决胡区开发扩大与魏室实力下降之矛盾，在中央、地方相互妥协下，由稽胡酋帅出任地方官吏，代表中央进行管理的现象逐渐增多。发现于今陕西洛川之北魏神龟元年（公元518年）《刘文朗造像记》像主刘文朗为东秦州敷城令，由于碑文多有残泐，故多处内容难以释读。刘文朗姓名前有"沙陵"之语，[238] 考之《水经

236　魏收：《魏书》卷一百一十三《官氏志九》，第2981页。

237　郑樵：《通志》卷二十九《氏族略第五》，第474-3页。

238　《刘文朗造像记》，参见魏宏利：《北朝关中地区造像记整理与研究》，北京：中国社会科学出版社，2017年，第72页。

注》，沙陵或在今鄂尔多斯右翼前旗东北，临近汉代龟兹县，[239] 属北魏夏州。若刘氏为此里贯，则其归魏前当为夏州豪酋，或与同为胡人出身两年前起事之夏州长史曹明有来往。该造像碑题名之下属官吏僚佐共23人，其中出自刘、白、曹、董、张等可推定为稽胡或稽胡化族群者达11人，占总人数47%，远超过雷、杨等氏、羌豪强之30%，若将族属在羌、胡之间难以判定之王氏三人列入稽胡，则胡人比重超过六成。可以说在东秦州设立后，敷城之基层行政已基本被稽胡豪酋控制。魏延昌二年（公元513年）由夏州改隶东夏州之遍城郡同样存在稽胡当家的局面，胡酋郝子鱼在归魏后被授予遍（偏）城郡守，[240] 位在刘文朗县令之上。按遍城郡设于魏太和元年（公元477年），郝子鱼为郡守必在此之后，亦当在北魏后期得官。

由于北魏屡有征发稽胡为兵之举，故亦有胡籍军官出现。献文帝时期有呼延笼达、王敕勤等子都将远戍北魏南境，子都将为何种品阶，《魏书·官氏志》无载。然参考官制多承北魏之北齐制度，都将为从七品，[241] 则子都将更在其下，为下级武官无疑。

如果稽胡士兵在战争中表现英勇，甚至牺牲，北魏倒是不吝加以赏赐追赠。《魏书·刘渴侯传》云：

> 刘渴侯，不知何许人也。禀性刚烈。太和中，为徐州后军，以力死战，众寡不敌，遂擒。瞋目大骂，终不降屈，为贼所杀。高祖赠立忠将军、平州刺史、上庸侯，赐绢千匹、谷千斛。[242]

北魏徐州治所彭城，孝文帝初尉元曾抱怨当地胡人戍卒多不称职，难堪大任。死战不屈的刘渴侯或为改变鲜卑主将对族人的刻板印

239 郦道元撰、杨守敬、熊会贞疏：《水经注疏》卷三《河水三》，第253页。
240《郝伏颠墓志》，参见延安市文物编纂委员会编：《延安市文物志》，第373页。
241 魏徵：《隋书》卷二十七《百官志中》，第768页。
242 魏收：《魏书》卷八十七《刘渴侯传》，第1892页。

象，而选择慨然赴死。从死后得到的赏赐来看，应该在一定程度上为其族洗刷了耻辱。此外得到赏赐的还有在冲突中暗助政府的刘侯仁。《魏书·刘侯仁传》云：

> 刘侯仁，豫州人也。城人白早生杀刺史司马悦，据城南叛。悦息胐，走投侯仁。贼虽重加购募，又严其捶挞，侯仁终无漏泄，胐遂免祸。事宁，有司奏其操行，请免府籍，叙一小县，诏可。[243]

当然，相较于刘渴侯的刺史，刘侯仁仅能免除兵籍，为一小县县令，待遇相差不少。但此官毕竟为实授，非死后追赠，与埋骨异乡的同胞相比，衣锦还乡当非难事。

齐、周对峙时，出于强化自身实力考量，东西双方都不乏笼络稽胡上层之举。东魏重臣刘贵即出身稽胡，后为高欢心腹，在胡人中可谓荣耀无二，西河胡出身之靳遵也能官居中书舍人，[244] 随侍帝侧。不过东魏北齐对封爵较为慎重，主要以将军封号酬庸立功将士。[245] 武定七年（公元549年）之《兴化寺高岭诸村造像记》之题名中即有疑似稽胡出身之厉武将军刘显仲。

不同于东魏赐号以将军为主，西魏方面多倾向封爵。杨光辉先生指出，保定二年（公元562年）前，西魏北周封爵皆为虚封，此后除柱国等"勋德隆重者"可寄食他县外，其余仍属于虚封。[246] 有稽胡嫌疑的大利稽冒顿贵为"四征"之一"征东将军"，又兼负"都督"之

---

243 魏收：《魏书》卷八十七《刘侯仁传》，第1893页。

244《靳勰墓志》，收入毛汉光：《唐代墓志铭汇编附考》第9册，第241页。

245 侯旭东：《北朝村民的生活世界——朝廷、州县与村里》，北京：商务印书馆，2005年，第366页。

246 杨光辉：《汉唐封爵制度》，北京：学苑出版社，2002年，第76页。

职，可墓葬却极其简陋，[247] 这一表现即是北周虚封多为口惠的典型证明。由于对多数受封者不用承担俸禄，因此站在政府角度，封爵可以说毫无经济负担，所以各种爵位"至少名义给得较慷慨"。[248] 宇文泰据关西之初，即以稽胡帅刘平伏为夏州刺史，其后虽因起事被剿，但府兵制下对乡豪武力的需求，却令笼络稽胡等族酋帅之策继续执行。《刘仁愿纪功碑》称其高祖、曾祖均为周时绥州刺史，此职亦不能排除虚封之可能。虽然虚封缺乏俸禄，不过刘平伏及刘仁愿之先辈本来就是统帅一方胡众的豪酋，若要威慑其他地位相抗之胡帅，朝廷的一纸封爵远比经济补贴有效，选择向中央诚诚何乐而不为呢？授予胡人豪酋虚封散官之举到隋唐时仍沿袭不绝，并有品阶提升之势。生活于隋末唐初之延州稽胡白留真即有上仪同之散官虚位，[249] 依隋制视为流内正八品。[250] 与白氏同州、卒于隋大业八年（公元612年）之郝伏颠于周建德元年（公元572年）受开府仪同三司，至隋炀帝时已身居从五品之朝请大夫，[251] 地位远高于前者。关于此时段稽胡酋帅获得之散官或勋位情况，可见下表：

表4-6　周、隋、唐稽胡勋位表

姓名	时代	地域	勋位/散官	品　阶
刘□	西魏	绥州	武骑常侍	三命
刘平	西魏北周	绥州	上开府仪同三司	九命
郝伏颠	北周	延州	开府仪同三司	九命

247 罗丰:《北周大利稽氏墓砖》,《考古与文物》2003年第4期, 第70页。

248 侯旭东:《北朝村民的生活世界——朝廷、州县与村里》, 第366页。

249《白伏原造像记》, 参见白文、尹夏清:《陕西延长的一批唐代窖藏造像碑调查》, 第18页。

250 魏徵:《隋书》卷二十八《百官志下》, 第790页。

251《郝伏颠墓志》, 参见延安市文物编纂委员会编:《延安市文物志》, 第373页。

姓名	时代	地域	勋位/散官	品　阶
刘德	北周	盐州	宣威将军、虎贲给事	正四命
刘懿	北周	绥州	骠骑大将军、仪同三司	九命
白留真	隋	延州	上仪同	视正八品
刘迁	隋	夏州	骠骑将军	正四品
曹彻	隋	夏州	车骑将军	正五品
刘大俱	唐	绥州	镇军大将军、上柱国	从二品/二品
刘升	唐	夏州	飞骑校尉、上轻车都尉	从六品上
刘巍	唐	夏州	上柱国	正二品
曹祥	唐	夏州	左武卫郎将	正五品上

资料来源:《刘仁愿纪功碑》《郝伏颠墓志》《白伏原造像记》等。

　　可见自北朝末起，胡人勋位由低阶逐渐上升，到隋唐之时，不但得封中阶者屡有出现，获高位者也有人在。除虚封外，北魏以来还有其他一些得实职之疑似胡人。如李和，《周书》本传谓"其先陇西狄道人也，后徙居朔方"，父李僧养"以累世雄豪，善于统御，为夏州酋长"。[252] 所谓陇西李氏出身恐是伪托，朔方夏州之居住地才是其宗族本贯。匈奴中本就有李氏，如晋代刺杀右贤王刘猛者即其左部帅李恪。夏州为稽胡所居，李和家族又为酋长，稽胡出身可能性较大。李和以贺拔岳之帐内都督起家，在北周一朝终获柱国，可谓居官显赫。李和之外，可能出身稽胡的北周封疆大吏还有夏州刺史王雅。[253]

　　到隋末唐初，慕容垂赐丁零翟斌为王的剧本又在稽胡中上演。刘

252　令狐德棻:《周书》卷二十九《李和传》，第497页。

253　令狐德棻:《周书》卷二十九《王雅传》，第501页。

季真、刘六儿昆仲一为石州刺史，一为岚州刺史，刘季真甚至得封彭城郡王，其荣耀在稽胡中可说前无古人。不过与翟斌封王一样，这也不过是当权者的权宜之计，二刘势力旋即为唐军所灭。

需要指出的是，总体而言丁零、稽胡在十六国北朝族群秩序中地位不高，翟斌初封句町王即可说明问题，即使身为一方豪帅，可在统治者看来不过乡野小人。淝水之战后，翟斌虽然能凭借军力一度进入后燕权力中心，但在旧贵眼中，其地位并没有得到认可，甚至被讥不知感念皇恩浩荡。稽胡的地位也是难兄难弟，所以二者对官爵的奢求极为迫切。面对来自政府的赏赐，丁零、稽胡是何种心情虽然当时史书没有直接描述，但明代石泉县令李茂元治理羌人的记录可作为参考。《四川通志》云：

> 羌俗囚首无冠，茂元具汉冠，易其名姓书冠间。届日启军门，铙吹数部，枞树鼓、大钲，令诸羌鱼鳞入。诸羌闻鼓钲、望见汉冠及朱杆彩旗，乃大喜，举足盘跳舞，欢呼震天。乃出汉冠冠诸羌。诸羌跪起，各互视其首，踊跃东西走，既而又跪捧其首以谢。[254]

正是由于其族对官爵的狂热崇拜，假以官爵也成为政府镇压起事的诱饵。为平定刘蠡升，高欢"伪许以女妻蠡升太子"，[255] 相婚的诱饵一经抛出，刘蠡升即遣子至邺。在为备厚礼、延缓婚期的烟雾弹迷惑下，刘蠡升放松警惕，终被高欢袭灭。另一位稽胡大帅刘仚成及其部属虽然生活于近百年后的隋末唐初，可仍未吸取先辈官迷心窍、利令智昏的教训。《旧唐书·李建成传》云：

---

254 查郎阿等：《四川通志》卷二十，收入纪昀等总纂，台湾商务印书馆编审委员会主编：《景印文渊阁四库全书》第560册，第560-158页。

255 令狐德棻：《周书》卷四十九《稽胡传》，第897页。

> 建成设诈放其渠帅数十人，并授官爵，令还本所招慰群胡，
> 企成与胡中大帅亦请降。建成以胡兵尚众，恐有变，将尽杀之。
> 乃扬言增置州县，须有城邑，悉课群胡执板筑之具，会筑城所，
> 阴勒兵士皆执之。[256]

官爵的诱饵能令稽胡酋帅出卖战友，可见诸胡对进入政府体制内之渴望与痴迷。

侯旭东先生在研究北朝村民之生活时曾指出，"村民重视官职，但关心的是官职本身、不同官职间的高下区别"，"他们留意的是村外的机构授予其家族成员一种能区分高下的名号，以此来体现村里中村民间地位与名望的高低"，只是这种赐官"未必能强化对具体朝廷的认同"。[257] 这一原则自然也适用于丁零与稽胡，政府赠予之官爵为对酋帅族中既有地位之认可，得到政府背书之豪酋自然可以凌驾其他无官身豪酋。不过这些封官佩印的酋长对政府的忠诚度究竟几何？不得不打上一个问号。前有西魏胡帅刘平伏之乱，后有北齐境内胡人成为北周灭齐的助力。无不说明这些得到赐官的少数族首领与其说是忠于赐爵的政权，还不如说是忠于权力本身，故当政府实力衰退或面临威胁时，寻找、效忠更强的新主也成为多数酋长的选择。

所以应当看到的是，虽然政府对丁零、稽胡上层不乏笼络，肯定其既得利益，保证其地方特权，如唐长孺先生指出的，即使在北魏改镇为州后，稽胡部落豪酋也能成为地方大姓，通过辟举以长史、主簿之类起家。[258] 前述东秦州敷城郡之基层为稽胡及稽胡化族群控制亦为明证。可依靠忠诚度存疑的酋长代位统治对政府而言绝非良策，此外对于旨在直接控制民户的朝廷来说，酋长之存在无疑是一种阻碍，酋

256　刘昫：《旧唐书》卷六十四《隐太子建成传》，第2414页。

257　侯旭东：《北朝村民的生活世界——朝廷、州县与村里》，第367页。

258　唐长孺：《北魏末年的山胡敕勒起义》，第78页。

帅对地方的干预也存在令中央失控的隐患。因此，当政府力量足够强大时，对地方之胡族豪酋往往放弃怀柔，直接采取压制措施。北周李椿于保定二年（公元562年）出任延州大都督，任内"强虏畏威，缘边仰化，奸豪于是屏迹，民吏于是来苏"。[259] 李椿为李弼之子，治下"强虏"当即稽胡，胡人向化意味着政府权力进入，被蔑称为"奸豪"的稽胡豪帅在其打击下元气大伤，胡民的控制权由酋长家族转入政府手中。

六、凌之以兵威

一些存在"教化"可能的部落还可以采用怀柔方式引导，可对于长期不认同朝廷的丁零、稽胡部落，政府最直接的解决方式当为军事手段，其中可分为武力威慑与直接军事打击。北魏太和以前之核心统治区为大同盆地一带，太行山以东则采取宗主都护，由政府认可之豪强代表政府管理。不过为了显示政府权威，鲜卑铁骑也会不时出现在当地炫耀武功。崔浩曾豪言："今居北方，假令山东有变，轻骑南出，耀威桑梓之中，谁知多少？百姓见之，望尘震服。此是国家威制诸夏之长策也。"[260]

"轻骑南出"，铁蹄掀起的滚滚沙尘对于远离恒代、首鼠两端的各族豪强来说，无疑是一种威慑。在感受到精骑铁马的强大武力后，自然收敛叛逆之心。前述李洪之先礼后兵，令知晓魏军兵威的羌人求编课调即威慑成功的典型案例。北魏帝王出巡丁零分布的定州时，屡有讲武之举，即以军事演习震慑地方。太安四年（公元458年），文成帝"观马射于中山"。[261] 太和五年（公元481年），孝文帝在中山时，

259《李椿墓志》，参见《中国金石总录》，http://hfihy5b0578cd4147481chp06uwufqqpqx6wv5.fcxg.1.8.1.a696.www.proxy1.online/jsxs/default.aspx?id=2390&jsz=%E6%9D%8E%E6%A4%BF。

260 魏收：《魏书》卷三十五《崔浩传》，第808页。

261 魏收：《魏书》卷五《高宗纪》，第116页。

"讲武于唐水之阳".[262] 鲜卑拓跋氏马上得天下，因此武力崇拜乃其族特性。在定州频繁举行的军事演习不但是对汉人豪强的震慑，也是对不服王化的丁零首领之威吓，文成帝出巡定州并观马射事在太安四年，而此前之太安二年（公元456年）正好发生井陉丁零起事，二者恐怕不是巧合。北朝之末，齐周交锋时，西魏北周也有旨在震慑胡区之耀兵巡行。《周书·文帝纪下》云：

> （大统十四年，公元548年，夏五月）太祖奉魏太子巡抚西境，自新平出安定，登陇，刻石纪事。下安阳，至原州，历北长城，大狩。将东趣五原，至蒲川，闻魏帝不豫，遂还。[263]

如果查看此次巡行所经之地点，就会发现宇文泰、元钦一行在原州之后的路线颇有不寻常处。参考严耕望先生《唐代交通图考》，如要从原州前往五原，北上取道灵州再东行当较便捷，"地势平坦，且无沙行之阻".[264] 然宇文泰君臣却舍近求远，取道黄土高原，不能不说此举有震慑稽胡之考量。蒲川虽因《水经注》泾水部分广佚，确定地望存在困难，不过本章已前引王仲荦先生之说推测位置，其地非延州之蒲川，亦非泾州之蒲川，而在唐代宁州境内。《（嘉靖）庆阳府志》有"蒲川河，源出环县，过东西一百二十里，南流入黑水河，涯生蒲草，故名".[265] 此当即同一蒲川，为今泾水支流蒲河，此地亦属稽胡区域。又此年有北稽胡反魏起事，虽为李弼等人平定，但胡区远未达到河清海晏局面。故宇文泰在黄土高原折向蛇行之路线计划明显有以军力威慑稽胡诸部的意图，只不过由于西魏文帝患病，一行人不得不中

262　魏收：《魏书》卷七上《高祖纪上》，第150页。

263　令狐德棻：《周书》卷二《文帝纪下》，第31页。

264　严耕望：《唐代交通图考》第1册，第201页。

265　梁明翰修，傅学礼撰：《（嘉靖）庆阳府志》卷二《河川》，收入中国科学院图书馆选编：《稀见中国地方志汇刊》第9册，第357页。

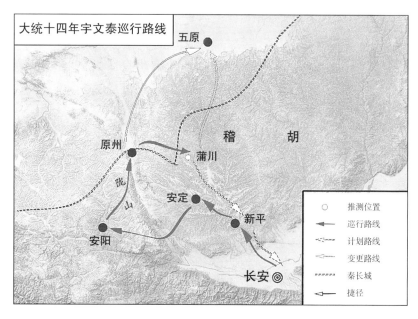

图4-7　大统十四年宇文泰巡行路线

途折返，实际震慑效果恐怕大打折扣。

北齐政权也不忘在与北周战争中借机立威胡区。如后主时期，北齐将领斛律光、段韶在对周汾北之战取胜后，即"立碑以表其功"。[266]该碑立于定阳，至唐代尚存，所在区域为后魏以来的稽胡传统分布区。对于知晓文字的稽胡酋长而言，炫耀齐军武功的纪功碑文不啻一种震慑，令其对起事或暗通周军等反叛行为投鼠忌器。隋末唐初，河东胡区烽烟不绝，李渊亦令张纶带兵徇稽胡，取得一定效果。

在间接的威慑外，更多的是对起事者予以直接打击。在镇压中，政府会根据情况决定作战路线采取单路直击或多路包夹，兹将其作战方式列表于下：

266　李吉甫：《元和郡县图志》卷十二《河东道一·慈州》"吉昌县"条，第343页。

表4-7　丁零军事行动路线

时间	举事者	地点	政府/敌对政权	作战路线
316	翟鼠	中山	石勒	单路
384	翟真	下邑	后燕	单路
384	翟辽	鲁口	后燕	单路
385	翟辽	毋极	后燕	多路
385	翟真	行唐	后燕	单路（合兵）
385	翟成	行唐	后燕	单路（亲征）
386	鲜于乞	望都	后燕	单路
387	翟辽	黎阳	后燕	单路（亲征）
387	翟遥	中山	后燕	多路
392	翟钊	黎阳	后燕	多路（亲征）
402	鲜于次保	行唐	北魏	单路
402	翟都	壶关	北魏	多路
417	翟蜀、洛支	榆山	北魏	单路
418	翟猛雀	白涧山	北魏	多路（亲征未遂）
428	鲜于台阳、翟乔	西山	北魏	单路（中央军）
430	上党丁零	上党	北魏	单路
456	井陉丁零	井陉	北魏	多路

资料来源:《魏书》《资治通鉴》。

表4-8　十六国到隋唐对稽胡作战之方式表

时间	举事者	地点	政府	政府军路线
353	刘康	平阳	前秦	单路
365	刘卫辰、曹毂	杏城	前秦	单路（亲征）
398	张崇、呼延铁	西河、离石	北魏	单路
402	刘曜	秀容	北魏	单路
413	吐京胡	吐京	北魏	多路
415	白亚栗斯、刘虎	上党	北魏	多路
416	曹弘	平阳	后秦	单路
434	白龙	西河	北魏	多路（亲征）
446	曹仆浑	河西	北魏	多路
460	河西胡	石楼	北魏	多路
462	贺略孙	石楼	北魏	单路（西线）
孝文帝时	刘什婆	吐京	北魏	单路
471	曹平原	石楼	北魏	单路（西线）
472	统万胡	统万	北魏	单路
473	河西胡	石楼	北魏	单路
496	辛支王	吐京	北魏	单路
496	去居	汾州	北魏	单路
511	刘龙驹	汾州	北魏	多路
525	冯宜都、贺悦回成	五城	北魏	多路（内外）
525	薛悉公、马牒腾	吐京	北魏	单路
525	范多、范安族	吐京	北魏	单路

202

时间	举事者	地点	政府	政府军路线
535	刘蠡升	云阳谷	东魏	单路
536	王迢触、曹贰龙	汾州	东魏	单路
539	黑水稽胡	黑水	西魏	多路
541	山胡	乌突戍北	东魏	多路
541	刘平伏	上郡	西魏	多路
武定中	晋州山胡	晋州	东魏	单路
大统中	汾州山胡	西魏汾州	西魏	单路
544	山胡	吕梁山区	东魏	多路?
548	北稽胡	关中以北	西魏	单路
553	山胡	离石	北齐	单路
554	山胡	石楼	北齐	多路
559	郝阿保、刘桑德	延州	北周	单路
560	郝狼皮	延州	北周	单路
561	丹州胡	丹州	北周	单路
566	丹延绥银胡	丹延绥银	北周	多路?
567	白郁久同、乔是罗	银州	北周	单路
567	乔三勿同	银州	北周	单路
567	郝三郎	延州	北周	单路
570	乔白郎、乔素勿同	绥州	北周	单路
577	刘没铎	吕梁山区	北周	多路
578	刘受逻干	汾州	北周	多路
614	刘迦论	雕阴	隋	单路

时间	举事者	地点	政府	政府军路线
614	刘苗王（刘龙儿）	离石	隋	单路
617	刘鹞子	泾阳	隋（唐）	单路
618	稽胡	富平、宜君	隋（唐）	单路
618	刘拔真	北山	唐	单路
621	刘仚成	鄜州	唐	单路
683	白铁余	城平	唐	多路

资料来源：《魏书》《北齐书》《周书》《隋书》《旧唐书》《新唐书》《资治通鉴》。

　　可知其中一些规模较小的起事多由地方官员自行镇压，而规模较大者则需合数州之力、多面夹击方能平定，更有甚者需请求中央派兵援助。在军事行动中，为减少本族精锐的战斗减员，有时会采取以夷制夷的策略。河东蜀酋薛安都因其勇武，北魏"使助秦州刺史北贺汨击反胡白龙子，灭之"。[267] 白龙子即魏太武帝时之稽胡起事领袖白龙，北贺汨当为魏秦州刺史薛谨之鲜卑名。薛安都、薛谨均为河东蜀，征发蜀人对抗稽胡，显然为以夷制夷。

　　在以夷制夷外，政府也会考虑因地制宜，因族选人。处理丁零问题时，北魏所选派的官员不少具有慕容燕背景。如镇压翟猛雀起事的张蒲，其父张攀为"慕容垂御史中丞、兵部尚书，以清方称"。本人亦"为慕容宝阳平、河间二郡太守，尚书左丞"。[268] 又如镇压上党丁零起事之公孙轨，其父公孙表本慕容冲尚书郎，"慕容垂破长子，从入中山。慕容宝走，乃归阙"。[269] 慕容燕境内之中山、常山本为丁零活动

267　沈约：《宋书》卷八十八《薛安都传》，第2215页。
268　魏收：《魏书》卷三十三《张蒲传》，第778页。
269　魏收：《魏书》卷三十三《公孙表传》，第782页。

区域，慕容垂起兵后更是与丁零战和多年，原燕国人士对丁零之了解程度必然超过北魏代人，遣有慕容氏背景之官员前往镇压是以其知己知彼之故。另一方面也利用了官员的乡里意识，以起事所在州郡出身之官员为将，试图激发其爱家情感，达到尽快平叛之目的。如魏末吐京胡抄掠正平、平阳二郡，北魏派出的将领多为河东裴氏，因裴氏原籍闻喜属正平郡之故。

当起事爆发于国境地区时，利益相关的各政权间甚至尝试国际合作，加以镇压。《魏书·公孙表传》云：

> 诏表讨虎，又令表与姚兴洛阳戍将结期，使备河南岸，然后进军讨之。时胡内自疑阻，更相杀害，表以其有解散之势，遂不与戍将相闻，率众讨之。法令不整，为胡所败，军人大被伤杀。[270]

由于丁零、稽胡多依托险要地势进行反抗，因此其实力虽逊于官兵，却能成尾大不掉之势，令政府颇为头痛。对于山地作战之困难及应对之道，《资治通鉴·贞观二十一年》云：

> 高丽依山为城，攻之不可猝拔。前大驾亲征，国人不得耕种，所克之城，悉收其谷，继以旱灾，民太半乏食。今若数遣偏师，更迭扰其疆场，使彼疲于奔命，释耒入堡，数年之间，千里萧条，则人心自离，鸭绿之北，可不战而取矣。[271]

对付高句丽的战术也适用于丁零、稽胡，在对手拥有地利时，为减轻伤亡，降低作战成本，官军通常会采取两种方式，其一为围困，

270　魏收：《魏书》卷三十三《公孙表传》，第783页。
271　司马光：《资治通鉴》卷一百九十八《唐纪十四·贞观二十一年》，第6245页。

由于战争期间无法进行农牧生产，反抗势力依靠的存粮总有用尽之时，届时或战或降，主动权已然易位。《资治通鉴·太元十七年》云：

> 钊走还滑台，将妻子，收遗众，北济河，登白鹿山，凭险自守，燕兵不得进。农曰："钊无粮，不能久居山中。"乃引兵还，留骑候之。钊果下山，还兵掩击，尽获其众，钊单骑奔长子。[272]

与后燕灭翟魏先为引蛇出洞再图灭之相比，北魏对稽胡的一些围攻战则更注重招抚，试图令其不战而降。《魏书·李洪之传》云：

> 舆驾至并州，诏洪之为河西都将讨山胡。皆保险拒战。洪之筑垒于石楼南白鸡原以对之。诸将悉欲进攻，洪之乃开以大信，听其复业，胡人遂降。[273]

凭借政府所掌握的资源优势和强大军力，长期围困下，起事通常只能以失败告终。在以经济为基础、耗时较为持久的围攻战外，还有一种依托技术优势、利用先进武器速战速决的战术。唐高宗时，王方翼、程务挺在与稽胡白铁余作战时，"飞牖击贼，火其栅"。[274]对于唐军采用的该战术，《唐故夏州都督太原王公神道碑》有较为详细的解释，"善公有发石坏城之计，反风焚栅之感"，[275]即采用投石机，投掷燃烧物攻击白铁余阵地，取得战事胜利。传统牵引式投石机原理看似简单，但从今人之复原来看，操纵起来也非易事，要考虑发射角度、力度、投掷装置设计、操作人员配合默契度等诸多因素，士卒仓促之

---

272 司马光：《资治通鉴》卷一百八《晋纪三十·太元十七年》，第3406页。

273 魏收：《魏书》卷八十九《李洪之传》，第1919页。

274 欧阳修、宋祁：《新唐书》卷一百一十一《王方翼传》，第4135页。

275 张说：《张燕公集》卷十五《唐故夏州都督太原王公神道碑》，收入《四部丛刊正编》第31册，台北：台湾商务印书馆，1979年，第101页。

间绝难掌握，必须依赖良好的训练。唐军与白铁余的军事对决也堪称是一场科技角力。

"上兵伐谋，其次伐交，其次伐兵，其下攻城"，[276] 战争在兵圣孙武看来为解决争端的最末之选，其综合成本亦最高。故历次惨烈的战事无疑给当地胡汉百姓留下了痛苦记忆，直到数百年后的北宋，一些原稽胡生活区域仍流传着相关传说。如宋时延州尚有骷髅山神庙，当地耆老相传："古时战斗相杀，收入人首数千万于此山，因置神庙。"[277] 此神庙位于北宋之延长县，即北魏河西，所谓人数千万之语为夸张无疑，但死伤惨重当为事实。北魏太武帝时曾有吐京胡曹仆浑渡河至河西凭险对抗魏军，举事失败后，参与者死亡众多。此或即当地耆老所传传说之源头。

在处置参与反抗的少数族时，政府一般会区别对待，唐高祖诏书即可说明原则——"元恶大憝，即就诛夷；驱掠之民，复其本业"。[278] 当征战频繁，需要丁壮作为兵员补充，或需要恢复生产时，为标榜政府仁德形象，除魁渠祸首外，从犯多予以赦免，有时甚至连首领也不予处置，如北魏时起事之鲜于台阳、翟乔，其归降后，魏帝即下诏赦免之。对于稽胡也有类似处理方式，平定白龙后，太武帝下诏："山胡为白龙所逼及归降者，听为平民。"[279]

为了迅速瓦解胡人起事者士气，政府甚至可向主动归降者抛出高官厚禄。隋代稽胡郝伏颠在追溯其先祖郝子鱼之仕官经历时，称"西将胡人一□余，向东往，至太原治。经一十五年，衰弱，为魏所统，遂授遍城郡守、领民酋长"。[280] 郝子鱼率部东至并州的原因在墓志中并无说明，参考魏时胡人起事常见的渡河躲避魏军之举，其原因当不外

276　孙武:《十一家注孙子校理・谋攻篇第三》，北京：中华书局，1999年，第46～48页。

277　乐史:《太平寰宇记》卷三十六《关西道十二・延州》"延长县"条，第754页。

278　唐高祖:《令太子建成统军诏》，收入董诰等:《全唐文》卷二，第30页。

279　魏收:《魏书》卷四上《世祖纪上》，第84页。

280《郝伏颠墓志》，参见延安市文物编纂委员会编:《延安市文物志》，第373页。

如是。其后郝子鱼归魏得官，酋长地位也得到认可。这段文字委婉地说明北魏政府在面对胡人起事时不乏安抚之"胡萝卜"手段。

然而当起事目的为旨在推翻政府之"谋大逆"时，处置则极为残酷，魏初通刘裕之丁零首领翟蜀及"谋大逆"之翟猛雀无论首从均遭一网打尽。同样对于某些降而复叛、无视政府权威的稽胡，处置亦相当严厉，即使从犯也难逃严惩。魏太武帝对白龙之党尚能部分免刑，可屡次起事的吐京胡就没有如此幸运了。太平真君六年（公元445年），太武帝"西至吐京，讨徒叛胡，出配郡县"。[281] 这种将参与起事的胡人发配外地为贱户的处罚，东魏丞相高欢也曾实行。武定元年（公元543年），高欢讨稽胡，"俘获一万余户口，分配诸州"。[282] 山东历城黄石崖石刻中，有一方刻于北魏正光四年（公元523年）之《法义兄弟姊妹等题记》，参与造像者中，"刘"姓多达6人，"呼延"姓2人，"白"姓1人，此或即北魏出配郡县的稽胡后代。

就地为民还能保障原有地位，但出配外地恐怕只能沦为民户之下的贱籍，与"营户""陵户"等特殊户籍地位相似，如果没有政府的免放，必难以翻身。这些胡人俘虏或成为政府控制下缺乏人身自由的劳动力，或成为政府赏赐功臣的生口。终北朝之世，此类处置不绝于史。北周甚至有专门机构负责这些俘虏，其掌四夷隶即可能为管理分配少数族俘虏之机构，其中"掌狄隶"负责处置稽胡战俘。[283] 滝川正博甚至认为稽胡乃北周政权奴隶的供给源头之一。[284]

发配外地或许还有一线生机，但有时的处置却连苟全性命都难以做到。北齐天保五年（公元554年），高洋大破胡人于石楼山，下令"男子十二已上皆斩，女子及幼弱以赏军士"。[285] 其对胡人的残酷处置

281　魏收：《魏书》卷四上《世祖纪上》，第98页。

282　李百药：《北齐书》卷二《神武纪下》，第22页。

283　王仲荦：《北周六典》卷六《秋官府》，北京：中华书局，1979年，第463—464页。

284　滝川正博：《北周における「稽胡」の創設》，第52页。

285　李延寿：《北史》卷七《齐文宣纪》，第250页。

堪称是毁灭性的，无异于斩草除根的种族灭绝。

七、与政府治下他族之对比

需要看到的是，同一时期华北还生活着丁零、稽胡之外的其他少数族，政府对于这些同在王土之内的族群，统治方式、策略上又有何差异？以下将以北朝为主，予以对比分析。

（一）酋帅地位之认可度

日本学者松下宪一在论及北魏领民酋长制度时，认为伴随着拓跋珪定都平城，内属拓跋氏的诸部族被执行"分土定居"政策，徙民到畿内、郊甸。北魏通过任命领民酋长，以八部制度对被迁徙的部族进行统治。八部制度下的领民酋长为政府对内属部落酋长赠予之称号，酋长统帅与自己存在血缘关系的部民。到设立六镇时期，由于不同族群大量集中于北镇，领民酋长在自己部族之外，也有管辖其他部族者。[286]

总之，无论是八部时期还是六镇时期，这些酋长、大人之地位之实现除本身之世代继承外，尚有来自官方之认可加持。这点在丁零胞族——高车身上较为明显。如北齐名将斛律金家族，其"父大那瓌，光禄大夫、第一领民酋长"。[287]斛律金本人于北魏时亦"除为第二领人酋长"。[288]对于归附北魏的高车酋长，北魏政府承认其拥有世袭权力。如效力于北周的高车叱列伏龟家族，"世为部落大人，魏初入附，遂世为第一领民酋长"，叱列伏龟子承父业，"复为领民酋长"。[289]同样的世袭亦可见于鲜卑库狄氏家族，库狄干之祖先越豆眷即为代表。库狄干之造像记《库狄太傅公石》自叙先世云：六世太祖越豆眷"率领家宗诸族万有余家"归附北魏，道武帝"知太祖忠诚，赐部落主如故，

286　松下宪一：《北魏胡族体制论》，札幌：北海道大学出版会，2007年，第41、47—48页。
287　李百药：《北齐书》卷十七《斛律金传》，第219页。
288　李延寿：《北史》卷五十四《斛律金传》，第1965页。
289　令狐德棻：《周书》卷二十《叱列伏龟传》，第341页。

封王怀朔，子孙世袭第一领民酋长"。[290] 对于这些部族来说，只要保证忠诚，既得利益往往不受触动。鲜卑、高车外，契胡出身的尔朱氏家族也世代拥有世袭酋长地位，自尔朱荣高祖起，相袭四代。北朝酋长品阶地位可见下表：

表4-9　北朝酋长品阶表

名　　称	品　　阶
第一领民酋长	从三品
第一不领民酋长	四品
第二领民酋长 第一领民庶长	从四品
第二不领民酋长 第一不领民庶长	五品
第三领民酋长 第二领民庶长	从五品
第三不领民酋长 第二不领民庶长	六品
第三领民庶长	从六品
第三不领民庶长	七品

资料来源：《隋书》卷二十七《百官志中》。

　　《隋书》所引酋长品阶为依据北齐制度，然北齐多承袭北魏，可推测酋、庶长秩比流内官当源自魏时，其酋、庶长位居从三品至七品

---

290 《库狄太傅公石》，参见孙钢：《河北唐县"赛思颠窟"》，《文物春秋》1998年第1
　　期，第32页。

不等，九品之中位居中层，地位得到政府认可。然而对于丁零、稽胡而言，前秦认可之酋长尚可见到，可北魏政府认可的酋长却少之又少。目前可见二族之明确为酋长或大人者，多集中于魏初，如北魏道武帝时期归附拓跋氏之幡颓、业易于及丁零翟同，魏中后期仅郝子鱼一例。另有疑似稽胡之刘玉曾祖何地浑汗（领民酋长）初万头以及李和之父夏州酋长李僧养、太安狄那酋长刘折。[291] 其余渠帅纵使有横行乡里之豪强地位，却缺乏政府认可。北魏领民酋长之地位与清代蒙古地方之扎萨克制度有相似之处，国家之册封即为承认其贵族自治权，对所辖土地、民众可合法管理。因此，尔朱家族得以"以居秀容川，诏割方三百里封之，长为世业"，[292] 库狄家族可"以功割善无之西腊污山地方百里以处之"。[293] 在政府许可之下，该部自然可以获得一定的自治权，与政府之关系亦不致剑拔弩张。而且将领民酋长纳入政府体系这一举措意味着作为统治集团组成部分的酋长可以有机会获得官方赏赐，北魏明元帝即曾"赐附国大人锦罽衣服各有差"。[294] 对于游离在政府统治集团之外的丁零、稽胡酋长而言，这无疑是可望而不可即的。

（二）官爵授予之差异

对于归附的高车、契胡等胡族酋帅，北朝政府为笼络人心，在赐予爵位方面有时相当慷慨。如斛律金之曾祖、高车酋长倍侯利在投附北魏之后，"赐爵孟都公"，死后甚至被北魏官方"葬以国礼，谥曰忠壮王"，外族罕有出其右者。[295] 倍侯利子孙均有获得北魏政府之官位，其子幡地斤为殿中尚书，孙大那瓌为光禄大夫。尔朱荣之高祖尔朱羽健曾拜散骑常侍，祖尔朱代勤赐爵梁郡公，死后"赠镇南将军、并州

291 《齐故特进骠骑大将军开府仪同三司广州刺史济阴郡开国公赠朔肆恒三州诸军事朔州刺史尚书右仆射泉城王刘王墓志》，收入赵超：《魏晋南北朝墓志汇编》，第445页。

292 魏收：《魏书》卷七十四《尔朱荣传》，第1643页。

293 李百药：《北齐书》卷十五《库狄干传》，第197页。

294 魏收：《魏书》卷三《太宗纪》，第51页。

295 魏收：《魏书》卷一百三《高车传》，第2309页。

刺史，谥曰庄"。父尔朱新兴为散骑常侍、平北将军，死后"赠散骑常侍、平北将军、恒州刺史，谥曰简"。[296]

在对丁零、稽胡之早期封赏中，这种王、公级别的赐爵难见踪影。除太武帝之宠臣"辽东公"翟黑子有丁零之嫌外，其余居原乡之丁零终北魏一世未见有得高级官爵者，而迁代丁零唯鲜于宝业得在魏末出任镇将，其余多为下层官员，如从八品扫逆将军翟兴祖。北齐时虽有翟嵩为尚书左丞、散骑侍郎，可此时之翟氏已不能以北族丁零视之，而当目为其汉化后裔。

与丁零相比，稽胡的获赐官爵亦暗淡无光。不过在稍早的前秦时期情况却不太一样，据《邓太尉祠碑》可知关中地区匈奴系诸族之部落大人地位有得到官方承认，可以凭此身份和当地长官一起参与造像活动，借以融洽关系。而且也有族人被吸收进入官僚系统者，如宁戎戍之军功曹盖周（字彦容）、军主簿郝子星（字永文）。[297]但到北魏时期，可享受这种待遇的吕梁山区稽胡较为罕见。相比之下，同属匈奴系的附魏卢水胡地位要高得多，在卢水胡聚居地杏城，镇将郝温即卢水胡，[298]且有"酒泉公"爵位，当地政府机构中卢水胡盖氏亦有一定势力。[299]

（三）觐见、宿卫之差异

松下宪一认为，领民酋长制度下的部族具有军事组织的性质。[300]北魏政府对于归附的领民酋长似乎有授予其番上宿卫的权力，当然这一过程当以觐见之名进行。如尔朱新兴为右将军，"冬朝京师，夏归部落"。[301]库狄干"冬得入京师，夏归乡里"。[302]斛律金"秋朝京师，春

296 魏收：《魏书》卷七十四《尔朱荣传》，第1643—1644页。

297 《邓太尉祠碑》，参见马长寿：《碑铭所见前秦至隋初的关中部族》，第14页。

298 魏收：《魏书》卷四十五《韦阆传》，第1009页。

299 魏收：《魏书》卷四下《世祖纪下》，第98页。

300 松下宪一：《北魏胡族体制论》，第32页。

301 魏收：《魏书》卷七十四《尔朱荣传》，第1644页。

302 李百药：《北齐书》卷十五《库狄干传》，第197页。

还部落，号曰雁臣".[303] 这些酋长的入京觐见或率部落武士同往，成为宿卫的力量之一。对于北魏宫卫而言，高车为重要之倚仗力量，"简西部敕勒豪富兼丁者为殿中武士"当为北魏强化宿卫之重要手段，[304] 利用其善战之特性为皇室效力。由于宿卫之羽林监多由拓跋宗室子弟执掌，故宿卫宫廷之高车亦可沾光，地位比稽胡之子都将高得多，可为中层武官。据《魏书·官氏志》，高车羽林郎将为从四品上，高车虎贲将军为从四品下，高车虎贲司马、高车虎贲将、高车羽林郎为从五品下，高车虎贲为从六品下。[305]

对高车族人而言，能入宫宿卫当为莫大荣幸，因此在选拔卫士武官的过程中也存在徇私舞弊的陋规。孝文帝时，殿中尚书胡莫寒"简西部敕勒豪富兼丁者为殿中武士，而大纳财货，简选不平"，引起高车公愤，"于是诸部敕勒悉叛"。[306] 北魏对高车武士的选拔条件为"富豪兼丁"，即家境富有、男丁较多，与后世府兵有相似之处。高车富户向胡莫寒行贿，目的或在雀屏中选，只不过后果也许是他们始料未及的。不过也可知高车对宿卫资格获取之热忱。但对于丁零、稽胡而言，就算有此热忱，也难以得到机会，由于统治者的区别对待，通常无法得到命运的眷顾。

征发少数族从军属于北魏常态，丁零、稽胡、高车诸族均不能幸免。然而对于丁零、稽胡来说，普遍存在的骑兵短板使之无法与能骑善射的高车等族比肩，[307] 对于部队以骑兵为主力的北魏而言只能凭借数量成为炮灰，或是背井离乡到各地充当特殊户籍——城民。战场地位尚且如此，入宫宿卫以窥天颜的机会更是远比高车武士渺茫，就目前所见材料而言，除附魏较早之迁代人士外，尚未发现同一时期出身

303　李延寿：《北史》卷五十四《斛律金传》，第1965页。

304　魏收：《魏书》卷十九上《元天赐传》，第450页。

305　魏收：《魏书》卷一百一十三《官氏志九》，第2983—2988页。

306　魏收：《魏书》卷十九上《元天赐传》，第450页。

307　部分地区稽胡拥有实力较强的骑兵，如北魏孝文帝时起事之辛支王。

原乡而获得与宿卫相关官职者。

（四）赐婚之差异

高车、契胡等族群于北朝时期，凭借其武力、忠诚度，在少数族中待遇较优渥，受政府之笼络司空见惯，其中不乏与皇室结亲，成为驸马、国丈者。尔朱代勤之外甥女贺兰氏嫁魏太武帝，尔朱荣之妻为北乡长公主。斛律光家族"一门一皇后，二太子妃，三公主"。对政府而言，采用通婚的方式与这些武力族群缔结婚约，对于提升其族对中央之向心力可谓颇有帮助。

相较于此二族的荣耀莫比，丁零、稽胡要与皇室结亲可谓痴人说梦。丁零未有见得与皇室缔结婚约者，而稽胡亦是难兄难弟。故而当高欢以嫁女为诱饵，设计对刘蠡升进行迷惑时，后者果然上当受骗，稽胡酋长对与政府高层缔结婚姻的向往不言而喻。与之相似的事例则是太武帝时拥众数万举事的安定卢水胡酋刘超，在北魏大将陆俟到任后，"诱纳超女，外若姻亲"的举动多少令刘超放松警惕，[308] 最终遭陆俟施以诈术，遇袭败亡。可以说，对于这些山居少数族而言，与皇室或朝廷显贵结亲，获得攀龙附凤的机会，无疑充满了吸引力。

（五）北齐治理稽胡之特殊理念——类缓冲区设置

需要看到东魏北齐时期对于吕梁山中北部的稽胡似乎存在一种特殊处置，即有意将其区域作为战略缓冲区看待，某种程度上与北魏在六镇安置高车以防柔然相似。与西魏北周在黄土高原稽胡区域广设州县相比，北齐控制的黄河以东、齐长城以西的河东胡区，其州县设置多集中于吕梁南麓，中北部少有州县，除承袭前代者外，可见者仅有高洋时所设良泉县及少数军戍。北齐之对周驻兵防御重地亦无设于吕梁山区者。不得不说，该统治方式与旧有之"闲田""隙地"的概念有相似之处。关于"闲田"之典，可见《毛诗注疏》：

---

308 魏收：《魏书》卷四十《陆俟传》，第903页。

> 虞、芮之君，相与争田，久而不平，乃相谓曰："西伯，仁
> 人也，盍往质焉？"乃相与朝周。入其竟，则耕者让畔，行者让
> 路。入其邑，男女异路，斑白不提挈。入其朝，士让为大夫，大
> 夫让为卿。二国之君，感而相谓曰："我等小人，不可以履君子之
> 庭。"乃相让，以其所争田为闲田而退。[309]

虞国、芮国间的争议地带之解决最终以各退一步，使之成为双方之间的中立地带——闲田而告终。而"隙地"则见于《春秋左传》：

> 宋郑之间有隙地焉，曰弥作、顷丘、玉畅、嵒、戈、锡。子
> 产与宋人为成，曰："勿有是。"及宋平、元之族自萧奔郑，郑人
> 为之城嵒、戈、锡……十三年，春，宋向魋救其师。郑子赚使徇
> 曰："得桓魋者有赏。"魋也逃归。遂取宋师于嵒，获成欢、郧
> 延。以六邑为虚。[310]

杨长玉先生认为闲田、隙地具有中立缓冲区之内涵。[311] 虽然北齐对胡区之控制思想可能存在战略缓冲的意图在内，但与"闲田""隙地"为不属于双方之中立地带不同，北齐对胡区拥有主权，并设有少量县、戍。考虑到北齐统治层多出自鲜卑化怀朔集团，该思路或与草原族群之传统边界观念有关，即著名的瓯脱。《史记·匈奴列传》云：

> 东胡王愈益骄，西侵。与匈奴间，中有弃地，莫居，千余
> 里，各居其边为瓯脱。东胡使使谓冒顿曰："匈奴所与我界瓯脱外

309《毛诗正义》卷十六《大雅·绵》"虞芮质厥成，文王蹶蹶生"条，收入《十三经注疏》整理委员会：《十三经注疏》第6册，第1165页。

310《春秋左传注疏》卷五十九《哀公十二年》《哀公十三年》，第1920—1922页。

311 杨长玉：《闲壤与闲田——唐蕃间的中立缓冲区初探》，《西域历史语言研究集刊》2020年第1期，第11页。

弃地，匈奴非能至也，吾欲有之。"冒顿问群臣，群臣或曰："此弃地，予之亦可，勿予亦可。"于是冒顿大怒曰："地者，国之本也，奈何予之！"[312]

对于"瓯脱"之概念，学界已多有讨论，逯耀东先生认为此乃两国间以闲置土地为缓冲区，达到避免争端的目的，这一行为属于文化落后民族的通行风尚。[313] 杨长玉先生则提出其两大特征：其一为位于相邻政权各自的边疆地带；其二为具有重要的战略地位，承担守卫、候望等军事职能，配备军事人员、军事设施。[314] 杨氏对"瓯脱"之解释与北齐在河东胡区之所为极其相似。由于作战成本等问题，彻底征服稽胡要付出较大牺牲，而自孝昭之后的北齐君主多无开拓之志，故除少数军事据点外，北齐在该鸡肋区域并未进行太多建设。周将姚岳得以入吕梁山齐控区成功筑城，也可证明北齐对该地区控制之薄弱。无论对胡人或是对北周，这一地区都有意无意成为具有缓冲意义之存在。虽然治理消极，但就其效果而言，有高洋平石楼之余威协助，加之齐长城之地理隔绝，可以说在高洋之后直到北齐亡国前的约二十年间，除如同癣疥之胡人掠奴时有发生外，并未出现威胁统治之大乱，该区域保持了稳定，减轻了北齐晋阳西线的压力，北齐甚至可以利用稽胡骚扰北周。与治下河西胡人频频起事的北周形成鲜明的对比，当然这一区域的稳定与否同北齐国力、政局状况密切相关，故而当其末世，北齐境内的稽胡反而成为北周的争取对象，更不用说齐师兵败如山倒时刘没铎等胡帅划地称王。

前文对造成丁零、稽胡与高车、契胡等族群之间在政府待遇上差异较大的主要原因已有讨论。如高车、契胡等凭借骑射长技驰骋疆

---

312 司马迁：《史记》卷一百十《匈奴列传》，第2889页。

313 逯耀东：《从平城到洛阳：拓跋魏文化转变的历程》，台北：东大图书股份有限公司，2001年，第395页。

314 杨长玉：《闲壤与闲田——唐蕃间的中立缓冲区初探》，第13页。

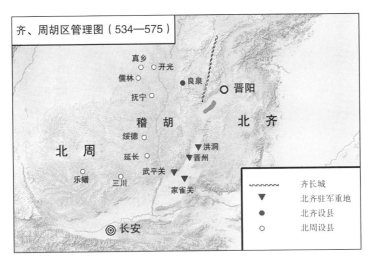

图4-8　齐、周胡区管理图

场之族群，政府自然需要对其上层加以笼络，以之作为维护统治之力量。反之，如丁零、稽胡等看似武功不振者，只能作为杂兵、炮灰使用，遑论耗资笼络。此外，从地缘政治来看，这些族群所处的位置也多少影响了政府对其态度。北魏所承认的享有自治权之领民酋长多位于边疆地区，为政府力有未及而作出的意在羁縻的权宜之计，如果随着铁骑控弦开疆扩土掀起之滚滚尘埃，边疆逐渐变为内地，则意在羁縻的部落制度终将被政府直接控制的郡县制所取代。可资印证的是，稽胡出身的领民酋长多出现在北魏铁蹄南下、入主中原之初。当少数族处于政府核心区域的包夹之下时，后者自然难以容忍与自身渊源较浅的自治酋长存在。故在北魏平定中原后，处于平城、洛阳之间的河东胡区难以寻得领民酋长踪影。在距离政府核心区较远、接连北镇的河西胡区却多少能看到郝子鱼、刘折等领民酋长存在。[315]

315　郝子鱼为延州胡酋已如前述。刘折为大安狄那领民酋长，北魏大安郡非后齐侨置于今山西寿阳一带的大安郡，本位于隋代朔方长泽县地，其地亦在河西。参见魏徵：《隋书》卷二十九《地理志上·朔方郡》，第812页。

另一方面，进入政府管理体系的方式亦影响了日后的待遇。主动归附者往往待遇较高，反之，若为被征服者，则待遇堪忧。早期归魏的丁零酋帅翟同，或能受到较好待遇，太武帝宠臣翟黑子或其后人。需要看到的是，虽然总体来说稽胡在北魏一朝被压迫甚重，但早期投附魏室者当不致如吕梁山区之胞族负担沉重。如道武帝时投靠北魏的胡帅幡颓、业易于，魏帝令之徙居马邑，该部分胡人待遇当较高。《魏书·官氏志》云：

> （天赐元年，公元404年）以八国姓族难分，故国立大师、小师，令辩其宗党，品举人才。自八国以外，郡各自立师，职分如八国，比今之中正也。宗室立宗师，亦如州郡八国之仪。[316]

八国范围为平城周围五百里，马邑正好在此之内。从登国六年（公元391年）算起，幡颓等胡帅附魏久矣，此时"辩宗党、品人才"当不致置其于外。对比吕梁地区的同胞难以一睹天颜，这一部分胡人至少在理论上拥有仕宦的特权。天赐四年（公元407年），北魏"增置侍官，侍直左右，出内诏命"，其选用标准即"取八国良家，代郡、上谷、广宁、雁门四郡民中年长有器望者充之"。[317] 该条文确定了有资格随侍魏帝左右者之户籍范围，而幡颓、业易于部所居的马邑恰好在此范围内。如果归附后没有再被迁出，则至少在理论上可以获得这一入侍机会。附魏较早的丁零、胡人及其后裔确有担任宫禁武官者，如鲜于康仁曾为直阁将军，[318] 位在从五品以上，[319] 呼延悕龙曾任从七品武

---

316 魏收：《魏书》卷一百一十三《官氏志九》，第2974页。

317 魏收：《魏书》卷一百一十三《官氏志九》，第2974页。

318 令狐德棻：《周书》卷一《文帝纪上》，第11页。

319 北魏末，尔朱世隆由直斋转直阁，按制度多承北魏的北齐官制，直斋为从五品，则直阁品阶当在前者之上。参见魏收：《魏书》卷七十五《尔朱世隆传》，第1668页；杜佑：《通典》卷三十八《职官二十》，第1048页。

骑常侍。[320] 事实上，甚至存在较早附魏而得高位之胡人，如王居伏□，因归附较早，道武时得为仪同三司，甚至官拜怀荒镇将。[321] 到北魏中后期，随着局势的混乱，实力逐渐超过血统等因素，在仕宦时所起之作用逐渐变得重要。某些稽胡酋帅必然在此剧变中成为受益者，如有稽胡之嫌的夏州李和之父李僧养，"以累世雄豪，善于统御，为夏州酋长"。[322] 松下宪一即认为其人可能因为对夏州牧民统驭有方，故得到国家之认可，被任命为酋长。[323]

---

320 《呼延章墓志》，收入毛汉光：《唐代墓志铭汇编附考》第14册，第71页。

321 罗振玉：《京畿冢墓遗文》卷上《王善来墓志》，收入《石刻史料新编》第18册，第13617页。

322 令狐德棻：《周书》卷二十九《李和传》，第497页。

323 松下宪一：《北魏胡族体制论》，第47页。

第五章

入塞族群与中央政权之冲突

　　阻山而居的生活环境相较于祖先活跃的草原并无优越之处，而此环境的选择也有凭险自固的意图在内，即游离在政府掌控之外，拒绝承担赋役等义务。而政府则千方百计希望这些山居族群能成为自身财赋来源之一。当政府试图对其加以控制的时候，不可避免地会发生冲突。故自十六国到隋唐，数百年间双方冲突不断。

第一节　十六国至北魏丁零之举事

一、十六国之丁零举事

（一）翟鼠举事

　　西晋末、十六国时丁零首倡起事者为翟鼠，由于中山、常山遭遇严重蝗灾，中山丁零翟鼠反抗石勒，"攻中山、常山，勒率骑讨之，获其母妻而还。鼠保于胥关，遂奔代郡"。[1]起事虽然发生于石勒势力范围内，然石勒此时在形式上仍听命于刘聪，可视为汉国时期之丁零举事，翟鼠所部原当臣服于石勒，因蝗灾所致饥荒不得不铤而走险，

---

[1]　房玄龄：《晋书》卷一百四《石勒载记上》，第2725页。

但被石勒迅速平定。翟鼠所奔胥关之具体位置已无从考证，但必在太行山区。代郡时为段匹磾控制，为石勒鞭长莫及之地。

翟鼠奔鲜卑段氏后之活动细节不得而知，然至数十年后的赵、燕之交，其人又再次出现，永和七年（公元351年）丁零翟鼠及冉闵部将刘准等率领部属归降慕容儁，后者"封鼠归义王，拜准左司马"。[2] 关于刘准归燕之事，《晋书·冉闵载记》云："慕容彪攻陷中山，杀闵宁北白同、幽州刺史刘准，降于慕容儁。"[3] 翟鼠与刘准降燕，可知其人此时已回到故地中山。其中经过或与石赵灭段氏有关，代郡为石赵控制后，翟鼠可能被迫出降，得到赦免后回到中山。

（二）翟斌诸翟之兴衰

与武力对抗石勒的翟鼠不同，入塞丁零内部尚有对石赵政权采取合作态度的支系存在，即翟斌部。翟斌归赵事在后赵建平元年（公元330年），此前一年，前赵刘曜为石勒攻灭，翟斌降石勒，当为对后者武力恐惧而求自保。后石赵灭亡，关东在经历前燕统治后又归于前秦。在苻坚的徙民政策主导下，翟斌所部由定州故地迁至新安。随着淝水之战秦军大败的战报传来，翟斌于河南首举反秦旗帜。

翟斌反秦后，挥师东进，直逼洛阳。关于翟斌起事之初的兵力，《太平御览》所引崔鸿《十六国春秋》留下了"聚众四千"的珍贵记载。[4] 虽然丁零人数不多，但发展迅速，导致秦臣石越向苻丕哀叹"丁零一唱，旬日之中，众已数千"。在东进过程中，翟斌又得到了其他族群豪酋之支持。"慕容凤及燕故臣之子燕郡王腾、辽西段延等闻翟斌起兵，各帅部曲归之"。[5]

鲜卑等势力加入麾下壮大了翟斌的力量。而面对气势汹汹的丁

2　房玄龄:《晋书》卷一百十《慕容儁载记》，第2833页。

3　房玄龄:《晋书》卷一百七《冉闵载记》，第2796页。

4　李昉等:《太平御览》卷一百二十五《偏霸部九·后燕慕容垂》引崔鸿《十六国春秋》，第605-2页。

5　司马光:《资治通鉴》卷一百五《晋纪二十七·太元八年》，第3317、3319页。

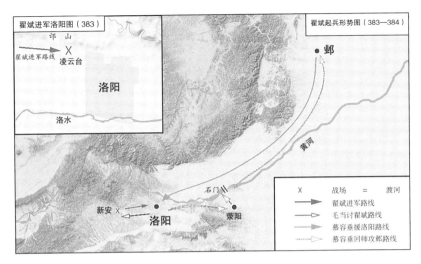

图5-1　翟斌起兵形势图

零，前秦自不会坐以待毙。留守洛阳之平原公苻晖即遣猛将毛当率兵
抵御，但在慕容凤等人协助下，翟斌令秦军折戟沉沙，毛当亦战死沙
场。此役之后，丁零不但趁势攻下洛阳西郊的凌云台，将兵锋进一步
推向洛阳，而且获得了含"万余人甲仗"在内的众多战利品，[6] 极大地
提高了兵士装备水准。

　　随着翟斌攻势的渐趋凌厉，秦王苻坚命驻邺名将慕容垂出兵平
乱，然而苻秦亲贵一系列自以为是的操作却弄巧成拙，令本已蠢蠢欲
动的慕容垂加速走向了裂土自立。如苻丕不允许慕容垂参拜家庙，慕
容垂"乃潜服而入，亭吏禁之，垂怒，斩吏烧亭而去"。[7] 在兵力配置
方面，苻丕更是激化了矛盾，竟然"以羸兵二千及铠仗之弊者给垂"。[8]
苻丕等人本着鹬蚌相争、渔翁得利之盘算，希望翟斌、慕容垂二虎相
伤。但其鼠目寸光的操作无疑使慕容垂决心与旧主彻底翻脸，慕容垂

6　司马光：《资治通鉴》卷一百五《晋纪二十七·太元八年》，第3319页。

7　房玄龄：《晋书》卷一百二十三《慕容垂载记》，第3080页。

8　司马光：《资治通鉴》卷一百五《晋纪二十七·太元八年》，第3318页。

后上表苻坚辩称"丁零逆竖寇逼豫州，丕迫臣单赴，限以师程，惟给弊卒二千，尽无兵杖"。[9] 其中虽有自我开脱之嫌，但苻丕所为确实失当。

另一方面，苻丕等人也忽视了丁零军动向。由于阵中加入了大量前燕旧臣，面对故王慕容垂的前来，燕人自然对翟斌展开了游说工作。"慕容凤、王腾、段延皆劝翟斌奉慕容垂为盟主，斌从之"。[10] 但此时慕容垂意在袭取洛阳，并不知翟斌投诚真伪，所以拒绝了后者。之后由于苻晖将其拒之洛阳门外，故当翟斌派郭通再次前来释出投诚善意时，慕容垂终于同意与其合作。郭通所言之合作理由，见《资治通鉴·太元九年》：

> 通曰："将军所以拒通者，岂非以翟斌兄弟山野异类，无奇才远略，必无所成故邪？独不念将军今日凭之，可以济大业乎！"垂乃许之。[11]

翟氏势力加入可以增强慕容垂实力，故在现实利益考量下，慕容垂同意了翟斌的请求，此即"河南之盟"。在丁零加入后，慕容垂以四战之地洛阳容易致敌为由，引兵北上，重回前燕故地，意图攻邺以成大事。途中于荥阳建政称王，并封翟斌为建义大将军、河南王。翟斌之弟翟檀、翟敏也一同受封。此时在慕容氏集团中，丁零诸党可谓炙手可热，仅次于燕国宗室。不过从事后发展来看，慕容垂之安排恐怕只是权宜之计。丁零诸贵"山野异类"的出身注定成为其原罪，无法为鲜卑贵族、汉人门阀接纳。在邺城攻城战中，丁零与乌桓一起被慕容垂指派攻城，不用说这些外族士兵自然沦为了炮灰。看到丁零同

9　房玄龄：《晋书》卷一百二十三《慕容垂载记》，第3083页。
10　司马光：《资治通鉴》卷一百五《晋纪二十七·太元九年》，第3320页。
11　司马光：《资治通鉴》卷一百五《晋纪二十七·太元九年》，第3320页。

胞死伤惨重，翟斌的内心肯定相当不满。然而即使是飞车、地道等技术轮番上阵，邺城也没有被攻下，这也加剧了翟斌对慕容氏的离心离德。《资治通鉴·太元九年》云：

> 燕翟斌恃功骄纵，邀求无厌；又以邺城久不下，潜有贰心。太子宝请除之，燕王垂曰："河南之盟，不可负也；若其为难，罪由于斌。今事未有形而杀之，人必谓我忌惮其功能；吾方收揽豪杰以隆大业，不可示人以狭，失天下之望也。借彼有谋，吾以智防之，无能为也。"范阳王德、陈留王绍、骠骑大将军农皆曰："翟斌兄弟恃功而骄，必为国患。"垂曰："骄则速败，焉能为患！彼有大功，当听其自毙耳。"礼遇弥重。[12]

之后，翟斌求封尚书令遭拒，直接促使丁零集团与慕容燕决裂。《晋书·慕容垂载记》云：

> 翟斌潜讽丁零及西人，请斌为尚书令。垂访之群僚，其安东将军封衡厉色曰："马能千里，不免羁鞿，明畜生不可以人御也。斌戎狄小人，遭时际会，兄弟封王，自鞬兜已来，未有此福。忽履盈忘止，复有斯求，魂爽错乱，必死不出年也。"垂犹隐忍容之，令曰："翟王之功宜居上辅，但台既未建，此官不可便置。待六合廓清，更当议之。"[13]

尚书令为行政系统之核心，可谓一人之下、万人之上，慕容氏自不可能将此要职交予丁零异类。这也令鲜卑、丁零盟约破裂，从此翟斌开始暗通前秦，并阻挠燕军之攻城计划。时慕容垂引漳

12　司马光：《资治通鉴》卷一百五《晋纪二十七·太元九年》，第3331页。
13　房玄龄：《晋书》卷一百二十三《慕容垂载记》，第3085页。

水灌邺城，"不没者尺余"。翟斌却"使人夜往决堰，水溃，故邺不拔"。[14]

东窗事发后，翟斌、翟檀、翟敏兄弟均为慕容垂所杀，其余部众则被赦免。在此变乱中，翟斌之侄翟真连夜率部北走邯郸，引得援兵后又南下邺城，试图与城内秦军里应外合夹攻燕军，但为慕容宝、慕容隆击退，被迫再撤回邯郸。对于近在咫尺的翟真，慕容垂并未急于攻击，而是听从慕容楷、慕容绍之建议，"丁零非有大志，但宠过为乱耳。今急之则屯聚为寇，缓之则自散，散而击之，无不克矣"。[15] 果不出所料，翟真七月北撤邯郸，八月即有"自散"之势，燕军见机不可失，趁势攻击之。处于劣势的翟真利用燕军长途跋涉、人困马乏的劣势，以逸待劳，伏兵待之。虽然燕将慕容隆察觉有异，以"士卒饥倦，且视贼营不见丁壮，殆有他伏"言于慕容楷，[16] 但慕容楷的刚愎自用令燕军马失前蹄，大败而归。

翟真败燕后顺势北上，来到其故地中山，屯于承营。对于承营之位置，《（民国）定县志》云：

> 今无承营之名，遂失其地。然既有城郭必东境巨镇，遗迹未必尽湮。窃疑今东亭镇左近或有其迹，东亭东北之翟城或即因丁零翟氏而名，盖丁零盘据定县一带最久，而翟氏为其酋长也。[17]

按东亭之翟城位于定州正东、非东南，故韩振京认为承营当在今定州东南李亲顾镇之北城村。当地有北城、南城两村，根据传说，此

14 魏收：《魏书》卷九十五《慕容垂传》，第2066页。
15 司马光：《资治通鉴》卷一百五《晋纪二十七·太元九年》，第3332页。
16 司马光：《资治通鉴》卷一百五《晋纪二十七·太元九年》，第3333页。
17 何其章修，贾恩绂撰：《（民国）定县志》卷二《古迹篇·城村》，收入《中国地方志集成》第35册，上海：上海书店出版社，2006年，第416页。

地为南北朝时之故城，所以名为城村，后来发展为两个村庄，北者为北城村，南者为南城村。[18] 北城村除有古城传说，亦不乏文物出土，此说当可参考。[19] 遭遇失败后，燕军以退为进，着力内政建设，对翟真未急于攻略，而是蓄势待发，以图铲除这一心腹之患。即慕容垂所谓"苻丕穷寇，必守死不降。丁零叛扰，乃我腹心之患。吾欲迁师新城，开其逸路，进以谢秦主畴昔之恩，退以严击真之备"。[20] 在此期间，丁零军也得到了来自其他势力的支援。《资治通鉴·太元九年》云：

> 秦幽州刺史王永求救于振威将军刘库仁，库仁遣其妻兄公孙希帅骑三千救之，大破平规于蓟南，乘胜长驱，进据唐城。……翟真在承营，与公孙希、宋敝遥相首尾。长乐公丕遣宦者冗从仆射清河光祚将兵数百赴中山，与真相结。又遣阳平太守邵兴将数千骑招集冀州故郡县，与祚期会襄国。[21]

在外部局势暂为缓和的情况下，翟真没有局促一隅，而是向其他地方发展势力。如向东占领鲁口。同年，慕容农"自信都西击丁零翟辽于鲁口，破之"。[22] 鲁口位于今饶阳之西南，在信都之北，故《通鉴》所言"西击"当为"北击"。翟辽防守之鲁口属于定州中山以东之冀州，可知翟真有派亲信向东攻城略地。在南方翟真也有拓地，《晋书·慕容垂载记》云："慕容农进攻翟嵩于黄泥，破之。"[23] 黄泥之地望或可参考《（民国）宁晋县志》，宁晋县城西三十里有翟村、黄

18　韩振京主编：《定县地名资料汇编》，定县：河北定县地名办公室，1983年，第356、358页。

19　参见 http://blog.sina.com.cn/s/blog_62dc1dab0102w46b.html。

20　房玄龄：《晋书》卷一百二十三《慕容垂载记》，第3085页。

21　司马光：《资治通鉴》卷一百五《晋纪二十七·太元九年》，第3333、3335页。

22　司马光：《资治通鉴》卷一百五《晋纪二十七·太元九年》，第3337页。

23　房玄龄：《晋书》卷一百二十三《慕容垂载记》，第3085页。

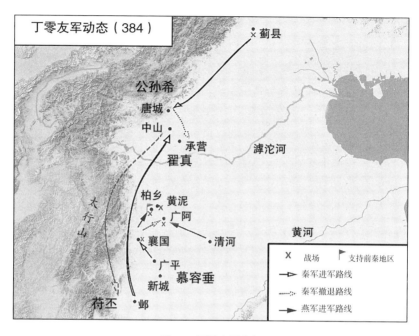

图5-2 丁零友军动态

泥，[24] 此或即翟氏据守之黄泥。除上述地区外，丁零人实际控制的区域可能要大得多，前田正名先生甚至认为在这一时期，丁零人已在太行山东麓大量散布。[25]

虽然翟真试图极力扩张，以至一度出现"丁零四布，分据诸城"的局面，[26] 但后燕在故地站稳脚跟后，丁零及其友军很快遭到各个击破。《资治通鉴·太元九年》云：

　　燕王垂遣冠军大将军隆、龙骧将军张崇将兵邀击兴，命骠

24　苏毓琦、伊承熙修：《（民国）宁晋县志》卷一《封域》，收入《中国地方志集成》第66册，第329页。

25　前田正名著，李凭等译：《平城历史地理学研究》，第415页。

26　司马光：《资治通鉴》卷一百六《晋纪二十八·太元十年》，第3343页。

骑大将军农自清河引兵会之。隆与兴战于襄国，大破之；兴走至
广阿，遇慕容农，执之。光祚闻之，循西山走归邺。隆遂击赵粟
等，皆破之，冀州郡县复从燕。刘库仁闻公孙希已破平规，欲大
举兵以救长乐公丕，发雁门、上谷、代郡兵，屯繁畤。燕太子太
保慕舆句之子文、零陵公慕舆虔之子常时在库仁所，知三郡兵不
乐远征，因作乱，夜攻库仁，杀之，窃其骏马，奔燕。公孙希之
众闻乱自溃，希奔翟真。[27]

在燕军的步步进逼下，丁零的控制区域日渐收缩。防卫黄泥之
翟嵩、屯驻鲁口之翟辽先后为慕容农击败，翟辽退守无极，慕容农又
入藁城进逼之，之后与中山出发的慕容麟部合力破无极，翟辽单骑出
逃，投奔驻承营之翟真。

太元十年（公元385年）二月，慕容农至中山，再与慕容麟合兵，
共攻翟真。望见燕军来袭，翟真亦整军出战。慕容农、慕容麟先率数
千骑至承营观望形势，望见翟真兵精阵严，燕军诸将多建议退兵，唯
慕容农力排众议，主张以"斩首战"战术攻其要害。遂派骁骑将军慕
容国率百余骑冲击翟真本阵，翟真畏而撤离，于是丁零溃不成军，死
伤惨重，燕军趁势攻下承营外郭。

承营外郭丢失后，翟真为挽回局势，采取围魏救赵之计，夜袭
中山以图解围，却遭慕容温击退，"自是不敢复至"。中山城下损兵折
将，承营解围无望，翟真只能突围撤离至行唐，然未待其喘息，丁零
内部即发生权力更迭。四月，翟真司马鲜于乞杀翟真及其宗人，自立
为赵王。可翟氏部众并不承认其合法性，杀鲜于乞，立翟真从弟翟成
为主。这一内讧造成丁零内部分裂，"其众多降于燕"，[28] 严重削弱了实
力。闰五月初四，慕容垂至常山，进而围翟成于行唐。在经历两个月

27　司马光：《资治通鉴》卷一百五《晋纪二十七·太元九年》，第3335页。

28　司马光：《资治通鉴》卷一百六《晋纪二十八·太元十年》，第3343、3345页。

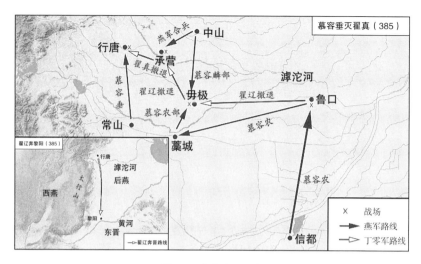

图5-3　慕容垂灭翟真

的围困后，七月廿八，翟成长史鲜于得斩翟成出降，行唐围攻战终以燕军胜利告终，翟成亲近遭到坑杀。

在鲜于乞谋杀翟真时，翟真从弟翟辽发觉危险，南奔至东晋治下的黎阳，为晋陵太守滕恬之收留，深得后者信任。由于滕恬之出身士族，耻与兵卒为伍，加之喜好畋猎无心俗务，故又上演了一出农夫与蛇的悲剧。翟辽对滕氏部下极力拉拢，暗中发展自身势力。太元十一年（公元386年）正月，翟辽趁滕恬之攻鹿鸣城，"于后闭门拒之"，随后擒获奔甄城之滕恬之，占据黎阳，以此为据点进行扩张。翟辽对黎阳的诈取自然引起东晋反击，"豫州刺史朱序遣将军秦膺、童斌与淮、泗诸郡共讨之"，[29]但黎阳仍在翟辽的控制中。

不久之后，翟辽获得新盟友，三月，太山太守张愿挟郡叛晋，降于翟辽。[30]有了张愿的支持，翟辽暂时将战略目标转移到南方的东晋，

29　司马光：《资治通鉴》卷一百六《晋纪二十八·太元十一年》，第3358—3359页。

30　房玄龄：《晋书》卷九《孝武帝纪》，第235页。

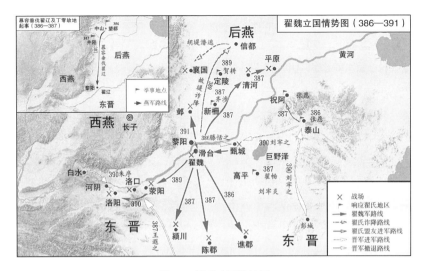

图5-4　翟魏立国情势图

八月攻谯郡，但为朱序击败。即使遭到晋军的还击，翟辽也未停下南
向的脚步。太元十二年（公元387年）春，遣子翟钊攻陈郡、颍川郡，
为晋将秦膺击退。当新南向发展屡屡碰壁时，北方后燕境内的齐涉举
事又为翟氏提供了可乘之机。占据新栅的燕魏郡太守齐涉叛燕，"连
张愿，愿自帅万余人进屯祝阿之瓮口，招翟辽，共应涉"。[31]对于齐涉
之反抗军，燕方认为新栅坚固，强攻难以快速奏效，不如先打击其盟
友张愿，故未急于用兵。不久又出现降附翟氏者，四月，高平翟畅挟
持太守徐含远，以郡降翟辽。[32]

不过南北两面奏捷的喜讯并未持续太久，翟辽"以一城之众，反
复三国之间"，[33]始终是慕容垂的心腹大患，因此慕容垂五月发兵攻翟
辽于黎阳。由于翟辽部下多为河北流民，对前燕太傅慕容恪之德政记

31　司马光：《资治通鉴》卷一百七《晋纪二十九·太元十二年》，第3375页。

32　房玄龄：《晋书》卷九《孝武帝纪》，第236页。

33　司马光：《资治通鉴》卷一百七《晋纪二十九·太元十二年》，第3377页。

忆犹新，所以在面对燕军前锋、慕容恪之子慕容楷时，大多舍翟辽而去，不战而降。翟辽只能请降，慕容垂封其为徐州牧、河南公，引兵北归。不久前翟斌还位列王爵，此时其侄却只得公爵，此中惩戒意味不言而喻。

然至当年十月，翟辽不思韬光养晦，又揭反旗，兵分二路展开攻势。一路攻燕，联合后燕境内的反抗势力章武王祖、渤海张申攻击清河、平原；另一路则向西对东晋攻城略地，但于洛口败于王遇之。进军受挫使其重新考虑修补与后燕的关系，太元十三年（公元388年）二月，翟辽遣司马眭琼谒慕容垂谢罪，但慕容垂以其反复无常，斩眭琼拒绝请降。于是翟辽与燕彻底决裂，以称帝回应慕容垂，自号大魏天王，建元建光，置百官，翟魏政权正式宣告建立。出于对慕容垂强大军力之担忧，五月，翟辽由黎阳迁都滑台，以图凭河自固。此后一段时间翟魏主要向西发展，向东晋控制区展开攻势。九月，遣翟发攻洛阳，但为晋河南太守郭给所败。受挫之后，翟辽又与乞活帅黄淮合作，共攻长社，为晋将郭铨、王遇之击退，翟辽败奔河北。太元十四年（公元389年）四月，翟辽攻荥阳终获一胜，俘虏东晋太守张卓。

对宿敌后燕，翟辽也不忘削弱之。十月，遣故堤诈降于燕冀州刺史慕容温，趁机刺杀慕容温，"并其长史司马驱，帅守兵二百户奔西燕"，[34] 但途中为慕容隆追歼。太元十五年（公元390年）正月，翟辽与张愿在太山击败晋将刘牢之，于是又乘胜欲攻洛阳。然其攻取金墉之战略意图为朱序洞悉，晋军遂攻其子翟钊于石门，朱序又遣参军赵蕃破翟辽于怀县，翟辽连夜遁走。不久，张愿破金乡，围晋太山太守羊迈，刘牢之遣参军向钦之击退张愿，翟钊见势领兵援救，刘牢之欲擒故纵，先不与之发生正面冲突，待其回军后再进军太山，攻翟钊于甄城。尚未恢复元气的翟钊败走河北，翟辽又为晋军败于滑台大本营，张愿降晋，翟张同盟宣告瓦解。然东晋亦无力攻取滑台城池，故

34　司马光：《资治通鉴》卷一百七《晋纪二十九·太元十四年》，第3390页。

翟魏暂时转危为安，灭顶之灾延缓到来。

太元十六年（公元391年）十月，翟辽死，翟钊即位，改元定鼎。在南下攻晋屡屡碰壁后，翟钊又将目标重新投向后燕，引兵攻燕邺城，却为慕容农击退。然其屡败屡战，太元十七年（公元392年）二月，翟钊又遣翟都攻燕馆陶，兵屯苏康垒，但攻势并未持续太久。另一方面，当慕容垂在内政问题基本解决后，彻底平定翟魏的计划终于付诸执行。三月，发兵亲征翟魏，进逼苏康垒，在燕军的凌厉攻势下，翟都于四月南奔滑台。

面对燕军再次来袭，翟钊并没有坐以待毙，立即向后燕的敌人西燕求救。《资治通鉴·太元十七年》云：

> 翟钊求救于西燕，西燕主永谋于群臣，尚书郎渤海鲍遵曰："使两寇相弊，吾承其后，此卞庄子之策也。"中书侍郎太原张腾曰："垂强钊弱，何弊之承！不如速救之，以成鼎足之势。今我引兵趋中山，昼多疑兵，夜多火炬，垂必惧而自救。我冲其前，钊蹑其后，此天授之机，不可失也。"永不从。[35]

在魏弱燕强的形势下，西燕却希冀二者两虎相争，坐收渔利，可谓缘木求鱼，痴人说梦。由于慕容永的短视，翟钊没有等来援兵，只能孤军奋战。六月，慕容垂至黎阳，欲渡河取滑台，但翟钊列兵南岸，严阵以待，欲待半渡击之。为突破翟钊的防线，意在渡河的慕容垂再一次令丁零人领略其用兵如神的名将本色。《资治通鉴·太元十七年》云：

> 垂徙营就西津，去黎阳西四十里，为牛皮船百余艘，伪列兵仗，溯流而上。钊亟引兵趣西津，垂潜遣中垒将军桂林王镇等自

35　司马光：《资治通鉴》卷一百八《晋纪三十·太元十八年》，第3405页。

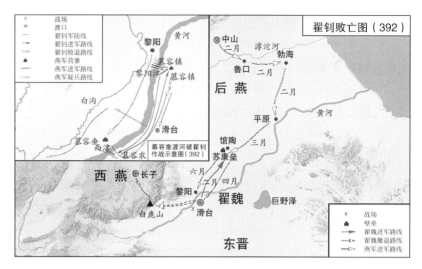

图5-5 翟钊败亡图

黎阳津夜济，营于河南，比明而营成。[36]

　　慕容垂巧设疑兵、虚张声势，翟钊果然中计。一鼓作气，再而衰，三而竭的作战原则也被慕容垂利用暑热天气发挥得淋漓尽致。面对来慕容镇等营前叫阵邀战的丁零军，慕容垂下令坚守营垒。"钊兵往来疲喝，攻营不能拔，将引去；镇等引兵出战，骠骑将军农自西津济，与镇等夹击，大破之"。[37]

　　为燕军所败的翟钊只能退回滑台，收拾残部，北渡黄河，入白鹿山凭险自守。受粮草缺乏困扰，不得不下山征粮，为守株待兔的燕将慕容隆击破，翟钊单骑奔西燕，慕容永以其为车骑大将军、兖州牧、东郡王。翟魏正式灭亡，其所辖"七郡户三万八千"尽归后燕。[38]关

36　司马光：《资治通鉴》卷一百八《晋纪三十·太元十七年》，第3405页。

37　司马光：《资治通鉴》卷一百八《晋纪三十·太元十七年》，第3405—3406页。

38　房玄龄：《晋书》卷一百二十三《慕容垂载记》，第3088页。

于翟氏曾辖之七郡，谭其骧先生考证为：荥阳、顿丘、贵乡、黎阳、陈留、济阴、东燕七郡，若考虑中间之郡县并省，则尚有济阳、建兴二郡，其建政之初，尚据有东平、泰山，又汲郡、河内亦曾为之一度拥有。[39]

虽然翟钊奔西燕时未携带部众，但在抵达长子后，仍有部下追寻而至。如魏初上党举事之翟都，[40] 其为太元十七年春指挥攻燕馆陶之翟魏旧领，在翟魏亡后，率部前往西燕投奔主公。由于旧部重归，休养半年后，翟钊逐渐恢复元气，于太元十八年（公元393年）三月攻击东晋控制下的河南。之后甚至又叛慕容永，不过这一次可没有以前幸运，反复无常之翟钊终为慕容永所杀。

（三）其他

需要注意的是，当翟斌南下黄河流域时，留在故地之余部尚有反燕举事。太元十一年（公元386年），即鲜于得杀翟成出降的翌年，八月，保聚曲阳西山的丁零首领鲜于乞，趁慕容垂南伐之际出山，以望都为营，抄掠郡县。慕容麟率兵讨伐，不顾部将"殿下虚镇远征，万一无功而返，亏损威重，不如遣诸将讨之"的建议，直言"乞闻大驾在外，无所畏忌，必不设备，一举可取，不足忧也"。[41] 执行声东击西之计，以进兵鲁口为幌子，麻痹鲜于乞，连夜折返，回师攻之，大败丁零，俘获鲜于乞。

次年五月，在慕容垂南伐翟辽时，井陉人贾鲍引北山丁零翟遥等五千余人，夜袭中山，并攻陷外郭。但稳住阵脚的燕军很快转守为攻，"章武王宙以奇兵出其外，太子宝鼓噪于内"，[42] 大破贾鲍、翟遥联军，唯此魁首二人单骑逃脱。

这两次事件虽然均为翟辽南下后之丁零余部举事，但性质可能有

39　谭其骧：《记翟魏始末》，收入氏著《长水集》上册，第253页。
40　魏收：《魏书》卷二十八《莫题传》，第683页。
41　司马光：《资治通鉴》卷一百六《晋纪二十八·太元十一年》，第3367页。
42　司马光：《资治通鉴》卷一百七《晋纪二十九·太元十二年》，第3377页。

所差异，前者当为自发之抄掠，后者可能有围魏救赵、为南方翟魏解围之可能。

二、北魏之丁零举事

鲜于乞、翟遥等起事为后燕镇压后，定州地区的局势在数年内维持了稳定。当北魏南牧、燕魏战事再起时，丁零又成为后燕内部各势力的利用对象。《晋书·慕容宝载记》云：

> 麟惧不自安，以兵劫左卫将军、北地王精，谋率禁旅弑宝。精以义距之，麟怒，杀精，出奔丁零。初，宝闻魏之来伐也，使慕容会率幽并之众赴中山。麟既叛，宝恐其逆夺会军，将遣兵迎之。麟侍郎段平子自丁零奔还，说麟招集丁零，军众甚盛，谋袭会军，东据龙城……详僭称尊号，置百官，改年号……麟率丁零之众入中山，斩详及其亲党三百余人，复僭称尊号。[43]

丁零不但受纳后燕王公大臣，也成为慕容麟参与政权争夺的重要工具。虽然此后后燕退出华北平原，北魏确立了对中原的统治，但丁零仍为反魏势力所争取。天兴二年（公元399年）三月，原燕中山太守仇儒即以赵郡为根据地聚集党徒，"据关城，连引丁零，杀害长吏，扇动常山、钜鹿、广平诸郡"。[44] 仇儒等人后为长孙肥平定，但丁零对北魏之反抗并未因此停止。天兴五年（公元402年）二月，丁零鲜于次保与自称无上王的僧人张翘合作抗魏，保聚常山行唐，四月为中山太守楼伏连平定，主谋者被斩杀。

同年冬，原翟钊部将翟都与上党反魏势力秦颇合作，聚众壶关举事。由于翟都本身历尽战阵，具备一定军事经验，其部可能对地方

---

43 房玄龄：《晋书》卷一百二十四《慕容宝载记》，第3095—3096页。
44 魏收：《魏书》卷二十六《长孙肥传》，第652页。

造成了不小的打击，所以北魏予以较高重视，不但派上党太守陆突出
征，亦在东路令中山太守莫题率兵三千进剿。两路夹攻之下，十一月
丁丑（十二），秦颇为陆俟斩获，翟都逃亡林虑山，为莫题搜山检亡
平定之。

　　在北魏铁骑的武力震慑下，此后十余年丁零地区未发生大规模
举事，到明元帝时，由于刘裕北伐的影响，丁零反魏斗争又起。泰常
元年（公元416年），丁零翟猛雀于白涧山举事"谋为大逆"。[45] 黄河
之北的白涧山为当时北魏南境，此年该区域正处于晋、魏、秦三方对
峙中。不久周边地区又因刘裕北伐陷入混乱，当年十月，洛阳已由姚
秦归于东晋，白涧山正在洛阳西北，依唐代交通里程，其治所泽州到
洛阳不过二百八十里，[46] 距离甚近。加之被翟猛雀驱使对象中管理人
才——吏的存在，很难想象此次举事目的会单纯，所谓"大逆"很可
能为响应刘裕。

　　面对翟猛雀起事，明元帝甚至挥师南下，挂帅亲征。《魏书·韩
茂传》云："太宗曾亲征丁零翟猛，茂为中军执幢。"[47] 结合十六国北
朝人名之简写习惯，可知翟猛即翟猛雀。今本《魏书·太宗纪》乃据
魏澹本《西魏书》所补而成，未言明元南征始末。明元亲征或因臣下
劝阻而中途返回；或在途中大镇驻跸，遥控指挥作战。即使如此，明
元帝也相当重视此次起事，甚至派出禁卫军奔赴前线。宗室拓跋比干
"以司卫监讨白涧丁零有功，赐爵吉阳男"。[48] 司卫监为北魏典宿卫之
职官，拓跋比干征讨翟猛雀时当统领禁军。此外，明元帝亦遣内都大
官张蒲南下与冀州刺史长孙道生一同镇压起事。《魏书·张蒲传》云：

　　　道生等欲径以大兵击之，蒲曰："良民所以从猛雀者，非乐

45　魏收：《魏书》卷三十三《张蒲传》，第779页。
46　李吉甫：《元和郡县图志》卷十五《河东道四·泽州》，第423页。
47　魏收：《魏书》卷五十一《韩茂传》，第1127页。
48　魏收：《魏书》卷十四《吉阳男比干传》，第349页。

乱而为，皆逼凶威，强服之耳。今若直以大军临之，吏民虽欲返善，其道无由。又惧诛夷，必并势而距官军，然后入山恃阻，诳惑愚民。其变未易图也。不如先遣使喻之，使民不与猛雀同谋者无坐，则民必喜而俱降矣。"[49]

通过张蒲之分化瓦解，翟猛雀控制的民户纷纷出山降魏。翟猛雀不得不与百余亲信逃亡，后来于林虑山为郡县官兵所杀。此举事原因虽然被归咎于所谓"谋大逆"，但在翟猛雀的"威逼"外，似乎还有其他原因。《魏书·周幾传》云："泰常初，白涧、行唐民数千家负嶮不供输税"，经周幾与长孙道生"宣示祸福，逃民遂还"。从时间及负责官员看来，此即翟猛雀起事。可见除受翟猛雀"威逼"入山者外，更多的民户应当出于逃避赋役而选择入山保聚，成为翟氏"谋大逆"的从犯。内有丁零民逃税，外有刘裕影响，二者共同促成此次起事。第二章已经分析白涧丁零为上党丁零之后，而上党丁零为定州丁零之分支，两支丁零可能仍保持一定联系。所以起事失败后，翟猛雀领导下的丁零人试图回到太行山东麓之故地，"窜于行唐及襄国"，但仍为周幾所灭。[50]

如果说翟猛雀举事只是存在暗通刘裕的可能，另一起举事则结交晋军证据确凿。泰常二年（公元417年）四月，榆山丁零翟蜀、洛支遣使通刘裕。此时北魏正集中力量防备刘裕，明元帝令叔孙建、长孙嵩"各简精兵二千，观刘裕事势"，[51] 对晋军实施武装监视，暂无暇加大兵讨翟蜀。当年九月，刘裕入长安，长孙嵩诸部也结束监视任务。在回师至乐平时，明元帝令其率叔孙建、娥清、周幾等将领进剿撤至西山的翟蜀、洛支，"悉灭余党而还"。[52] 需要注意的是，翟蜀等人有

49　魏收：《魏书》卷三十三《张蒲传》，第779页。

50　魏收：《魏书》卷三十《周幾传》，第726页。

51　魏收：《魏书》卷二十九《叔孙建传》，第704页。

52　魏收：《魏书》卷三《太宗纪》，第58页。

派人与刘裕联系，虽然没有获得实际支援，但在翟蜀为北魏剿灭后，却有疑似丁零人出现在晋、宋阵营中。永初三年（公元422年）十月，魏军渡河南牧，宋司州刺史毛德祖"遣司马翟广率参军庞谘、上党太守刘谈之等步骑三千拒之"。[53] 关于翟广的姓氏读音，史炤注曰"亭历切"，[54] 与丁零诸翟相同。翟广在刘宋阵营之出现时间恰为翟蜀通刘裕后，且宋初司州下辖洛阳等地，其人或即被刘裕收留的翟蜀使者。翟广被刘宋拜为荥阳太守，后与上司毛德祖等遭魏军俘虏，生死不明。

虽然两次起事均被政府平定，但终明元之朝，丁零武装反抗此起彼伏，"并州丁零，数为山东之害"。除李曾主政的赵郡情况稍好外，其他地区仍不免丁零骚扰。[55] 北魏前期之并州下辖上党，故此并州丁零当即上党丁零。

太武帝即位后，神䴥元年（公元428年）闰十月定州又发生丁零起事。时鲜于台阳、翟乔等两千余家叛入西山，伺机劫掠郡县。西山即曲阳西山，可知其部为中山丁零。此次举事者有一定战斗力，曾击败前来围剿的定州官军。太武帝只能派出有对丁零作战经验的叔孙建作为援军，围剿鲜于台阳等人，至神䴥二年（公元429年）正月，鲜于台阳等终于出降，为北魏赦免。

在中山丁零被平定后之翌年，上党丁零又有举事，为公孙轨平定。《魏书·公孙轨传》云：

> 及刘义隆将到彦之遣其部将姚纵夫济河，攻冶坂。世祖虑更北入，遣轨屯壶关。会上党丁零叛，轨讨平之。[56]

53　沈约：《宋书》卷九十五《索虏传》，第2323页。
54　史炤：《资治通鉴释文》卷十三《宋纪一》，台北：台湾商务印书馆，1981年，第419页。
55　魏收：《魏书》卷五十三《李孝伯传》，第1167页。
56　魏收：《魏书》卷三十三《公孙轨传》，第784页。

到彦之遣姚纵夫攻冶坂为元嘉七年（神䴥三年，公元430年）八月，考虑到信息传递之时间差，丁零起事当在此年末。在此之后定州、并州局势较为稳定，近三十年未有大规模丁零举事发生。

文成帝太安二年（公元455年），有丁零数千家"亡匿井陉山，聚为寇盗"，攻击并州、定州。[57] 北魏政府对于沉寂多年之后死灰复燃的丁零起事较为重视，令选部尚书陆真会同并州刺史乞伏成龙、定州刺史许宗之东西夹击，镇压了此次举事。

献文帝时，仍有部分西山丁零游离在管理秩序外，坚持与政府对抗。《魏书·韩均传》：

> 广阿泽在定、冀、相三州之界，土广民稀，多有寇盗，乃置镇以静之。以均在冀州，劫盗止息，除本将军、广阿镇大将，加都督三州诸军事。均清身率下，明为耳目，广设方略，禁断奸邪，于是赵郡屠各、西山丁零聚党山泽以劫害为业者，均皆诱慰追捕，远近震局。[58]

可以说这是目前可见史籍中对于入塞丁零的最后记录，《魏书·韩均传》中赵郡屠各、西山丁零"聚党山泽"的叙述透露了此时尚有一部分不服王化的丁零存在，这批丁零反抗势力最后保聚之地已经从太行山区转移到湖泽之中。结合《魏书》引文，这一成为丁零最后归宿的湖泽极可能为华北平原历史上最大的湖泊——广阿泽（大陆泽）。广阿泽距离太行山区直线距离仅有50公里左右，在地势平坦的华北平原要实现两地之间的快速移动并非难事。古代华北平原的湖泽多是由浅平洼地蓄水形成，"许多湖沼中滩地、沙洲和水体交杂，湖

57　魏收：《魏书》卷五《高宗纪》，第115页。
58　魏收：《魏书》卷五十一《韩均传》，第1129页。

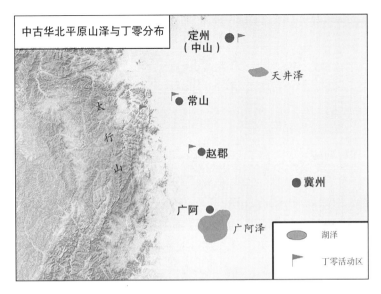

图5-6　中古华北平原山泽与丁零分布

沼植物茂盛，野生动物如麋鹿之类大量生长繁殖"，[59] 广阿泽当不例外。丁零人身处其中，芦苇等植物可以为其亡匿提供隐蔽居所，麋鹿等则可以为其提供食物，时不时可以劫掠湖岸村落，不啻为脱离政府控制的理想地点。由于湖水较浅，行舟易搁浅，蹚水则较深，故北魏引以为傲的骑兵在此无用武之地，所以直到韩均抛出"橄榄枝"，这些丁零上当受骗，方被官兵一网打尽。

在这些亡匿湖泽的丁零为韩均消灭后，入塞丁零举事不见史册，其活动亦难寻踪迹。魏末举事之鲜于修礼、鲜于阿胡等人虽为丁零后裔，但因其生活于边镇，早已鲜卑化，因此不宜被视为传统入塞丁零。而且鲜于修礼虽然在丁零故地中山举事，但其区位选择原因并非为寻求当地丁零遗民支持，而为获得城内北镇移民之力量，所以入塞

59　邹逸麟：《历史时期华北大平原湖沼变迁述略》，收入氏著《椿庐史地论稿》，天津：天津古籍出版社，2005年，第249页。

丁零举事下限当至献文帝朝为止。

第二节　十六国至唐之稽胡举事

一、十六国之稽胡举事

匈奴系统之汉、赵亡国后，在与其存在密切关系的诸胡中，开起事先河者为苻秦皇始三年（公元353年）之刘康。西域胡刘康"诈称刘曜子，聚众于平阳，自称晋王"。[60] 第三章已推测刘康非五部出身，可能为月氏胡。但平阳曾为匈奴汉国都城，原五部残余势力必然颇多。刘康诈称刘曜之子，当意在争取匈奴遗民。虽然起事三月爆发，四月即为秦将苻飞击溃，规模应当有限。不过以苻飞时为负责宫卫的左卫将军来看，苻秦对此仍予以一定重视，否则不可能派出禁军。平阳临近前燕西境，刘康不思引燕军为援，反以"晋王"为号，虽然可能为拉拢汉人之手段，却未必收到实效，否则不可能月余即败。可知刘康作为主事者，战略眼光去其攀附之刘曜远矣。

前秦建元元年（公元365年）七月，匈奴左贤王刘卫辰、右贤王曹毂起兵反秦，各率众两万南征，攻杏城以南诸郡县，曹毂屯马兰山，直逼关中。关于马兰山地望，《隋书·地理志》系于冯翊郡白水县。[61] 顾祖禹谓山在同官县东北五十里。[62] 可知当时黄土高原上杏城以南郡县已落入曹毂、刘卫辰之手。二人一时兵锋甚锐，鲜卑乌延等亦叛秦投靠之。马兰山以南即关中平原，凭借骑兵机动力，反抗军可以长驱直入，威胁国都长安。故苻坚"率中外精锐以讨之"，[63] 前将军杨安、镇军毛盛为前锋都督与曹毂部接战，曹毂亦派其弟曹活出战，双

60　司马光：《资治通鉴》卷九十九《晋纪二十一·永和九年》，第3132页。

61　魏徵：《隋书》卷二十九《地理志上·雍州》"冯翊郡"条，第809页。

62　顾祖禹：《读史方舆纪要》卷五十四《陕西三·耀州》"同官县"条，第2616页。

63　房玄龄：《晋书》卷一百十三《苻坚载记上》，第2889页。

方大战于同官川，曹军为秦军所败，死伤四千多人，曹活亦战死。在秦军压力下，曹毂出降，苻坚赦其罪，封雁门公，迁其酋长大帅六千余户于长安。建元三年（公元367年），曹毂奉命出使前燕，结束任务返秦不久后死去，前秦分其部为二：长子曹玺为骆川侯，领贰城以西两万余落；少子曹寅为力川侯，领贰城以东两万余落。可以推知，曹毂部即使在前秦移民政策下遭到削弱，却仍保有近五万落，以五口一落而计，所辖部民当在二十万人以上，加上此前战损、迁移之部民，则全盛时当不低于二十四万。而西晋时京兆郡亦不过四万户，[64] 可知曹氏势力之盛。

曹寅部至后秦时犹以贰城胡之名活动，后秦建初五年（公元390年），曹寅与王达献马于姚苌。然此时其兄曹玺已不见记载，或已早逝。在关中混战中，政府控制乏力，西曹之众或重归东曹，从此成为贰城胡。曹寅献马后不久，即在建初八年（公元393年）遭到北邻鲜卑薛干部的袭击。由于居住地区为山岭分隔，且单位面积土地承载力不足，故曹氏部民恐难大规模聚居，比较可能的居住模式应为分散居住在贰城一带的山谷、台塬中，所以一时之间难以集结力量对抗有备而来的太悉伏。虽然《魏书》未明言贰城胡是否抵御成功，但从此役后的贰城胡分布来看，曹寅当被太悉伏所败。《晋书·姚兴载记上》云："鲜卑薛勃于贰城为魏军所伐，遣使请救，使姚崇赴救。"[65] 可知姚兴时贰城故地已为薛干部所据，此外氐、羌等族也填补了该地区曹氏之空缺。秦弘始十六年（公元414年），贰县羌叛秦，姚兴遣姚敛成等前往镇压，为羌人所败。[66] 同年，氐人仇常与李弘"反于贰城，兴舆疾往讨之，斩常执弘而还"。[67]

---

64 房玄龄：《晋书》卷十四《地理志上·雍州》，第430页。

65 房玄龄：《晋书》卷一百十七《姚兴载记上》，第2976页。

66 房玄龄：《晋书》卷一百十八《姚兴载记下》，第2997页。

67 司马光：《资治通鉴》卷一百十六《晋纪三十八·义熙十年》，第3664页。

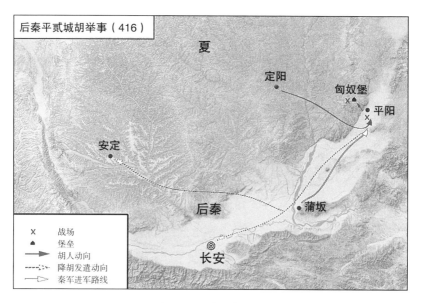

图5-7　后秦平贰城胡

　　螳螂捕蝉，黄雀在后，太悉伏占领贰城不久即被魏军攻击后方三城，被迫投降姚兴。而受打击的贰城曹氏集团则被姚秦安置于原属薛干部的三城，成为其北境的战略缓冲。姚兴死后，这些胡人趁后秦衰弱蠢蠢欲动。后秦永和元年（公元416年）六月，三城胡反秦。并州定阳贰城胡数万落"入于平阳，攻立义姚成都于匈奴堡，推匈奴曹弘为大单于，所在残掠"。[68] 定阳位于今延安之东南，三城为定阳之辖地即胡人之户籍所在，贰城则为其祖籍地，二者虽有一字之差，但所指代对象并无差别，均为原曹氏部众。曹弘之所以得被推为大单于，当因其地位在胡中较高之故，或为曹寅近支子孙。然曹弘之众未能攻取匈奴堡，反而在姚懿的打击下以失败告终。曹弘为姚懿送于长安，其部落酋帅并一万五千余落被迁往雍州（安定）。由于三城位于秦、夏

_____

68　房玄龄：《晋书》卷一百十九《姚泓载记》，第3009页。

边境，此次胡人发难的背后或有赫连夏因素在内。

二、北魏之稽胡起事

天兴元年（公元398年）三月，离石胡帅呼延铁、西河胡帅张崇因不满北魏内徙政策，聚党数千人反魏。道武帝令安远将军庾业延率三千骑平叛，庾业延"斩铁擒崇，搜山穷讨，散其余党"。[69]此役对刚从后燕手中夺取并州的北魏而言，无疑起到了炫耀军力的作用，对其他尚未归附的胡人部落也有敲山震虎的效果。不久之后，即有西河胡帅护诺于、丁零帅翟同、蜀帅韩磐等归魏。

天兴五年（公元402年）十一月，前平原太守、胡帅刘曜"聚众为盗"，为道武帝"遣骑诛之"。[70]刘曜本为类拔部首领，在拓跋虔南下援慕容永时为魏军所破，被徙于秀容。故其原居住地必在秀容之北，《魏故咸阳太守刘府君墓志》言志主刘玉曾祖初万头在恒代从驾。[71]恒代正好位于秀容之北，位于拓跋虔南下路线上，刘玉或此类拔部之后，初万头为刘曜近亲。北齐刘贵或亦其部后人。

天赐五年（公元408年），魏臣贾彝"请诣温汤疗病，为叛胡所拘执"，[72]遣送于姚兴。关于温汤之位置，《水经注·漯水》引《魏土地记》云："代城北九十里有桑乾城。城西渡桑乾水，去城十里有温汤，疗疾有验。"[73]从平城至代郡途中遭遇叛胡，可知所谓"叛胡"之分布区距离平城不远，既称其"叛"，则当为此前内迁之胡。时后秦距离北魏最近之郡县为河东平阳，然代郡至平阳路途遥远，胡人却能成功将贾彝送至后秦，其当取道吕梁山区，可知此时北魏对该区域之控制仍然薄弱。

69　魏收：《魏书》卷二十八《庾业延传》，第684页。

70　魏收：《魏书》卷一百五之二《天象志一之二第二》，第2347页。

71　《魏故咸阳太守刘府君墓志》，收入赵超《汉魏南北朝墓志汇编》，第212页。

72　魏收：《魏书》卷三十三《贾彝传》，第792页。

73　郦道元撰，杨守敬、熊会贞疏：《水经注疏》卷十三《漯水》，第1161页。

永兴五年（公元413年）五月丙子（十二），明元帝大赦天下，西河胡张外却"自以所犯罪重，不敢解散"，[74] 率部保聚研子垒。己卯（十五），北魏令刘洁、魏勤率众三千屯驻西河镇抚之。虽然北魏的意图为以武逼降，但这一计划却因另一股胡人力量的介入而受到影响。《魏书·太宗纪》云：

> 河西胡曹龙、张大头等，各领部，拥众二万人，来入蒲子，逼胁张外于研子垒。外惧，给以牛酒，杀马盟誓，推龙为大单于，奉美女良马于龙。[75]

关于此股胡人之身份，《魏书·灵征志》称其"河西叛胡"。[76] 从姓氏来看，曹龙极可能为贰城胡曹寅之后裔，原居住地当在三城。时黄河以西非北魏掌控之地，由于魏、秦此时为姻亲睦邻，故"叛胡"之称可知其所叛乃后秦。曹龙之叛早于曹弘反秦三年，可见在姚兴晚年，后秦已逐渐对三城胡失去控制力。曹龙被立为大单于后，似乎未挑战北魏威权，可能由于刘洁等人的武力震慑，一个多月后即降于北魏，"执送张外"，[77] 张外终为北魏所杀。张外与朝廷对抗竟然发生在明元帝大赦之后，蹊跷之处疑窦丛生，既然政府已经宣布大赦免责，张外又何以铤而走险？《魏书·崔玄伯传》提供了此次事件的真实原因：

> 太宗以郡国豪右，大为民蠹，乃优诏征之，民多恋本，而长吏逼遣。于是轻薄少年，因相扇动，所在聚结。西河、建兴盗贼

74　魏收：《魏书》卷三《太宗纪》，第53页。
75　魏收：《魏书》卷三《太宗纪》，第53页。
76　魏收：《魏书》卷一百一十二上《灵征志八上》，第2395页。
77　魏收：《魏书》卷三《太宗纪》，第53页。

并起，守宰讨之不能禁。[78]

　　所谓"西河盗贼"即张外之辈，其结党原因乃是出于对北魏政府徙民政策之厌恶。由于不愿在官方逼迫下北迁恒代，这些地方酋帅豪强不得不率部反抗。即使有大赦诏书的免责保证，只要徙民政策不中止，其居留目的就无法达到，故有此次事件发生。同年，西河胡乱告一段落后，离石、吐京胡又起事反魏。魏将刘洁与拓跋屈等率军镇压吐京胡，"时离石胡出以眷引屈丐骑，断截山岭邀洁"，刘洁弹尽粮绝"为胡所执，送诣屈丐"。[79]此事亦见于《魏书·拓跋屈传》，"吐京胡与离石胡出以兵等叛，置立将校，外引赫连屈丐"。[80]前者曰"出以眷"，后者曰"出以兵"，以笔者之见，其中差异或由于前者为音译，后者为半音半意译。"出以眷"之名可能源于蒙古语族之čerig（兵、卒），若笔者推测成立，则此差异为当时记录姓名时由于翻译标准不同而形成的同人异名。

　　值得注意的是出以眷身份可能并非只是离石胡帅，似乎与赫连夏关系密切。夏龙升元年（公元407年），赫连勃勃正式建政，署立百官，以"叱以鞬为征西将军"，[81]时在出以眷引夏兵之前。在中古汉语中，"出以眷"读音为tɕʰwi jǐə kǐwɛn，"叱以鞬"为tɕʰĭĕt jǐə kǐɛn，发音极为接近，可能均为čerig之音译。换言之，二者可能为同一人。笔者在此提出一假说，即出以眷（叱以鞬）本为赫连夏重臣，受赫连勃勃派遣，至河东北魏控制区结交稽胡豪帅，伺机里应外合，削弱北魏。

　　此次离石胡、吐京胡联合举事由于有赫连夏的支持，北魏损失惨重。永安侯魏勤阵亡，会稽公刘洁被俘，唯主帅拓跋屈幸免，明元

78　魏收：《魏书》卷二十四《崔玄伯传》，第622页。
79　魏收：《魏书》卷二十八《刘洁传》，第687页。
80　魏收：《魏书》卷十四《拓跋屈传》，第365页。
81　房玄龄：《晋书》卷一百三十《赫连勃勃载记》，第3202页。

帝"以屈没失二将，欲斩之"。[82] 虽然战事不利，不过北魏之底蕴远非山区胡人可比，夏国扩张重心也非东线，故冲突之成果旋即失去。魏将楼伏连拉拢西河胡曹成等酋帅七十余人，在吐京民刘初原的配合下，于次年（神瑞元年，公元414年）二月袭杀赫连氏吐京护军并守军三百余人，擒获叛胡阿度支等二百多家。从曹成之姓氏看，或即去年降魏之曹龙部下。此次魏夏角力的获胜，令北魏在稽胡中影响力大增，渡河附魏者甚众，当年六月有西河胡刘遮、刘退孤渡河来归，次年又有刘云附魏。

然而在短时间内过多的胡人渡河归附也是对北魏执政能力的考验，处置不当则易成为不安定因素，若再遇天灾，赈恤不及时则后果不堪设想。神瑞二年（公元415年）三月，这一幕场景终于变为现实，"河西饥胡屯聚上党，推白亚栗斯为盟主，号大将军，反于上党，自号单于"，以司马顺宰为谋主。从"河西"之定位来看，白亚栗斯等人自当为后秦渡河附魏之胡，但在遭遇饥荒后，似乎没有得到政府及时救济，只能铤而走险。实际上，此时天灾已经弥漫北魏全境，连明元帝也不得不承认"顷者以来，频遇霜旱，年谷不登，百姓饥寒不能自存者甚众"。灾难之下，等待饿死是死，反抗也是死，但后者尚有一线生机，故反抗之发生不可避免。此起事尚有汉人参与，司马顺宰为河内人，率先于神瑞元年举事，"自号晋王，太守讨捕不获"。[83] 可能出自晋室疏宗的司马顺宰竟然选择跟与其有灭国之恨的胡人合作，可见在现实利益面前，国仇家恨只能居于次要地位。司马顺宰加入后，胡人南攻河南，一时声势大振。

或由于白氏为西域胡出身，非匈奴正统，难以服众，因此胡人内部也充满权力冲突。最终胡人废白亚栗斯，改立刘虎，号率善王。胡

82　魏收：《魏书》卷十四《拓跋屈传》，第365页。

83　魏收：《魏书》卷三《太宗纪》，第54—56页。

人"内自疑阻，更相杀害"之时，[84] 本为北魏平定起事的良机，然而由于主帅公孙表的刚愎自用，违背明元帝作战部署，给了胡人可乘之机。《魏书·公孙表传》云：

> 诏表讨虎，又令表与姚兴洛阳戍将结期，使备河南岸，然后进军讨之。时胡内自疑阻，更相杀害，表以其有解散之势，遂不与戍将相闻，率众讨之。法令不整，为胡所败，军人大被伤杀。太宗深衔之。[85]

姚秦将领愿意同魏军夹击胡人的回应更可佐证其为来自后秦控制区的叛胡。然而在公孙表的灾难级指挥下，当年四月五将伐胡的浩荡声势也被埋没于滚滚胡尘中。明元帝只能听从崔玄伯的建议，请出宿将叔孙建率领丘颓等猛将再次出征，"假建前号安平公，督表等以讨虎"。果然泰常元年（公元416年）九月，叔孙建出师告捷，斩首万余，刘虎部众在逃亡中有投沁水而死者，竟导致"水为不流"，魏军"虏其众十万余口"。[86] 刘虎逃至东晋控制下的陈留时，为部下所杀，司马顺宰亦死。

泰常五年（公元420年）五月，三城胡酋王珍、曹栗与投魏之东晋宗室司马国璠、桓玄部将温楷、后燕旧臣封玄之等谋外叛，为司马文思告发，均被诛杀。此时姚秦已为刘裕所灭，刘宋与司马氏、桓玄均有深仇，其外叛当为投靠赫连夏。

太武帝神䴥元年（公元428年）六月，并州胡酋卜田谋反被诛，北魏对其部众进行绥服，遣淮南公王倍斤镇虑虒安抚之。

延和三年（公元434年）七月，西河胡白龙反魏。太武帝亲自出

84　魏收：《魏书》卷三十三《公孙表传》，第783页。
85　魏收：《魏书》卷三十三《公孙表传》，第783页。
86　魏收：《魏书》卷二十九《叔孙建传》，第703页。

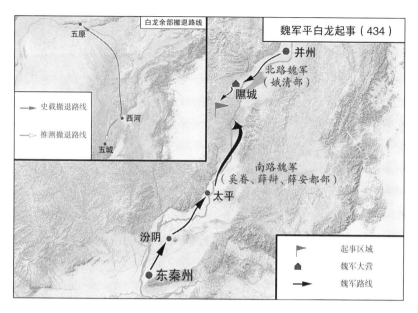

图5-8　魏军平白龙起事

马，兵分两路夹击，自率六师从平城出发至隰城，又命奚眷、薛辩从
南路出兵，共击白龙。面对胡人"乌合之众"，手握重兵的太武帝自
然不将其放在眼里。《魏书·陈建传》云：

> 世祖讨山胡白龙，意甚轻之，单将数十骑登山临崄，每日如
> 此。白龙乃伏壮士十余处，出于不意，世祖堕马，几至不测。建
> 以身捍贼，大呼奋击，杀贼数人，身被十余创。[87]

太武帝为自己的傲慢付出了代价。若无陈建拼死护卫，恐已沦为
阶下之囚。死里逃生后，太武帝不再轻敌，终于九月廿八取胜，"斩
白龙及其将帅，屠其城"，白龙之父为娥清所杀，妻为奚眷俘虏。十

87　魏收：《魏书》卷三十四《陈建传》，第802页。

月初五"破白龙余党于五原"。[88] 不过《魏书》所称于五原破白龙余党之说颇值得商榷。一则白龙势力未发展到五原一带，纵使五原曾有白龙部众活动，可事前曾巡行美稷的太武帝肯定不会坐视此地反胡存在，必将其剿灭。二则白龙失败事在九月廿八，克"五原"为十月初五，前后不过七八日。五原到西河之直线距离已达八百多里，在交通只能靠马与步行的北魏，即使白龙余党人备一马，可要在短时间内完成翻越吕梁山区，突破魏军封锁，渡黄河到五原的长征无异天方夜谭。依笔者之见，此"五原"当为"五城"。依《魏书·地形志》五城郡设立于魏末，然《魏书·源贺传》已有"又从征蠕蠕，击五城、吐京胡"之书法，[89] 此或为魏收编撰时以后来之地名代入前朝，或当时虽未设郡但已有五城地名。另一方面，五城距西河直线距离仅二百余里，七八日内白龙余部完全有可能撤离至此。

虽然白龙举事遭到镇压，但其余部在西河仍坚持了三年之久，直到太延三年（公元437年）七月才为拓跋健、长孙道生镇压。

太平真君五年（公元444年），胡人举事烽烟再起。《太平寰宇记·河东道二·汾州》"孝义县"条引张太素《后魏书》云："太平真君五年讨胡贼于六壁"。[90] 六壁在介休西，介休为西河辖地，起事胡人或又为西河胡。差不多同一时间，五城胡也聚众反魏，为源贺等人平定。《魏书·源贺传》系此事于太武帝击柔然与讨吐京胡之间，或即太平真君五年。上文已论及五城可能为白龙余部退守之地，故此次五城胡举事或与白龙余党有关。

太平真君六年（公元445年），吐京胡反，参考《源贺传》"击五城、吐京胡"之笔法，不排除为五城、吐京胡联合举事之可能。二月，太武帝亲至吐京镇讨平之。当年九月，卢水胡盖吴反魏，十一

88　魏收:《魏书》卷四上《世祖纪上》，第84页。
89　魏收:《魏书》卷四十一《源贺传》，第919页。
90　乐史:《太平寰宇记》卷四十一《河东道二·汾州》"孝义县"条，第868页。

月，盖吴遣其部将白广平西攻新平，"安定诸夷酋皆聚众应之，杀汧城守将"。[91] 由于曹弘起事失败后，部下众多豪酋被姚秦迁于安定，此次响应盖吴者中必然有稽胡帅存在。除支持盖吴之胡帅外，另有部分胡帅选择支持北魏政府。出身于原姚秦太守家庭的安邑曹氏即选择追随太武帝"导以前驱"，"从驾西行，讨平凶丑"。[92]

吕思静认为盖吴起事对稽胡族群形成意义重大，促成了秦晋地区各族联系加强，推动新的民族认同形成，为稽胡民族觉醒的标志。[93]对于此说，笔者并不完全认同，然盖吴起事对稽胡之形成确实存在影响，具体可分两个角度看待。从北魏政府角度而言，盖吴起事后，官方对山居族群之编民进度加快，对不服治理之族不惜采取铁腕手段。编民如文成帝时期，杏城镇将尉拨对山居屠各、卢水胡之抚慰，将之民户化。[94]高压如平定盖吴当年，内都大官陆俟对安定卢水胡刘超之镇压，"杀伤千数"。[95] 在此压力下，必然有大量的少数族成为民户，进而汉化。另一方面，从这些少数族的角度出发，除去选择与政府合作之部族，其他坚持对抗的部族在北魏强大实力的威胁下，只能往深山更深处退缩，以避免政府干预；而为了增强与政府对抗之实力，免于被控制，各族之间也可能选择合作对外。因此这些抵抗派部族可能逐渐融合，成为后来的稽胡。

太平真君八年（公元447年）正月，吐京胡曹仆浑等"阻险为盗"，[96] 魏将拓跋提、拓跋他攻之不克。不久，曹仆浑渡黄河，于河西保山自固，并联合朔方胡共抗魏军。二月，西线作战之拓跋那在平定朔方胡后，即与东线率领并州武装的拓跋他、拓跋提合兵攻曹仆浑，

91　魏收：《魏书》卷四下《世祖纪下》，第99页。

92　胡聘之：《山右石刻丛编》卷二《大周故谯郡太守曹□□□碑》，收入《石刻史料新编》第20册，第14979页。

93　吕思静：《稽胡史研究》，第46页。

94　魏收：《魏书》卷三十《尉拨传》，第729页。

95　魏收：《魏书》卷四十《陆俟传》，第903页。

96　魏收：《魏书》卷四下《世祖纪下》，第101页。

终于曹仆浑兵败身死，部下多有跳崖自杀者。需要指出的是，催化吐京胡、盖吴起事的因素可能有北魏政府的交通政策变化。前田正名先生认为，促使这一系列起事爆发的原因之一当即北魏平定凉州后，开始了对河西走廊经秦州、鄂尔多斯沙漠南缘到平城之交通线控制权的争夺。[97]换言之，即北魏政府寻求优化资源获取路线。

　　太武帝时之胡变尚有离石胡举事，后为周幾等人平定，然《魏书》本传未言事在何年。又六壁城本为防离石胡所建，亦有可能与太平真君五年击六壁反胡为同一事，参与者除西河胡外或尚有离石胡。

　　文成帝和平元年（公元460年），河西胡举事，东渡黄河保聚石楼山，"亡匿避命"。[98]魏将皮豹子、封阿君率河西之兵渡河攻石楼，拓

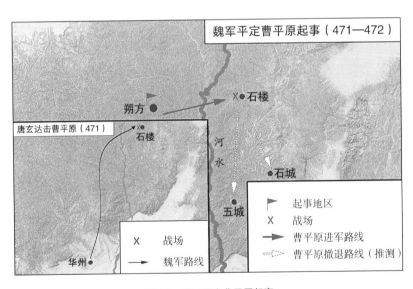

图5-9　魏军平定曹平原起事

97　前田正名著，李凭等译：《平城历史地理学研究》，第150页。

98　魏收：《魏书》卷五十一《皮豹子传》，第1132页。

跋良率河东吐京、六壁二镇及河西东雍州之兵直取胡人河西故地。虽然由于皮豹子失察，保聚石楼山之胡人成功撤离，但在拓跋良的围堵下，诸胡最终引颈出降，六月至长安自首，为北魏赦免。

和平三年（公元462年），胡帅贺略孙聚众千余人举事于石楼山，为长安镇将陆真平定，斩首五百余。值得一提的是，贺略即贺遂、贺悦之音转，此次起事为胡中贺悦氏首次登上历史舞台。虽然郑樵将贺遂得姓时间系于北魏之末，但至少在半个世纪前，此姓豪酋已在胡中出现。

孝文帝延兴元年（公元471年）十月，曹平原举事于朔方。此次举事之曹平原为"朔方民"，但从姓氏及位置可知其为贰城胡曹氏之后。起事后，曹平原率部东进，渡河破石楼堡，杀北魏军校。石楼为北魏吐京镇治所所在，可见反抗势力之猛烈。后华州刺史唐玄达率兵镇压，曹平原逃亡，延兴二年（公元472年）三月在石城郡被擒获，送至平城遭斩杀。关于石城之地望，《魏书·地形志》列石城郡于陕州，然陕州为曹氏起事后的太和十一年设立，[99] 恐非此石城。又同书"五城郡"下有"石城，世祖为定阳，太和二十一年改"。[100] 此石城位于今蒲县东南十五里，然其行政级别为县。顾祖禹考其沿革曰："后魏主焘置定阳县，属五城郡"，"后周兼置石城郡"。[101] 此二石城从设立时间来看均在延兴之后，与《魏书》记载不合。依笔者之见，或许存在两种可能：其一或为字形相似之传抄笔误，石城实为五城；其二如果考虑魏收书写时年代、地名错置之情况，或以蒲县东南之石城县误作石城郡。毕竟以族类相护的常理考量，失败后之曹平原寻求同族庇护的可能性较高，故在吕梁地区辗转亡命。

延兴二年正月乙卯（初二），有"统万镇胡民相率北叛"，[102] 为韩

---

99 魏收：《魏书》卷一百六下《地形志二下·陕州》"石城郡"条，第2631—2632页。
100 魏收：《魏书》卷一百六上《地形志二上·汾州》"五城郡"条，第2484页。
101 顾祖禹：《读史方舆纪要》卷四十一《山西三·平阳府》"蒲县"条，第1887页。
102 魏收：《魏书》卷七上《高祖纪上》，第136页。

拔等追灭。其北叛之目的地当为柔然。

延兴三年（公元473年），河西羌胡反魏，入石楼山自保。太上皇帝献文帝亲征，至并州指挥，命李洪之为河西都督讨伐叛军。面对凭险据守的胡人，李洪之没有强攻，而是围而不攻，"筑垒于石楼南白鸡原以对之"。[103] 当部将纷纷提议用武力解决时，擅长处理少数族事务的李洪之又力排众议，成功将其招降，河西胡变宣告平定。

延兴元年到太和十二年（公元488年）中，尚有西河胡举事及山胡刘什婆举事。前者因北魏将领内部意见分裂，号令不齐而未能进剿，后续发展不明；后者为吐京镇将穆罴剿灭。

太和二十年（公元496年）十月，吐京胡反魏，首领自号辛支王，北魏遣元彬率兵进剿。此次举事的胡人军事素养不同往日，战斗力较强，甚至能主动出击，以一千精骑截击魏军，然魏将奚康生力战挫其锋芒。之后，辛支王退至石羊城，又遭奚康生追击，被"斩首三十级"。胡军虽在奚康生身上讨不了便宜，可当对手换成主帅元彬时，却爆发了惊人的战力。元彬将其麾下七千甲士分为五队与辛支王展开对战，除奚康生一队外，均遭惨败。之后，奚康生力挽狂澜，率一千骑兵追击辛支王至车突谷。"腾骑奋矛，杀伤数十人，胡遂奔北"，辛支王亦为奚康生射杀。[104]

有赖奚康生之神勇表现，魏军才将起事平定，不过此役吐京胡的撤退路线却不乏令人费解之处。关于石羊城之位置，《太平寰宇记·河东道九·隰州》"永和县"条云："石羊故城，在县西南五十里。"[105] 而车突谷之位置，胡三省注《通鉴》时引《隋书》之《五代史志》，认为"离石郡太和县，后周置乌突郡乌突县，盖因车突谷而名

103　魏收：《魏书》卷八十九《李洪之传》，第1919页。
104　魏收：《魏书》卷七十三《奚康生传》，第1630页。
105　乐史：《太平寰宇记》卷四十八《河东道九·隰州》"永和县"条，第1013页。

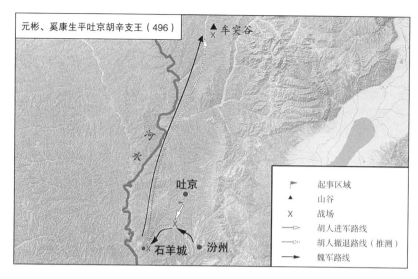

图5-10　元彬、奚康生平吐京胡

之也"。[106] 顾祖禹《读史方舆纪要》系之临县东北。[107] 若上述位置不误，则辛支王并非直接北撤，而是先西行再北上，其最初意图当为西渡黄河，或因魏军有备而不得不北上。

　　吐京胡辛支王被平定后，又有胡民去居等六百人"保险谋反，扇动徒类"。或许是对辛支王之强悍战斗力心有余悸，元彬向孝文帝请兵两万，并获得七兵尚书同意。然孝文帝闻之大怒，叱之曰："何有动兵马理也！可随宜肃治，若不能权方静帖，必须大众者，则先斩刺史，然后发兵。"[108] 迫于压力，元彬只能身先士卒，率领州郡兵平定之。

　　此时反魏之胡远不止去居一股，太和二十年闰十一月，元隆又破汾州胡。同年，离石又有胡人举事，孝文帝亲至离石，胡人请罪投

106　司马光：《资治通鉴》卷一百四十《齐纪六·建武三年》，第4401页。
107　顾祖禹：《读史方舆纪要》卷四十二《山西四·汾州府》"临县"条，第1951页。
108　魏收：《魏书》卷十九下《元彬传》，第513页。

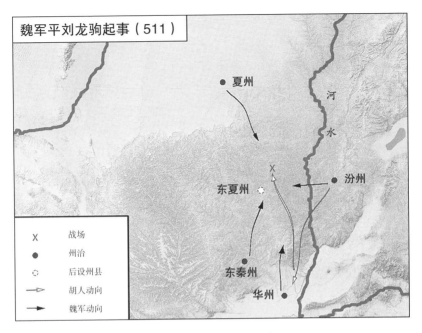

图5-11　魏军平刘龙驹起事

降，为孝文帝赦免。

宣武帝正始四年（公元507年）九月初四，夏州长史曹明"谋反伏诛"。[109] 从其姓氏看，当为稽胡曹氏，此次起事规模当有限。

永平四年（公元511年）正月，汾州胡刘龙驹举事，率领其部转战华州、夏州。北魏令谏议大夫薛和出征，华州元燮等部归其节度，动用了汾、夏、华、东秦四州兵力方告平定。从战后薛和上表立东秦州来看，此次起事的核心地区当在后来的东秦州。起事领导者刘龙驹或即三十余年前随尉元镇守徐州的子都将刘龙驹，以驻防时为而立之年计算，此时的刘龙驹当年过花甲。其人年轻时曾为朝廷武官，具备一定的作战经验，非山间土豪可比，而曾经的官身也必然令其在稽胡

109　魏收：《魏书》卷八《世宗纪》，第204页。

257

中颇具号召力。这也可以解释为何北魏为平定此次起事竟然动用数州兵马。此次起事给吕梁山区居民带来的冲击无疑是巨大的，在四年后的延昌四年（公元515年），汾州一方《比丘法欢等却波村合邑造像记》留下了"愿天下太平，人民和顺"的发愿文，对和平的祈求成为合邑百姓的共同愿望。[110] 很难说这不是数年前刘龙驹起事造成的结果，战火燃烧令附近居民更为憧憬天下太平。

宣武、孝明之交，介休也时有稽胡变乱发生。孝昌二年（公元526年）《大魏故介休县令李谋明府墓志》(《李谋墓志》) 云：

> 解褐拜厉威将军、介休县令。彼地带嶮岨，山胡寇乱，前后县官，未能遮遏。及君莅任，穷加歼讨，手自斩格，莫不震肃，鄙内以宁。[111]

墓主李谋正光四年（公元523年）逝世，得年廿七岁，出生当在太和廿一年（公元497年），此事系于十五岁后，故其为介休县令当不早于永平五年（公元512年），稽胡问题长期困扰介休，直到李谋上任才有好转。从其身为民政长官却带将军号来看，此时胡区起事虽似星星之火，却有燎原之势。军、政分离的旧制或难以协调军事行动，集中军、政权力方有可能调动资源，成功弹压之。

随着六镇起事的爆发，北魏境内多地陷入烽火，兵燹遍地。此时的稽胡举事在次数、范围上远超往日。正光五年（公元524年）正月，沃野镇民破六汗拔陵率先反魏，可能出于匈奴系同胞之血缘联系，统万胡也积极响应起事，围攻夏州治所。夏州刺史源子雍"婴城自守，城中粮尽，煮马皮而食之"。非但近塞之统万胡党附北镇，更南部之

110 佐藤智水:〈中国における初期の「邑義」について（中）〉，龙谷大学佛教文化研究所:《龙谷大学仏教文化研究所纪要》2007年46号，第237页。
111《大魏故介休县令李谋明府墓志》，收入赵超:《汉魏南北朝墓志汇编》，第179页。

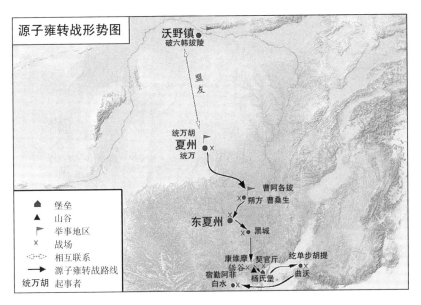

图5-12　源子雍转战形势图

朔方胡也有乘机举事者。源子雍在赴东夏州寻粮时，遭朔方胡帅曹阿各拔拦截，为后者所俘。曹氏虽然倾向反魏，但仍保留与政府对话之余地，在战和之间摇摆。对被俘之源子雍，曹氏"常以民礼事之"。[112]在源子雍一番陈说利弊、劝诱招降的努力下，曹阿各拔决定接受招安，但因其突然去世，故由其弟曹桑生领众归魏。

　　尽管朔方胡问题宣告解决，但大乱中胡变已是由北到南，多如牛毛，即使招降了朔方曹氏，也还有其他势力继续反抗。《魏书·源子雍传》云：

　　　　时子雍新平黑城，遂率士马并夏州募义之民，携家席卷，鼓行南出。贼帅康维摩拥率羌胡守锯谷，断嚣棠桥，子雍与交战，

112　魏收：《魏书》卷四十一《源子雍传》，第929—930页。

大破之,生擒维摩。[113]

黑城在临真县东二十五里,[114] 锯谷地望无明确记载,顾祖禹认为锯谷地望"应在今洛川、宜川等境",[115] 考之《水经注·河水四》"河水又南,崌谷水注之。水出县西北梁山,东南流,横溪水注之……细水东流,注于崌谷"。[116] 此崌谷水出自韩城县西北,正在黑城之南,与源子雍南下路线吻合,因此锯谷当即崌谷,为源子雍所败之胡帅康维摩当在北魏华州境内作战。

正光、孝昌之时,胡人起事不但令河西遍地狼烟,河东也风起云涌。《魏书·尔朱荣传》云:

> 秀容内附胡民乞扶莫于破郡,杀太守;南秀容牧子万子乞真反叛,杀太仆卿陆延;并州牧子素和婆仑岭作逆。荣并前后讨平之……内附叛胡乞、步落坚刘阿如等作乱瓜(汾)肆,敕勒北列步若反于沃阳,荣并灭之。[117]

刘阿如举事为稽胡"步落稽"名称之始,乞扶氏即西秦王室乞伏氏,本为陇西鲜卑,魏末却被视为胡人,不能不说北魏立国后族群融合之迅速。

正光五年(公元524年),吐京胡薛羽反魏,"恃险寇窃",正平、平阳二郡受其攻击,"尤被其害",[118] 此次起事范围已经越过毛汉光先生提出的传统胡汉分界线——汾水南线。[119] 北魏以正平郡闻喜县出身

113　魏收:《魏书》卷四十一《源子雍传》,第930页。

114　乐史:《太平寰宇记》卷三十六《关西道十二·延州》"临真县"条,第756页。

115　顾祖禹:《读史方舆纪要》卷五十七《陕西六·延安府》"甘泉县"条,第2726页。

116　郦道元撰,杨守敬、熊会贞疏:《水经注疏》卷四《河水四》,第290页。

117　魏收:《魏书》卷七十四《尔朱荣传》,第1645页。

118　魏收:《魏书》卷六十九《裴延儁传》,第1529页。

119　毛汉光:《中国中古政治史论》,第123—124页。

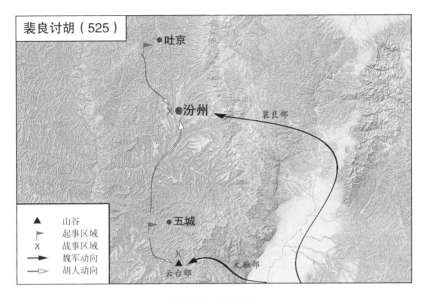

图5-13　裴良讨胡

之河东裴氏官员裴延儁为西北道行台讨胡，然裴延儁因病不克前往，故又以其从弟裴良接替，率军赴汾州讨胡。可出师不利，部将李德龙为薛羽所败，裴良只能与汾州刺史元景和、李德龙等率兵数千，固守治所。在吐京之外，汾州南部也爆发了五城胡冯宜都、贺悦回成起事，"以妖妄惑众，假称帝号，服素衣，持白伞白幡，率诸逆众，于云台郊抗拒王师"。[120]北魏派出解围的大都督章武王元融"寡于经略"，[121]为稽胡所败。云台郊即吉州东五十里的云台山，可知此时稽胡冯氏、贺悦之势力已经扩张到五城以南。战胜元融的胡人围攻汾州州治，为背水一战的魏军击败，贺悦回成阵亡，之后冯宜都也遭裴良施以离间计，为部下所杀。虽然魏军取得一定战果，但稽胡起事者声势未减。"山胡刘蠡升自云圣术，胡人信之，咸相影附，旬日之间，逆

120　魏收：《魏书》卷六十九《裴良传》，第1532页。
121　魏收：《魏书》卷十九下《拓跋融传》，第514页。

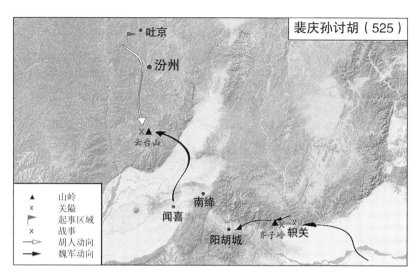

图5-14　裴庆孙讨胡

徒还振"。[122] 在稽胡的狙击下，北魏派赴汾州之都督高防解围失败，汾州城内饿莩遍布，裴良等人只能撤到西河，汾州宣告失守。

正光末年之吐京胡变中，胡人起事领袖众多，不止薛羽一支。"薛悉公、马牒腾并自立为王，聚党作逆，众至数万"。从"群胡"之书法来看，其中势力颇多。面对胡乱频发，北魏不得不向下放权，由地方豪族募兵弹压。裴良从子裴庆孙亦招募乡党从军，得数千人出战，屡败胡人，深入凌云台，"身自突陈，斩贼王郭康儿"，[123] 大破胡众。在其赴洛阳觐见时，胡人再度聚集，兵势再振，烽烟又一度越过汾水南线，到达北魏司州境内，直接威胁洛阳。裴庆孙再次临危受命，从轵关入讨，于齐子岭东击败胡帅范多、范安族，深入胡控区二百余里，直到阳胡城。

孝昌二年（公元526年），北魏以宗正珍孙为都督，讨汾州胡，对

122　魏收：《魏书》卷六十九《裴良传》，第1531页。
123　魏收：《魏书》卷六十九《裴庆孙传》，第1532页。

于此次的讨伐对象，胡三省认为是刘蠡升。[124] 然据《魏书·李苗传》记载，孝昌中，李苗曾"与大都督宗正珍孙讨汾、绛蜀贼，平之"，[125] 时吐京属汾州，故此次讨伐的主要对象或非刘蠡升本部嫡系，当为绛蜀陈双炽的盟友吐京诸胡，从传文"平之"的记载看，此次吐京胡举事终为北魏平定。

夏州统万胡坚持的时间可能更久，魏末于谨随尔朱天光"平宿勤明达，别讨夏州贼贺遂有伐等"。[126] 夏州治所即统万，贺遂即胡中姓氏贺悦之音转，贺遂有伐当为统万胡帅。此事系于普泰元年（公元531年）至中兴元年（公元532年）韩陵山之战间，从响应破六韩拔陵起事，到贺遂有伐为于谨攻灭，统万胡起事至少坚持了七年。贺遂氏酋帅虽在夏州起事，但事平之后，贺遂一氏在当地的地位似乎未受到太大打击，仍为豪族。隋代西夏州都督、郡功曹、州从事叱奴延辉之妻即贺遂氏，叱奴延辉生于魏孝明帝时，[127] 成亲当在东西魏分治后。根据婚姻门当户对之原则，可知此时贺遂氏尤为夏州豪强。

值得注意的是，魏末稽胡举事并非散发之孤立事件，各地之间存在一定联动性。魏末之表现已超过北魏中期的相互接纳渡河起事者之程度。《魏书·拓跋融传》云："汾夏山胡叛逆，连结正平、平阳。"[128] 又《魏书·裴庆孙传》称汾胡"复鸠集，北连蠡升，南通绛蜀"。[129] 平阳之胡即薛羽之党羽，夏州则为贺遂有伐、曹阿各拔或临近的康维摩之众，汾州胡则除吐京胡外，当又有刘蠡升之属。不但胡人之间相互联合，而且同盟的范围已经扩大到蜀人。当然这是有条件的联合，除反魏之共同目的外，族属也是重要的影响原因，吐京胡薛氏选择与蜀

124　司马光：《资治通鉴》卷一百五十一《梁纪七·普通七年》胡注，第4714页。

125　魏收：《魏书》卷七十一《李苗传》，第1596页。

126　令狐德棻：《周书》卷十五《于谨传》，第245页。

127　《叱奴延辉墓志》，收入康兰英：《榆林碑石》，第206页。

128　魏收：《魏书》卷十九下《拓跋融传》，第514页。

129　魏收：《魏书》卷六十九《裴庆孙传》，第1532页。

人联合或因其本身即蜀裔之故。

三、东魏北齐之稽胡起事

北魏永熙三年（公元534年），孝武帝元修为高欢所逼，出走长安，投奔关中之宇文泰。高欢随即立清河王元亶之子元善见为帝，从此东西魏分裂。东魏初期的稽胡起事不乏北魏遗留问题，其中影响最大、持续时间最长者为刘蠡升起事。刘蠡升反魏自立，"自称天子，置官僚"，[130] "年号神嘉，居云阳谷"。[131]

关于云阳谷的位置，存在两种说法。其一为陕西泾阳说，见顾祖禹《读史方舆纪要·陕西二》："冶谷，在县西北五十余里，亦谓之谷口。""谷中有毛原监，或谓之云阳谷。后魏孝昌初，稽胡刘蠡升居云阳谷，称天子。"[132] 其二为山西左云说，见《（民国）牟平县志》："云阳，谷名，在左云县。"[133]

无论是泾阳说，抑或左云说，均难成立。刘蠡升诸部在东魏境内活动无疑，泾阳云阳谷则在西魏境内，高欢断无法在不惊动宇文泰的前提下率军至其境内讨伐稽胡。而左云云阳谷远在恒州，远离胡人活动的中心区域。刘蠡升若欲南下抄掠，需先突破平城等地之魏军防区，其难度可想而知。马长寿先生认为其地当在吕梁山区，[134] 此说甚是。依笔者之见，刘氏活动位置或可更具体一些，目前可以确定其位置的最直接证据当为《魏书·裴庆孙传》中吐京群胡"北连蠡升"之记载。[135] 可知其位置在吐京以北，魏收书法又为"山胡"，足见其处于北魏控制薄弱区域。吐京以北为离石，离石乃北魏大镇，当地胡人多

---

130 魏收：《魏书》卷九《肃宗纪》，第242页。
131 李百药：《北齐书》卷二《神武帝纪下》，第18页。
132 顾祖禹：《读史方舆纪要》卷五十三《陕西二·西安府上》"泾阳县"条，第2546页。
133 宋宪章等修，于清泮纂：《（民国）牟平县志》卷十《文献志》，台北：成文出版社，1968年，第1566页。
134 马长寿：《北狄与匈奴》，第134页。
135 魏收：《魏书》卷六十九《裴庆孙传》，第1532页。

被冠以离石胡之称，则刘氏当更在离石之北。据唐初道宣律师对稽胡分布地域之考察，河东胡区北限为岚州，岚州位置大致相当于北魏之汾州北部、肆州西部，以魏末之郡县设置来看，该区域为当时北魏控制乏力之地，除尔朱氏曾控制之乌突戍外，未见其他行政机构。故刘蠡升的活动地区当在此一带。需要注意的是，魏末该地区活动之稽胡尚有他部，如在汾、肆兴兵的步落坚胡刘阿如，笔者推测刘蠡升或与前者存在一定关系，刘阿如被尔朱荣剿灭后，作为亲属、部下的刘蠡升撤入云阳谷，开始了其长达十余年的"天子"生涯。

　　获得吐京群胡的支持后，刘蠡升发展迅速，对北魏、东魏控制下的郡县构成了较大威胁。"西土岁被其寇，谓之胡荒"，[136] 对于"胡荒"一词，胡三省解释为"言其本胡种，侵扰汉民，若在荒服之外者也"。[137]《周书·稽胡传》亦称"汾、晋之间，略无宁岁"。[138] 其兵锋甚至可能已威胁到并州的膏腴地区——太原盆地边缘。《魏书·地形志二上》称西河郡"孝昌二年（公元526年）为胡贼所破，遂居平阳界，还置郡"。[139] 此外，尚有介休县"后魏明帝时为胡贼所破"。[140] 刘蠡升于孝昌元年（公元525年）反魏，孝明帝时汾州所辖之西河、介休极可能为其部攻破。介休东北的平遥县也因遭到"西胡内侵"，而不得不迁到原治所东北的京陵塞。[141] 北魏虽然派遣宗正珍孙讨伐汾州胡，但征讨重点当为吐京诸胡。而对于盘踞吐京以北的刘蠡升，则如《周书·稽胡传》所言"魏氏政乱，力不能讨"。[142] 面对四面烽火，已是左支右绌的北魏很难有力量直捣狼穴。

　　由于易守难攻的地形，加之魏末纷争，刘氏神嘉政权竟然在吕梁

136　李百药：《北齐书》卷二《神武帝纪下》，第18页。

137　司马光：《资治通鉴》卷一百五十七《梁纪十三·大同元年》胡注，第4862页。

138　令狐德棻：《周书》卷四十九《稽胡传》，第897页。

139　魏收：《魏书》卷一百六上《地形志二上·晋州》"西河郡"条，第2479页。

140　乐史：《太平寰宇记》卷四十一《河东道二·汾州》"介休县"条，第869页。

141　李吉甫：《元和郡县图志》卷十三《河东道二·太原府》"文水县"条，第372页。

142　令狐德棻：《周书》卷四十九《稽胡传》，第897页。

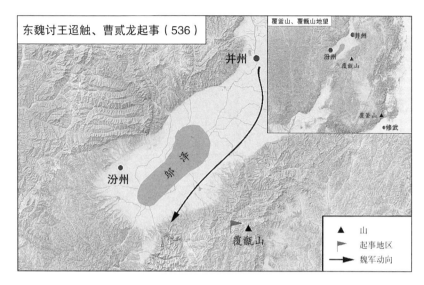

图5-15　东魏讨王迢触、曹贰龙起事

山区存在十余年之久，直到高欢掌权。高欢煽动北镇部下反抗尔朱氏之借口即尔朱氏"征兵讨步落稽"，[143] 此讨伐对象当即刘蠡升之党。然而将讨伐刘蠡升摆上议事日程则要等到迁都邺城后，此时的刘蠡升可能已经获得西魏方面的支持。《敬显㑺碑》有"秦陇放命，乘此凭陵，驱率戎虏，扰我生民"之语。[144] 东、西魏间可称为"戎虏"者首推稽胡，而敬显㑺任职之晋州正属稽胡活跃地区，此骚扰东魏民户之"戎虏"或为与刘蠡升相关之部落。在西魏势力介入后，高欢更不能对这位稽胡"天子"熟视无睹，必须啃下这块难啃的骨头。

　　高欢佯称愿嫁女予刘蠡升之子，后者信以为真，遣子入邺谒见高欢，在高欢的厚礼相迎下，刘蠡升放松警惕。天平二年（公元535年）三月，高欢在寒潮相助下，顶风冒雪偷袭刘蠡升，刘蠡升为其北部王

143　李百药：《北齐书》卷一《神武帝纪上》，第6页。

144　毛远民：《汉魏六朝碑刻校注》第7册《敬显㑺碑》，第261页。

所杀，函首送于高欢。余部又立其三子南海王为主，继续抗拒高欢，然在后者大军面前胡人又遭惨败，魏军俘虏南海王及其弟北海王、西海王等上层人士四百余人，徙之于邺。

天平三年（公元536年）九月，汾州胡王遒触、曹贰龙举事，设立百官，年号平都，后为高欢所平。此事亦见《北齐书·綦连猛传》，"步落稽等起逆，在覆釜山，使猛讨之，大捷，特被赏赉"。[145] 綦连猛破胡之事为李百药《北齐书》所存原文，系于永熙二年（公元533年）至元象元年（公元538年）之间，当即天平三年汾州胡起事。关于覆釜山之位置，《魏书·地形志》系于汲郡修武县。[146] 然此覆釜山在北魏司州境内，距汾州相去甚远，其附近虽然曾有稽胡活动记录，但早为裴庆孙平定，除非后来死灰复燃，否则很难认定其即王遒触、曹贰龙起事之地，故此覆釜山当另有所在。《水经注·浊漳水》云："有涅水西出覆甑山，而东流与西汤溪水合。"[147] 按《魏书·地形志》，此覆甑山在并州乡郡阳城县，[148] 虽然不属汾州，却离汾州极近，汾州之稽胡欲转移至此并非难事。且"甑""釜"二字意思接近，疑"覆釜山"为"覆甑山"之误。

天平四年（公元537年），秀容人五千户叛应稽胡，东魏以高市贵都督诸军讨平之。关于此次起事之可能原因，第三章已有分析。

兴和三年（公元541年），高欢兵分二路出击稽胡。斛律金为南道军司，取道黄栌岭；高欢亲自率军出北道，翻越赤𪑮岭，与斛律金在乌突戍会合后共击稽胡。从魏军之进军路线来看，此次作战当在原刘蠡升活动区域内，或为平定其余部起事。

武定二年（公元544年）十一月，高欢再次征讨稽胡，取胜后将俘虏的一万多口分配诸州。高欢有意训练世子高澄的军事能力，故此

---

145 李百药：《北齐书》卷四十一《綦连猛传》，第540页。
146 魏收：《魏书》卷一百六上《地形志二上·司州》"汲郡"条，第2458页。
147 郦道元撰，杨守敬、熊会贞疏：《水经注疏》卷十《浊漳水》，第926页。
148 魏收：《魏书》卷一百六上《地形志二上·并州》"乡郡"条，第2468页。

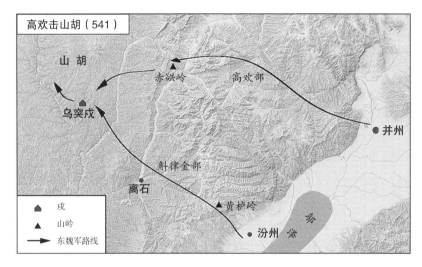

图5-16　高欢击山胡

次出征携子前往。《北齐书·皮景和传》云：

> 武定二年，征步落稽。世宗疑贼有伏兵，令景和将五六骑深入一谷中，值贼百余人，便共格战，景和射数十人，莫不应弦而倒。[149]

稽胡试图以伏击的老办法以逸待劳对付魏军，却被高澄识破，加之皮景和的奋战，白龙起事时的惊险一幕未能重演。从高洋代魏之《九锡》册文来看，此次伐胡除获得劳动力外，赋税征收等其他方面亦成效显著。魏齐禅代之际，高洋之《九锡》即夸耀："胡人别种，延蔓山谷，酋渠万族，广袤千里，凭险不恭，恣其桀黠，有乐淳风，相携叩款，粟帛之调，王府充积。"[150] 高洋自执政到受魏禅期间，并未

149　李百药：《北齐书》卷四十一《皮景和传》，第537页。
150　李百药：《北齐书》卷四《文宣帝纪》，第46页。

对稽胡进行军事行动，故此景象当为父兄余荫。可知在高欢再次伐胡后，离石以北之吕梁山区胡人至少在数年内对政府较为恭顺。

武定四年（公元546年）二月，由于雪灾、地震影响，稽胡又反魏。《隋书·五行志上》称起事之胡"寇乱数州，人多死亡"，[151] 可知事变规模较大。但对于此次波及数州的稽胡起事，据《北史》所补之今本《北齐书·神武帝纪》却未言东魏出兵平叛，不能不说奇怪。或由于史料择取之遗漏未被记载，此年八月高欢西征玉壁，在其出征前必然不会留稽胡之芒刺在背，《北齐书·薛修义传》有"山胡侵乱晋州，遣修义追讨，破之"之记载，[152] 此事系于高仲密之叛（武定元年，公元543年）至高欢过世（武定五年，公元547年）之间，武定四年胡乱应指此事。此次被晋州刺史薛修义平定的稽胡当为离石以南山区之胡。

在高欢执政时期，稽胡叛逃河西之举可能时有发生。《北史·蠕蠕传》云：

> 兼诈阿那瓖云：近有赤铺步落坚胡行于河西，为蠕蠕主所获。云蠕蠕主问之："汝从高王？为从黑獭？"一人言从黑獭，蠕蠕主杀之；二人言从高王，蠕蠕主放遣。[153]

此事系于兴和二年（公元540年），赤铺当为地名，今黄河东岸山西临县文白镇有赤普浪村，或即其地。此虽为东魏方面之诈术，然从阿那瓖的反应来看，当是信以为真，说明此类叛逃在当时并不罕见。但囿于规模及属地原因，东魏未必总能发兵征讨。

北齐受魏禅后，鉴于此前经验，文宣帝高洋试图对胡区强化行政

---

151 魏徵：《隋书》卷二十二《五行志上·大雨雪》，第627页。
152 李百药：《北齐书》卷二十《薛修义传》，第277页。
153 李延寿：《北史》卷九十八《蠕蠕传》，第3264页。

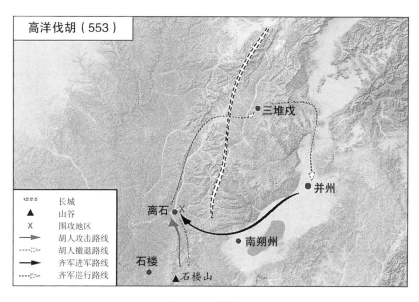

图5-17　高洋伐胡

管理，天保三年（公元552年）"于离石县北六十八里置良泉县"。[154]
可能是为回应政府力量的深入，天保四年（公元553年）正月十三，
稽胡围攻离石，正月十五，高洋由晋阳率兵征讨稽胡。然而大军未
到，稽胡已退，高洋只能以巡查三堆戍并统兵校猎的方式结束此次
亲征。

　　天保五年（公元554年）正月，高洋挟战胜突厥之威，立即部署
二次伐胡。此次出征吸取了上年单线出征留给胡人撤退后路之教训，
于正月初六分兵三路出击。有伐胡经验的宿将斛律金走显州道（西河
汾阳），皇弟高演走晋州道，高洋亲率军队走离石道，南、北、东三
面夹攻稽胡，"斩首数万，获杂畜十余万"，终于平定石楼胡。石楼山
地势险要，"自魏世所不能至"。[155]可谓一夫当关，万夫莫开。东汉张

154　乐史：《太平寰宇记》卷四十二《河东道三·石州》"方山县"条，第886页。
155　李百药：《北齐书》卷四《文宣帝纪》，第58页。

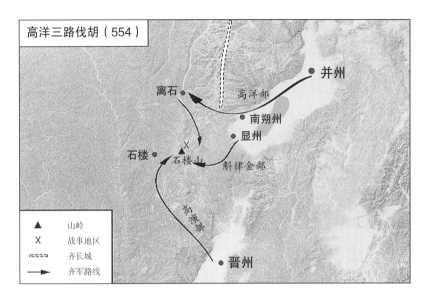

图5-18　高洋三路伐胡

耽在平定此处乌桓时，只能"绳索相悬"上山。[156] 齐军能够取胜，与其严格的军纪密不可分。《北史·齐文宣帝纪》云：

> 是役也，有都督战伤，其什长路晖礼不能救，帝命刳其五脏，使九人分食之，肉及秽恶皆尽。[157]

此条虽然为高洋暴虐的罪证，但也反映了当时齐军为了取胜，实行连坐法。从都督受伤来看，齐军为攻取石楼付出的代价也不低。但就其影响而言，也确实令"远近山胡莫不慑服"，[158] 此役之后直到齐亡，除稽胡抄掠民户仍有发生外，河东稽胡未有大规模举事。

156　范晔：《后汉书》卷八十九《南匈奴列传》，第2962页。
157　李延寿：《北史》卷七《齐文宣纪》，第250—251页。
158　李百药：《北齐书》卷四《文宣帝纪》，第58页。

四、西魏北周之稽胡起事

西魏文帝大统五年（公元539年），黑水稽胡反魏，被李远、杨忠平定，此役为东、西魏分治后，见于史册的首次河西稽胡起事。关中以北黑水之位置，考之今本《水经注》存在三说。其一在夏州，《水经注·河水三》云，赫连夏"龙升七年（公元413年），于是水之北，黑水之南"，筑统万城。[159] 又《元和郡县图志·关内道四·夏州》"朔方县"下云："乌水出县黑涧，东注奢延水，本名黑水，避周太祖讳，改名乌水。"[160] 此黑水位于统万城之北，或即今蒙、陕交界处之纳林河。

其二位于华山郡，《水经注·河水四》云："河水又南，黑水西出丹山东，而东北入于河。"熊会贞引《魏书·地形志》"华山郡夏阳有黑水城"，认为"盖取此水为名，水当在今韩城县北"。[161]

其三为安定黑水，《水经注·渭水上》云："黑水西南出悬镜峡，又西南入瓦亭川。"[162] 今人李晓杰等学者考证，此黑水即今宁夏隆德之筛子河—榆河。[163] 考虑到平定此次起事之魏军将领分别为原州刺史李远与云州刺史杨忠，可以推断此黑水必在原、云二州附近，则夏州、华山黑水可以排除，安定黑水为起事发生地之可能性较大。由于该地已在陇山以西，并非传统稽胡活动区，故可以推测黑水部或为屠各诸族稽胡化后形成的新稽胡。除此定位之外，黑水地望尚有另一种可能，即今甘肃庆阳蒲河支流黑水河。《（嘉靖）庆阳府志》称"黑水河源出太白山，过府西一百二十里，南流入宁州界，因其土黑，故名"。[164] 此地离李远、杨忠所牧之地未远，且未超过《周书》所划之稽

---

159 郦道元撰，杨守敬、熊会贞疏：《水经注疏》卷三《河水三》，第258页。

160 李吉甫：《元和郡县图志》卷四《关内道四·夏州》"朔方县"条，第100页。

161 郦道元撰，杨守敬、熊会贞疏：《水经注疏》卷四《河水四》，第286页。

162 郦道元撰，杨守敬、熊会贞疏：《水经注疏》卷十七《渭水上》，第1481页。

163 李晓杰：《水经注校笺图释·渭水流域诸篇》，上海：复旦大学出版社，2017年，第33页。

164 梁明翰修，傅学礼撰：《（嘉靖）庆阳府志》卷二《河川》，第357页。

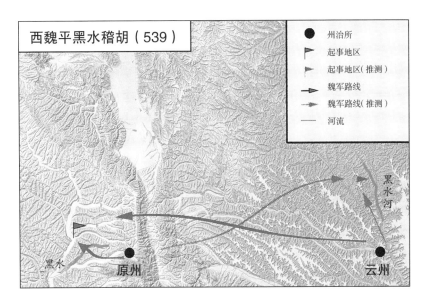

图5-19　西魏平黑水稽胡

胡活动西线。只是由于《水经注》泾水部分亡佚，不能确定此黑水是否在北魏时已有该名，姑作为一假说提出。

　　吕思静根据《库狄回洛墓志》墓主曾在天保年间授"黑水领民都督"之志文，推断此次稽胡起事为北齐指使。[165] 不过此黑水离东魏西境甚远，高欢对此部稽胡就算有意拉拢，恐怕也心有余而力不足。库狄回洛所领之黑水当与夏州黑水有关，可能统摄夏州移民。东、西魏分立之初，高欢曾亲袭夏州，得西魏治下五千落而还，其中或有原居黑水者，东迁后仍依旧名。为安置这批夏州移民，东魏于今汾阳县西侨置灵州，[166] 其地与库狄回洛同领都督之离石、岢岚同在吕梁山区，故其所领黑水当在此附近。

　　大统六年（公元540年），白额稽胡反魏，为李弼、宇文深平定，

165　吕思静：《稽胡史研究》，第67页。
166　施和金：《北齐地理志》卷二《河北地区（下）》，第203页。

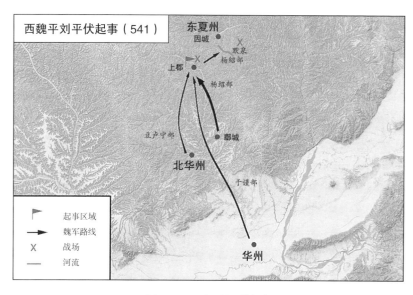

图5-20 西魏平刘平伏起事

其起事地望无考，不过必在北山山系中。周一良先生怀疑此白额或为北魏末年，鹿悆向南梁豫章王萧综之部将所夸耀的、与高车等族并列的北魏少数族兵源"白眼"。[167] 吕思静推测白额或是白室之意，为古突厥语"bas"（首领）之音译。[168] 姑备此二说。

大统七年（公元541年）三月，西魏夏州刺史刘平伏于上郡举事，然夏州治所为统万城，结合庾信《周柱国大将军拓拔俭神道碑》所书，长孙俭（拓跋俭）大统五年（公元539年）为"西夏州刺史"之记载。[169] 可知刘平伏所治夏州若为实授，则当为北魏末所立之东夏州，刘氏为刺史当在宇文显和之后。此上郡并非汉代之上郡，而为北魏所

---

167 周一良：《北朝的民族问题与民族政策》，第121页。

168 吕思静：《稽胡史研究》，第121—123页。

169 庾信：《周柱国大将军拓拔俭神道碑》，收入李昉等：《文苑英华》卷九百五，北京：中华书局，1966年，第4760—1页。

置东夏州上郡，即今陕西甘泉西北之因城县。[170] 刘平伏选择上郡，而非夏州治所广武起事，或因后者不久前仍在"深为吏民所怀"的宇文显和治下，[171] 亲中央势力强大之故。此次起事波及范围并不限于上郡一地，北部定阳亦有胡人响应。敷城郡守杨绍曾率乡兵随侯莫陈崇征刘平伏，"匹马先登，破之于默泉之上"。[172] 王仲荦先生考订默泉位于定阳，[173] 此非河东定阳，而为北魏末设立之河西定阳。位于今延安东南，为东秦州敷城郡下属县。故刘平伏起事影响至少波及东夏、东秦二州。起事后，为于谨率侯莫陈崇、北华州刺史豆卢宁、冀州刺史库狄昌等将领平定。刘平伏之别帅刘持塞为骠骑大将军梁椿擒获，然刘平伏本人下落不明，吕思静推测其东入齐境。[174] 刘平伏起事虽持续时间不长，但从西魏派遣多位刺史镇压来看，当一时声势浩大。在曾出郡兵助战的敷城（鄜城），当地百姓于数年后的大统十二年（公元546年）造像时，仍在祈求"四方宁静，干戈永戢"。[175] 这类较为罕见的造像发愿恐怕与数年前刘平伏起事难脱干系。在镇压刘氏起事过程中，敷城兵勇必有伤亡，其中可能就有造像者的亲友。

大统十四年（公元548年），北稽胡举事，为李弼、李标兄弟等人平定。在平定此次胡人起事时，西魏政府玩弄权谋，以先礼后兵的方式麻痹稽胡，在"汾州胡叛"后派出赵昶对胡人慰劳，令其放松警惕，并借机了解胡中虚实。到出兵之时，赵昶理所当然打头阵，自然轻易取胜。[176] 西魏汾州为义川郡，《周书·李弼传》称其为北稽胡，可知其在关中之北，西魏汾州地处关中以北之黄土高原当即举事地区。赵昶慰劳稽胡之事发生于大统九年（公元543年）至十五年（公

---

170 王仲荦:《北周地理志》卷一《关中》，第106页。
171 令狐德棻:《周书》卷四十《宇文显和传》，第714页。
172 令狐德棻:《周书》卷二十九《杨绍传》，第500页。
173 王仲荦:《北周地理志》卷一《关中》，第75页。
174 吕思静:《稽胡史研究》，第70页。
175《法龙造像记》，参见靳之林:《延安地区发现一批佛教造像碑》，第33页。
176 令狐德棻:《周书》卷三十三《赵昶传》，第577页。

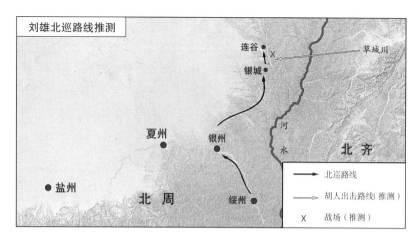

图5-21 刘雄北巡

元549年）之间，旨在完成为配合李弼伐胡而进行之情报准备工作。此役韩果也有参加，"从大军破稽胡于北山"。其"进兵穷讨，散其种落"，稽胡惮其悍勇，"号为着翅人"。[177] 北稽胡之"北"当即北山之省略，此北山不同于韦孝宽平齐计划中欲煽动的河东稽胡之北山，后者为北山华谷之胡，此为关中以北之北山山系诸胡。

北周武帝武成元年（公元559年），延州稽胡郝阿保、郝狼皮等酋帅叛周附齐，郝阿保自署丞相，郝狼皮自封柱国，并得刘桑德部声援。郝阿保为同州刺史豆卢宁会同延州刺史高琳击败，北周对起事之稽胡似乎并未斩尽杀绝，而是予以招降。因此，次年郝狼皮再次叛周，为韩果平定。

保定元年（公元561年），丹州稽胡反周，此丹州稽胡即大统时起事之汾州胡。虽然为辛威平定，但保定、天和之际，"丹州、绥州、银州等部内诸胡，与蒲川别帅郝三郎等又频年逆命"。[178] 天和元年（公

---

177 令狐德棻：《周书》卷二十七《韩果传》，第442页。

178 令狐德棻：《周书》卷四十九《稽胡传》，第898页。

元566年），稽胡攻破延州临真县，于是北周又遣达奚震率军征伐，平定稽胡。

天和二年（公元567年），延州总管宇文盛率众筑城银州，遭到稽胡帅白郁久同、乔是罗的袭击，宇文盛阵斩白、乔二人，进而又破其别帅乔三勿同。

同年，延州蒲川胡帅郝三郎攻丹州，北周遣于谨之子于寔率军讨伐，斩郝三郎。对于此次稽胡之变，吕思静再次强调背后的北齐因素，理由为据《水经注·河水》，蒲川在离石附近，即北齐境内。[179] 然据《太平寰宇记·关西道十一·鄜州》"洛川县"条，该县亦有蒲川水。[180] 洛川蒲川当为洛河支流，属于渭河水系的蒲川所在之鄜州与延州比邻，其水系延伸至延州辖区亦属正常，所以有延州蒲川之名出现。故此蒲川当在北周境内，即使背后有北齐挑动，亦与离石蒲川无涉。

天和五年（公元570年），刘雄出绥州巡抚北边，川路稽胡帅乔白郎、乔素勿同渡河与刘雄交战，为后者所败。绥州以北之银州为三年前袭击宇文盛之胡帅乔是罗的活动区域，三者同为乔氏，乔白郎、乔素勿同或为其党，旨在为乔是罗复仇。需要注意的是，此乔氏来自北齐境内，川路或为草城川贼路之简称。据严耕望先生研究，草城川即今山西五寨县内诸川。[181] 刘雄出绥州后巡行路线当为至银州后北赴银城，再上连谷，途中必然经过与草城川临近的河西之地，故以草城川为川路当可成立。乔氏宗党或在乔是罗败后退入齐地，后又伺机渡河袭周；或乔氏稽胡本即跨河分布。

建德五年（齐武平六年，公元575年），齐军为周军所败，由晋州北撤并州。撤离路上，齐军丢盔弃甲，抛下大量辎重，周军急于追

179　吕思静：《稽胡史研究》，第73页。

180　乐史：《太平寰宇记》卷三十五《关西道十一·鄜州》"洛川县"条，第738页。

181　严耕望：《唐代交通图考》第5册，第1409页。

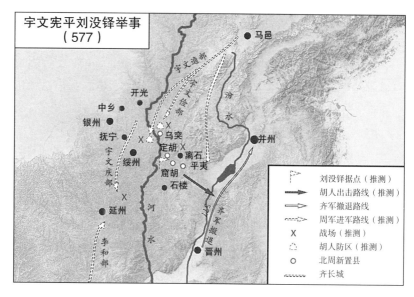

图5-22　宇文宪平刘没铎举事

击，亦未有暇清点战利品，于是稽胡出山捡取武器盔甲，并立刘蠡升之孙刘没铎为帝，号圣武皇帝，年号石平。刘蠡升之近亲早在四十余年前即被高欢送往邺城，此时邺城尚在北齐手中，刘蠡升子孙即使当初免于一死，此时也难从邺城回吕梁山区。故刘没铎得以被拥立，当为高欢平其祖时尚有漏网之鱼，其父即刘蠡升某子躲藏山中，伺机策动胡人。《北齐书·神武帝纪》有言俘获南海王、西海王、北海王，独未言东海王，若刘蠡升以四海封诸子，则此下落不明的东海王当即刘没铎之父。

建德六年（公元577年）十一月，北周挟灭齐之威，以宇文宪为行军元帅，都督宇文俭、宇文迥等将领讨刘没铎。宇文宪集大军于马邑，再分道南下攻刘没铎。胡人盘踞之具体位置虽然无明文记载，但考察平胡后周人所置郡县，或可推断大致所在。《太平寰宇记·河东道三·石州》云：

278

临泉县……本汉离石县地，后周大象元年（公元579年）于
此置乌突郡乌突县。

平夷县……本汉离石县地，属西河郡。后周大象元年割离石
县西五十一里置平夷县。

定胡县……本汉离石县地，属西河郡。后周大象元年于此置
定胡县及置定胡郡。[182]

同一时期设置之郡县还有窟胡郡（后改修化郡）。北朝郡县不乏
以得胜纪功为原则命名者，如北魏禽昌县即得名于擒获赫连昌。在北
周平定稽胡后，胡区出现多个冠以"胡""夷"字号的郡县绝非偶然，
必与战事胜利有关，与之时间、地望相合的较大规模战事唯有平定刘
没铎。[183]"定胡"可视为平定稽胡，"平夷"也为同意，"窟胡"则为直
捣胡人巢窟之意，其命名也揭示了一条平胡的进军路线，暗藏了战事
进展过程。离石治所的西面或南面当为刘没铎之最后抵抗地。

可能由于以弥勒教为宣传手段的备战动员较为成功，河东、河西
稽胡已连成一片。《李和墓志》所谓"建德六年，群稽复动"可能即
延州胡人对刘没铎起事之响应。[184] 面对北周大军，刘没铎分兵把守黄
河两岸，天柱守东岸，穆支守西岸。宇文俭攻天柱，斩首三千，宇文
遏又破穆支，二者合计斩首过万。天柱防守位置第三章已有讨论，可
能在事后设置之乌突郡附近。而穆支所在之位置，《隋书·宇文庆传》
可以提供一些线索，传主"寻以行军总管击延安反胡，平之，拜延州
总管"。[185] 宇文庆击延安稽胡事系于平齐之后，且其为行军总管，则
上层当有行军元帅存在，参考同一时期职务相合者，唯有以此职讨刘

182 乐史：《太平寰宇记》卷四十二《河东道三·石州》，第886—887页。

183 稍晚之刘受逻干起事虽然也颇有声势，然其中心似在更南之隰州。

184《李和墓志》，参见陕西省文物管理委员会：《陕西省三原县双盛村隋李和墓清理简
报》，第41页。

185 魏徵：《隋书》卷五十《宇文庆传》，第1314页。

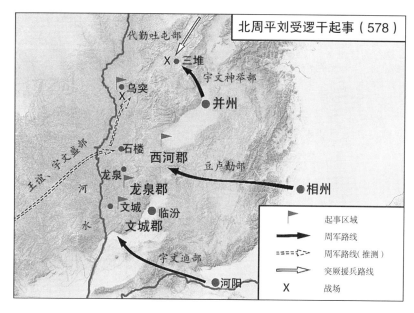

图5-23　北周平刘受逻干起事

没铎之宇文宪。延安当指延安郡，位置正在河西，与《李和墓志》记载及穆支阵地相合，则破穆支之周军除宇文迪外，尚有宇文庆及李和所部。北周在出动多路人马外，又不得不令原地方长官李和出马，率众三万，镇压河西反胡，可见事态严重。刘没铎虽然率领胡人顽强抵抗，坚持到次年年初，[186] 却还是无法逃脱为宇文招擒斩的命运。

　　北周此次伐胡的战略考量为"剪其魁首，余加慰抚"，但稽胡"种类既多，又山谷阻绝，王师一举，未可尽除"。[187] 次年（宣政元年，公元578年）河东又发生汾州胡帅刘受逻干起事。《周书》之外，《隋书》也留下了此次起事的一些记录。《隋书·王谊传》云："汾州

186　史射勿宣政元年（公元578年）掩护宇文宪伐胡，可知刘没铎对周作战从建德六年持续到宣政元年。参见王其祎、周晓薇：《隋代墓志铭汇考》第4册《史射勿志》，第40页。

187　令狐德棻：《周书》卷四十九《稽胡传》，第898页。

稽胡为乱，谊率兵击之。帝弟越王盛、谯王俭虽为总管，并受谊节度。"[188] 又同书《侯莫陈颖传》云："周武帝时，从滕王逌击龙泉、文城叛胡，与柱国豆卢勣各帅兵分路而进。"[189] 又同书《高颍传》云："以平齐功，拜开府。寻从越王盛击隰州叛胡，平之。"[190] 对于"叛胡"起事之区域，涉及汾州、龙泉、文城、隰州等多地，此当为行政区划调整导致的记叙混乱。按《隋书·地理志中》之记载，文城郡"后周改为汾州"；龙泉郡"后周置汾州"，开皇五年（公元585年）"改为隰州总管"；[191] 涉及地区均为北周末之汾州辖地。故《隋书》虽未明言，但参考行政沿革可知波及文城、龙泉、隰州之反胡即汾州胡帅刘受逻干。与《侯莫陈颖传》《高颍传》均称之为"叛胡"对应，《周书·稽胡传》称其"复反"，[192] 则知刘氏此前也曾与北周作对，很可能为降周之刘没铎部下。刘受逻干之据点以文城、龙泉为中心，当为北魏吐京胡之后。此次举事为高洋平石楼后，吐京胡人二十余年沉默之怨念爆发，规模直逼上年刘没铎举事。《周书·宇文神举传》云：

> 属稽胡反叛，入寇西河。神举又率众与越王盛讨平。时突厥与稽胡连和，遣骑赴救。神举以奇兵击之，突厥败走，稽胡于是款服。[193]

相较于刘没铎之划地自立、不服王化，刘受逻干则对外扩张之势明显，或为吸取前者失败教训，故以攻代守。除吐京故地外，西河也成为刘受逻干染指之地。甚至连远在离石以北的胡帅也有被刘氏争取

188　魏徵：《隋书》卷四十《王谊传》，第1168页。

189　魏徵：《隋书》卷五十五《侯莫陈颖传》，第1381页。

190　魏徵：《隋书》卷四十一《高颍传》，第1179页。

191　魏徵：《隋书》卷三十《地理志中·冀州》，第850—851页。

192　令狐德棻：《周书》卷四十九《稽胡传》，第899页。

193　令狐德棻：《周书》卷四十《宇文神举传》，第715页。

者，《杨文思墓志》称，"稽胡贼刘库历围乌突城"。[194] 乌突即吕梁山区之军事重镇乌突戍，可知刘氏起事波及地域之广。此役胡人得到突厥援助，后者派"代勤吐屯至三堆"。[195] 三堆即北齐高洋曾巡视之三堆戍，若放任胡骑牧马，则非但忻定盆地失控迫在眉睫，并州治所晋阳亦堪忧。所以北周为平乱，由宿将王谊主持全局，出动相州刺史豆卢勣、河阳总管宇文迪、大冢宰宇文盛三路兵马分道夹击刘受逻干，另遣宇文神举、杨文思等将领狙击突厥援军、附随胡部，方平定此乱。此役之后，北周对河东胡区的统治策略发生改变，由委任胡帅之间接羁縻转为政府直接管理，在刘没铎、刘受逻干起事地区广泛设置郡县或总管府以管辖之。定胡、乌突、平夷、蒲子、龙泉诸郡县均出现于平乱次年（大象元年，公元579年），虞庆则等官吏受朝廷委派至当地，代替胡帅酋长行使日常管理职能。关于政府对胡区之治理，可参见第四章相关部分。

五、隋唐之稽胡起事

与北周对胡区实行武力镇压不同，获周"禅位"的隋文帝坐收前朝军政成果，大可对其实行休养生息之策。较前代而言，政府对胡中民瘼的关注前所未见。《隋书·五行志下》云：

> 仁寿二年（公元602年），西河有胡人，乘骡在道，忽为回风所飘，并一车上千余尺，乃坠，皆碎焉。[196]

隋代之前的历朝政府恐怕并不关心这些不服王化的胡人死活，但隋文帝时有明显改善，不但在赋役方面对稽胡作出一定让步，而且

---

194 王其祎、周晓薇：《隋代墓志铭汇考》第4册《杨文思志》，第333页。
195 王其祎、周晓薇：《隋代墓志铭汇考》第4册《杨文思志》，第333页。
196 魏徵：《隋书》卷二十三《五行志下·常风》，第656页。

胡区的灾害也受到政府关注。[197] 因此在开皇之治余泽下，直至隋炀帝中期，胡区均未出现大规模起事。然而随着隋炀帝一系列滥用民力的大兴土木及对外战争的推行，胡区也在怨声载道的大环境中重燃战火。

大业九年（公元613年）正月，隋炀帝为伐高丽，"征天下兵，募民为骁果"。在民怨驱使下，不久之后灵武即发生白榆妄举事，"称'奴贼'，劫掠牧马，北连突厥，陇右多被其患"。[198] 从其姓氏来看，当为稽胡白氏，或为北魏戍兵之后。举事虽始于灵州，然时又称为"原州奴贼"，足见其地缘关系密切，可能由于原州诸族的加入令白氏反抗军声威更盛之故。原州胡人之具体来历或可参考北周将领蔡祐之事例，其曾祖蔡绍本为夏州镇将，"徙居高平，因家焉"。[199] 蔡氏在西魏时被赐姓大利稽氏，根据考古发掘之大利稽冒顿墓砖，大利稽氏出自稽胡的可能性较高，[200] 其来源或为夏州。原州在地政学上意义颇重，为东南通长安，西连河西，向北又直达灵州之交通要冲。[201] 在此要道之上，自然汇集各类族群。故奴贼中不仅存在稽胡，也存在粟特等其他族群。史射勿之子、入唐后曾为游击将军、虢州刺史的史诃耽即可能参加过奴贼起事。[202]

面对多族联合作战的奴贼，隋廷遣将军范贵镇压，但多年未有进展。后再遣元弘嗣进剿，仍然无功而返。朝堂上甚至出现招抚之声，《隋书·裴蕴传》云：

197　如前文所述征发稽胡修长城时缩短服役时间。参见魏徵：《隋书》卷一《高祖纪上》，第15页。
198　魏徵：《隋书》卷四《炀帝纪下》，第83—84页。
199　令狐德棻：《周书》卷二十七《蔡祐传》，第442页。
200　罗丰：《北周大利稽氏墓砖》，第69页。
201　石见清裕：《ソグド人墓誌研究》，东京：汲古书院，2016年，第183页。
202　李锦绣：《史诃耽与隋末唐初政治——固原出土史诃耽墓志研究之一》，收入罗丰：《丝绸之路上的考古、宗教与历史》，北京：文物出版社，2011年，第50—52页。

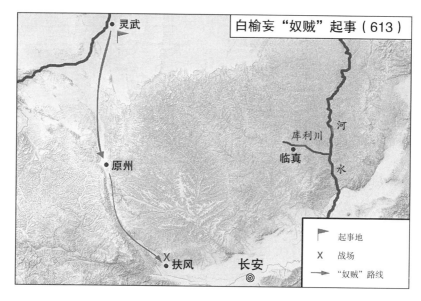

图5-24　白榆妄奴贼起事

今者之役，不愿发兵，但诏赦群盗，自可得数十万。遣关内奴贼及山东历山飞、张金称等头别为一军，出辽西道，诸河南贼王薄、孟让等十余头并给舟楫，浮沧海道，必喜于免罪，竞务立功，一岁之间，可灭高丽矣。[203]

此虽为苏威之优孟式反话劝谏，但也可知隋廷在面对尽剿无望的四方反抗军时，招抚也是可能选项。

白榆妄奴贼军从灵武起兵南下，转战平凉、安定（原州），甚至围攻扶风郡城。《续高僧传·释僧定传》中也留下了"奴贼"的踪影：

大业末岁，栖心南山太和寺，群盗来劫，定初不怖。盗曰：

203　魏徵：《隋书》卷六十七《裴蕴传》，第1576页。

"岂不闻世间有奴贼耶?"定曰:"纵有郎贼,吾尚不怖,况奴贼耶!"因剥其衣服,曾无吝色。至于坐毡,将欲挽掣,定捉之曰:"吾仰此度冬,卿今将去,命必不济。乍断吾命于此,毡不可离,吾命也!"群盗相看,便止之。[204]

《水经注疏·禹贡山水泽地所在》称终南山在"扶风武功县西南",故僧定所居之南山即终南山,[205]又《宣室志》有"扶风县西有天和寺",[206]"太和寺"或即"天和寺"。将不问俗世的僧人作为劫掠对象也表明围攻扶风之"奴贼"已是山穷水尽。随着"贼中食尽,野无所掠,众多离散",这些"奴贼"最终以随丘行恭降唐而谢幕。[207]

然而在其他地方仍有"奴贼"余部活动。《大唐新语·忠烈第九》云:

> 常达为陇州刺史,为薛举将仵政所执以见举,达词色不屈,举指其妻谓达:"且识皇后否?"达曰:"只是瘿老妪,何足可识!"举奇而宥之。有奴贼帅张贵问达曰:"汝识我?"达曰:"汝逃奴耶!"瞋目视之。[208]

张贵既曰"奴贼",则必为白榆妄余部。常达为薛举所俘事在武德元年(公元618年),可知在白榆妄举兵后,其部至少坚持五年之久。虽然有部分随丘行恭归唐,但可能有先行离去之"奴贼"帅投奔其他势力,如张贵即投薛氏父子。此外,尚有另一些奴贼似乎回到胡

---

204 释道宣:《续高僧传》卷十九《唐京师大庄严寺释僧定传》,第696页。

205 郦道元撰,杨守敬、熊会贞疏:《水经注疏》卷四十《禹贡山水泽地所在》,第3351页。

206 张读:《宣室志》卷二,上海:上海古籍出版社,2012年,第19页。

207 刘昫:《旧唐书》卷五十九《丘行恭传》,第2326页。

208 刘肃:《大唐新语》卷五《忠烈第九》,北京:中华书局,1984年,第72页。

中故地。《元和郡县图志·关内道三·丹州》"云岩县"下云："库利川在县郭南，昔有奴贼居此，川内稽胡呼奴为库利，因以为名。"[209] 虽然这一部分"奴贼"转战东行，回到稽胡旧壤，但可能由于分离太久，认同疏隔，因此原乡同胞反而以"奴"视之，这一部分最终是重新归于稽胡抑或是为官军所灭，由于资料缺乏不得其详。

大业十年（公元614年）五月廿三，刘迦论据雕阴县反隋，自称皇王，建元大世。拥众十余万，与稽胡首领刘鹞子、刘拔真相互声援。刘迦论之籍贯，一曰延安，[210] 一曰安定，[211] 此二地均为稽胡活动区域，加之为刘氏，其人当即编民化稽胡。可能由于刘迦论之为民经历，其视野较仍在部落中之胡人开阔，故在称王后可能进行了一系列中原式的政权建设措施，铸造"大世通宝"即其中之一。收藏家称其铸钱"径七分，重一钱，面、背肉好周郭"。其以"通宝"命名，"实开通宝之先声"。[212] 刘迦论称王时间不长，却能在铸钱方面一改以往政权质劣之弊病，并可能影响唐代之开元通宝，于财政史意义重大。这

图5-25　大世通宝拓片

（录自马国翰：《红藕花轩泉品》。）

209 李吉甫：《元和郡县图志》卷三《关内道三·丹州》"云岩县"条，第75页。
210 魏徵：《隋书》卷四《炀帝纪下》，第87页。
211 刘昫：《旧唐书》卷五十九《屈突通传》，第2320页。
212 马国翰：《红藕花轩泉品》（清末刻本）卷六，第300—301页。

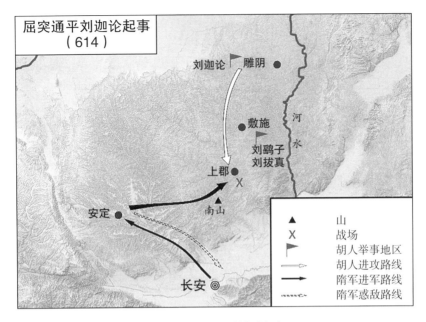

图5-26　屈突通平刘迦论起事

点或许是其本人始料未及的。

　　面对这类目的不同于传统部落反抗之起事，隋政府发关中兵，由屈突通率领进剿，屈突通欲擒故纵，"师临安定，初不与战"。虽然表面上示刘迦论以胆怯，实际上则暗度陈仓，"扬声旋师而潜入上郡"。[213] 放松警惕的刘迦论以为其撤军，故进兵南掠，在离隋军仅七十里之地安营扎寨不说，而且不为防备，终遭屈突通夜袭。隋军阵斩刘迦论，胡兵阵亡上万，胡中男女数万沦为俘虏。

　　同年，丹州汾州县为稽胡郝仁郎攻破，汾州（汾川）治所被迫从库利川甚寒原移至土壁堡。郝仁郎陷汾州一事未言月份，不过汾州在雕阴之南，离刘迦论南出上郡之路线不远，考虑到刘迦论曾"分兵掠

213　刘昫：《旧唐书》卷五十九《屈突通传》，第2320页。

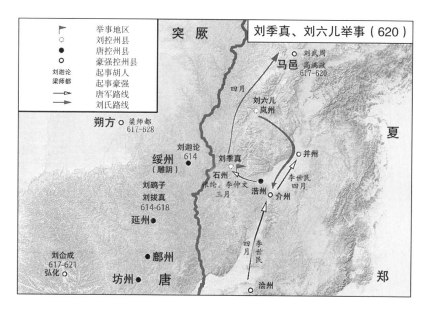

图5-27　刘季真、刘六儿举事

诸城邑"，[214] 郝仁郎或其部将。

　　同年十一月廿一，离石胡刘苗王反隋，[215] 自号天子，[216] 以子刘季真为太子，季真弟刘六儿为永安王，"锋甚锐"。[217] 将军潘长文征讨不能取胜，直到后来刘苗王为虎贲郎将梁德击杀，胡众方散。参考刘六儿再次起兵为大业十一年（公元615年）九月杨子崇为离石郡守之后，可知刘苗王身死当在大业十一年九月之前，起事前后不逾十个月。

　　大业十一年五月，隋炀帝遭突厥围于雁门，九月，突厥解围而

214 刘昫：《旧唐书》卷五十九《屈突通传》，第2320页。

215《旧唐书》作"刘龙儿"。参见刘昫：《旧唐书》卷五十六《刘季真传》，第2281页。

216《资治通鉴》作"刘王"。参见司马光：《资治通鉴》卷一百八十七《唐纪三·武德二年》，第5856页。

217 欧阳修、宋祁：《新唐书》卷八十七《刘季真传》，第3732页。

去，经此一役，隋王朝的权威一落千丈。当年年底，数月前为梁德所杀的刘苗王之子刘六儿再举反旗。面对离石胡乱再起，离石郡守杨子崇"上表请兵镇遏"，炀帝却"下书令子崇巡行长城。子崇出百余里，四面路绝，不得进而归"。[218]

炀帝令杨子崇巡视之长城或以开皇长城为主，亦可能包含部分齐长城。等不来援兵的杨子崇虽然前后杀数千人以儆效尤，但由于胡人控制区地势险要，加之各地起事已呈星火燎原之势，弹压效果不甚理想。随着大业十三年（公元617年）梁师都、刘武周等人起兵，原本稍有收敛的离石稽胡反抗更甚。李渊起兵后，刘六儿附刘武周，其兄刘季真也跟进。在刘氏昆仲点燃的胡区烽火中，僧人亦难幸免，隋末丧乱隐于离石北千山之昙韵禅师遭遇的稽胡反抗军，当即刘氏兄弟之党。[219]

面对胡区动荡局势，李渊于七月初六遣西河公张纶徇稽胡。当月十七日克离石，杀杨子崇。九月初七徇龙泉、文城等郡，所到之处均归唐。不过巡行对于刘氏昆仲的招抚效果并不理想。武德二年（公元619年），刘季真叛唐，引刘武周兵攻陷石州，杀刺史王俭（王绰），自号太子王，以刘六儿为拓定王。王俭之子王湛的神道碑记录了此次事变。《泸州都督王湛神道碑》云：

> 父绰，秦孝王府掾、仁寿宫监、离石郡通守、晋阳侯，皇朝石州刺史。逆贼刘武周攻陷郡城，因而遇害，赠代州总管，谥曰烈侯。礼也，天造草昧，王业艰难。周师才至于太原，胡兵遂入于离石。[220]

218　魏徵：《隋书》卷四十三《杨子崇传》，第1215页。

219　释道世撰，周叔迦等校注：《法苑珠林校注》卷十八《唐释昙韵禅师》，北京：中华书局，2003年，第421—2页。

220　李昉等：《文苑英华》卷九百十二杨迥《泸州都督王湛神道碑》，第4799-1、4799-2页。

可见此次石州事变反抗军主力当为刘季真所领之"胡兵"。为利用突厥虚张声势，刘季真甚至冒充始毕可汗之子什钵苾，自称突利可汗。五月，刘六儿降唐，受封岚州总管。武德三年（公元620年）三月，唐将张纶、李仲文兵临石州，在唐军压力下，刘季真不得已降唐。当月廿二受封石州总管，赐姓李氏，封彭城郡王。

刘氏兄弟降唐本为权宜之计，故私下仍与刘武周等反唐势力暗通款曲。见唐军与刘武周部将宋金刚相持于浍州，局势未明，刘季真又改投刘武周，与之合兵攻唐，其弟刘六儿也至介州支援宋金刚。然此后宋金刚败北，介休为尉迟恭献于唐军，首鼠两端之刘六儿为李世民擒杀。刘季真见其弟死，即弃石州而去，赴马邑投奔刘武周部将高满政，后为高满政所杀。

虽然刘氏兄弟为唐军平定，然残余势力在胡区仍树大根深。其年九月，稽胡又反唐，攻陷岚州。岚州胡乱之事仅见于《资治通鉴·武德三年》，[221] 其始末细节无明文详述。不过岚州本为刘六儿势力范围，当年五月，刘氏为李世民诛杀后，其兄刘季真奔马邑，所留部众自当降唐。从司马光行文称"叛胡"来看，当即此前降唐之刘氏部众。当年六月，突厥入并州，派兵驻守定襄以北以控之，岚州距离突厥占领区不远，其叛唐或为突厥煽动所致。岚州为稽胡攻陷后情况如何？何时为唐军收复？史无明文。然参考武德四年（公元621年）三月廿四突厥攻石州，时代州为李大恩（胡大恩）守卫，突厥难以借道，则其骑必取道岚州南下，故此时岚州当尚在稽胡控制下。

在河东胡人频举反旗的同时，河西稽胡举事亦此起彼伏。与大业十年（公元614年）起事之刘迦论相呼应的稽胡帅刘鹞子、刘拔真在刘迦论被隋军平定后似未受到太大打击，或者说由于隋军无力扩大战果，只能对其姑息了之。刘鹞子、刘拔真部落之具体所

---

221 司马光:《资治通鉴》卷一百八十八《唐纪四·武德三年》，第5891页。

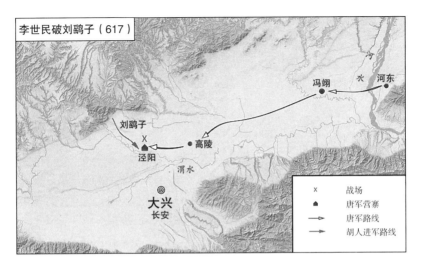

图5-28　李世民破刘鹞子

在虽未见记载，但从其合作对象为盘踞雕阴之刘迦论来看，其部当在延州、绥州境内。隋末此区域为梁师都控制，刘氏部落当亦其盟友。

刘迦论早在大业十年即为屈突通平定，然在此后，其昔日盟友趁隋末大乱之际，竟能将兵锋深入泾水以北的关中地区。《旧唐书·太宗纪》云："师次于泾阳，胜兵九万，破胡贼刘鹞子，并其众。"[222] 对于此战经过，《册府元龟》补充了一些细节："胡贼刘鹞子拥兵而至，未即归款。太宗亲率精骑袭击，破之，遂并其众。"[223]

刘鹞子似对李世民颇为忌惮，或因有意投唐而作战意志不高，故为李世民乘隙所败。南下的刘鹞子在为唐军所败前可能亦如刘迦论有分兵至各地劫掠之举。隋离石郡守杨子崇在欲渡河西归时遇到"河西诸县各杀长吏"，[224] 当即与稽胡煽动有关。又《元和郡县图志·关内道

---

222 刘昫：《旧唐书》卷二《太宗纪上》，第23页。
223 王钦若等：《册府元龟》卷十九《帝王部·功业》"唐太宗"条，第192页。
224 魏徵：《隋书》卷四十三《杨子崇传》，第1215页。

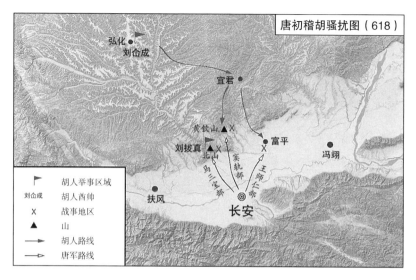

图5-29　唐初稽胡骚扰图

三·丹州》记载，大业十三年延平县"为胡贼刘步禄所据。义宁元年
（公元617年）于义川县置丹阳郡"。[225] 大业十三年与义宁元年为同年，
当年十一月李渊控制区改元义宁，则刘步禄对丹州之攻占当在十一月
前，且控制时间不长，与刘鹞子九月为李世民所败相合，此刘步禄可
能为刘鹞子部将。

　　李世民伐胡取胜，不但令唐军兼并稽胡兵马、扩充势力，而且提
高了李唐在胡区之影响力，"延安、上郡、雕阴皆请降于渊"。[226] 稽胡
酋长也有归唐者，义宁元年，临真县"稽胡首领归国"。[227]

　　刘鹞子为唐军平定后，另一稽胡酋长刘仚成仍游离于中央控制
外。大业十三年，弘化胡帅刘仚成拥众万人反隋，"傍郡苦之"。[228] 其

225　李吉甫：《元和郡县图志》卷三《关内道三·丹州》，第74页。
226　司马光：《资治通鉴》卷一百八十四《隋纪八·义宁元年》，第5760页。
227　乐史：《太平寰宇记》卷三十六《关西道十二·延州》"临真县"条，第756页。
228　魏徵：《隋书》卷四《炀帝纪》，第92页。

部甚至南下骚扰归唐郡县，《资治通鉴·武德元年》云："（武德元年，公元618年）夏，四月，稽胡寇富平。"[229] 时隔不久，又有稽胡"五万余人掠宜君"。[230] 由于此时刘鹞子部已被李世民收编，延、绥、上郡亦臣服李唐，故此稽胡当出自更西之弘化刘仚成。在这次抄掠中，进攻富平之胡为王师仁所败，攻宜君之胡为窦轨所败。关于窦轨之作战过程，《旧唐书·窦轨传》云：

> 轨讨之，行次黄钦山，与贼相遇，贼乘高纵火，王师稍却。轨斩其部将十四人，拔队中小帅以代之。轨自率数百骑殿于军后，令之曰："闻鼓声有不进者，自后斩之。"既闻鼓，士卒争先赴敌，贼射之不能止，因大破之，斩首千余级，虏男女二万口。[231]

有十四名部将因违背军纪遭窦轨正法，而且需要主帅亲自压阵，可见面对"稽胡侵轶，将遍近畿"的严峻形势，[232] 唐军取胜确属不易，胡人必然给唐军造成不小损失。需要注意的是，曾与刘鹞子一起支援刘迦论的胡帅刘拔真在此年亦有出现。《旧唐书·马三宝传》云："初以平京城功拜太子监门率，别击叛胡刘拔真于北山，破之。"[233] 又参考《册府元龟·将帅部》对马三宝此后"又从平薛举"之记载，[234] 可知马三宝击刘拔真当在其拜太子监门率至平薛举之间。李建成立为太子事在武德元年（公元618年）六月，征薛举在八月，故平刘拔真当在此

229　司马光：《资治通鉴》卷一百八十五《唐纪一·武德元年》，第5785页。

230　刘昫：《旧唐书》卷六十一《窦轨传》，第2365页。

231　刘昫：《旧唐书》卷六十一《窦轨传》，第2365页。

232　陆心源：《唐文拾遗》卷十四李百药《洛州都督窦轨碑铭》，北京：中华书局，1983年，第10512-1页。

233　刘昫：《旧唐书》卷五十八《马三宝传》，第2316页。

234　王钦若等：《册府元龟》卷三百五十七《将帅部·立功第十》"马三宝"条，第4028页。

中间。关于北山之位置，《元和郡县图志·关内道一·京兆府》"咸阳县"下云："县在北山之南，渭水之北，故曰咸阳。"[235] 考虑到唐军平定刘拔真在两个月内完成，故刘氏屯驻位置距离长安不会太远，所以此北山当即咸阳以北之北山山系。从刘氏被书为"叛胡"可推知其曾降唐，或为与刘鹞子同时被唐军收编。马三宝在此役中作战序列为"别击"，则当作为副将出战，以时间视之，与窦轨平胡应在同时，或即配合后者作战，故刘鹞子此时可能已成为刘仚成盟友。

刘仚成虽然一度为唐军击败，但对各郡县之骚扰却未停止，甚至一度进入长安近郊之醴泉掠夺人口、财物。《法苑珠林·救厄篇第七十六》云：

> 唐武德初中，有醴泉县人，姓徐，名善才……每在京城延兴寺玄琬律师所修营功德，敬造一切经。至武德二年（公元619年）十一月，因事还家，道逢胡贼，被捉将去，至齰州南界。[236]

以徐善才"道逢胡贼"看，此次胡酋兵锋已达到长安西北郊。齰州于开元十三年（公元725年）改邠州，位于京畿之西北、弘化（庆州）之南，实属弘化南下长安之捷径，因此劫持徐善才之稽胡为刘仚成部可能性较高。刘仚成除骚扰京畿外，也联合突厥、梁师都等势力图谋坐大。武德三年（公元620年）七月，刘仚成与突厥、梁师都合兵攻唐，为北齐名将段韶之子、延州总管段德操击退。

武德四年（公元621年）正月廿三，李渊命太子李建成率军讨刘仚成，下诏勉之曰：

> 稽胡部类，居近北边，习恶之徒，未悉从化。潜窜山谷，窃怀

---

235 李吉甫：《元和郡县图志》卷一《关内道一·京兆府》"咸阳县"条，第12页。
236 释道世撰，周叔迦等校注：《法苑珠林校注》卷六十五《唐居士徐善才》，第1971页。

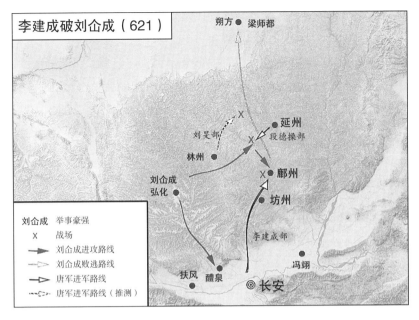

图5-30　李建成破刘仚成

首鼠，寇抄居民，侵扰亭堠。可令太子建成总统诸军，以时致讨，
分命骁勇，方轨齐驱。跨谷弥山，穷其巢穴，元恶大憝，即就诛
夷，驱掠之民，复其本业。行军节度期会进止者，委建成处分。[237]

　　就在李渊下令李建成出讨稽胡不久，胡帅刘仚成为雪上年之耻，
又攻延州，却于二月廿四再次败于段德操。延州折戟后，刘仚成引兵
南下，三月在鄜州遭遇李建成大军，为后者大败。李渊为李建成定下
的方针为宽严相济，可李建成却佯装招降，实欲大开杀戒。刘仚成在
知晓其真实意图后，放弃降唐打算，投奔梁师都。此后，刘仚成可能
打算回乡争取旧部，西南再下弘化，但于四月初五为林州总管刘旻击

237　唐高祖：《令太子建成统军诏》，收入董诰等：《全唐文》卷二，第30-2页。

退，刘仚成仅以身免，部落皆降唐。刘旻本为梁师都部将，武德三年（公元620年）九月初十以华池降唐，唐以之为林州总管。华池、弘化均属庆州，故其人可能也属稽胡。此后梁师都听信谗言，杀刘仚成，不过其军中似仍有稽胡。《新唐书·梁师都传》记载武德六年（公元623年），梁师都部将"贺遂、索周以所部十二州降"。[238] 贺遂为稽胡姓，下文或有脱漏致其名不传，或索周即其名。此贺遂当即梁师都部下之稽胡将领。

当刘氏等稽胡酋长投靠各方豪杰对唐作战时，也有稽胡酋帅选择与李唐合作。在李渊起兵之初，面对大兵压境的唐军，土门"贼帅"白玄度选择"率其众送款，并具舟楫以待义师"，[239] 帮助李渊兵马顺利渡过黄河。土门即符秦时设有土门护军之华原县，既以护军镇之，可知其民多有非汉胡族，加之姓氏特别，白玄度为稽胡帅的可能性较高。当然无论是支持哪一方，胡人都难免受到战火殃及，而且并非所有稽胡百姓都对厮杀抢掠抱以兴趣，胡民主流意见当然是过和平安定的生活。所以在厌倦刘仚成等稽胡酋帅的刀光剑影后，一些稽胡甚至不惜举家迁往战火已熄的河东避难。如唐代稽胡军官刘明德之先人，"本延州河曲丰林县人也，因草扰之故，移家此州，寄食临泉县界永吉村"。[240] 所谓"草扰"即暗指胡人起事，此次迁徙在其曾祖之前，恰为隋末唐初之时。

在唐初战火渐熄后，数十年未见较大规模之胡变，直到高宗时才烽烟再起。绥州稽胡白铁余利用胡中流行的刘萨诃宿茧传说，先埋铜像于柏树下，以一通簧火狐鸣之操作假装发现后，模仿刘萨诃所宿之茧，"以绯紫红黄绫为袋数十重盛像"，大肆宣传其像神异，向信众骗取布施。[241] 经过一两年准备后，终于永淳二年（公元683年）四月据

238 欧阳修、宋祁：《新唐书》卷八十七《梁师都传》，第3731页。
239 刘昫：《旧唐书》卷一《高祖纪》，第3页。
240 胡聘之：《山右石刻丛编》卷八《刘明德墓志》，第15101页。
241 张鷟：《朝野佥载》卷三，北京：中华书局，1979年，第73页。

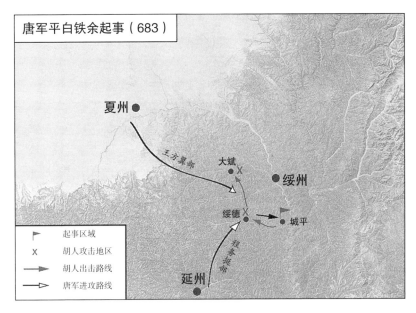

图5-31 唐军平白铁余起事

城平县反唐,自称光明圣皇帝,[242] 置百官,进攻绥德、大斌二县。后为右武卫将军程务挺、夏州都督王方翼平定,平叛细节第三章已有叙述。

白铁余起事被平定后,稽胡故地再未见大规模起事,不过安史之乱中,鄜、坊二州的胡人似乎有响应叛军之企图。杜甫《夔府书怀四十韵》中有"贼壕连白翟,战瓦落丹墀"之句,仇兆鳌注曰"唐鄜、延二州即春秋白翟地,禄山反,京畿鄜坊皆附之,故云连白翟"。[243] 直到代宗之初,小规模稽胡抄掠仍然存在。广德元年(公元763年),仆固怀恩上书时犹言"鄜、坊稽胡草扰"。[244]

242《朝野佥载》称其号"光王"。参见张鷟:《朝野佥载》卷三,第73页。

243 杜甫撰,仇兆鳌注:《杜少陵集详注》卷十六《夔府书怀四十韵》,上海:商务印书馆,1939年,第32页。

244 刘昫:《旧唐书》卷一百二十一《仆固怀恩传》,第3486页。

此后稽胡发动、参与之起事已难查找，作为一独立族群也渐渐淡出史籍。兹将其自十六国至唐之起事频率列表于下：

表5-1　稽胡起事频率表

政权	前秦	后秦	北魏	东魏—北齐	西魏—北周	隋	唐
胡人起事次数	2	1	43	6	21	9	3
政权立国时间	44	33	148	43	46	37	289
频率（年/次）	22.00	33.00	3.44	7.17	2.19	4.11	96.33

表5-2　齐、周胡区牧守政绩表

政权	东魏—北齐		西魏—北周	
类型	人数	比例	人数	比例
良吏	10	24%	21	27%
贪墨	4	9%	1	1%
不详	28	67%	57	72%
总计	42		79	

观于上表，可知在曾经统治稽胡诸政权中，北魏及西魏—北周—隋时期之稽胡起事频率远超其他时期及同时期之其他地区。这一现象绝非巧合，除隋末天下大乱影响外，当时政府对胡区的开发力度更是造成稽胡起事频发的决定因素。北魏到西魏北周时期正是中央政府极力在胡区建立统治、获取各类资源的时期，对于不想由传统羁縻转为直接郡县管辖的胡人而言，这无疑是一个痛苦的转型期，因此擦枪走火、铤而走险的起事冲突也成为这一时期的常态。相比之下，虽然东魏北齐在牧守素质方面逊于西邻（见表5-2），但因治理消极，故其

境内发生的冲突远少于西部胡区。可是西魏北周的积极治理并非一无
所获，当经过多位进取型牧守的长期治理后，充满阵痛的转型逐渐完
成，生胡变为胡民，成为政府治下的顺民，故起事自然较以往减少。
可以说，唐代稽胡起事远远少于前代之原因，除其治理思想较为开明
外，更不容忽视的是北魏至隋耗费大量人力物力，在胡区构建起政府
统治秩序，唐代胡区的相对稳定乃是建立在前代诸多努力的基础上。

第三节　起事、冲突之分析

上文已对十六国以来的丁零、稽胡两大族群与政府之间的历次冲
突作了详述，从起事次数、频率来看可谓屡降屡叛、屡战屡败，本节
将对其起事原因、作战方式及起事难以成功之原因进行分析。

一、起事原因分析

丁零、稽胡之所以频频举事，不能不先从其族群主观文化特征考
察原因。丁零与稽胡的祖先均可追溯至草原游牧族群，即使入塞后经
济形态改变，可心理认同具有稳定性，不是短时间内通过政府教化就
能重新塑造，二族必在相当长的时间内仍然维持着草原部族心理。根
据巴菲尔德（Thomas Barfield）之理论，草原民族在面对中原王朝时，
其策略分为内部边界类型与外部边界类型两类。内部边界类型并非
完全投降中原，令部落领袖获得汉地官职并进入其行政体系之投降主
义，而为旨在保持自治性，避免被汉人直接控制，再利用中原的军事
保护和财富赢得草原内战。[245] 与之对应的外部边界类型则是一种敲诈
性战略，表现为以暴力突袭震慑中原王朝，时战时和以增加汉人之供

---

245 巴菲尔德著，袁剑译：《危险的边疆：游牧帝国与中国》，南京：江苏人民出版社，
2011年，第79页。

奉与贸易权，大捷之后也有意拒绝占领汉地。[246]

参考巴菲尔德之边界类型理论，丁零、稽胡起事之投机特征或许似曾相识。如丁零翟斌在慕容垂举兵时，见其声势浩大，多次主动遣使求归，而当慕容氏在邺城下受挫时，则又密谋叛燕。若不考虑他者之劝诱影响，这种重现实而轻忠义的选择当是对祖先策略之继承。

司马迁从汉人角度对匈奴之族群性格作了描述："其战，人人自为趣利，善为诱兵以冒敌。故其见敌则逐利，如鸟之集；其困败，则瓦解云散矣。"[247] 对于丁零的文化心理则可以通过其塞上胞族找到答案，即《隋书·铁勒传》所谓"人性凶忍，善于骑射，贪婪尤甚，以寇抄为生"。[248] "贪婪"、逐利即两者之心理共同点，在主观方面也可解答为何屡屡起事。但若只关注其主观因素，则必陷入种族优劣论之泥潭，故在逐利的特性之外，客观因素亦不能忽视。故根据其起事原因，可以将其起事分为以下几种类型：

（一）求生型

该类型为丁零与稽胡寻求生存权利之起事，为起事最常见类型。导致其生存权受到侵害的两大主要因素即天灾与人祸。

天灾为自然灾害，山区之生活环境本就不如外部平原良好，因此突然降临的自然灾害对居住在生态环境脆弱地区的两族而言，不啻为压死骆驼的最后一根稻草。面对生活无着，与其等待死亡，不如铤而走险，举事求生。在各种灾害中，常见的有水灾、雪灾、饥荒、地震等。《太平寰宇记·关西道十一·丹州》"云岩县"条云：

> 大统九年（公元535年），大水漂荡，移于桑枢原……唐武德元年（公元618年）复置于回城堡，每逢阴雨，汲水不通。咸

246 巴菲尔德著，袁剑译：《危险的边疆：游牧帝国与中国》，第63页。
247 司马迁：《史记》卷一百十《匈奴列传》，第2892页。
248 魏徵：《魏书》卷八十四《铁勒传》，第1880页。

亨四年（公元673年）移居库利川，复为河水冲注。[249]

云岩县位于黄土高原，因河川径流量变化大，多次发生水灾；加之黄土土质疏松，地表不稳，在短短130年中仅因水患即三次迁移治所。此尚为有文字记载的官府治下郡县，至于未被有效管理、环境更恶劣的深山胡区可能受灾更甚。笔者曾至延河流域询问当地村民，得知虽然延河在平日看似干涸，仅有涓涓细流，但一到雨季，只要连下数日大雨，河水必漫过堤岸，有洪水之忧。[250]

水旱灾害荼毒必然导致农牧减产，甚至生活资源荡然无存。随之而来的必然为饥荒，不同于政府郡县有望获得救济，不列郡县的少数族难得恩泽。白亚栗斯、刘虎起事逼北魏派出五将以镇压，其爆发原因即为饥荒。

魏末六镇大乱时，稽胡也闻风起兵，除受其他势力之影响外，饥荒也是其中不可忽视的因素。时"并、肆频岁霜旱，降户掘黄鼠而食之，皆面无谷色"。[251] 灾害不会因该地族群差异而区别降临，并州、肆州遭遇灾害，则受灾的不止降户，稽胡肯定也受到影响。

水旱之外，寒潮、雪灾也是促使丁零、胡人起事之原因。根据笔者之统计，丁零之起事季节分布可见于下表：

表5-3　丁零起事时间分布表

时间	冬		春			夏			秋			冬	不详
	1	2	3	4	5	6	7	8	9	10	11	12	
316													√

249　乐史：《太平寰宇记》卷三十五《关西道十一·丹州》"云岩县"条，第745页。

250　笔者于2021年5月19日于陕西延长延河水滨向当地村民请教。

251　李百药：《北齐书》卷一《神武帝纪上》，第5页。

时间	冬		春			夏			秋			冬	不详
	1	2	3	4	5	6	7	8	9	10	11	12	
384	十二月												
386									八月				
387						五月							
402				二月								十一月	
417					四月								
418	十二月												
428												闰月	
430									八月				
456			二月										
526	正月												
合计（次）	冬		春			夏			秋			不详	
11	4.5		2.5			1			2			1	
比例	41%		23%			9%			18%			9%	

资料来源:《晋书》《魏书》《资治通鉴》。

可以看出，丁零举事集中于冬季，比较可能的解释即受寒冷天气影响，粮食缺乏，难以存活。值得注意的是，北朝末期频繁的稽胡举事正好与气象史上的小冰河期吻合，公元485年起天气"出现突变性转折，转向寒冷"，持续到公元580年前后。[252] 东魏武定四年（公元

---

252 张兰生、张丕远、邹逸麟：《中国东部地区10000年以来的温度变化》，收入符淙斌、严中伟：《全球变化与我国未来的生存环境》，北京：气象出版社，1996年，第53页。

546年）波及数州之稽胡骚乱亦因雪灾而起。

由于稽胡居住地区位于山西地震带，因此地震频发。尤其是北魏宣武帝延昌元年（公元512年）之恒肆大地震，"京师及并、朔、相、冀、定、瀛六州地震。恒州之繁畤、桑乾、灵丘，肆州之秀容、雁门地震陷裂，山崩泉涌，杀五千三百一十人，伤者二千七百二十二人，牛马杂畜死伤者三千余"。[253] 此次地震延续时间之长可谓举世罕见，直到延昌三年（公元514年）肆州仍余震不停。由于稽胡居于山区，因此在地震影响下，极可能引发山崩、土石流等次生灾害，带来双重打击。李谋主政介休时平定的胡乱正在此地震之后，当与之有关。此外，太武帝太平真君元年五月，河东地震，同年发生六壁胡、五城胡起事，次年又发生吐京胡起事，不能说与地震伤害毫无关系。

自然灾害的打击虽然严重，但若能及时施加救济，尚有降低冲突风险之可能。因此与天灾相比，人祸是影响更大的外在因素，主要表现为政府官僚的无能与贪渎，激化族群、区域矛盾。魏初安同巡行并、定二州丁零、稽胡居住区域后，即向明元帝报告该地官员"多不奉法"。[254] 时任并州刺史之拓跋六头因"荒淫怠事"为明元帝撤职，可继任之拓跋屈也是难兄难弟，"纵酒，颇废政事"。[255] 太武帝时主政丁零区域的定州刺史拓跋纂"好酒爱佞，政以贿成"，[256] 后来的定州刺史许宗之在平定丁零后更是趁巡行郡县之际"求取不节"。[257]

即使是意在安抚少数族之慰问巡行，在执行过程中也可能因官员的失职而事与愿违，激化矛盾。孝文帝时汾州胡起事，北魏命李彪持节绥抚，然李彪却利用持节之生杀大权，"得其凶渠，皆鞭面杀

253　魏收：《魏书》卷一百一十二上《灵征志八上》，第2897页。
254　魏收：《魏书》卷三十《安同传》，第713页。
255　魏收：《魏书》卷十四《拓跋屈传》，第365页。
256　魏收：《魏书》卷十五《拓跋纂传》，第372页。
257　魏收：《魏书》卷四十六《许宗之传》，第1036页。

之"。[258] 李彪抚汾胡当在太和二十年（公元496年），然其巡行之后汾州、离石又有胡人举事，甚至迫使孝文帝亲自出马进行招降。稽胡之动向与李彪违背孝文帝指示精神、滥用职权不无干系。即使前任为贤牧良吏，可有这些桃杌之徒的煽风点火，多年治理成果也会毁于一旦。

（二）争霸型

除因生存受威胁被迫起事外，在为数众多的起事中有一种为酋长豪帅趁天下大乱之际，出于个人私利，图谋问鼎逐鹿，或求割地为王。其中较为典型的即十六国时丁零翟斌家族与隋末唐初稽胡刘季真父子兄弟之所为，前文已有详述，在此不再赘述。

（三）役使型

与争霸型起事多出于部落上层人士之私心不尽相同，役使型多见于多方政权对峙之时，除上层酋长意志外，更多的诱因是来自所属政权之敌对方的煽动、役使。

宋、魏对立之时，刘宋即对北魏境内之少数族展开拉拢、煽动。魏太武帝对此痛斥宋文帝，《宋书·索虏传》载其国书云：

> 顷关中盖吴反逆，扇动陇右氐、羌，彼复使人就而诱劝之，丈夫遗以弓矢，妇人遗以环钏，是曹正欲诵谇取赂，岂有远相顺从。为大丈夫之法，何不自来取之，而以货眩引诱我边民，募往者复除七年，是赏奸人也。[259]

太武帝所指虽为盖吴起事，但也适用于其他族群。北魏东南界彭城之稽胡戍兵即为刘宋、萧齐的拉拢对象。萧道成掌权后向北魏境内"多遣间谍，扇动新民，不逞之徒，所在蜂起"。因南朝煽动，稽胡军官呼延笼达图谋叛逃，被尉元平定，可另一胡人子都将王敕勤却成功

---

258 魏收：《魏书》卷六十二《李彪传》，第1398页。
259 沈约：《宋书》卷九十五《索虏传》，第2346页。

南逃，之后"每惧奸图，狡诱同党"。[260] 此王敕勤后来在宋人尚书符中也有出现，《宋书·沈攸之传》云：

> 新除持节督广交越宁湘州之广兴诸军事领平越中郎将征虏将军广州刺史统马军主沌阳县开国子周盘龙、辅国将军后军统马军主张文憘、龙骧将军军主薛道渊、冠军将军游击将军并州刺史南清河太守太原公军主王敕勤、龙骧将军射声校尉王洪范、龙骧将军冗从仆射军主成买等，铁马五千，龙骧后陈。[261]

冠军将军为刘宋高级武官，王敕勤能从北魏军中之低级武官一跃成为南朝的高级将领，并得公爵之位，可谓鲤跃龙门，今非昔比。足见南朝为招揽对方降人，不惜痛下血本。

齐、周对立时，此形态起事亦为常见。宇文泰支持刘蠡升，韦孝宽利用北山稽胡攻齐的计划已如前述。北齐也利用稽胡对付北周，郝阿保、郝狼皮的背后存在北齐支持。而刘雄北巡之绥州时，渡河与之交战的稽胡帅乔白郎、乔素勿同可能也有北齐奥援。参考刘雄北巡之路线当为沿"河"而行，而沿途之较大河流唯有奢延水与黄河，且"河"自古多属黄河专称。故渡河击刘雄之川路胡帅所渡当为黄河，换言之，乔氏稽胡帅来自北齐控制区。所谓"川路"或即"草城川贼路"之简称，草城川具体位置在管涔山、芦芽山以西，隋唐岚谷县之北，为今五寨县内源于管涔山、流入黄河之河流，若取道后世合河津，渡河即近银城、开光等北巡路上州县。

二、起事所用战术

面对实力远超自己的政府军，发动起事之山居族群也会采取不同

260　魏收：《魏书》卷五十《尉元传》，第1113—1114页。
261　沈约：《宋书》卷七十四《沈攸之传》，第1935页。

战术以应对，有时也会取得一定战果。

（一）游击战

游击战之要点为敌进我退、敌困我扰。由于山区地形复杂，起事之丁零、稽胡往往趁政府尚无准备之时，利用熟悉之山间小径出山骚扰，甚至进攻郡县；而当官兵集结之后，则退入山区躲避，或以少量丁壮扼守出入险要。一如其祖先南下牧马，利则进掠边郡，不利则退入草原，利用广阔的腹地与中原王朝周旋。并州丁零多次利用太行山诸陉骚扰山东；北齐稽胡围攻离石，见高洋大军来袭则舍离石入石楼山躲避。虽然这些少数族实力远不及官兵，但因其在易守难攻之山区进退自如，官兵镇压成本较高，追歼不及时往往只能作罢。

（二）伏击战

当官兵进入山区进剿后，起事诸族多利用地形之便，设下埋伏，以逸待劳攻击之。如白龙即在起事时利用太武帝之轻敌心态，"伏壮士十余处"，[262] 等待太武帝及其侍从进入埋伏圈再发动攻击，几乎俘获太武帝。武定二年（公元544年）稽胡起事中，稽胡也于山谷中伏兵百余，等待世子高澄进入，但为皮景和所败。在山区之外，丁零翟真也曾通过伏兵战胜追击而来的燕军。《资治通鉴·太元九年》云：

> 八月，翟真自邯郸北走，燕王垂遣太原王楷、骠骑大将军农帅骑追之，及于下邑。楷欲战，农曰："士卒饥倦，且视贼营不见丁壮，殆有他伏。"楷不从，进战，燕兵大败。[263]

（三）阵地战

与前两者为以弱图强不同，当起事者本身拥有一定实力时，亦可能选择与官军进行正面接战。如丁零翟魏在慕容垂军队来攻时，选

---

262 魏收：《魏书》卷三十四《陈建传》，第802页。
263 司马光：《资治通鉴》卷一百五《晋纪二十七·太元九年》，第3333页。

择于黄河南岸列阵以待，欲等其半渡而击之。稽胡依托防御阵地进行作战也颇为常见，从白龙至刘受逻干，均有实施以城栅抵御政府军之战术。由于入塞后生活环境变化，稽胡诸部虽然保留了规模不等的牧业，但和匈奴传统游牧并不相同，时已多为定居畜牧。《周书·稽胡传》称"其俗土著"，[264] 对于"土著"之意，可以参考颜师古之解释——"土著者，谓有城郭常居，不随畜牧移徙也"。[265] 其实最迟在西晋之末，入塞匈奴已获得筑城技术。《搜神记》云：

> 刘渊筑平阳城，不就，募能城者。撅儿应募，因变为蛇，令媪遗灰志其后，谓媪曰："凭灰筑城，城可立就。"竟如所言。[266]

撅儿变蛇当然为神话，但神话背后可能说明通过一些汉人工匠之技术指导，匈奴人逐渐掌握筑城技术。在反抗北魏时，白龙之党即凭城据守，因此太武帝得以"斩白龙及其将帅，屠其城"。[267] 白龙率领的稽胡军应已拥有建筑城池的能力。在利用版筑法建造的夯土城墙外，另一种较为简易的防御工事——"编竖木"而成的栅也为稽胡掌握。[268] 北周侯莫陈颖征刘受逻干时，"悬军五百余里，破其三栅"。[269] 可知稽胡不但能筑造土城，也能就地取材、斩木为栅。胡人在利用险要地形的基础上，因地制宜构筑防御工事，凭此抵御政府军。必须看到的是以上三种作战方式在很大程度上需要依托地形方能展开。史念海先生在论及陕北黄土高原军事行动何以较少时，提出一重要制约因素，即该地区"山梁高峻，崖涧深陡，这对于北方游牧民族的骑兵的

264　令狐德棻：《魏书》卷四十九《稽胡传》，第896页。

265　班固：《汉书》卷六十一《张骞传》颜师古注，第2689页。

266　干宝撰，胡怀琛标点：《新校搜神记》卷十四，上海：商务印书馆，1931年，第103页。

267　魏收：《魏书》卷四上《世祖纪上》，第84页。

268　许慎：《说文解字》卷六上，第121页。

269　魏徵：《隋书》卷五十五《侯莫陈颖传》，第1381页。

前进，起着阻碍的作用。河谷中的通道比较容易行走些，但狭窄的河谷难容得许多军马并进。前后相距过远，粮秣运输不便，又掳掠不到许多东西，还容易受到伏击"。[270] 这一限制条件不但适用于南下之游牧部族，亦适用于北上之政府军，因此在当地胡人狙击官兵时，地形所起之作用不容忽视。

值得一提的是，北魏吐京胡中有以骑兵与北魏官军直接对战之事，如吐京胡酋辛支王面对弓马起家的鲜卑武士，竟然毫不示弱地出动精骑一千予以邀击。既然称为精骑，则其装备当与政府军差距较小，对于稽胡武备，陕西志丹骆驼脖子摩崖石刻（图5-32）及黄陵梁家河摩崖造像（图7-1）之力士恐怕为现存为数不多的直接证据。如果此二造像为写实风格，[271] 则可以成为北魏晚期到西魏时期稽胡武士的重要参考，从力士手持之武器可以推测稽胡之精锐武备与政府军相似，短兵为环首直刀，长兵则为槊，只是在长度尺寸方面逊于政府制式装备之三尺直刀与丈八长槊。这一差异恐怕与胡人冶炼技术相对落后及铁矿资源开发不足有关，力士未披甲顶盔或也因此原因所致。故而对于制造技术要求更加复杂的盔甲，胡人往往只能从政府军中缴获，如齐末刘没铎部捡拾败退齐军之甲仗。

火攻战术也为胡人所运用，在黄钦山与唐军窦轨部交战之稽胡即从高处顺风放火攻击唐军，令其出师不利。到隋代，由于与政府军长期作战的洗礼，稽胡可能已掌握地道挖掘技术，并用于作战。隋大业八年（公元612年）《刘德墓志》云：

> 贼帅刘师，固堞狼据，乃于城北穿地为道，掩以不备，欲袭

270　史念海：《陕西北部的地理特点和在历史上的军事价值》，收入氏著《史念海全集》第四卷，第87页。

271　张敏、杨军：《陕西省志丹县永宁镇石窟、摩崖造像调查简报》，《敦煌研究》2019年第2期，第82页，图17。

图5-32　骆驼脖子摩崖造像之持环首刀力士

（笔者据张敏、杨军《陕西省志丹县永宁镇石窟、摩崖造像调查简报》临摹。）

　　王师。公知其密谋，潜守穴口，贼遂夜出，公引兵击焉。[272]

　　汉王杨谅反炀帝时，其麾下将领刘师试图在晋阳城北挖掘地道、遣兵袭击政府军，然为刘德识破。从行文以"贼帅"称之来看，刘师并非出自杨谅麾下的原政府军，当为杂牌武装。杨谅之乱中，并州城内确实存在稽胡士卒，加之其姓氏为稽胡大姓，刘师可能为统帅胡众服役的稽胡豪强。虽然此次突袭失败，刘师也最终被政府军击灭，但挖掘地道表明此时稽胡的土木工程技术可能已得到长足发展。

三、起事无法成功之原因

　　尽管丁零与稽胡举事频频，但无一例外均以失败告终，其起事无法成功之原因主要有以下几点：

272《刘德墓志》，收入韩理洲：《全隋文补遗》，西安：三秦出版社，2004年，第271页。

（一）领导者能力欠佳

丁零翟斌举事时，尽管麾下精锐子母军令前秦颇为忌惮，但对于丁零将帅的能力外界评价却普遍不高。在与翟真的战事中，慕容农即比较过丁零阵中士兵与主将的差距——"丁零非不劲勇，而翟真懦弱"。[273] 除慕容氏集团对"戎狄小人"之固有歧视外，丁零首领的指挥能力确实令人不敢恭维。翟真虽然曾设计以伏兵战胜燕军，取得下邑之战的胜利，但此役取胜的主要原因在于燕军骄兵必败，若慕容楷战前听从慕容农建议，则结果可能改写。此役之后，翟真再无此等好运眷顾。

首举反秦大旗的翟斌比起其侄也高明不了多少，在举事之初，只顾吸收其他族群豪强，壮大自身势力，却没有甄别其麾下众人是否为诚心来附。故在慕容垂出现后，军中慕容凤、王腾、段延等前燕显贵"皆劝翟斌奉慕容垂为盟主"。[274] 这些势力从加入丁零阵营伊始，即带入不稳定因素，间接宣告了翟斌集团的命运。由于领导人能力不足，因此在制定政策时也不可避免地出现失误。翟辽南逃后，虽然在黎阳、滑台一带建立统治，但面对南方之东晋、北面之后燕两大强邻，却两面出击，攻城略地。此举虽然有仿效诸葛亮北伐，进行以攻代守积极防御之意，但也带来了四面树敌之恶果。更为致命的是，滑台所在之黄河流域为四战之地，不似蜀地有秦岭险阻，易守难攻。只要敌方解决其主要问题后，自可腾出手来对付翟氏集团。在处理对燕关系时，翟氏屡降屡叛无疑透支了自身的政治信用，遭到灭顶之灾并不意外。此类战略布局的失败很难说与领导人自身的决策能力不足无关。丁零对其他族群管理人才之搜求或亦旨在解决这一问题，只可惜效力其下的汉人士族多恶其出身卑微，出工不出力者甚众。

更严重的是，即位后的翟钊似乎并未因外部环境险恶而励精图

---

273 司马光：《资治通鉴》卷一百六《晋纪二十八·太元十年》，第3340页。
274 司马光：《资治通鉴》卷一百五《晋纪二十七·太元九年》，第3320页。

治，反而意在享受帝王生活排场，安于逸乐。《太平广记·畜兽十三》云：

> 晋太元中，丁零王翟昭，后宫养一猕猴，在妓女房前。前后妓女，同时怀娠，各产子三头，出便跳跃。昭方知是猴所为，乃杀猴及十子。六妓同时号哭。昭问之云："初见一年少，着黄练单衣、白纱帕，甚可爱，笑语如人。"[275]

此故事原出南朝伪托陶渊明所撰之《搜神后记》，翟昭即翟钊。情节虽光怪陆离，难以置信，[276] 但亦可知翟钊在个人生活中对后宫女伎颇为沉溺。

在稽胡起事中，主导者能力不足的瓶颈同样存在。如果追溯至匈奴五部时期，刘氏贵族不但在胡人中素养出类拔萃，面对汉人也不逊色。刘渊文则"习《毛诗》《京氏易》《马氏尚书》，尤好《春秋左氏传》《孙吴兵法》，略皆诵之，《史》、《汉》、诸子，无不综览"，武则"妙绝于众，猿臂善射，膂力过人"。[277] 其子刘聪"究通经史，兼综百家之言，《孙吴兵法》靡不诵之"，"猿臂善射，弯弓三百斤，膂力骁捷，冠绝一时"。[278] 其中虽然不免存在史官的粉饰美化，但五部上层为允文允武之精英当是不争事实，否则也不可能提出"且可称汉，追尊后主，以怀人望"之策略"借壳上市"，[279] 并攻陷长安，灭亡西晋。

然而到稽胡时代，即使贵为部落酋长，其文化素养也仅为"颇识

275　李昉等：《太平广记》卷四百四十六《畜兽十三》"猕猴"条引陶潜《续搜神记》，北京：中华书局，1961年，第3645页。

276　翟钊太元十六年（公元391年）十月即位，次年六月国灭，前后在位仅八月余。以十月怀胎而计，其后宫姬妾难在翟魏亡国前分娩。

277　房玄龄：《晋书》卷一百一《刘元海载记》，第2645页。

278　房玄龄：《晋书》卷一百二《刘聪载记》，第2657页。

279　房玄龄：《晋书》卷一百一《刘元海载记》，第2649页。

文字"。²⁸⁰ 当然这种文化水准在酋长中并不具备普遍性，同为酋帅出身的刘萨诃在出家前即"目不识字"。²⁸¹ 这点从目前留存之有稽胡参与的造像记中亦可见一斑，错别字、同音字的使用屡见不鲜，如渭北之《合方邑子百数十人造像记》，将"皇帝陛下"直作"黄帝比下"，渭南之《邑子五十人等造像记》将"梵"作"范"、"涂炭"作"徒炭"，"辛苦"作"新苦"，遣词用字之随意令人不忍直视。²⁸² 而这些造像记的撰写者当为该地区所谓"颇识文字"者，"文化人"尚如此，遑论一般部民。文化水准的下降令稽胡在组织动员能力方面远较昔日祖先逊色。刘曜之时，匈奴上层可以借阴阳五行理论鼓舞士气，手段与汉人无异，永嘉元年（公元307年），洛阳"步广里地陷，有鹅二，色苍者飞冲天，白者不能飞"。²⁸³ 由于晋代自命五行为金德，金德之色为白色，前赵则为水德，颜色尚黑，故刘曜以此为晋室必衰，刘氏必兴之兆。但到稽胡时，这套复杂的阴阳五行理论在胡中已缺乏市场，鼓动胡人起事之思想工具倒退为类似跳大神的巫术，其中退化令人唏嘘。造成这一文化断层的原因很大程度上要归罪于石勒。《晋书·刘曜载记》云：

> 季龙执其伪太子熙、南阳王刘胤并将相诸王等及其诸卿校公侯已下三千余人，皆杀之……又坑其王公等及五郡屠各五千余人于洛阳。²⁸⁴

在刘氏鼓行摧晋的大旗下，随行征战的匈奴屠各人士必然为族

280 令狐德棻：《周书》卷四十九《稽胡传》，第897页。
281 释道宣：《续高僧传》卷二十六《魏文成沙门释慧达传》，第980页。
282 《合方邑子百数十人造像记》，参见魏宏利：《北朝关中地区造像记整理与研究》，第226页；《邑子五十人等造像记》，参见同书，第221页。
283 乐史：《太平寰宇记》卷四十《河东道一·并州》"清源县"条，第853页。
284 房玄龄：《晋书》卷一百三《刘曜载记》，第2701—2702页。

中之精英，然而石赵的厚厚尘土却埋葬了这些精英胡人，留在原地之匈奴当然多为老弱，靠这些留守者怎能将下一代重新培养为精英？由于精英阶层的丧失，此后胡人领袖素质不高者多，普遍难堪大任。除匈奴正胤刘卫辰、赫连勃勃父子之惊鸿乍现外，其余人士多能力堪忧。曾啸聚河内的白亚栗斯、刘虎等人，虽然曾败官军，但领导能力之欠缺却为崔玄伯洞悉，即"胡众虽盛，而无猛健主将，所谓千奴共一胆也"。[285] "无猛健主将""千奴一胆"的黑色幽默如果放到刘渊父子身上恐怕是难以想象的，但在百年之后，这一幕居然在其族人身上发生。

领导者能力不足也体现在军事常识匮乏方面，《旧唐书·屈突通传》云：

> 通发关中兵击之，师临安定，初不与战，军中以通为怯，通乃扬声旋师而潜入上郡。迦论不之觉，遂进兵南寇，去通七十里而舍，分兵掠诸城邑。通候其无备，简精甲夜袭之，贼众大溃。[286]

设立斥候、侦察敌情本是古今不变之行军常识，但刘迦论却没有做到此基本要求，实乃兵家大忌。此役胡军之败与其说是因为屈突通的善战，倒不如说是因刘迦论缺乏能力。

（二）对手强大

相较于丁零、稽胡首领的能力欠缺，其对手却屡见文治武功、一时之选的当世人杰。丁零诸翟可谓生不逢时，面对的是连雄主苻坚也不敢掉以轻心的慕容垂。慕容垂不但曾败东晋枭雄桓温，而且令北魏开国皇帝拓跋珪退避三舍。《晋书》也不吝赞其"天资英杰，威震本

285　魏收：《魏书》卷二十四《崔玄伯传》，第623页。
286　刘昫：《旧唐书》卷五十九《屈突通传》，第2320页。

朝"。[287] 对内也能"明立约束，均适有无，军令严整，无所侵暴"，在此之下，自然"谷帛属路，军资丰给"。[288] 与此等军政强人对垒自然是诸翟的噩梦。而刘季真、刘鹞子等胡帅面对的敌人更是李世民这样的千古一帝，从事后诸葛亮的角度看，二者尚未交手，胜负已无悬念。以上只是领导者个人能力的差距，至于各自控制区域的经济体量之别则更不啻天壤。

（三）组织结构松散

关于入塞之后丁零的生活形态，目前可知的是其仍然保留了部落组织。如果参照《魏书·高车传》对其草原胞族之记录，"无都统大帅，当种各有君长"应为其一般组织形态。[289] 这也决定了其组织松散，难以形成统一的政治力量。从黑龙江齐齐哈尔出土的一方"魏丁零率善佰长"印也可察知丁零族群内部结构的这一特征。在匈奴传统政治体制中，"诸二十四长亦各自置千长、百长、什长"等。司马贞《史记索隐》引《续汉书·百官志》称："里有魁，人有什伍。里魁主一里百家，什主十家，伍长五家，以相检察。"[290] 佰长当即百人长，所辖百家，以一家五口而计，则此佰长统辖人口当为五百口左右，仅相当于中原乡里之里长。然而仅控制如此规模部民的丁零酋长却能得到中央王朝所赐之印信，足见其族内各自为政之普遍。

虽然丁零首领印信可见者有限，难以窥其全豹，但不妨从其他同样被赐予"佰长"印信之族群的社会形态来参考推测。汉魏时期得到政府"佰长"印信之族群尚有乌桓、羌等。[291] 对于此二族，王明珂先

287　房玄龄：《晋书》卷一百二十四《慕容云载记》，第3109页。

288　司马光：《资治通鉴》卷一百五《晋纪二十七·太元九年》，第3333页。

289　魏收：《魏书》卷一百三《高车传》，第2307页。

290　司马迁：《史记》卷一百十《匈奴列传》司马贞《索隐》引《续汉书·百官志》，第2892页。

291　如王莽之"新西国安千制外羌佰右小长"印、曹魏之"魏率善羌佰长"印、"魏乌丸率善佰长"印等，参见罗福颐：《古玺印考略》，北京：紫禁城出版社，2010年，第138、164—165页。

图5-33　齐齐哈尔出土之"魏丁零率善佰长"印

（录自周晓陆《二十世纪出土玺印集成》。）

生指出，乌桓之部落大人难以直接役使其下部落渠帅的牧民，家庭和牧团是乌桓社会中最主要的社会群体，民众依其牧团直接参与部落联盟的活动。[292] 羌人则是"即使名义上有一主干部落，但各部落还是自行其是"，其次级首领可能有相当的自主权，部落领袖难以左右其属下首领之决定。[293] 由于属下部落的相对独立性，对中央来说，向其次级酋帅赐予印信，在肯定其权力的同时，亦可以之制衡主要首领，达到分化牵制的目的。通过中央册封，各次级首领的自主地位也得到强化。从乌桓、羌人的部落组织与印信之关系来看，丁零当与之相似，诸部落之间甚至部落内部诸牧群之间存在一定独立性。

　　事实上，在翟魏以前，丁零（高车）未进行建政尝试，缺乏组织经验当是重要原因。入塞之后，定州丁零与渔阳丁零之间似无往来联系。即使在入塞丁零最大规模的聚落——定州丁零中，似乎也存在多个山头势力，所以当翟鼠反抗石勒时，翟斌却能率部归降。

292　王明珂：《游牧者的抉择：面对汉帝国的北亚游牧部族》，台北："中研院"、联经出版公司，2012年，第227页。

293　王明珂：《游牧者的抉择：面对汉帝国的北亚游牧部族》，第199页。

组织涣散也使其作战方式存在缺陷，"斗无行阵，头别冲突，乍出乍入，不能坚战"。[294] 个体战斗力虽然可观，但面对军纪严明、号令如一的政府军时，则往往力不从心。因此坐拥子母军精锐的翟真即使能令燕将一时羡慕，可当其遭到慕容国铁骑冲击逃离后，即使勇悍如子母军也不免因群龙无首而四散逃亡。

相较于未形成统一政权甚至部落联盟之丁零，身为草原王者匈奴之后代的稽胡竟然也面临相似的窘境。自匈奴五部遭石赵打击，权力中枢被毁灭后，其后人避入山中，受到山区地形之分隔影响及其他族裔的加入，稽胡社会的联系紧密程度不如匈奴。其组织形态可能与春秋时期居住在该地的戎狄相似，"各分散居溪谷，自有君长，往往而聚者百有余戎，然莫能相一"。[295] 即使是在地势平坦之地，由于单于帝系的消亡，各部落间各自为政亦属常态。《册府元龟·帝王部》云：

> 灵州刺史曹泥拥兵作乱，太祖率兵击之。时有破野头贼屯聚塞下，太祖遣使谕之，皆来降服，遂征其众，并力攻泥，四旬而克。[296]

据日本学者石见清裕研究，"破野头"即"费也头"，为匈奴系部族。[297] 曹泥当为贰城胡曹氏之后，然而在共同的族群背景下，驻牧地临近曹泥所部的破野头似乎并未追随之，反而是在宇文泰的拉拢之下，手足相残，同室操戈，成为其镇压曹泥的马前卒。这也反映胡人酋长之间的疏离感，刘渊反晋时，匈奴杂胡对刘氏一呼百应的情景荡然无存。

---

294 魏收：《魏书》卷一百三《高车传》，第2307页。

295 司马迁：《史记》卷一百十《匈奴列传》，第2883页。

296 王钦若等：《册府元龟》卷一《帝王部·帝系》"唐高祖"条，第11页。

297 石见清裕著，胡鸿译：《唐代北方问题与国际秩序》，上海：复旦大学出版社，2019年，第37页。

虽然历次胡变中可以看到不同地区的胡民相互声援，如西河之于吐京，未必皆如林幹先生所言"联系并不紧密"。[298] 但在北朝末年之前，除魏末天下大乱外，稽胡起事酋帅较少联络非本族势力，甚至是稽胡内部不同族源的成员之间也存在一定隔阂。如魏末汾州薛悉公、马牒腾举事。《魏书·裴庆孙传》云：

> 正光末，汾州吐京群胡薛悉公、马牒腾并自立为王，聚党作逆，众至数万……胡贼屡来逆战，庆孙身先士卒，每摧其锋，遂深入至云台郊。诸贼更相连结，大战郊西，自旦及夕，庆孙身自突阵，斩贼王郭康儿。贼众大溃……于后贼复鸠集，北连蠡升，南通绛蜀，凶徒转盛，复以庆孙为别将，从轵关入讨。至齐子岭东，贼帅范多、范安族等率众来拒，庆孙与战，复斩多首。[299]

仅仅是吐京一地，一次起事就出现两个"王"，而且二者之间似乎不存在统属关系，这必然导致反抗力量分散。这一现象的出现可能与其族源有关，薛氏为河东蜀人著姓，马氏或为羌胡之后。可能由于族裔隔阂仍在起作用，因此二人互不服从，只能并立为王。而对于可能出自匈奴五部后裔的刘蠡升，吐京胡也未从起事伊始就加以联络，而是到了受挫之后才有了联合的尝试。在社会组织方面，由于缺少类似单于之中央领袖存在，稽胡呈现权力分散化。《魏书·楼伏连传》云：

> 伏连招诱西河胡曹成等七十余人，袭杀赫连屈孑吐京护军及其守士三百余人，并擒叛胡阿度支等二百余家。[300]

298　林幹：《稽胡（山胡）略考》，第154页。
299　魏收：《魏书》卷六十九《裴庆孙传》，第1532页。
300　魏收：《魏书》卷三十《楼伏连传》，第717页。

　　七十余人居然能够击败、擒杀数目远超自身的敌人，其身份当然不可能是普通部民，而应为统领部众的胡中酋长。然上方并未再见更高层级首领，其人当是各自为政，统领本村势力。李建成在与稽胡帅刘仚成作战时，"设诈放其渠帅数十人，并授官爵"，令其回营晓以利害，于是"仚成与胡中大帅亦请降"。[301] 刘仚成虽然为拥众数万的大帅，但其权力远不能与昔日有绝对权威的单于相比，从渠帅达数十人可知其组织形态当是部落联盟。刘仚成之外尚有其他胡中大帅，刘氏可能也要受其制约，不能如单于独断专行。

　　由于社会发展程度的倒退，起事丁壮难如政府军队一样脱产为职业军人，极大可能为兵农或兵牧合一。除孝文帝时吐京胡辛支王的一千精骑有职业兵可能外，其余胡帅之部众均找不到脱产之痕迹。在起事时，其兵员当由成年男子充当，全族皆兵。此举虽然可在一时壮大声势，却为一双刃剑，不能脱离农牧生产以长期作战。这种弊端可以参考生活环境与稽胡类似的近代凉山彝族武装，在只能依靠步行与牲畜驮运的条件下，交通的不便制约了后勤运输，所以彝族武装在战斗不分胜负时不能持久，一般只能坚持三五天，少数较大规模经过广泛动员之战斗也只能坚持二三十天左右。[302] 稽胡起事不乏旋起旋灭、出降请罪，其作战形态当与近代彝族相似。

　　在作战时，稽胡武装的组织方式也存在问题，可能出于虚张声势之考量，行军竟然拖家带口。故唐将窦轨在与稽胡作战时可"虏男女二万口"。[303] 作战若连同家属行动，一来影响进退速度，二来面对官兵时家属极容易成为易令队伍崩溃的软肋，一遭官军攻击，即可导致全体溃败。

301　刘昫：《旧唐书》卷六十四《隐太子建成传》，第2414页。

302　胡庆钧：《凉山彝族奴隶制社会形态》，北京：中国社会科学出版社，1985年，第283—284页。

303　刘昫：《旧唐书》卷六十一《窦轨传》，第2365页。

第六章

面对中央的应对之策
——反抗中的尝试

    面对中央的咄咄逼人,恐怕无论是哪一个族群都不会坐以待毙,即使存在合作者,也必然存在不服从者。这些不肯与官方合作,不愿屈服的丁零、稽胡酋长所能采取最为激烈的对抗方式必然是武力抗争。由于所处环境的差异,武力抗争的具体形式也可能存在差异,需要分析其具体表现。

    敌我强弱分明之势下,为了提高对抗官府之实力,丁零与稽胡是否采取了其他策略以强化合作或区域整合?如唐长孺先生等前辈学者指出的稽胡采用弥勒教作为宣传组织手段对抗政府。是何种因素影响其采取宗教方式举事?又为何采取特定宗教?其中究竟未尝不值得剖析。

第一节　外援之寻求

    面临敌强我弱的不利形势,寻求存在合作可能的盟友即成为丁零、稽胡的当务之急。敌人的敌人是朋友,因此在政权对峙时,求助目标自然投向所属政权之其他敌人。

    丁零翟氏在面临后燕威胁时,即采取远交近攻之计,试图以西燕

319

牵制后燕。翟辽派故堤诈降后燕乐浪王慕容温后，刺杀慕容温，"并其长史司马驱，帅守兵二百户奔西燕"，[1] 以此作为结好西燕的投名状。由于慕容农应对及时，翟辽之企图未完全得逞。不过慕容温乃后燕懿亲重臣，其遇刺对慕容氏而言损失不小。在慕容垂亲征翟魏时，翟氏再次将求援目光投向西燕。可惜慕容永不明唇亡齿寒之理，不愿给予翟钊实际援助，坐视后者亡国，不久之后西燕亦重蹈覆辙。

进入北魏后，由于起事屡战屡败，丁零不得不将求助目标转向东晋之实际控制者、军界领袖刘裕。泰常二年（公元417年），榆山丁零翟蜀遣使通刘裕。但刘裕北伐重在效法数十年前之桓温，与收复中原故土相比，其意更在为代晋自立立威，并不愿意扩大与北魏之军事冲突，因此丁零求援不但没有收到实际回报，还导致了北魏的严重关切。魏将长孙嵩在刘裕入长安，边警解除后即回师诛灭翟蜀。

相较于丁零寻求外援之徒劳无功，稽胡在此方面倒是收到了一些实际回报。第四章已有讨论北朝时稽胡与赫连氏之相互利用及北周治下稽胡对北齐势力之引入。不过与这些偏霸政权相比，回应较为积极的求援对象当为雄踞塞外的突厥。虽然突厥对边郡的劫掠也为稽胡带来灾难，但并不妨碍两族在必要时合作。文献回顾部分已论及稽胡语与突厥语相似词汇颇多，两族之间可能语言相同，因此在感情上或较他族更为亲近。除现实利益外，这点也许是突厥愿与之往来的另一原因。

至于结交突厥的交通要件，吕梁胡区应该存在当时政府难以控制的道路可通塞上。证据或许就隐藏在官军平胡获得的战利品中，吐京辛支王被平定后，北魏"俘其牛羊驼马以万数"。[2] 在山区常见畜种中，牛马羊均属平常，但令人意外的是反抗军中骆驼的存在。众所周知，虽然骆驼对地形适应力较强，但主要生活于半荒漠地带，山区并不是

---

1 司马光:《资治通鉴》卷一百七《晋纪二十九·太元十四年》，第3390页。
2 魏收:《魏书》卷七十三《奚康生传》，第1630页。

原生环境。所以胡中骆驼应该并非源于本地繁殖，当从外界引入。不过具体源自何地，则无明确记载。《（康熙）永宁州志》有记载离石当地畜种中存在骆驼，[3] 但亦未言其来源。倒是在同为稽胡历史分布区的榆林，《（道光）榆林府志》明确提及当地骆驼的来源，"套人以驼为常畜，以刍茭省而所负重也。榆郡居民买驼数百头奔走于并门、伊洛之间"。[4]《（光绪）绥德直隶州志》也有骆驼"种自边外来，畜之以运货"的记录。[5] 可推知吐京骆驼应当来自塞外，由草原通过吕梁山区胡人控制道路进入其中。这条道路的存在也可在某些稽胡举事路线中得到印证。吐京胡辛支王在失利后由汾州北上，直到今临县之车突谷方为官军追歼。可见根据稽胡逃生经验，北方当较为安全，如果官军追赶不及，或可撤至草原脱离危险。根据严耕望先生之《唐代交通图考》，这条道路可能为从离石北略沿离石水至方山，又东北至岚州，再略西北而行，过飞鸢、洪谷至岚谷，由草城川路北出至塞上。[6] 此北上道路到唐代已为政府所控制，但在北朝时或尚在稽胡手中。

目前有明文记载突厥对稽胡起事之支持始于北周末之刘受逻干起事，"时突厥与稽胡连和，遣骑赴救"。突厥代勤吐屯率军屯驻三堆戍以为声援。[7] 有赖宇文神举"以奇兵击之，突厥败走，稽胡于是款服"。[8] 实际上突厥对稽胡的奥援可能比刘受逻干起事更早一些，当在刘没铎"称帝"时已有南援之嫌。周军平刘没铎之进军路线为派遣宇文宪等"军次马邑，乃分道俱进"。[9] 平齐克邺后，周军不是选择交通更近的南线北上伐胡，而是舍近求远，先北上马邑再南下征战。其中

3　谢汝霖：《（康熙）永宁州志》卷三《物产》，第239页。
4　李熙龄：《（道光）榆林府志》卷二十三《物产》，道光二十一年刻本，第777页。
5　孔繁朴修、高维岳纂：《（光绪）绥德直隶州志》卷三《物产》，光绪三十一年序本，第253页。
6　严耕望：《唐代交通图考》第5册，第1406—1407页。
7　王其祎、周晓薇：《隋代墓志铭汇考》第4册《杨文思墓志》，第333页。
8　令狐德棻：《周书》卷四十《宇文神举传》，第715页。
9　令狐德棻：《周书》卷四十九《稽胡传》，第898页。

原因极可能意在切断刘没铎与北方势力之联系，而当时塞北草原正为突厥汗国控制，加之刘没铎之名为典型的突厥名，很难想象二者毫无关联。到隋末唐初，突厥更是直接支持刘季真、刘仚成等稽胡帅武装对抗中原王朝，岚州胡乱的背后似也有突厥因素在内。

第二节　包容与排他——两族建政之尝试

在与中央政权对抗的过程中，丁零、稽胡均进行了建立政权的尝试，但二者在建政思想上存在明显差异。

一、丁零之包容合作

丁零建政时包容性较为明显，对人才之争取不限胡汉大防，有跨族合作之表现。翟斌与慕容垂合作时，其基本盘除丁零外，尚有"西人"，当为有前秦背景之西来胡汉势力。在翟魏政权中，除存在翟氏等丁零人外，似乎看不出其他少数族政权中存在的显著特征。如十六国各胡族王朝中常见的单于台等胡汉分治机构在其中难寻踪迹。非但外壳如此，内涵上翟氏对汉人管理人才也颇为重视，不吝延揽以汉人为代表的各地士大夫。《资治通鉴·太元十七年》云：

> 初，郝晷、崔逞及清河崔宏、新兴张卓、辽东夔腾、阳平路纂皆仕于秦，避秦乱来奔，诏以为冀州诸郡，各将部曲营于河南；既而受翟氏官爵。[10]

郝晷本为前燕散骑侍郎，"王佐之才，近代所未有"的崔宏本为

10　司马光：《资治通鉴》卷一百八《晋纪三十·太元十七年》，第3406页。

符丕功曹,[11] 夔腾为石赵天竺大臣夔安之后。[12] 翟氏将这些以汉士为主的各族精英吸收延揽,在塑造合作形象、装点门面外,更直接的理由自然是希望利用其管理经验巩固政权。不过需要指出的是,这些汉人士大夫虽食翟家之禄,但以其心态而言,多数对主君难有认同。以识人知名的太原士族郝轩即对崔宏降翟钊一事发表感叹:"斯人而遇斯时,不因扶摇之势,而与鹪雀飞沉,岂不惜哉!"[13]

即使在汉人士大夫眼中,丁零不过是"燕雀",可这一重视汉士的国策并未因此动摇。士族崔逞先后效力前秦、东晋,后"为翟辽所虏,授以中书令"。[14] 依照晋制,中书令为执掌诰命机密之枢机重臣,翟辽以崔逞为中书令可谓求贤若渴,虚席以待。

翟辽不但在管理层中吸收汉人士族,对于汉人武装也积极争取,其最重要的盟友即原东晋太山太守张愿,二者合作多年共抗燕、晋。此外后燕境内的汉人反抗势力王祖、张申等也是翟氏发展合作之对象。对下层汉人士兵翟辽亦吐哺捉发,确实获得不少直属汉人武装。其投奔东晋黎阳太守滕恬之后,利用滕氏"喜畋猎,不爱士卒"之弱点,"潜施奸惠以收众心"。[15] 在汉人史官笔下,翟辽之所为固然被书写为包藏祸心,但其对待士卒远优于东晋官员却是不争事实,所以当滕恬之为翟辽所逐时,滕氏麾下士兵并无异议,反而乐于归命翟辽。翟辽部下除丁零本族外,这些来自三魏等地的汉人士兵也是重要组成部分。

即使多数汉人士大夫对翟魏政权貌恭而心不服,但其加入统治集团后,对于此前缺乏治理经验的丁零人来说或多或少存在一定帮助。可能由于得到汉人指导,翟魏在控制区域内也进行了一些民生工程建

11　魏收:《魏书》卷二十四《崔玄伯传》,第620页。

12　邓名世:《古今姓氏书辩证》卷三《夔氏》,第48页。

13　魏收:《魏书》卷二十四《崔玄伯传》,第620页。

14　魏收:《魏书》卷三十二《崔逞传》,第757页。

15　司马光:《资治通鉴》卷一百六《晋纪二十八·太元十一年》,第3358页。

设，如发展水利。唐末赵玼“按邓艾故迹，决翟王渠溉稻以利农”。[16]
《新五代史·赵犨传》称赵玼“决翟王陂溉民田。兄弟居陈二十余年，
陈人大赖之”。[17] 欧阳修行文又将“翟王渠”称作“翟王陂”，不过在
《旧五代史》中，翟王渠、翟王陂作翟王河，[18] 一字之差，相去千里。
若为陂、渠，则指人工修建之水利工程。唐末五代前被称作“翟王”
者尚有秦汉之交的董翳，然其封地在上郡，与陈州无涉。故此翟王
可能指十六国末期一度将势力发展到陈州附近之翟辽、翟钊父子中某
人。若以欧阳修版本为正，则翟氏治理下，政府曾在当地兴修水利，
以便农事。

到北魏时，丁零举事仍有跨族合作尝试，对管理人才之获取亦较
为迫切。翟钊余部翟都乘魏军攻秦时，与上党“群盗”秦颇等“聚众
于壶关”，反抗北魏统治。[19] 翟都选择与汉人反抗势力秦颇合作除现实
利益外，当也是对原翟魏多族合作旧政策的沿袭。而另一些未参与翟
魏建政之丁零亦不介意同汉人联合。《魏书·长孙肥传》云：

> （赵）准喜而从之，自号使持节、征西大将军、青冀二州牧、
> 钜鹿公，（仇）儒为长史，聚党二千余人，据关城，连引丁零，
> 杀害长吏，扇动常山、钜鹿、广平诸郡。[20]

赵准、仇儒二人前者为汉人反抗势力，后者为后燕之汉人旧臣，
丁零在此混乱时局中，成为其合作对象。而在翟猛雀起事中，则可窥
见丁零起事的另一特征，即对管理人才的需求。明元帝泰常初，丁零

16　欧阳修、宋祁：《新唐书》卷一百八十九《赵玼传》，第5475页。
17　欧阳修：《新五代史》卷四十二《赵犨传》，北京：中华书局，1974年，第462页。
18　薛居正：《旧五代史》卷十四《赵玼传》，北京：中华书局，1976年，第197页。
19　魏收：《魏书》卷二十八《莫题传》，第683页。
20　魏收：《魏书》卷二十六《长孙肥传》，第652页。

翟猛雀"驱逼吏民入白涧山，谋为大逆"。[21] 为翟猛雀驱使的对象中，除普通民户外，吏的存在尤为引人注意。相对于民户承担赋役，作为社会财富之来源存在；吏的作用则在于管理日常行政，维持政权有序运行。翟猛雀对吏的获取或含有试图吸收汉人管理人才，完善政权建设之意图。

二、稽胡之胡族本位

相较于丁零对跨族群合作之尝试，稽胡在建政中则凸显胡人本位色彩，排他性较强，胡族元素远较丁零明显。丁零建政时，政权架构中连胡汉分治的踪迹都难以寻觅，但稽胡在十六国北魏之交的初次建政尝试即打上了深深的匈奴烙印。

河西胡曹龙、张大头入蒲子时，西河胡张外为前者威逼，即向曹龙上大单于之号。曹龙为贰城胡曹氏之后，有右贤王曹毂之血统背书，地位自然高于张外等人。单于为匈奴最高领袖之号，这点毋庸赘言。而其盟誓形式也颇具草原色彩，"给以牛酒，杀马盟誓，推龙为大单于，奉美女良马于龙"。[22] 如不意外，此仪式所用之马当为白马。虽然杀白马盟誓之俗在汉人中也存在，但较为少见，而且该行为当出自北族影响。[23] 北方游牧族群中此风可追溯至史前时期，有学者认为贺兰山岩画中刑白马刻石即匈奴文化的见证。[24] 匈奴在盟誓时有以白马献祭之俗，《汉书·匈奴传下》云：

> 昌、猛与单于及大臣俱登匈奴诺水东山，刑白马，单于

21　魏收：《魏书》卷三十三《张蒲传》，第779页。
22　魏收：《魏书》卷三《太宗纪》，第53页。
23　谢剑：《匈奴的宗教信仰及其流变》，《历史语言研究所集刊》第42本第4分，第588页。
24　陈育宁、汤晓芳：《古代北方草原通道上的贺兰山岩画与匈奴文化》，收入张少志、张建国：《贺兰山岩画研究集萃》，银川：宁夏人民出版社，2017年，第193页。

图6-1　贺兰山岩画——刑白马（拓片）

（笔者2021年5月摄于宁夏贺兰山岩画博物馆。）

以径路刀金留犁挠酒，以老上单于所破月氏王头为饮器者共饮血盟。[25]

这一习俗不但见于匈奴，也由匈奴影响了其他草原族群，如慕容鲜卑，慕容垂西奔前秦时，即"杀白马以祭天，且盟从者"。[26] 相较于匈奴、鲜卑，更为著名的当属同李世民缔结渭水之盟的突厥，武德九年（公元626年），颉利可汗与李世民"刑白马设盟，突厥引退"。[27]

25　班固：《汉书》卷九十四下《匈奴传下》，第3801页。

26　司马光：《资治通鉴》卷一百二《晋纪二十四·太和四年》，第3222页。

27　刘昫：《旧唐书》卷二《太宗纪上》，第30页。

曹龙与张外之盟誓当即北亚草原遗风。由于族群构成之单一性，曹龙部下胡人之匈奴色彩显著。即使与汉人合作后，稽胡在维持联盟方式上仍与丁零存在较大区别。《魏书·太宗纪》云：

> 河西饥胡屯聚上党，推白亚栗斯为盟主，号大将军，反于上党，自号单于，称建平元年，以司马顺宰为之谋主……众废栗斯而立刘虎，号率善王。[28]

由于汉人加入，白亚栗斯胡部组织结构较曹龙时发生了一些变化，流露出对胡汉分治的效仿。胡汉分治制度可以追溯到刘渊建汉，在政权构建时除以中原魏晋式行政机构为模仿对象外，又根据胡族之实际情况，设立单于台统驭各少数族。此时的大单于已非往日之匈奴最高首领，其政治地位类似以往作为储君之左贤王，就行政职能而言，则类似大司马。由于白、刘诸胡之影响范围远不能与十六国诸政权相比，故未设立类似单于台之统治机构，但就其政权性格而言，则明显存在二元性。考量到部下以胡人居多，故建胡族单于之号以号召、统辖之，但其活动区域——河内却为汉人占绝对优势之地，故效仿汉式王朝建元统治，到刘虎取代白亚栗斯后，可能考虑到谋主司马顺宰之出身及汉匈仇杀的特殊历史过往，以"王"取代"单于"试图安抚汉人。而王号"率善"一词为东汉至晋常见的中央对少数族首领之封号，如东汉之"汉率善胡长"、曹魏之"魏率善胡仟长"、西晋之"晋乌丸率善邑长"等。[29]采用传统少数族豪酋之政府封号除强调自身的少数族属性外，或许也是胡人对曾经尊奉汉人朝廷的历史之默认，旨在与汉人合作者相互妥协。

值得注意的是，白亚栗斯、刘虎举事是各胡族见诸史册的最后

28　魏收：《魏书》卷三《太宗纪》，第55页。

29　参见罗福颐：《古玺印考略》，第146、164、176页。

一次以单于为王号进行的举事，此后再未见到有胡族主动以单于之名号召、统领部众。此次举事虽然在规模上远无法和十六国诸政权建政相比，但从某种意义而言，却宣告了深受匈奴文化影响之十六国的结束，从此正式迈入鲜卑文化占主导的北魏时代，更标志着匈奴时代的彻底终结。虽然此时赫连夏尚在，也无力扭转这一趋势。这一转变的背后原因当是随匈奴衰弱带来的单于贬值。西汉时代，匈奴单于可以大漠为界与汉家天子分庭抗礼。此后匈奴虽然分裂，南单于附汉称臣，但汉朝仍"以客礼待之，位在诸侯王上"。[30] 相较其他族群，单于在东汉末期前仍然有优势地位。可是到汉末三国时，中央甚至地方竟然屡将"单于"之号下赐他族首领，以为笼络。袁绍即"矫制赐蹋顿、难楼、苏仆延、乌延等，皆以单于印绶"。[31] 区区乌桓一族，即有四人得封为单于，其价值自然不可与汉初同日而语。到两晋之时，乌桓、鲜卑诸族酋长被封单于者不胜枚举。不过在入塞匈奴内部，传统的匈奴王爵等级制度仍在运行，《晋书·刘聪载记》云：

> 元海为北单于，立为右贤王，随还右部。及即大单于位，更拜鹿蠡王。[32]

在匈奴传统王制中，单于以下依次为左贤王、左谷蠡王、右贤王等，刘聪之得爵顺序无疑仍遵循此旧制。可在刘曜为石赵所破后，匈奴传统贵族制度也因缺少执行阶层而湮灭。昔日尊贵、世袭之单于名号竟然由政府玩弄权术下的酬庸工具更进一步沦为各族豪强自壮声势的头衔。苻健、姚苌等毫无匈奴血统之氐羌酋长也能自号单于，颇有五代之时"天子宁有种邪？兵强马壮者为之尔"的架势。[33]

30　班固：《汉书》卷八《宣帝纪》，第270页。

31　范晔：《后汉书》卷九十《乌桓鲜卑列传》，第2984页。

32　房玄龄：《晋书》卷一百二《刘聪载记》，第2658页。

33　欧阳修：《新五代史》卷五十一《安重荣传》，第583页。

政坛上之匈奴系族群渐渐远去后，单于号就如滥发的纸币一样迅速贬值，对各族的吸引力也越来越低。因此当白、刘起事为北魏镇压后，"单于"之称再不见于史册。但这并不代表稽胡的匈奴胡族心理认同之停止，白亚栗斯、刘虎之乱宣告胡汉分治尝试中止，此后由族群合作走向其他形式的胡族本位。其中将胡族本位发展到巅峰的大概要算北魏孝文帝时的辛支王起事。第三章已有论证，辛支王可能为出自羌裔的稽胡，虽然在北魏官方眼中，辛支王身份为胡人，但其在宣传动员上却可能以羌裔稽胡作为重点动员对象，试图用辛支（析支）的历史记忆唤醒羌人后裔的民族自豪感，揭竿而起，一如东汉诸羌反汉一样抗击北魏。

从某种意义而言，辛支王举事之手段与其说是凝聚族群认同，倒不如称为排他性民粹。虽可收一时之效，但却将非同源的其他潜在盟友拒之门外，不利于起事规模扩大。可能正是由于辛支王之教训，为因应胡人内部来源繁杂、祖先各异的构成背景，此后某些稽胡酋帅又进行了新的族群整合尝试，继而以调整后的族群整合原则塑造新的族群认同，其标志即"步落稽"这一新名词的诞生。

"步落稽"一名于魏末大乱中首次出现，"内附叛胡乞、步落坚胡刘阿如等作乱瓜肆"，[34] 为尔朱荣所灭。刘阿如之"步落坚"即"步落稽"之同音异译。何星亮先生认为"'步落稽'一名不是自古就有，而是后来产生的"。"'步落稽'必与刘阿如等作乱有关，由于在此名称出现之前，各部落无共同的族称。刘阿如等取名'步落稽'无非是以此旗号召集种类繁炽的胡人"。[35] 陈三平先生认为这一称呼的获得与胡中印欧人种的增加有关，[36] 即西域胡的融入。对于"步落稽"词源，林梅村先生推测为突厥语"balaq"（鱼）之音译，并进一步提出稽胡

34　魏收：《魏书》卷七十四《尔朱荣传》，第1645页。

35　何星亮：《稽胡语若干词试释》，第41页。

36　Sanping Chen（陈三平），*Multicultural China in the Early Middle Ages*，p.95.

之西域胡祖源即中亚之鱼国。[37]第三章中已经对稽胡之族群构成进行量化分析，其中虽有数量不少的西域胡存在，但主要还是以匈奴后裔居多。所以新的族名以"鱼"为号当与西域无关。如果换个角度，从入塞匈奴神话入手，或可推测入塞胡人取这一名称的心理远因。《晋书·刘元海载记》云：

> 豹妻呼延氏，魏嘉平中祈子于龙门，俄而有一大鱼，顶有二角，轩鬐跃鳞而至祭所，久之乃去。巫觋皆异之，曰："此嘉祥也。"其夜梦旦所见鱼变为人，左手把一物，大如半鸡子，光景非常，授呼延氏，曰："此是日精，服之生贵子。"寤而告豹，豹曰："吉征也。吾昔从邯郸张冏母司徒氏相，云吾当有贵子孙，三世必大昌，仿像相符矣。"自是十三月而生元海，左手文有其名，遂以名焉。[38]

刘渊诞生神话中鱼的形象当来自武王伐纣时"渡河中流，白鱼跃入王舟中"之传说母题，[39]亦可能源自鲤鱼跃龙门之典故，二者均为汉人传说。刘渊神话当是入塞匈奴对汉人传说之文化移植，以图增强其问鼎中原的正当性与塑造领袖色彩。即使传说源头为汉人神话，但在入塞匈奴之"拿来主义"操纵下，可能已被匈奴语境包装演绎，并在与匈奴有关的族群中传播，成为入塞匈奴（非西迁匈奴）认可的英雄诞生传说。对鱼之重视不仅见于匈奴五部，匈奴北部出塞后代之铁弗匈奴中同样也存在这一理念。赫连勃勃统治下的统万城于凤翔元年

37　林梅村：《稽胡史迹考——太原新出隋代虞弘墓志的几个问题》，第82页。关于"步落稽"之音译问题，陈三平先生认为其源于拓跋氏"勋臣八姓"之一的步六孤氏。参见Sanping Chen（陈三平），*Multicultural China in the Early Middle Ages*，p.98。按此说颇值得商榷，步六孤氏为鲜卑无疑，且出现早于步落稽百余年，何以中间无闻而魏末突然出现？陈先生并无提出合理解释。

38　房玄龄：《晋书》卷一百一《刘元海载记》，第2645页。

39　司马迁：《史记》卷四《周本纪》，第120页。

（公元413年）、真兴元年（公元419年）两次出现天降鱼雨的异象。[40]考虑到赫连勃勃曾祖刘虎为刘聪认可之前赵宗室，刘渊出生传说极可能为之接受，故能对鱼雨大书特书。换言之，该传说可能在入塞匈奴及受其影响族群中广泛流传。

第四章已推测刘阿如可能与刘蠡升有旧，或为其主公，则"步落稽"之名词创造当与刘蠡升原属集团有关。刘蠡升作为一名能以宗教手段感召群胡，并在吕梁山区维持政权十几年的胡人酋帅，其组织手腕及宣传动员能力自然非一般胡人所能企及，而刘阿如作为其可能之故旧，这方面能力当不在前者之下。因此笔者推测"步落稽"之名或为刘氏出于适应新环境下之需要，团结、整合不同祖源胡人而求同存异创造的最大公约数。一方面，对匈奴系胡人来说，"鱼"的象征意义即纪念曾率领匈奴各部反晋成功、一洗百年之耻的大单于刘渊，隐含对英雄祖先的追忆；另一方面，对其他族裔的稽胡而言，一则可以减轻其对匈奴元素的抵触心理，二则可以利用鲤跃龙门的典故燃起对未来的美好向往。两方面共同作用下，一个新的混合族群逐渐整合完成。这一名称也确实为胡人接受，有胡人甚至直接以此为名，如隋末丹州胡帅刘步禄、唐初延州稽胡呼延步洛，其名当均为步落稽之省称，[41]这一取名方式就如同当代国人取名时用的"中""华""汉"等词一样，至少代表了其父辈对族群属性之强烈认同。

笔者推测刘蠡升之"蠡升"可能并非其胡中原名，乃汉式雅名。在取汉名时，刘氏可能也有借力宣传、借人上位之考量。《急就篇》云："蠡升，参升半卮觚。蠡升，瓢蠡之受一升者因以为名，犹今人言勺升耳"。[42]蠡升的意思即能装下一升。无独有偶，在刘氏举事前数十

40　李昉等：《太平御览》卷一百二十七《偏霸部十一·夏》，第616-1页；卷八百七十七《咎征部四·雨鱼》，第3897-2页。
41　《刘细利造像记》，参见杨宏明：《安塞县出土一批佛教造像》，第55页。
42　史游撰，颜师古注：《急就篇》卷三，收入纪昀等总纂，台湾商务印书馆审委员会主编：《景印文渊阁四库全书》第223册，第223-32页。

年，胡区有一吐京太守刘升甚得胡人信任，治理颇有声誉。刘蠡升很可能化用移植刘升之"升"以为雅名，"蠡升"即表示对刘升故事之继往开来，通过唤起胡人对刘升之记忆，扩大自身影响力。

在刘氏神嘉政权中存在不少官爵，虽然马长寿先生认为其官制介于匈奴与汉之间，[43] 但如果抛开皇帝、年号等汉文化因素，其职官设置颇有胡族色彩，可能继承自入塞匈奴传统。《北齐书·神武帝纪》云：

> 其北部王斩蠡升首以送。其众复立其子南海王，神武进击之，又获南海王及其弟西海王、北海王、皇后公卿已下四百余人。[44]

神嘉政权中"北部王"的存在很难不令人联想起魏晋时期入塞匈奴五部中的"北部帅"（都尉），叛晋出塞的右贤王刘猛即统治新兴之匈奴北部帅，刘渊亦担任过北部都尉。二者名号相近的背后，或是流传未断的祖先职官记忆，只不过为适应刘蠡升称帝之排场，将"帅"上升至"王"。另一方面，刘蠡升诸子之王号均以"海"命名，巧合的是这种习惯在匈奴汉国时已经存在。刘渊曾以"子和为皇太子，封子乂为北海王"。[45] 北海王刘乂地位仅次于太子刘和，可见其爵位在汉国之尊贵。事实上，在草原诸族的世界观念中，海似乎有一种特殊意义，天下四方皆以海为参照。后世"成吉思汗"之号意义虽然众说纷纭，但比较有力的说法即"成吉思"意为"大海"，系突厥语tengiz之颚化音读法。[46] 窝阔台、贵由均曾自称大海汗，明代土默特部首领俺达汗赐予西藏宗教领袖的"达赖"称号亦为蒙古语"大海"（dalai）之意。所以刘蠡升诸子之王号当非无中生有之凭空想象，应与草原旧俗有关，其中蕴含的是刘氏开疆扩土的野心，试图让匈奴后裔再次伟大。

43　马长寿：《北狄与匈奴》，第134页。

44　李百药：《北齐书》卷二《神武帝纪下》，第18页。

45　房玄龄：《晋书》卷一百一《刘元海载记》，第2652页。

46　法国学者伯希和（Paul Pelliot）所提，参见余大钧译注：《蒙古秘史》，第4页。

　　相较丁零治下还有民生工程建设之内政管理痕迹，强调胡族中心的稽胡施政多表现为武力崇拜，进行军事、军备之强化。如辛支王起事可能在稽胡时代史无前例地重现了祖先兵民分离的职业兵建设。其一千精骑极可能为脱产之职业军人，曾向蒙古地方牧区出身之朋友确认，并非所有人都具备天生会骑马的能力，[47]因此骑兵训练对时间要求较高，需要投入大量的时间训练。据笔者访问过的一位东北军骑兵老战士回忆，一名无基础的新兵从学会骑马到完成各种马上劈刺、冲锋技能，至少需要半年时间之基础训练。[48]而辛支王麾下面对北魏铁骑毫不逊色的骑兵即使从天生会骑马的胡人中拣择，可会骑马和会骑射绝非同一概念，后者需要更多时间训练。在兵民合一的时代，训练、农牧两不误恐是鱼和熊掌不可兼得。另外，参考刘龙驹从北魏军中服役到回乡领导起事之经历，训练胡人士兵之教官即可能来自这些有军事经验的还乡士兵。刘蠡升神嘉政权对武力建设也较为重视，虽然刘氏面对高欢的甜言蜜语放松警惕，最终身死人手，但这并不代表其放弃以武自保。高欢奇袭刘蠡升时，正值"蠡升率轻骑出外征兵"。[49]征兵目的即为强化自身武力，此举证明即使有"和亲"保障，刘蠡升也不忘维持、扩大自身之军事实力。其失败与其说是一时疏于防备，不如说是高欢将贵知机、兵贵神速。

第三节　稽胡的新凝聚手段——宗教综述

　　日本学者护雅夫曾提出，在草原族群中比卡里斯玛型（Charisma）

47　笔者2021年5月15日向内蒙古大学历史与旅游学院之朝鲁孟老师请教，其察哈尔镶黄旗牧区出身，对畜牧深有体会。

48　笔者2016年5月30日于基隆访问李如刚先生，李老1928年入东北军骑兵第二军第三师。

49　令狐德棻:《周书》卷四十九《稽胡传》，第897页。

英雄领袖更重要的可能是统治家族的宗教神圣地位。如突厥人利用狼起源的祖先传说来达到"天赋神权"的目的，此外也存在一系列宗教仪式以图强化族群凝聚力。[50] 第五章已论及起事之稽胡领袖多难堪大任，既然缺乏卡里斯玛人格，那利用宗教动员当为扩大起事规模的另一选择。事实上据美国学者斯科特（James C. Scott）研究，东南亚山地族群在阻止国家统合时，所采用的最后和风险最高的手段即属于宗教手段。[51] 在稽胡中以弥勒教为首的各种宗教也时常出现，于各种活动中扮演着重要角色。

一、稽胡弥勒信仰来源

唐长孺先生等老一辈学者在《白衣天子试释》《北魏末年的山胡敕勒起义》等文中对稽胡的弥勒教信仰问题已有简要考证，[52] 不过依笔者之见，在稽胡选择弥勒教作为信仰的这一过程中，促成因素并非仅有佛教影响之一端，当为多种信仰综合作用下的结果，佛教之外主要存在以下元素：

（一）匈奴传统习尚

弥勒教最典型的外在特征即对白色推崇，教徒举事时多穿白衣。开元三年（公元715年）《禁断妖讹等敕》称："比有白衣长发，假托弥勒下生，因为妖讹，广集徒侣，称解禅观，妄说灾祥。"[53] 可见白衣乃弥勒信徒的基本标志。然而北亚草原部族多有尚白传统，党项、蒙

50　德鲁普（Michael Drompp）撰，陈浩译：《内陆亚洲帝国形成论——以突厥汗国和回鹘汗国为例》，收入陈浩主编：《西方突厥学研究文选》，北京：商务印书馆，2020年，第226页。

51　詹姆士·斯科特著，王晓毅译：《逃避统治的艺术》，北京：生活·读书·新知三联书店，2020年，第379页。

52　参见唐长孺：《白衣天子试释》，第11—14页；唐长孺：《北魏末年的山胡敕勒起义》，第89页。

53　宋敏求：《唐大诏令集》卷一百十三《禁断妖讹等敕》，北京：中华书局，2008年，第588页。

古即为代表。在西伯利亚一些族群中，穿白衣进行之宗教仪式流传至今。据Trostchansky之记录，雅库特人（Yakuts）在春日祭典上，一人穿白衣，代表春天，为"创造者之子"；另一人穿黑衣，代表冬天，为"恶灵之子"，二者摔跤相斗。[54] 直到今天，雅库特人举行夏至Yhyakh节庆时，仍由穿白衣之年长男子揭开序幕，并有白衣舞蹈仪式。

雅库特人又称萨哈人，原本居住在贝加尔湖一带，与丁零存在亲缘关系。匈奴与丁零风俗相近，故应当也有以白为尊之风。

（二）祆教影响

祆教又称拜火教，诞生于古波斯，粟特商人沿丝绸之路将其传播入华，由于组成稽胡的族群中亦有粟特存在，故祆教对稽胡可能也产生了影响。甘肃庄浪出土、雕凿于北魏后期的卜氏石塔B面第四层有人首鸟身造像，人首为老人形象，与北朝粟特墓葬中的祆教神祇——赫瓦雷纳（Khvarenah）相似，"很可能传承自中亚人首鸟身神形象"。[55] 庄浪为北魏秦州辖地，卜氏当为屠各出身，祆教既然可以影响屠各，则当屠各稽胡化后，将这一信仰扩散予其他胡人也不无可能。

在宗教仪式中，祆教祭司着白衣白帽，以白巾遮挡口鼻，故又称白头教。胡人在举事时也有相似装束。五城山胡冯宜都、贺悦回成反魏时，"服素衣，持白伞白幡，率诸逆众，于云台郊抗拒王师"。[56] 冯宜都当为羯人后裔，羯人之中恰恰流行祆教崇拜。《晋书·石季龙载记下》云："龙骧孙伏都、刘铢等结羯士三千伏于胡天，亦欲诛闵等。"[57] 胡天即石赵王室祭祀祆教神祇之处，羯人后裔冯宜都等人并非全员白衣，服白衣者仅限于领导者，其装束与祆教祭司存在相似之处。这恐

54　W. Jochelson, *Kumiss festivals of the Yakut and the Decoration of kumiss Vessels*, Boas Anniversary Volume, New York, 1906, p.265.

55　俄玉楠:《甘肃省博物馆藏卜氏石塔图像调查研究》,《敦煌学辑刊》2011年第4期,第71—72页。

56　魏收:《魏书》卷六十九《裴良传》,第1531页。

57　房玄龄:《晋书》卷一百七《石季龙载记下》,第2791页。

怕不能只用巧合来解释，当是祖先信仰在一定程度上仍具影响。

祆教主神阿胡拉·马兹达（Ahura Mazda）为代表光明的善神，故祆教主张行善行，得善报，并鼓励与恶作斗争，其崇拜标志即代表光明之火。而某些稽胡起事的细节无疑与祆教观念存在相似之处。在白亚栗斯、刘虎起事中这点较为明显，白亚栗斯之名"亚栗斯"在中古汉语中读为 Øa liĕt sĭe，或出自突厥语 Atesh（火），不排除为受祆教圣火崇拜影响。而另一位领导人刘虎王号"率善王"或与祆教存在理念契合处，"率善"为汉魏以来对少数族首领之传统封号，有率善长、率善都尉等，乃率领善人归化中央之义。不过若联系到胡众中存在大量西域胡，则可以对应祆教之"善"崇拜，而率善之目的何在？自然是要向代表"恶"的北魏政府展开斗争。

到唐代稽胡最后一次大规模举事时，领导者白铁余之称号无论是"光明圣皇帝"还是"光王"，均与光明崇拜有关。白铁余与白亚栗斯虽然相隔二百余年，但俱为西域胡后裔，均表现出崇拜光明之信仰特征。可能在某些族裔的稽胡中，祆教崇拜一直传承，尽管这一信仰可能经过包装，改头换面以存在。入唐以后当地祆教似乎与佛教融合，在延州稽胡造像中可见其大略。延安狄青牢石窟有唐代刘进、鱼谦所造之力士像，其题名为"修善神两士"。[58] 鱼谦当为西域胡后裔，而"善神"之称不禁令人想到祆教崇拜之善，无论是"圣灵"斯奔达·麦纽（Spenta Mainyu），还是"善灵"沃胡·摩那（Vohu Manah），均有善之属性。虽然此时鱼氏似乎皈依佛教，但力士表象之下，却可能暗藏了祆教双灵的属性。

宁夏盐池发现的"白乌二年"金方奇也可能为稽胡受祆教影响提供一些支持。其中一方武士骑马狩猎图与西亚受祆教影响之波斯艺术品极为相似。在西亚祆教美术中，武士狩猎为常见艺术形象。武士代

58　延安市文物研究所编：《延安石窟碑刻题记》，西安：陕西人民出版社，2020年，第131页。

表善神阿胡拉·马兹达，而兽类则是恶神阿赫里曼（Ahriman）的化身。[59] 其发现地为稽胡之扩散居住区，故此方奇可能与之有关。

（三）霍山神之文化辐射

传说中霍山神为黄帝之子，在山西地区香火颇旺。其最著名之传说为遣使助李渊进军，此事甚至被写入正史。《旧唐书·高祖纪》云：

> 会霖雨积旬，馈运不给，高祖命旋师，太宗切谏乃止。有白衣老父诣军门曰："余为霍山神使谒唐皇帝曰：'八月雨止，路出霍邑东南，吾当济师。'"高祖曰："此神不欺赵无恤，岂负我哉！"[60]

"神使"指点李渊之地为汾州灵石县贾胡堡，正好位于胡区边缘。白衣使者形象可能通过文化传播进入胡区，并为后者借鉴。

在以上信仰外，促成稽胡族中弥勒信仰盛行的更重要因素无疑是佛教影响。提及十六国时期的佛教信仰，首推羯人石氏对佛图澄之顶礼膜拜。不过早在西晋之末，已有匈奴部族对佛教表示出浓厚的兴趣，曾试图迎接高僧帛远，但因其被张辅所杀而未果。《高僧传·帛远九》云：

> 初祖道化之声，被于关陇，崤函之右，奉之若神，戎晋嗟恸，行路流涕。陇上羌胡，率精骑五千，将欲迎祖西归。中路闻其遇害，悲恨不及，众咸愤激，欲复祖之仇，辅遣军上陇，羌胡率轻骑逆战，时天水故帐下督富整，遂因忿斩辅，群胡既雪怨耻，称善而还，共分祖尸，各起塔庙。[61]

---

59 齐东方：《虞弘墓人兽搏斗图像及其文化属性》，《文物》2006年第8期，第80页。

60 刘昫：《旧唐书》卷一《高祖纪》，第3页。

61 释慧皎：《高僧传》卷一《晋长安帛远》，北京：中华书局，1992年，第26—27页。

张辅死于惠帝永兴二年（公元305年），时五部匈奴处于刘渊时期，势力尚未发展到秦陇，故陇上羌胡或为其后投刘曜之休屠王石武之党。刘渊出生时匈奴普遍崇尚巫术，然数十年后已有部落心向三宝，尤其是有"分祖尸各起塔庙"之嫌的秦陇屠各。该地区之屠各到北魏时已普遍信佛，《成丑儿造像记》云：

> 太和十二年（公元488年）岁次丙辰二月十二日，弟子成丑儿合家眷属为七世父母、历劫诸师、一切众生，敬造石像十四区。
>
> 成双会、成发文、成□龙、成□□、王□□、成法□。[62]

该造像记出土于甘肃宁县，正为屠各活跃的安定郡。成氏为屠各著姓，从其可一次造像十四区来看，必为有力豪酋。在其身体力行宣传下，当地伽蓝应香火颇望。北朝后期安定屠各逐渐融合于稽胡，前者带来的信仰影响不容小觑。

匈奴右贤王之后赫连勃勃虽然残暴嗜杀，但也重修海宝塔以奉释氏，此举无形之中必然令梵呗缁衣更为接近匈奴各支的生活。在稽胡形成的过程中，佛教信仰传统悠久的龟兹胡、月氏胡及羌人通过各种渠道与匈奴诸部的融合，也必然加速佛法在胡中地位的确立。这些因素都为稽胡皈依禅门提供了历史远因，不过其中影响较大的当为十六国时期胡籍高僧刘萨诃（释慧达）之出现。[63]《续高僧传·释慧达传》云：

> 释慧达，姓刘，名窣苏骨反和，本咸阳东北三城定阳稽胡

62　《成丑儿造像记》，参见魏宏利：《北朝关中地区造像记整理与研究》，第16页。

63　有趣的是，在宁波古阿育王寺亦有供奉刘萨诃之灵骨，刘氏被寺僧尊为利宾菩萨（如《法苑珠林》所述），时代也被提前到西晋。只不过寺僧对于其匈奴—稽胡出身讳而不言，甚至称其原为对抗匈奴的士兵。

也。先不事佛，目不识字。为人凶顽，勇健多力，乐行猎射。为梁城突骑，守于襄城。父母兄弟三人并存，居家大富，豪侈乡间，纵横不理。后因酒会，遇疾命终，备睹地狱众苦之相，广有别传，具详圣述。达后出家，住于文成郡，今慈州东南高平原即其生地矣，见有庙像，戎、夏礼敬，处于治下安民寺中。曾往吴越，备如前传。

至元魏太武大延元年（公元435年）流化将讫，便事西返，行及凉州番禾郡，东北望御谷而遥礼之。人莫有晓者，乃问其故，达云："此崖当有像现，若灵相圆备，则世乐时康，如其有阙，则世乱民苦。"达行至肃州酒泉县城西七里石洞中死……余以贞观之初历游关表，故谒达之本庙，图像俨肃，日有隆敬。自石、隰、慈、丹、延、绥、威、岚等州，并图写其形，所在供养，号为刘师佛焉。因之惩革胡性，奉行戒约者殷矣。[64]

刘萨诃出生于后赵石虎时，淝水之战后出家，曾在稽胡区域弘扬佛法，对当地胡人影响较大。如第四章所述，绥州白铁余即利用胡人对刘萨诃传说之笃信，筹划了稽胡最后一次大规模起事。其人行迹遍及大江南北，江南、敦煌等地都留有踪迹，甚至有到过印度的传说。[65]在离石凤山犹有以其法号命名之慧达寺，屡经修葺，至今香火不断，当地亦流传其主持兴建临县万佛洞石窟之传说。[66]刘萨诃之影响甚至超越中土，远涉日本，日本兵库县多可郡极乐寺至今保存有以其冥界传说为主题的画作《六道绘》。[67]

64　释道宣：《续高僧传》卷二十五《魏文成沙门释慧达传》，第980—982页。

65　《刘萨诃因缘记》，参见陈祚龙：《刘萨诃研究——敦煌佛教文献解析之一》，第35页。

66　冯巧英、赵桂溟主编：《山西佛道撷存》，太原：三晋出版社，2016年，第526—527、585页。

67　田林启：《神異僧図を軸とした美術作品の伝播と受容の様相——劉薩訶像を中心に》，第62页。

图6-2　宁波古阿育王寺之刘萨诃灵骨塔

（笔者2021年5月摄于宁波。）

继刘萨诃后，隋代胡区又出现了一位影响较大的胡族僧侣——释法通。《续高僧传·释法通传》云：

> 释法通，龙泉石楼人。初在隰乡，未染正法，众僧行往，不达村间，如有造者，以灰洒面。通虽处俗，情厌恒俗，以开皇末年独怀异概，超出意表，剃二男二女并妻之发，被以法衣，陟道诣州，委僧尼寺。时有问者，通便答曰："我舍枷锁，志欲通法。"既达州寺，如前付嘱，便求通化寺明法师度出家。于即游化稽胡，南自龙门，北至胜部，岚、石、汾、隰，无不从化。多置邑义，月别建斋，但有沙门，皆延村邑，或有住宿，明旦解斋，家别一槃，以为通供。此仪不绝，至今流行。河右诸州，闻风服义。[68]

68　释道宣：《续高僧传》卷二十五《唐隰州沙门释法通传》，第933—934页。

图6-3　慧达、法通活动影响区域图

如果对比刘萨诃与释法通之弘法影响，可以推测佛教在胡区之深入绝不是在一朝一夕间完成的。刘萨诃身前固然已对胡区佛教信仰传播起到较大的推动作用，但直到隋代，在较为闭塞的隰州山区，正统佛法尚未被多数胡人接受，故有胡人面对僧侣来访时甚至向其泼灰羞辱。而隰州处在受刘萨诃影响较大的石州、慈州之间，可胡众犹有谤僧之举，可见佛藏记载对刘萨诃多有溢美夸大之处，然实际影响恐仍有不足。在法通出家前，佛教正法可能已进入胡区诸州县治所，但对山区胡村并未产生太大影响力。法通等接受佛法之胡人可能先通过家庭成员皈依，再向周围村民弘法的方式逐渐扩散信仰，并配合种种"神迹"之感通，在胡人中培养信众。法通巡化之地虽然有河西胜州，但主要以河东胡州为主。至于河西胡区，北魏末已有佛教造像出现在各州郡治所，随着交通干线为政府渐渐控制，佛法也随之传播，河西胡人也逐渐礼敬三宝，河东胡僧的宣讲又巩固了这一趋势。唐高宗时圆寂之绥州海禅师即可能为受法通影响而皈依的僧侣。此外，唐代刘萨诃崇拜盛行之胡州与法通游化地亦不乏重叠之处，可以推测刘萨诃信仰之深入乡村离不开这些后世胡僧的推动。

不仅有胡族僧侣巡行弘法，外界他族僧侣也可能进入胡中宣化。北魏延兴二年（公元472年），掌握实权之太上皇帝献文帝以孝文帝名义下诏：

> 比丘不在寺舍，游涉村落，交通奸猾，经历年岁。令民间五五相保，不得容止。无籍之僧，精加隐括，有者送付州镇，其在畿郡，送付本曹。若为三宝巡民教化者，在外赍州镇维那文移，在台者赍都维那等印牒，然后听行。违者加罪。[69]

献文帝意图强化僧侣管理之诏书透露了当时僧侣入各村庄游历、传教之行为已是相当普遍，且由来已久。从某些线索来看，稽胡居住区可能亦受到这些外来僧人的影响。而促使他族僧人进入胡区"游涉"的关键因素极可能为太武帝灭佛。北魏孝文帝时有山胡刘什婆起事，刘什婆之名当出自梵语Shiva，与十六国高僧鸠摩罗什婆名字相同，意谓童寿。刘什婆为目前可见最早以佛经取名之胡人，以起事时为而立之年计算，出生当不晚于文成帝时。考虑到取名多体现家长之行为意志，则其父母当此前已接触佛教，这正好符合太武灭佛之时间点，极大可能为受进入胡中避难之僧人影响，方有"什婆"之名。

强调民族意识与认同在很多时候只能起到团结本族及与本族有关之族群的作用，但宗教的作用却能超越族群界限，争取更多的潜在力量。斯科特提出在语言、政治复杂至极的山地社会，只有魅力型宗教领袖才拥有社会凝聚力，可能打破族群界限，克服当地的分裂，吸

69　魏收：《魏书》卷一百一十四《释老志十》，第3038页。

引超越族群、宗族和方言的众多追随者。[70] 因此对于生活区域被山险谷深的吕梁山或千沟万壑的黄土高原割裂的胡人而言，共同的宗教信仰，加之某些较有能力的酋帅催化，无疑对族群整合颇有帮助。这点可以参考吐蕃王国灭亡后陷于分裂之西藏地方最终在黄教的吸引下，重新构筑了族群共同体。只不过相似的情况可能早在数百年前就已在黄河两岸悄悄发生。由于弥勒教的主旨为宣传弥勒下生、拯救信徒，且修行简便，若有人故意歪曲利用，便可改造为反抗性极强的异端。对于希望煽动部众之酋帅而言，自然比其他佛教派别好用，故不乏通过各种仪式将个人意志与弥勒教下生观念结合，以图成大事。弥勒的佛号在入塞胡人心中或许也有较强的亲近感。弥勒只是其俗称，梵语意译则为慈氏菩萨，西晋竺法护所译《普曜经》中已有"慈氏"之称。在中古汉语中，"慈氏"读音 dziə teǐe，与刘渊出身之匈奴左部所在地"兹氏"同音。当胡人在听闻慈氏菩萨法名后也许会想到本族英雄的出生地"兹氏"，因此对弥勒接受度较高。

二、稽胡中其他宗派及流行崇拜

弥勒教之外，也有佛教其他宗派试图进入胡中弘法，主要有以下数宗：

（一）天台宗

天台宗源于南北朝之末，为汉传佛教的第一个本土宗派，因该宗开基者智顗大师常驻天台山说法，故称天台宗。由于天台宗之基本经论为《法华经》，因此又被称为法华宗。隋代有该派僧人入胡区弘法，《法苑珠林·唐沙门释昙韵》云：

> 唐释昙韵禅师，定州人。游至隰州，行年七十。隋末丧乱，隐于离石北千山。常诵《法华经》，欲写其经，无人同志。如此

70　詹姆士·斯科特著，王晓毅译：《逃避统治的艺术》，第393页。

积年，忽有书生无何而至，云：所欲洁净写经，并能为之。于即清旦食讫，入浴着净衣，受八戒，入净室，口含檀香，烧香悬幡，寂然抄写。至暮方出。明又如先，曾不告倦。及经写了，如法奉嚫，相送出门，斯须不见。乃至装潢，一如正法。及至诚受持读诵，七重裹结，一重一度，香水洗手，初无暂废。后遭胡贼，乃箱盛其经，置高岩上。经年贼静，方寻不见。周憛穷觅，乃于岩下获之。箱巾糜烂，拨朽见经，如旧鲜好。[71]

昙韵禅师常诵《法华经》，当为天台宗僧人，但从其数年得不到写经教友来看，天台宗在胡区影响力甚微。

（二）律宗

律宗也为汉传佛教派别，以重视戒律、严肃教规而得名，开基者为唐代名僧道宣律师，其经籍依据为《四分律》。贞观十一年（公元637年），道宣律师曾入稽胡地区周游两年之久，其行程中必然有将律宗诸仪传入胡中之尝试。不过颇耐人寻味的却是道宣与弥勒信仰之关系。《佛祖统纪·道宣律师》云：

乾封二年（公元667年）春，天人告师曰："师报缘将尽，当生弥勒内宫。"十月三日，众见空中幡华交列，异香天乐，天人同声，请师归觐弥勒。[72]

道宣圆寂后生弥勒内宫为当时僧俗共识，可知道宣生前对弥勒信仰极为重视。此为稽胡弥勒信仰凭借道宣入胡弘法而巩固，还是胡区弘法令道宣受弥勒信仰影响，抑或是二者兼而有之，目前尚难定论。

---

71 释道世撰，周叔迦等校注：《法苑珠林校注》卷十八《唐释昙韵禅师》，第605—606页。

72 释志磐撰，释道法校注：《佛祖统纪校注》卷三十《诸宗立教志·南山律学·道宣律师》，上海：上海古籍出版社，2012年，第667—668页。

（三）禅宗

禅宗为目前东亚佛教界影响最大之宗派，传说由印度僧人菩提达摩传入中土。本以坐禅为基本修行方式，后发展为注重精神修法之宗派。禅宗以《楞迦经》为基本经典，主张不立文字、教外别传、直指人心、见性成佛，与主张经、论、颂、律等经典学习之教宗不同。禅宗所鼓吹之顿悟修行方式因简便易学，受到下层民众欢迎，因此发展迅速，后来居上。隋唐之时，已经有稽胡皈依禅宗。《化度寺海禅师墓碑》云：

> 大唐化度寺故僧海禅师，年六十六，俗姓刘，绥州上县人也。永徽五年（公元654年）十一月八日卒于禅。[73]

海禅师既为刘姓，又为绥州上县人，为稽胡可能性极高。以永徽五年（公元654年）六十六岁而计，出生当在隋开皇之时。"禅师"为弟子对修禅先辈之尊称，海禅师圆寂前仍修习坐禅，当为早期禅宗僧人。

至盛唐之时，先藏禅师曾"具尸罗于汾川"。[74]"尸罗"为佛教戒律之代指，可以引申为佛法禅理。先藏禅师师从禅宗北六祖神秀之再传弟子大照禅师，为禅宗门人。此"汾川"若为狭义，则为丹州汾川，若为广义，当指汾水流域，无论所指为何，均为自北朝以来稽胡活动地区，先藏禅师说法之听众中必有不少为稽胡。到中唐以后，甚至可以看到稽胡僧侣以禅宗修习方式教学传法，《景德传灯录·汾州石楼和尚》云：

> 师上堂，有僧出，问曰："未识本来生，乞师方便指。"曰：

73　王言：《金石萃编补略》卷一《化度寺海禅师墓碑》，收入《石刻史料新编》第5册），第3578页。

74　《先藏禅师碑》，参见季爱民：《唐元和三年〈先藏禅师塔铭〉考释》，《文物》2020年第2期，第59页。

"石楼无耳朵。"僧曰："某甲自知非。"师曰："老僧还有过。"僧曰："和尚过在什么处？"曰："过在汝非处。"僧礼拜，师乃打之。[75]

师问僧："近离什么处？"曰："汉国。"师曰："汉国主人还重佛法么？"曰："赖遇问着某甲，问着别人则祸生。尚不见有人，更有何佛法可重。"师云："汝受戒得多少夏？"僧曰："三十夏。"师云："大好不见人。"便打之。[75]

石楼和尚在修习教学中动辄打人的做法无疑就是来自德山、临济之棒喝，可知到中唐以后，禅宗已经在稽胡地区开枝散叶。

（四）密宗

密宗相传为印度龙树大师所弘，乃印度佛教为与恢复势力之印度教抗衡而衍生之新宗派。相对于禅宗等显教，密宗表现为对陀罗尼（咒语）之重视。在经早期杂密发展后，唐代已经形成纯正密，以大日如来为本尊，《大日经》《金刚顶经》为基本典籍。盛唐时开元三大士——善无畏、金刚智、不空传密教入华，到安史之乱后，稽胡也受其影响。《太平广记·释证三》有一《延州妇人》故事云：

> 昔延州有妇女，白皙颇有姿貌，年可二十四五。孤行城市，年少之子，悉与之游，狎昵荐枕，一无所却。数年而殁，州人莫不悲惜，共醵丧具，为之葬焉，以其无家，瘗于道左。大历中，忽有胡僧，自西域来，见墓，遂跌坐具，敬礼焚香，围绕赞叹。数日，人见谓曰："此一淫纵女子，人尽夫也，以其无属，故瘗于此，和尚何敬耶？"僧曰："非檀越所知，斯乃大圣，慈悲喜舍，世俗之欲，无不徇焉。此即锁骨菩萨，顺缘已尽，圣者云耳。不信即启以验之。"众人即开墓，视遍身之骨，钩结皆如锁状，果

---

75 释道原：《景德传灯录》卷十四《汾州石楼和尚》，海口：海南出版社，2011年，第399页。

如僧言。州人异之，为设大斋，起塔焉。[76]

　　延州本稽胡之地，婚前男女关系远较汉人自由，不过值得注意的是延州妇人自荐枕席之弘法方式。周一良先生即指出，"故事被设想成发生在大历年间，不空的密宗学说此时正处在巅峰状态"，并进一步推测"这个传奇是在密宗佛教的环境中产生的"。[77]密宗根本经典《大日经·入真言门住心品》有云"佛言菩提心为因，悲为根本，方便为究竟"，[78]延州妇人之所为即方便法。不过，这种旨在大乐之中感悟大悲进而悟道的双修方便法多见于晚期左道密，纯正密（右道密）中难以存在，开元三大士均以持戒精严著称。延州妇人之享乐式传教或与胡中弥勒教传统有关，弥勒信仰在胡人酋长利用下可能发展为极端邪术，在与其他新兴宗派结合时，出现离经叛道行为也不意外。

（五）净土宗

　　净土宗源于印度大乘佛教中之净土信仰，中原自北魏始现，经唐代善导大师开基成为独立宗派，为禅宗之外对后期汉传佛教影响较大的另一派别。与其他宗派提倡自力解脱相比，净土主张他力，即能否入极乐世界在于佛之引导，而非个人主观修行，认为只要诵佛号就能得到解脱，恶人亦可得道，加之修行简单，故而在下层人民中流传广泛。目前可见较早表达胡人净土信仰者为唐贞观十八年（公元644年）之《白伏原造像记》，延州稽胡白伏原为祈福在数日内连造两区阿弥陀像。[79]胡人纵使离乡，可净土信仰仍难放弃，《高善达造像记》文

76　李昉等：《太平广记》卷一百一《释证三》"延州妇人"条引牛僧孺《续玄怪录》，第682页。
77　周一良著，钱文忠译：《唐代密宗》，上海：上海远东出版社，1996年，第115页。
78　善无畏、一行译：《大毗卢遮那成佛神变加持经》卷一《入真言门住心品》，收入大藏经刊行会编：《大正新修大藏经》第18册，第1-3页。
79　《白伏原造像记》，参见白文、尹夏清：《陕西延长的一批唐代窖藏造像碑调查》，第18—19页。

曰："弟子高善达为一切法界众生敬造阿弥陁佛一躯"。[80] 此造像题记位于洛阳龙门，被陆增祥列于唐时，关于高善达籍贯，吴式芬《金石汇目分编》称"石州定胡县"人。[81] 阿弥陀佛为净土信仰之本尊，高氏石州定胡人，自为信仰净土之稽胡。

始建于北魏的净土宗根本道场——玄中寺即在吕梁山东麓，与稽胡居住区重合。虽然该寺"处于近乎爬行才能到达的地方"，直到近代，"能骑毛驴、步行的地方，也只是一里半多的路，其余的地方，如果一步走不好，就会掉进深谷里去"，[82] 但却曾为唐代天下三戒坛之一。居住区存在如此重要的寺院，稽胡受净土宗影响而皈依是自然不过的事。

稽胡在接受佛教信仰后，其崇拜神祇主要有以下几类：

（一）释迦

释迦为佛教之祖释迦牟尼简称，在佛教中释迦被认为是大千世界最尊贵者，被信徒尊奉犹如水流就下。其乃娑婆世界之教主，为娑婆三圣之首。目前可见最早之胡人释迦造像当为北魏神龟元年（公元518年）之鄘城刘文朗造像，其碑为千佛造像，但主尊为释迦。[83] 在河西稽胡活动较多的区域，释迦造像活动盛行，多有留存至今者，如今富县葫芦河水磨摩崖造像第一区一号龛主尊即为释迦，此窟开凿于北魏中晚期。[84]

（二）弥勒

弥勒下生传说在稽胡起事中多次被酋帅利用，成为发动起事之工

80　陆增祥：《八琼室金石补正》卷三十三《高善达造像记》，第4532页。

81　吴式芬：《金石汇目分编》卷九《高善达造像记》，收入《石刻史料新编》第28册，第21011页。

82　道端良秀撰，吴华译：《中国的净土宗和玄宗寺》，收入杨曾文、镰田茂雄：《中日佛教学术会议论文集》，北京：中国社会科学出版社，1997年，第18—21页。

83　参见靳之林：《延安地区发现一批佛教造像碑》，第38页。靳文虽未明言主尊为释迦，但有描述主尊施无畏与愿印，此印为释迦佛常见标志。

84　杨军、安彩虹：《陕西延安葫芦河水磨摩崖造像调查》，《东方博物》2020年第2期，第101、108页。

具。弥勒教的标志即白衣，从魏末冯宜都、贺悦回成到唐代白铁余，不少起事有运用弥勒教之嫌。弥勒为未来佛，在晋代竺法护译《佛说弥勒下生经》中，弥勒下生成佛、净化世界后，"谷食丰贱，人民炽盛，多诸珍宝"，"时气和适四时顺节，人身之中无有百八之患"。[85]弥勒下生为渴望得到幸福之胡人描绘了美好的未来画卷。胡中高僧刘萨诃即同弥勒信仰关系匪浅，敦煌发现的《刘师礼文》有"欲生弥勒佛国，愿人求毕，不违心意"之祝词，[86]传说此刘师即刘萨诃。莫高窟第72号窟北壁壁画的弥勒经变不但与南壁刘萨诃因缘变相对，而且前者融入了刘萨诃地狱行传说的内容。[87]《刘师礼文》纪年为北凉玄始十一年（公元422年），可知刘萨诃接触弥勒信仰当在十六国末。

刘萨诃与弥勒之关系因有传说色彩，时间或未必准确，不过可以肯定的是到北朝后期，胡人已了解弥勒信仰。目前河东最早可见有稽胡参与之弥勒信仰造像为东魏武定七年（公元549年）之《兴化寺高岭诸村造像记》：

> 唯大魏武定七年，岁在己巳四月丙戌朔八日癸巳，肆州永安郡定襄县高岭以东诸村邑仪道俗等敬白十方诸佛，一切贤圣过□□善，生遭季运，前不值释加初兴，后未遭弥勒三会，二圣中间日有□叹，先有共相要约，建立法仪，造像一区。[88]

此造像题名中"呼延清郎"为稽胡，又"厉武将军刘显仲"亦有稽胡之嫌。弥勒信仰的重要标志即龙华三会，造像记中明确表达了造

85　竺法护译：《佛说弥勒下生经》，收入大藏经刊行会编：《大正新修大藏经》第14册，第421-1、421-2页。

86　黄永武：《敦煌宝藏》第36册《刘师礼文》，台北：新文丰出版公司，1981年，第340页。

87　田林启：《劉薩訶の美術——吴越阿育王塔与敦煌莫高窟第七二窟》，第122页。

88　胡聘之：《山右石刻丛编》卷一《兴化寺高岭诸村造像记》，第14958页。

像众人对"弥勒三会"的憧憬。虽然为合造佛像且造像具体种类不确定，但参与造像的稽胡对弥勒崇拜至少是认可的，否则当不情愿题名其上。在属于稽胡历史活动区的山西吉县，被断定为北魏至隋初开凿的挂甲山摩崖造像第二组一号龛、第五组二号龛中均有出现主题为弥勒说法的造像，主尊为头戴宝冠的弥勒。[89] 不过由于缺乏题名，难以判断造像者是否属于稽胡，但可以肯定的是，在这一时期当地弥勒信仰盛行，很难不对胡人产生影响。

河西胡区弥勒信仰的出现似乎更早，不排除该信仰为由西向东，渡黄河传播。前述鄜城《刘文朗造像记》发愿词中即有"龙华俱会"之语，[90] 此为弥勒龙华三会思想之流露。该造像题名中多有张氏、白氏、董氏、路氏等稽胡或稽胡化族群姓氏，可见至少在北魏之末东秦州胡酋对弥勒信仰已较为熟悉。北朝时期修建、位于今陕西黄陵之香坊石窟亦在后壁正中雕凿弥勒造像。[91] 鄜城留存之西魏交脚弥勒像并非出自乡豪延请的工艺大师之手，而为一般乡间劳动阶层雕刻，[92] 所表达主题乃弥勒在兜率宫中等待下生。可知在西魏治下的河西胡区连一般百姓都已普遍认识弥勒这一神祇，其下生信仰广为流传。这一崇拜之风甚至影响到周边族群，如屠各路氏即在北周明帝二年（公元558年）鏨刻"龙华三会"祈愿文。[93] 或许推动北朝后期陇东屠各稽胡化的重要助力即为弥勒信仰，共同的信仰催化、促进了新的族群共同体形成。弥勒崇拜的流行甚至可能促使类似宗教圣城的信仰中心出现，《册府元龟·妖妄第二》录开元时王怀古之乱：

王怀古，玄宗开元初，谓人曰："释迦牟尼佛末，更有新佛出。李家欲末，刘家欲兴。今冬，当有黑雪下贝州合出银城。"敕下，诸道按察使捕而戮之。[94]

黄敏枝在《唐代的弥勒信仰及其活动》中指出，以释迦谢世，新佛弥勒即将出世来鼓动祸乱，显然是弥勒教乱的宗旨，并认为王怀古弥勒之乱中涉及的贝州为北宋弥勒教王则举兵之地，为唐、宋弥勒教徒的大本营。[95] 既然贝州为弥勒教重地，则与之相提并论的银城（今陕西榆林）亦当与此教有关，当地极可能存在大量弥勒信徒。巧合的是，银城恰好为稽胡分布区域，信徒之中必然存在不少胡人。

一些具有一定地位的胡人亦利用自身特权，加入了弘传弥勒信仰的行列。隋开皇二年（公元582年）《董将军三十人等造像记》云：

大隋开皇二年十一月十四日，发心主徐州募人都督殿忠将军董□□卅人等敬造弥勒下山像，一佛二菩萨。上为国王帝主、州郡令长、师僧父母、七祖先零所生父母见前眷属，法界众生咸同思福。[96]

造像位于吉州，属于稽胡活动的吕梁山区，当地弥勒造像的流行与胡人之传统弥勒信仰很难说没有关系。董氏在屠各中并非鲜见，而徐州为北魏时期稽胡军人驻地之一，董将军有返乡胡人之可能，与前述造像中胡人为参与者不同，该造像胡人已成领导者，利用自身地位向其他族群传播法音。

主尊之外，作为释迦胁侍存在之弥勒造像更为多见，今黄陵、洛

94　王钦若等：《册府元龟》卷九百二十二《总录部·妖妄第二》"王怀古"条，第10693页。

95　黄敏枝：《唐代民间的弥勒信仰及其活动》，第15页。

96　胡聘之：《山右石刻丛编》卷三《董将军三十人等造像记》，第14983页。

川、延安等地均有发现北朝至唐代的相关造像。当其他地区的弥勒信仰于北朝后期逐渐衰微后，稽胡之弥勒崇拜却到唐代仍流行不衰，唐太宗时延州稽胡白伏原即为亡父造弥勒像祈福，[97]山西隰县千佛洞南窟右侧之唐代佛龛中也有保存龙华树下之弥勒形象。[98]

由于胡中流行弥勒信仰，故对周边地区发生辐射作用亦在情理之中。在稽胡活动区外围的吕梁山东麓交城县，唐开元年间有《石壁寺铁弥勒像颂》为人镂刻，其中提及"乡望王思贞、县吏郝先寿"在当地之作用，[99]此或为持弥勒信仰之稽胡。值得注意的是，此时其他地区弥勒信仰已渐渐衰微，而在交城却仍然虔诚，不能不说是这些胡人的提倡之功。

（三）阿弥陀佛（无量寿佛）

阿弥陀佛即无量寿佛，为引导信徒至西方极乐世界之神祇，系佛之化身、净土信仰之本尊。入唐以后，稽胡对阿弥陀佛崇拜增加，除白伏原、高善达外，尚有其他胡人之发愿造像。如陕西安塞县发现的《刘细利造像记》：

> 显庆五年（公元660年）十月八日，佛弟子刘细利为亡夫呼延牒陁敬造阿弥陀像一区，愿离苦难，俱登妙法，一时成佛。任男槃知、步洛等并妻及男女合家大小一心供养佛时。[100]

阿弥陀信仰与弥勒信仰之间存在一定的相通之处，在北朝的造像记中，为得生西方净土，两种佛均可成为信徒的祈愿对象。虽然提及

---

97 《白伏原造像记》，参见白文、尹夏清：《陕西延长的一批唐代窖藏造像碑调查》，第18页。

98 郑庆春、王进：《山西隰县七里脚千佛洞石窟调查》，《文物》1998年第9期，第72页。

99 王昶：《金石萃编》卷八十四《石壁寺铁弥勒像颂》，第1422页。

100 《刘细利造像记》，参见杨宏明：《安塞县出土一批佛教造像》，第55页。

西方净土，人们第一印象往往是阿弥陀佛，然而由于道安将弥勒兜率天定位于天之西北，[101] 故二者融合并不困难。据日本学者仓本尚德研究，北朝造像记中不乏同一刻石上弥勒与阿弥陀思想共存的例子。虽然看似违和，但如果从信徒所憧憬的对象，即弥勒与诸佛所居之西天以"西方妙乐国土"来表现，就比较容易理解。[102] 弥勒与包括阿弥陀在内的其他佛同在一处，要相互调和并非不可能，白伏原在同一碑上发愿造阿弥陀与弥勒即为明证。故稽胡阿弥陀信仰绝非凭空出现的无源之水，无根之木，而是以其弥勒信仰为基础，由弥勒净土过渡到弥陀净土。

吕思静将稽胡净土信仰出现时间列于禅宗之后，对此笔者并不认同，若从地缘考量，稽胡中阿弥陀净土信仰的出现与流传可能并不比汉人晚多少。实际上，净土宗祖庭——玄中寺即在吕梁山东麓，依地利而言，稽胡完全有接触之可能。净土祖师昙鸾大师从北魏末年起即在玄中寺弘法，其高足道绰大师继承衣钵，长期驻锡该寺，"恒讲《无量寿观》"，[103] "劝并汾人念佛"，[104] 宣传净土思想。道绰弟子善导大师也在西河留下了足迹，"惟行念佛弥陀净业"。[105] 从魏末到唐初，在净土三祖佛号梵呗的不断感召下，唐初稽胡当多有接受阿弥陀信仰者。

（四）观音

观音在佛教中为救苦救难之神祇，《普门品》中观音可解救众生遇到的以下苦难：水火自然灾害、被杀等苦难、个人情欲、鬼怪之劫等。因观音为"近在身边、随时回应的现世生活中的大慈大悲救苦救

101　释慧皎：《高僧传》卷五《晋长安五级寺释道安》，第183页。

102　仓本尚德：《北朝佛教造像铭研究》，京都：株式会社法藏馆，2016年，第484—485页。

103　释道宣：《续高僧传》卷二十《唐并州玄中寺释道绰传》，第761页。

104　释志磐撰，释道法校注：《佛祖统纪校注》卷二十八《净土立教志·往生高僧传·道绰》，第586页。

105　释道宣：《续高僧传》卷二十九《唐终南山豹林谷沙门释会通传》，第1164页。

难的活菩萨"，所以受到一般世人热诚信仰。[106] 由于胡人既要面对天灾，也要承担政府赋役，所以当起事也不能解决问题时，只能将希望寄托于救苦救难之神祇，这点与阿弥陀佛的接引意义相近。巧合的是，在净土信仰中，观音恰好为阿弥陀之右胁侍，西方三圣已占其二。而另一方面，观音也代表爱与怜悯，能给信徒以安慰，接受信徒忏悔。在宋代法智大师编定以观音为主体的《大悲忏仪轨》之前，胡人中已存在以观音为对象之忏悔，这与其狩猎经济及起事中的杀戮当存在关系。

目前可见较早的、可能为稽胡表达观音信仰之造像为北周《白景造像记》，[107] 不过由于出土地点不明，难以进一步判断该造像与胡人之关系。今陕西富县石泓寺石窟第一窟东壁第一、二号龛均有观音造像，此二龛均为唐代开凿，[108] 可知唐初胡区观音崇拜已流行。事实上，胡中观音信仰甚至可以追溯到刘萨诃之时，《梁书·扶南国传》云：

> 西河离石县有胡人刘萨何遇疾暴亡，而心下犹暖，其家未敢便殡，经十日更苏。说云："有两吏见录，向西北行，不测远近，至十八地狱，随报重轻，受诸楚毒。见观世音语云：'汝缘未尽，若得活，可作沙门。洛下、齐城、丹阳、会稽并有阿育王塔，可往礼拜。若寿终，则不堕地狱。'语竟，如堕高岩，忽然醒寤。"因此出家，名慧达。[109]

在某些地区的稽胡民间信仰中，刘萨诃甚至被视为观音的化身。道宣律师游历胡中时即发现当地胡人提及慧达大师之神异时，"亦以

---

106 楼宇烈：《〈法华经〉与观世音信仰》，《世界宗教研究》1998年第2期，第67页。
107 端方：《陶斋藏石记》卷十四《白景造像记》，第8114页。
108 员安志：《陕西富县石窟寺勘察报告》，《文博》1986年第6期（西安，1986.12），第3页。
109 姚察、姚思廉：《梁书》卷五十四《扶南国传》，第791页。

为观世音者假形化俗，故名惠达"。[110]

虽然皈依佛教者众多，但直到隋末唐初，起事稽胡仍对以教宗为代表的其他佛教宗派怀有强烈排他性。在胡变波及之地，即使是昙韵这样的天台宗僧人也要离乡避难。不过对持观音信仰之其他族群，稽胡反抗军有时却能网开一面。《法苑珠林·救厄篇第七十六》云：

> 唐武德初中，有醴泉县人，姓徐，名善才。一生已来，常修斋戒，诵念《观世音经》，过逾千遍……道逢胡贼，被捉将去……贤者见前皆杀，定知不免，唯念观音，刹那不辍。次到贤者，初下刀时，自见下刀。及至斫时，心不觉惺。当杀之时，日始在申，至于初夜，觉身在深涧树枝上坐，去岸三百余步。贤者便自私念：我何故在此？良久始知，今日被杀，何因不死，自全在树。便以手摩项，觉项微痛而无损伤，即知由念观音，得全身命。[111]

将徐善才性命保全归因于观音显灵当然为禅门人士之附会，比较可能的解释当为胡人闻其诵观音经文，知其为教友而心生怜悯，象征性地作出砍杀的样子后即放其一条生路。

（五）药师如来

药师如来又称药师佛、药师琉璃光佛或药师琉璃光如来，在佛教中被认为是拥有消灾延寿法力之神祇，传说曾发下十二大愿，以求医人心、离轮回，解除信众身心痛苦，引导其至与西方极乐世界相似之净琉璃世界。从一些稽胡的造像记题名可以推测，唐时稽胡已对药师如来有所认识。唐永隆二年（公元681年）《张善思造像记》中，其过

---

110 释道宣：《集神州三宝感通录》卷下《神僧感通录》"释慧达"，第434-3页。
111 释道世撰，周叔迦等校注：《法苑珠林校注》卷六十五《唐居士徐善才》，第1971页。

世的父亲即名药师。[112] 考虑到该造像地处吕梁山南麓之山西乡宁，张氏在稽胡中并非罕见，其母卜氏更是典型的匈奴旧姓，故该造像当与胡人有关。以三十年一代来推算，其父出生当在隋末唐初，正为刘龙儿、刘季真父子昆仲鏖兵河东之时。药师如来消灾之神通正是饱受兵燹摧残的胡人部众所祈求的，故张善思之祖父母极可能以此为子取名。

需要指出的是，隋代黄土高原南部之稽胡中已出现道教信仰，开皇三年（公元583年）《白显景造像记》即为"道民白显景慈心造道像一区"，祈求"一切众生，一时成道"。[113] 当佛教进入胡区开花结果后，作为唐代国教的道教也存在从边缘胡区向传统中心胡区传播的可能。《太平广记·虎二》云：

> 慈州稽胡者，以弋猎为业。唐开元末，逐鹿深山。鹿急走投一室，室中有道士，朱衣凭案而坐。见胡惊愕，问其来由。胡具言姓名，云："适逐一鹿，不觉深入。"辞谢冲突。道士谓胡曰："我是虎王，天帝令我主施诸虎之食，一切兽各有对，无枉也。适闻汝称姓名，合为吾食。"案头有朱笔及杯兼簿籍，因开簿以示胡。胡战惧良久，固求释放。道士云："吾不惜放汝，天命如此，为之奈何？若放汝，便失我一食。汝既相遇，必为取兔。"久之乃云："明日可作草人，以己衣服之，及猪血三斗、绢一匹，持与俱来，或当得免。"胡迟回未去，见群虎来朝，道士处分所食，遂各散去。胡寻再拜而还。翌日，乃持物以诣。道士笑曰："尔能有信，故为佳士。"因令胡立草人庭中，置猪血于其侧。然后令胡上树，以下望之，高十余丈。云："止此得矣。可以绢缚身着树。不尔，恐有损落。"寻还房中，变作一虎。出庭仰视胡，

---

112 胡聘之：《山右石刻丛刊》卷四《张善思造像记》，第15013页。
113 《白显景造像记》，参见魏宏利：《北朝关中地区造像记整理与研究》，第354页。

大嗥吼数四，向树跳跃。知胡不可得，乃攫草人，掷高数丈。往食猪血尽，入房复为道士，谓胡曰："可速下来。"胡下再拜，便以朱笔勾胡名，于是免难。[114]

稽胡猎人在道术的庇佑下得改天命之劫，表面上是宗教的各显神通，深层却透露出道教向佛教优势区扩张，与佛教争夺信徒的时代背景。李唐王朝既然可以命玄奘法师译《道德经》为梵文，对印度反向输出道教，则身为国教的道教自然堂而皇之进入胡人所在州县。该笔记小说背后反映的恐怕是胡区佛道两教对信众之争夺趋于激烈。可资佐证的是吕梁山区的道观修建时间，道教圣地——"天下神山"北武当山（龙王山、真武山）诸建筑正是"创建于唐时"。[115]离石九凤山洞阳观之修建更是得到了政府的有力支持，"唐贞观中敕建"。[116]另一方面，作为稽胡组成部分之一的卢水胡早在北魏宣武帝时期已有部分选择道教作为信仰，今可见疑似陕西出土之延昌四年（公元515年）《盖氏造道像记》中，供养人"盖客□、盖周得、盖双图、盖祭祖、盖□奴"等当为合宗信道。[117]卢水胡外，胡中尚有对五斗米道信仰已久的蜀人存在。当这些崇奉三清的卢水胡、蜀人后裔融入稽胡时，向其他胡人宣传南华之学，使之从边缘向中心散开不无可能。

　　侯旭东先生指出，中土民众固有之信仰取舍标准为重视信仰对象的灵验度，灵验与否很大程度上决定其兴衰，若有效，百姓则信奉，反之则被抛弃。[118]这一标准不但适用于汉人，同样适用于文化普遍较

114　李昉等：《太平广记》卷四百二十七《虎二》"稽胡"条引戴孚《广异记》，第3476页。

115　《乾隆十六年重修神山复立古记碑》，参见方山县县志编纂办公室编：《方山县志》，太原：山西人民出版社，1993年，第429页。

116　孙和相修、戴震纂：《（乾隆）汾州府志》卷二十四《祠庙》，第584页。

117　《延昌四年盖氏造道像记》，参见魏宏利：《北朝关中地区造像记整理与研究》，第63页。

118　侯旭东：《五六世纪北方民众佛教信仰：以造像记为中心的考察》，北京：社会科学文献出版社，2015年，第59页。

汉人低的稽胡。在崇拜对象的选择上，稽胡虔诚度不足，存在相当的务实性，亦即汉人中通行的灵验标准——何方神仙灵验则拜何方神仙。《宋高僧传·唐潞州普满传》云：

> 释普满者，未知何许人也。于汾晋间，所为率意，不拘僧体，或歌或哭，莫喻其旨。以言斥事，往必有征，故时人以强练万回待之。或入稽胡，激劝修善，至有罢弋猎者。[119]

又《宋高僧传·唐河东悬瓮寺金和尚传》云：

> 释金和尚者，姓王氏，西河平遥人也，所生之地猪坑村。幼而魁岸，为人鲁质。所作诡异，与平人不类。于嵩岩山出家，其后身裁一丈，腰阔一围，言事多奇荖，终后如在。乡人供祭之，乞愿，皆遂人意。西河至稽胡皆郑重焉。[120]

按普满和尚于唐建中初年（约公元780年）圆寂潞州，其入胡弘法当在代宗之时。释金和尚于悬瓮山剃度，《元和郡县图志·河东道二·晋阳县》有"悬瓮山，一名龙山，在县西南十二里"。[121]《大方广佛华严经随疏演义钞》录北魏沙门灵辩熙平二年（公元517年）"徙居悬瓮山嵩岩寺"，[122] 该寺院为北魏以来即香火鼎盛之晋阳名刹。虽然释金和尚生卒年代无载，然与其名列同卷者多为中晚唐高僧，其活动时间当亦不外乎此时。

---

119 释赞宁：《宋高僧传》卷二十《唐潞州普满传》，北京：中华书局，1987年，第523页。

120 释赞宁：《宋高僧传》卷三十《唐河东悬瓮寺金和尚传》，第747页。

121 李吉甫：《元和郡县图志》卷十三《河东道二·太原府》"晋阳县"条，第364页。

122 澄观：《大方广佛华严经随疏演义钞》卷十五，收入大藏经刊行会编：《大正新修大藏经》第9册，第114-2页。

万回为唐代以神异著称之预言僧，释普满、释金之传教方式已不同于显教之注重经籍禅理，亦不同于密宗之依托陀罗尼密咒，而是彻彻底底依靠算命、占卜等手法吸引信众。事实上，不仅是唐代的普满、释金和尚，对胡区佛教信仰推动较力的隋代名僧释法通之宣传手段亦不外玩弄神秘主义的一套把戏。为了巡行无碍，法通利用"经日不食，夜又狐鸣"的神秘主义实现目的。[123] 汤用彤先生探讨魏晋佛教传播时，指出"佛教之传播民间，报应而外，必借方术以推进，此大法之所以兴起于魏晋"，[124] 这一原理在后世胡人信众中依然发挥着作用。这些类似方术的宣传手法在当时已取得社会主流认可的正统佛教眼中不过是难登大雅之堂的雕虫小技，但胡人却因其灵验，奉"异僧"为神明。将这些僧人之行为视作数百年前佛图澄等所用幻术把戏之重演并不为过，实乃配合宣传之辅助手段，亦似后世基督教传教时依靠之医术，刘蠡升等人所谓之圣术大概也难离其窠臼。

在弥勒教以外的各宗中，除了禅、净土、密外，其他各派影响力并不大，甚至可以说微乎其微。究其原因，当为注重佛教典籍学习的教宗对信众文化水准要求较高，在汉人地区流行尚不普遍，何况受教育程度较低的稽胡山区，要不识文字的稽胡下层民众手不释卷研读贝叶、恪守戒律无异痴人说梦。相反，修行简便的禅宗、净土以及宣传方式特殊、充斥享乐主义的左道密则能在胡人中得到一定程度的推广。

在以弥勒为主的佛教推动下，胡区地域整合程度似乎有所提高。刘虎、白亚栗斯起事时因族裔不同，胡中尚有内讧。但到北魏末期，依托宗教组织动员之手段在胡中兴起后，汾、夏二州胡已能"连结正平、平阳"，[125] 河东、河西胡人的距离大大拉近。此后虽然东西分治，

123　释道宣：《续高僧传》卷二十五《唐隰州沙门释法通传》，第934页。

124　汤用彤：《汉魏两晋南北朝佛教史》，北京：中华书局，1983年，第134页。

125　魏收：《魏书》卷十九下《拓跋融传》，第514页。

图6-4 延安岭山寺塔（宝塔山）

（笔者2021年5月摄于延安。）

但刘蠡升之孙刘没铎竟能号令黄河两岸，这恐怕与其祖以"圣术"取信胡人的家学渊源有关，不能不说可能利用了共同的弥勒信仰，就组织方式而言是一大发展。

不过随着唐代混一宇内，通过宗教整合稽胡以谋霸业的发展过程终于被政府打断。即使有佛力加持，稽胡也难以抗衡中央。而旨在下生救世的弥勒此时也渐渐让位于求来世解脱的阿弥陀佛、观音。贞观时期延州稽胡尚将弥勒与阿弥陀并立礼敬，可到不久后的高宗之时，该地已是阿弥陀信仰占优。不肯改宗的虔诚弥勒教僧侣、信徒则可能避入山中，试图延续旧有信仰。《（康熙）隰州志·山川》云："白衣山，州东三十五里，昔有白衣居士居此。"[126] 隰州属后魏仵城郡，恰在利用白衣异术起事之冯宜都活动范围内，此白衣居士或亦类似弥勒教

---

126 钱以垲：《（康熙）隰州志》卷四《山川》，台北：成文出版社，1976年，第80页。

图6-5　延安清凉山石窟弥勒窟

（笔者2021年5月摄于延安。）

信徒，或形势所迫下，退居山中。

可以说，稽胡的信仰转变是对现实的承认与无可奈何。更需要看到的是，在改宗过程中，外在因素或为官方对正统佛教的大力推广，即以官方认可之意识形态取代胡区原有之异端佛教信仰。离石安国寺、延安岭山寺塔等原稽胡居住区之著名古刹丛林均建于唐代，且有不少为李唐王朝敕建或得到敕封，如离石灵泉寺、香岩寺等。这一时间点恐非偶然，只不过在这一过程中，原有信仰仍然通过某种传承或明或暗地留下了一些痕迹，北宋时鄜州尚有书写弥勒兜率信仰之造像题诗以及祈福造像。[127] 很难说今天仍可见到的延安清凉山石窟弥勒窟、

127　陕西黄陵万安禅院石窟第一窟有北宋题记"钻道如镌佛，应到兜率天"；同窟另存《周万造像记》，中有"作菩萨一尊、弥勒佛一尊"，"伏乞合家平善，早成佛道者"等语。参见延安市文物研究所编：《延安石窟碑刻题记》，第4—5页。

离石安国寺观音阁与稽胡之传统弥勒、观音信仰无关，它们依旧顽强地诉说了曾经的族群记忆。

三、从造像记看胡汉信仰之差异

稽胡中佛教信仰流行，但是根据现有资料，汉人等族群中盛行的造像之风在胡人中却相对少见，可确定为稽胡出身并以像主身份造像者更是少之又少。虽然在曾为稽胡主要聚居地的吕梁山区，佛教石窟开凿史可以追溯至北魏时期，如千佛洞石窟、岳家山石窟等，[128] 但由于毁损、盗掘等因素难以见其大略，河西留存之石窟虽然较多，但由于缺少题名，不少造像难以判断与胡人之关系。不过根据有限的胡人造像或参与造像之刻石，也可从中窥探胡汉之间在宗教信仰与活动上的差异。兹将笔者目前所掌握、有关稽胡之造像活动表列于下：

表6-1　稽胡佛教造像发愿表

编号	名称	时代	地点	造像方式	胡人参与方式	发愿内容	佛法表述	造像主尊
1	刘文朗造像记	北魏	鄜城	合造	发起、附从	八方清寿，人（残泐）四大康和、子孙荣（残泐）老者延康，（残泐）知识，三通光灵，龙华俱会（残泐）。	坐化仙佛龙华俱会。	释迦
2	李黑城造像记	北魏	鄜城	合造	附从	（残泐）	（残泐）	佛

---

128 吕梁地区之中古石窟现存状况，可参见潘丰娇：《山西北朝隋唐时期小型石窟的研究》，山西大学硕士论文，太原，2019年，第138—139页。

编号	名称	时代	地点	造像方式	胡人参与方式	发愿内容	佛法表述	造像主尊
3	黄石崖造像（法义兄弟姊妹等题记）	北魏	历城	合造	发起、附从	悉以成就，应名题记，释伏守同心锄。	无。	不详
4	兴化寺高岭诸村造像记	东魏	肆州	合造	附从	上为皇帝陛下、勃海大王延祚无穷，三宝永隆，累级圣德，□世父母现存眷属，后愿生生之处，遭贤遇圣，值佛闻法，常随善业，□至菩提，誓不退转，愿法界含生，同获此愿，一时仪道。	前不值释迦初兴，后未遭弥勒三会。	不详
5	曹续生造像记	西魏	富平	合造	发起	上为帝主永隆，诸王公长寿，下及邑子（阙）。	至道空玄。	不详
6	法龙造像记	西魏	郿城	合造	附从	伏愿□皇帝陛下、大丞相王□□□□四方宁静，干戈永戢，又愿三宝祯隆□□师正师僧父母因缘眷属善友知识以及四土普升，常乐所愿。	是以如来发四誓曩于暇劫，问寝于□□□轨。故乘和降生诞影王宫□九舍爱出登□鹿野。诚训憍陈独娱耆阇方便一音随类发唱。	释迦

续　表

编号	名称	时代	地点	造像方式	胡人参与方式	发愿内容	佛法表述	造像主尊
7	似先难及造像记	西魏	鄜州	合造	附从	（残泐）国主大丞相王祚隆无穷下为亡（残泐）普共常洛，三界四生有（残泐）。	（残泐）	佛
8	张迥兴造像记	西魏	延安	独造	像主	愿使亡父永（下阙）面奉圣容，听（下阙）有又愿兴之己身（下阙）无病苦，富贵（下阙）永兴隆。又愿七世（下阙）界众生（下阙）。	法界众生。	不详
9	白景造像记	北周	不详	独造	像主	为一（切）法界众（生），于见在父母、七（世）□□□因缘，普同成佛。	普同成佛。	观音
10	合方邑子百数十人造像记	北周	渭北	合造	附从	为法界众生普同妙洛，先方无量寿国。愿黄帝比下延祚无穷，离苦享洛。	为法界众生普同妙洛，先方无量寿国。	释迦
11	邑子五十人等造像记	北周	渭南	合造	附从	愿周皇帝延祚，常等安乐。晋国公忠孝，庆算无穷。又邑子亡者，值佛闻法，见在眷属，恒与善居。将来道俗，世世同修。使如来佛业，不坠于今奕。	盖大范攸寂，非一念无以显其原；妙理澄湛，非表象何以畅其旨。是故隐迹双林，示苍生离合；□蚁聚沙，知善□可崇。	释迦

364

编号	名称	时代	地点	造像方式	胡人参与方式	发愿内容	佛法表述	造像主尊
12	郭乱颐造像记	北周	鄘城	合造	附从	上为皇帝陛下，下为群辽伯官、一切群生、亡世父母、所生父母、因缘眷属及法界众生，普离三涂，愿等上集，同厌四流，一时成佛。	夫妙登（蒙）莫名相之表，幽玄隐称言像之外，俱感悟修，饬应同生灭，俞越苦津，显澄常乐，化尽归终，双林应灭。	佛
13	合邑生一百三十人等造像记	北周	宁州	合造	附从	愿使皇帝陛下，明中日月，法界众生，□洽此福。公得圆满，果保成佛。	法界众生，果保成佛。	释迦
14	王洪晖造像记	隋	鄘城	合造	发起	□生佛闻法，又□国祚，法界众生俱成果。	□生佛闻法。	佛
15	董将军三十人等造像记	隋	吉州	合造	发起、附从	上为国王帝主、州郡令长、师僧父母、七祖先零所生父母见前眷属，法界众生咸同思福。	法界众生。	弥勒
16	梁礼德造像记	隋	鄘城	合造	附从（母子）	（残泐）	夫自法轮□释典东流□□双树忘□。	弥勒
17	刘细利造像记	唐	延州	独造	像主	愿离苦难，俱登妙法，一时成佛。	俱登妙法。	阿弥陀

续　表

编号	名称	时代	地点	造像方式	胡人参与方式	发愿内容	佛法表述	造像主尊
18	高善达造像记	唐	洛阳	独造	像主	为一切法界众生。	法界。	阿弥陀
19	张善思造像记	唐	吉州	独造	像主	合家大小一心供养。	无。	不详
20	白伏原造像记一	唐	延州	独造	像主	为七世父母、前生父母、因缘眷属及一切法界众生俱沾斯福，成无上道。又为皇帝陛下，望化无穷，法界众生一□□□。	法界。	阿弥陀、弥勒
21	白伏原造像记二	唐	延州	独造	像主	（残泐）法界众生共沾斯福□□□。	法界。	阿弥陀

资料来源：陆增祥《八琼室金石补正》、胡聘之《山右石刻丛刊》、魏宏利《北朝关中地区造像记整理与研究》等。

　　以上诸造像记有合造与独造两种造像方式，合造像中除董将军、曹续生、王洪晖、梁礼德主持之造像可能为稽胡或稽胡化族群领衔外，其余造像活动中胡人均为一般参与者。就造像意图而言，当以像主身份独造之像更为符合胡人自我意思表示。不过合造之像当也得到参与者认可，故视为其信仰表达当无不可。当然由于现存造像记数量有限，难以如同现代问卷调查一样较为客观地展示其全貌，因此对比不同族群之间信仰差异时存在一定偏差为难以避免之事。以目前可见资料结合侯旭东先生对汉人等族群造像特点之研究，胡人造像不同于汉人之处主要体现在以下诸方面：

（一）造像材料简陋、数量少

根据侯旭东先生研究，以玉造像在北朝后期平民信徒中影响力持续扩大。[129] 只不过这种崇尚玉的造像风格在目前可见与稽胡有关之造像活动中均未发现，所造之像均为石像。[130] 究其原因除崇玉之风不如汉人外，更重要的原因当为经济能力制约。

造像材料的选择与造像者的经济能力密切相关。据侯旭东先生统计，玉石造像半数以上集中于今河北地区。[131] 崇玉之风的出现必以客观物质基础为支撑，河北数州为北魏时期的"国之基本"，"国之资储，唯借河北"。[132] 繁荣的经济为其采用奢侈材料造像提供了有利条件，故可以利用珍贵之玉材体现其虔心向佛。相比之下，稽胡活动区域为今山、陕山区，经济水准直到唐代仍在开发中，相对当时经济繁荣的河北地区，前者只能望尘莫及。

稽胡造像不但在材料上选用平常，单次造像数量上也普遍显得寡少。汉人有财力者不乏一家造像多尊，即使是同为匈奴系族群之秦陇屠各，北魏时之成丑儿家族一次也可造像十四区。然而目前看到的稽胡造像除部分官吏支持建造者外，在数量上以一区占绝大部分。肆州、渭河流域甚至存在数十人、百余人同造一区佛像的景象，其族分布地区之现存石窟亦以尺余见方之小型窟为多。这些多人"众筹"的现象基本发生在山、陕等地，与之形成鲜明对比的是今山东地区之黄石崖造像，虽然造像者中有不少胡人，亦属群体合造，却能造像二十四区。原因自然是地区经济发展水准制约下之造像人的财力差异。

---

129 侯旭东：《五六世纪北方民众佛教信仰：以造像记为中心的考察》，第151页。
130 隋仁寿三年《王洪晖造像记》（表中编号14）虽刻文"玉石像一区"，但其现存材质实为砂石。参见刘忠民：《洛川出土隋代造像碑》，《文博》1995年第5期（西安，1995.10），第83页。
131 侯旭东：《五六世纪北方民众佛教信仰：以造像记为中心的考察》，第151页。
132 魏收：《魏书》卷十五《拓跋晖传》，第380页。

何兹全先生指出，建寺活动多属于帝王官员，"一般人民群众建不起大庙就建小庙，就造像"，"造像通常是群体活动"，"这里面有一代社会风气和宗教的因素，但不能否认这和造像者的经济条件有关系，甚或可以说穷是主要原因"。[133] 这一贫富差异决定造像规模之理论套用在稽胡造像活动上可谓一语中的。

（二）发愿内容少有佛法论述

造像为信徒表达对佛教虔诚信仰之产物，其中的遣词造句也能体现造像者对佛法、佛教理论的掌握程度。侯旭东先生提出，信徒造像所披露的佛法认识分为不同层次，与三言两语相比，有不少信徒具有更为系统的认识，使用了大量佛教术语、佛经典故，代表了当时造像认识的较高水平。[134]

而在稽胡造像中，这些充满佛学辞藻的造像内容虽然存在，但数量并不占优势，而且多见于有官员身份者主持的群体造像中。肆州《兴化寺高岭诸村造像记》中运用了龙华三会之典故，渭南《邑子五十人等造像记》也能以"双林"之典故配合对仗之辞藻，鄜城诸碑运用禅理哲学之修辞更为突出。而其他更多的碑文只是用"法界""妙法"等少量概述性词语作为佛理之笼统表达，显得理论认识较为不足。在稽胡以像主身份进行的造像活动中，这一短板直到唐代仍未有明显突破。

需要看到的是，造像文内容的撰写也许并不是造像者本人所为，请人代笔并不罕见，因此可以在遣词造句中舞文弄墨、卖弄词藻。所以具体到造像者本人，其对佛教理论之实际掌握程度也许更在造像文辞之下。

（三）信仰对象之发展趋势不甚相合

在佛像种类可以确定的造像中，稽胡参与修造之主尊主要为释迦

---

133 侯旭东：《五六世纪北方民众佛教信仰：以造像记为中心的考察》，何兹全序，第2页。

134 侯旭东：《五六世纪北方民众佛教信仰：以造像记为中心的考察》，第277页。

佛、阿弥陀佛及弥勒佛。其他族群造像活动中，释迦佛之崇拜特点为北朝时期造像及崇拜较为流行，总体上官吏崇拜释迦较多。[135] 就这一点而言，有稽胡参与之造像与这一规律较为相符，主尊释迦之造像1、6、10、11、13均出现于北朝时期，而且其中四例为有"都督""将军"身份之官员参与。

阿弥陀信仰造像虽然早已存在，然于北朝时期影响尚在发展之中，属于六世纪初逐渐兴起之崇拜对象，北朝时期信徒不多，势力不大。[136] 稽胡阿弥陀造像均出现在唐代，与汉人相似。胡人受阿弥陀信仰影响较晚，当在北朝后期昙鸾驻锡玄中寺弘法之后，方知净土之说。

比较特殊的则为弥勒信仰崇拜，胡汉之间差异明显。弥勒造像与崇拜在北朝时期由盛转衰，到北朝末年造像数量已极少，其转折点集中于北魏末年，北魏灭亡后，平民中崇拜弥勒者日渐减少。[137] 不过这一现象多存在于汉人等其他族群中，对胡人并不适用。疑似与休屠梁元碧有关之稽胡梁礼德到隋朝仍"割舍家珍造弥勒石像"。[138] 虽然弥勒崇拜并不能完全等同于弥勒信仰，但以造像为载体的弥勒崇拜在胡区却长久流传，迥异于汉人弥勒崇拜衰弱、弥勒信仰犹在。

稽胡弥勒信仰已如前论，就其造像而言，不能以北魏灭亡为转折。西魏时鄘城工匠犹熟练掌握弥勒造像工艺，直到隋、唐之时，在吕梁山区仍存在弥勒造像活动，其崇拜、影响持续之久远远超过其他族群，可以说胡人在相当长的时间内坚持此基本信仰原则不动摇。

（四）祈福对象之异同

与造像文中深奥抽象的佛教义理相比，发愿词中的具体祈福对象

135 侯旭东：《五六世纪北方民众佛教信仰：以造像记为中心的考察》，第122—123页。
136 侯旭东：《五六世纪北方民众佛教信仰：以造像记为中心的考察》，第133页。
137 侯旭东：《五六世纪北方民众佛教信仰：以造像记为中心的考察》，第127页。
138《梁礼德造像记》，收入杨军、李妮：《洛川县博物馆藏的隋唐佛教文物》，《东方博物》2019年第4期（杭州，2019.12），第92页。

更为现实，对体现造像者之人际、阶层关系较有帮助。造像活动中，村民对待地方官与皇帝的态度往往不同，"尽管对官方的基层制度不屑一顾，却对皇帝与朝臣作出热切的祝愿"。[139] 可以看到，稽胡参与之集体造像亦不外于此规律，所见之北朝后期至唐代造像，均少不了对皇帝、权臣之祝福，如对高澄、宇文护等人之阿谀。但对直接治民之父母官的祝福却少得可怜，唯一一方明确可见有祝愿州郡长官之造像为隋代之《董将军三十人等造像记》，只不过考虑到造像发起者本身即为朝廷体制内之武将，出现这一例外就不足为奇了。此外，北周《郭乱颐造像》有笼统地提及"群僚百官"，即使算上此方也不过两方。

至少在北朝时期，汉人造像为亲族祝福的内容比较罕见，其家族观念并不发达，造像时不甚关心族人的命运。[140] 这点胡汉平民之间存在一定差别。由于群体造像体现的可能多为集体共识，因此家庭独立造像之发愿词在此方面就比较有参考意义。在可见的六方独造案例中，除客居洛阳的高善达及出身地方僚佐家庭的白伏原仍祈福"法界众生"外，张迥兴虽有提及法界众生，却以亡父及自身为重点；其余平民出身的刘细利、张善思造像均以家人为祈福对象，希望其解脱，即祈愿家庭成员成为佛法赐福的对象。该差异之存在或与胡人长期保存部落制度有关，在血缘纽带的联系下，家族个体之间感情较汉人深厚。

对于丁零之信仰变迁，由于资料限制，难以如同稽胡一般作较为详细的分析。不过以宗教宣传作为起事工具、进行组织动员的事例不仅存在于稽胡中，丁零中也能找到相似的情况，其对佛教的利用也经历了一个从陌生到熟悉、从排斥到接受的过程。在入塞之初，丁零的信仰当仍为源自草原的萨满巫术，对佛教并不感兴趣。《太平广记·报应十五》云：

---

139 侯旭东：《北朝村民的生活世界——朝廷、州县和村里》，第160页。
140 侯旭东：《五六世纪北方民众佛教信仰：以造像记为中心的考察》，第257—258页。

相州邺城中，有丈六铜立像一躯。贼丁零者，志性凶悖，无有信心。乃弯弓射像，箭中像面，血下交流。虽加莹饰，血痕犹在。又选五百力士，令挽仆地，消铸为铜，拟充器用。乃口发大声，响烈雷震。力士亡魂丧胆，人皆仆地。迷闷宛转，怖不能起。由是贼侣惭惶，归信者众。丁零后时著疾，被诛乃死。[141]

该故事本出自刘宋刘义庆之《宣验记》，结合"被诛乃死"之下场，此丁零帅当为翟斌。不过与事实冲突的是，翟斌并未进入邺城，仅参加过慕容垂指挥下对邺城之围攻。但"丁零、乌丸之众二十余万，为飞梯地道以攻邺城"的弹雨枪林必然是邺中父老记忆中的一段伤痛，[142] 因此对参与攻城的丁零翟斌必然恨之入骨。对其横死的咒骂在宣传因果报应外，更是回忆邺城攻防战的春秋笔法。不过也可得知此时的入塞丁零并不信佛。但仅仅过了二十多年，北魏时期之丁零已经同僧侣合作，发动起事。道武帝时，僧人张翘"自号无上王，与丁零鲜于次保聚党常山之行唐"。[143]

虽然由于记载简略，联合张翘起事之丁零是否已皈依佛教尚存疑问。但在与汉人僧侣、信众的接触中，各佛教宗派无疑会给丁零人带来影响，弥勒教也在其列。事实上，丁零人生活的定州中山至少在北魏献文帝时已经出现弥勒信仰。北魏皇兴三年（公元469年）《弥勒佛石像记》云：

唯大魏皇兴三年定州中山郡赵珚为亡父母、亡兄造弥勒佛像一区。若在三涂，速令解脱；若生人间，王侯子孙舍身处身常与

---

141 李昉等：《太平广记》卷一百一十六《报应十五》"丁零"条引刘义庆《宣验记》，第811页。

142 房玄龄：《晋书》卷一百十四《苻坚载记下》，第2919页。

143 魏收：《魏书》卷二《太祖纪》，第39页。

佛会，愿见世安隐愿，愿从心使一切众生普同斯愿。[144]

随着周围汉人弥勒信仰之风日盛，疑似丁零后裔中也出现了弥勒崇拜。如魏末神龟三年（公元520年）之《翟蛮造像记》：

佛弟子翟蛮为亡父母、洛难弟造弥勒像一堀，愿使亡者上生天上，托生西方，侍佛佐右，供养三宝。[145]

又北魏宣武帝永平三年（公元510年）《魏僧通等廿三人造弥勒像记》：

维那王方□、邑主游□光、邑师慧敢、政邑主魏僧通、维那翟僧□永平三年闰月五日，邑子等廿三上为七世父母、所生父母、宜兄弟敬造弥勒像一区，愿愿从心□求□。[146]

翟蛮、翟僧某均有丁零后裔出身之可能，只是由于丁零在北魏中期后已逐渐同化于汉人，所以没有出现类似稽胡利用弥勒教发动起事的记录，仅仅将弥勒作为信仰对象供奉，祈求目的也注重于来世解脱，而非今世下生解救信众。

---

144 周悦让等：《登州金石志·弥勒佛石像记》，收入《石刻史料新编（第三辑）》第27册，第46页。

145 端方：《陶斋臧石记》卷六《翟蛮造像记》，第8040页。

146《魏僧通等廿三人造弥勒像记》，参见《中国金石总录》：http://hfihy5b0578cd4147481chp06uwufqqpqx6wv5.fcxg.1.8.1.a696.www.proxy1.online/jsxs/default.aspx?id=42318&jsz=%E6%94%BF%E9%82%91%E4%B8%BB%E9%AD%8F%E5%83%A7%E9%80%9A%E3。

第七章

入塞族群的汉化及差异原因

　　丁零与稽胡虽然进入中原的时间大体相近，可是二者之后的发展却大相径庭。尤其是汉化过程中二者差异明显，丁零在北魏之后已鲜有音讯，而稽胡直到中晚唐仍时有出现，较前者多延续了三百余年。

　　导致二者差别如此显著之因素到底有哪些？如采用单纯之地理原因解释，恐怕难以服众。抑或是二者虽俱为山居族群，但居住环境之细部差异影响其与周边族群之联络？不能不说需要细加探究。除地理环境因素外，经济、心理等主观因素的影响可能较大，具体表现在哪些方面，需要结合史籍及文化人类学等理论试加阐述，以图解释其差异背后之深层原因。

第一节　丁零之汉化

　　自北魏献文朝最后一批亡匿广阿泽的西山丁零为韩均剿抚后，曾多次起事反抗政府的丁零从此罕见史册。可以说作为一个独立存在的族群，丁零在北魏中期后已经逐渐汉化，除在姓氏上与他族还有所区别外，其他方面已与汉人趋同。

　　丁零被同化的前提应为对政府之服从，从献文帝时的反旗尚举到孝文帝时销声匿迹，中间不过数十年，可就在这一代人的时间内，北魏对丁零的态度已由提防转变成较为放心。孝文帝时沃野、统万二镇高车起事，北魏"徙其遗迸于冀、定、相三州为营户"。[1] 高车为丁零的塞外胞族，北魏作为游牧族群建立之政权，自然知道"北方以为敕勒，诸夏以为高车、丁零"之掌故，[2] 明白两者本为同一族群。如果此时丁零一如数十年前一样屡生事端，则极可能借同语同种之优势，与定州营户取得联系，共举反魏旗帜。然而这一幕并未发生，究其原因，恐怕在大漠悬隔令昔日同胞渐行渐远外，入塞丁零受北魏统治日久，已甘为其治下顺民也是可能的原因之一。因此北魏对在丁零居住地安置其叛逃胞族一事也无太多顾虑，并不担心二者合流。

事实上，鲜于修礼的反魏过程也透露出丁零作为一个独立族群似已消失。鲜于修礼为北迁边镇之丁零后裔，其起事为魏末大乱的重要组成部分。鲜于修礼于孝昌二年（公元526年）举事，距离韩均剿灭西山丁零不过一个甲子。然而在此次举事，甚至是整个魏末动荡中，都没有类似百余年前翟斌反秦的剧本出现。作为入塞丁零最重要的部族——翟氏对起事参与热忱极低，甚至根本找不到反魏记录。然而鲜于修礼举事却令不少学者将之与争取丁零余部联想起来，谭其骧先生猜测"修礼反于定州，岂以州境多其族类乎"？[3] 段连勤先生直言"鲜于修礼返回定州，发动鲜于部民造反"。[4] 事实上，鲜于修礼虽为丁零后裔，但从其怀朔镇兵之出身可知此人情况可能与高欢相似，当因祖辈迁徙北镇而成鲜卑化人士。在定州举事后，鲜于修礼的计划争取对象也为北镇降户，并非原乡丁零同胞。《魏书·甄楷传》云：

> 寻值鲜于修礼、毛普贤等率北镇流民反于州西北之左人城，

1　魏收：《魏书》卷七上《孝文纪上》，第135页。
2　魏收：《魏书》卷一百三《高车传》，第2307页。
3　谭其骧：《记五胡元魏时之丁零》，第242页。
4　段连勤：《丁零、高车与铁勒》，第125页。

屠村掠野，引向州城。州城之内，先有燕恒云三州避难之户，皆依傍市廛，草庐攒住。修礼等声云欲收此辈，共为举动。[5]

左人城临近后燕时的丁零据点行唐、望都，然而在百余年后，此地的丁零后裔却毫无动静，对同胞的举事参与热情有限，甚至可能沦为起事者"屠村掠野"的牺牲品。定州丁零后裔的举动与其说是忠于北魏政府，倒不如说是已与汉人趋同，不愿回忆或已选择性忘记本族之斗争史。在丁零居住的传统区域尚且如此，其他扩散区之汉化进程自然更加迅速。在原翟魏统治的核心地区也留下了一些丁零后裔，如翟普林。《隋书·翟普林传》云：

> 翟普林，楚丘人也。性仁孝，事亲以孝闻。州郡辟命，皆固辞不就，躬耕色养，乡邻谓为楚丘先生。后父母疾，亲易燥湿，不解衣者七旬。大业初，父母俱终，哀毁殆将灭性，庐于墓侧，负土为坟。盛冬不衣缯絮，唯着单缞而已……大业中，司隶巡察，奏其孝感，擢授孝阳令。[6]

楚丘本为翟魏统治中心，其地有白马城，即"古翟辽城，翟辽于此僭号"，[7] 翟普林虽以晋人翟汤后裔自居，实际或为翟魏覆亡后之丁零遗民。但在烽烟散去的百余年后，丁零后裔已经由翟斌时代凶暴嗜杀之戎狄异类转变为恭行仁孝的社会典范，得以名留青史。以孝行著称者另有疑出自上党丁零的翟寿仁，在面对丧亲之痛时，"枯柴骨立，蓬发垢身。叩地无依，号天罔极"。[8] 另一方面，丁零后裔与汉人在信

5　魏收：《魏书》卷六十八《甄楷传》，第1517页。
6　魏徵：《隋书》卷七十二《翟普林传》，第1669页。
7　乐史：《太平寰宇记》卷五十七《河北道六·通利军》"黎阳县"条，第1185页。
8　赵力光：《西安碑林博物馆新藏墓志汇编》中册《唐翟洪景墓志》，北京：线装书局，2007年，第507页。

仰方面的冲突也逐渐消弭，不奉佛的传统也为皈依三宝取代，这点在第六章已有论述。

如果从墓志入手，则更能发现丁零后裔心理认同之变迁。如唐显庆四年（公元659年）《翟惠隐墓志》志主"其先洛阳人也，三代祖徙居于洛，故今为洛阳人焉"。[9] 洛阳并非翟氏传统郡望所在，以洛中为籍贯之风倒是广泛存在于北魏迁都之后改籍的鲜卑人中。北魏太武帝时曾迁徙定州丁零三千户至平城，后孝文帝迁都洛阳，其中也有一部分丁零后裔随之南下，造像于龙门之翟兴祖即代表。因此，翟惠隐之洛阳籍贯当为从龙南迁后，在孝文帝政策强制下形成之新籍贯认同。在汉化大潮下，丁零后裔的祖先记忆也与汉人之同姓名人相交织，以嫁接的方式，移花接木编织祖先认同。唐上元三年（公元676年）《翟瓒墓志》云：

> 君讳瓒，字元宗，河南洛阳人也。作帝［于］唐，圣祚以之绵［远］；□［族］□□，□氏由其郁兴。丞相以政术匡朝，将军以忠规抗逆，备昭前史，无待［详］［言］。[10]

又唐先天二年（公元713年）《翟庆墓志》称志主"河南郡人也。昔金貂七叶，为天子之忠臣；鼎冠三公，晋武皇之名将"。[11] 在上党丁零后裔中，这一攀附行为亦不罕见。卒于开元十九年（公元731年）的翟守义自称"唐尧之胤绪，丞相尽荣宠于大汉，将军召迥秀于中燕"，其为"上党铜鞮人"，[12] 极可能为北魏上党丁零之后。唐代翟氏追认的祖先中常见"丞相""将军"等回忆对象，丞相即汉代名臣翟方

9　《翟惠隐墓志》，收入毛汉光：《唐代墓志铭汇编附考》第4册，第391页。

10　《翟瓒墓志》，收入毛汉光：《唐代墓志铭汇编附考》第9册，第147页。

11　《翟庆墓志》，收入毛汉光：《唐代墓志铭汇编附考》第16册，第155页。

12　《唐翟守懿墓志》，参见齐运通、杨建锋：《洛阳新获墓志　二〇一五》，北京：中华书局，2017年，第208页。

进，将军则为其子，曾反抗王莽之翟义。翟氏父子俱为汉人无疑，然此时已变成丁零后裔的攀附对象。

对祖先之冒认不但在入居中原久矣的丁零后裔中存在，也存于定居凉土的同族中。《翟家碑》自叙源流云："陶唐之后，封子丹仲为翟城侯，因而氏焉。其后柯分业散，璧去珠移，一支从官流沙，子孙因家焉，遂为敦煌人也。"立翟家碑者乃敦煌翟氏，以其祖翟希光"矢穿七札，弧弯六钧"的尚武之风观之，[13] 当为赀房分出之丁零翟氏。然在祖先认同方面却与东迁同胞无异，到唐末五代时该部已认同汉人祖先，但与东部同胞追认汉代名臣不同，西陲翟氏直接追溯到尧帝，再无中生有叙述本宗本支。这些冒认均可视为与汉人相处日久，接受汉文化之结果。但令人颇为意外的是，不止入华较久的丁零后裔如此，初来乍到的西域丁零后裔在追认汉人祖先方面也积极跟进。隋大业十一年（公元615年）《翟突娑墓志》云：

> 君讳突娑，字薄贺比多，并州太原人也。父娑摩诃，大萨宝。薄贺比多日月以见勋效，右改宣惠尉不出其年右，可除奋武尉拟通守祖晋上乡之苗裔，翟雄汉皇帝尚书令司徒公文海之胤。[14]

翟突娑虽自云太原人，但从其名及其父为萨宝来看，当来自中亚，为粟特化之西丁零之后裔，即使入华未久，但在祖先冒认方面与同胞如出一辙。只不过较早入华同胞所追认的祖先《汉书》尚有记载，可翟突娑冒认之翟雄等人却史籍无存，或为攀附过程中考据不慎导致笑话发生。

在婚姻方面，原本被视为"戎狄小人"的翟氏到北魏中期后竟然也能与当时的汉人士族共结秦晋之好。宣城公李孝伯在元配崔氏死

13　《翟家碑》，参见张维：《陇右金石录》，第16012页。

14　赵万里：《汉魏南北朝墓志集释》图版四八四《翟突娑墓志》，第215页。

后，"纳翟氏"，虽"不以为妻"，然翟氏所出二子"并有风度"。[15] 唐初赵郡赵昉"夫人翟氏，齐洛州洛〔阳〕县法曹休之女也。敌称秦晋，性□温柔"。[16] 需要注意的是，李孝伯出身于赵郡李氏，赵郡李氏乃位居五姓七家之列的北方汉人头等高门，翟氏为其续娶，而且不能得到正妻的待遇。赵昉亦为赵郡人，但在赵郡的士族等级中，赵氏位列李氏、睦氏之后，当为二流士族。这也反映了翟氏在汉化后的地位，虽然可以同汉人联姻，但或是只能维持类似妾的地位有实无名，或是只能与二流士族结为姻亲，不能不说其原族群属性多少仍存在影响。但不管怎么说，汉人能接受翟氏作为婚姻对象，也代表其对翟氏之接纳，不再以山野异类视之。

迁居上党的翟氏到唐代甚至已经获得郡姓的地位。《太平寰宇记·河东道五·泽州》录高平郡六姓：米、范、巴、翟、过、独孤。[17] 泽州即北魏翟猛雀起事波及之地，在翟猛雀被镇压数百年后，其丁零后裔不但未销声匿迹，反而一跃成为郡中豪族。上党翟守义之祖翟愿、父翟儒也分别官拜太谷县丞、平州参军，本人亦为陪戎校尉。[18] 位阶虽不高，但属于流内。留在中山故地之鲜于氏也成为唐代高阳郡五姓之一。[19] 这一转变当看作丁零后人为适应周边文化之自我调节，以夏变夷，主动顺应时代趋势。

当然，隋末还有翟松柏、翟让等丁零后裔举事发生，不过与此前之鲜于修礼相似，已经不能将其视为独立之丁零族群行为。作为族群主体存在的入塞丁零自北魏中期以后已逐渐与周边汉人融合。需要指出的是，在入塞丁零中，除居留中山、常山等地者之直接汉化外，尚

15　魏收：《魏书》卷五十三《李孝伯传》，第1173页。

16　《赵昉墓志》，收入毛汉光：《唐代墓志铭汇编附考》第2册，第135页。

17　乐史：《太平寰宇记》卷四十四《河东道五·泽州》，第916页。

18　《唐翟守懿墓志》，参见齐运通、杨建锋：《洛阳新获墓志 二〇一五》，第208页。

19　今本《古今姓氏书辩证》谓鲜于氏为贞观高陵郡五姓之一，谭其骧先生以"高陵"作"高阳"为是。参见邓名世：《古今姓氏书辩证》卷九《鲜于氏》，第138页；谭其骧：《记五胡元魏时之丁零》，第242页。

存在先鲜卑化再汉化之另一途径。由于十六国末期以翟同为代表的一些丁零酋长降附北魏较早，故其待遇当较一般丁零部民高，可能为鲜卑统治者吸收，如太武帝宠臣辽东公翟黑子即可能出自丁零。此类高层丁零不可避免受到鲜卑贵族影响，进而鲜卑化，而后又随着太和改制而逐渐汉化，如翟瓒、翟隐惠、翟庆等籍贯为河南洛阳之翟氏，虽假托为汉代翟方进之后人，但籍贯却透露了其可能的族属，北齐翟嵩或亦属此类。另一些被北魏政府从定州原住地迁徙至北镇的丁零平民由于生活环境转变，受北镇浓郁的鲜卑文化影响，较迁洛同胞更晚汉化，北魏末年之鲜于修礼、鲜于阿胡、鲜于世荣等即其中代表。如鲜于世荣家族，《北齐书》称其"父宝业，怀朔镇将"。[20] 唐长孺先生推断，鲜于宝业任期当在正始元年（公元504年）到永平元年（公元508年）间，前任为元尼须，继任为段长。[21] 北魏中期以后，北镇人士即使出身鲜卑，也多为"征镇驱使，但为虞候白直，一生推迁，不过军主"，[22] 然丁零出身之鲜于宝业却可与元魏宗室比肩，赐印镇将之尊，其经历当属罕见。不过亦可反证，此鲜于氏已与鲜卑几无分别，难称之丁零。又如鲜于廉家族，《鲜于廉墓志》云：

> 公讳［廉］，字庭海，渔阳人也。曾祖摽，周开府仪同三司，谥曰襄公。祖绪，使持节骠骑大将军、开府仪同三司、大都督、怀州刺史，赠大都督、凉河渭三州诸军事、凉州刺史，谥曰景公；考仁敏，高尚不仕……起家拜右卫翊府队正长上，寻迁右卫明光府果［毅］都尉。[23]

20　李百药：《北齐书》卷四十一《鲜于世荣传》，第539页。
21　唐长孺：《葛荣未任怀朔镇将辨》，收入氏著《唐长孺文存》，上海：上海古籍出版社，2006年，第770—772页。
22　魏收：《魏书》卷十八《拓跋渊传》，第430页。
23　《鲜于廉墓志》，毛汉光：《唐代墓志铭汇编附考》第17册，第457页。

北周之开府仪同三司虽有沦为散秩化之势，然从鲜于摽可得谥号来看，其地位不低。可能亦为起自北镇，扈从宇文泰征战之豪强。其子鲜于绪为武职，鲜于廉本人亦卫官起家，可见家传尚武之风，此当得益于北镇鲜卑文化洗礼。不过这一部分鲜卑化丁零或如鲜于修礼、鲜于阿胡为朝廷剿灭，或如鲜于世荣、鲜于摽等南下中原，后者终究难以逃离汉文化的冲刷。

第二节　稽胡之汉化

与丁零相似，入塞居住后，由于受周围汉文化辐射影响及政府控制的强化，稽胡的汉化进程也不可避免地开启了。

这种变化应该最早作用于因故被迁徙、与其他族群混居的稽胡，由于不得不与汉人等其他族群杂居，共同生活、劳动，加之佛教作为共同信仰。因此虽然在迁徙之初，第一代胡民或能坚守胡族心理认同，可是到第二代、第三代之后，只能接受淹没于周边汉人的命运。目前可见的诸造像题名可在一定程度上支持这点，即北朝末期仍存在一部分外迁胡人对于自身之北族背景多少抱以认同。北周武成二年（公元560年）《合方邑子百数十人造像记》中有出自匈奴—稽胡系统的造像人呼延观、卜阿妃、破洛汗阿拔等，其人均位列造像之北面，马长寿先生认为诸邑子之所以分别刻姓名于四方，似与其原籍位置有关，故匈奴诸姓多在北方。[24] 值得注意的是，该造像位于陕西渭南，而且为多族合造，或许可以说明当某些稽胡在被迁出原乡、与其他族群混居后的一段时间内，仍然坚持自身族群认同。这种方位排列并非孤立现象，在差不多同时的宁州保定二年（公元562年）《合邑生

24　马长寿:《碑铭所见前秦至隋初的关中部族》，第58页。

一百三十人等造像记》中，胡人呼延永兴亦名列造像北面。[25]

由于资料限制，对于这些外迁胡人后人的心理变化进程难以进行太多讨论，不过对于居留原乡的胡人来说，这一汉化进程也在潜移默化中进行。汉文化首先作用于进入统治集团内部的稽胡上层人士，此变化速度恐怕远比一般迁居之胡族平民迅速，其心理认同及族群认识变化即重要参照。东魏兴和二年（公元540年）《刘懿墓志》云：

> 君讳懿，字贵珍，弘农华阴人也。自豢龙启胄，赤乌降祥，磐石相连，犬牙交错，长原远叶，繁衍不穷，斧衣朱绂，蝉联弈世……起家拜大将军府骑兵参军第一酋长。[26]

刘懿即东魏重臣刘贵，关于其出身，第三章已经提及实为稽胡，但在墓志中却自谓"弘农华阴人"，所谓"豢龙"乃传说中夏代之刘累，墓主俨然以汉人自居。但颇具讽刺意味的是刘贵生前却根本看不起汉人，"一钱汉，随之死"的冷血言论正出自此公之口。[27] 墓志与《北齐书》《北史》本传不同，后两者对其曾获胡族官号——领民酋长之经历予以选择性忽略，墓志则保留了这一胡族官号，并记录死后被东魏政府追赠"第一酋长"之事。可以说这是一种二元文化认同，既不排斥接受相对先进的汉文化，又不愿放弃原族群的历史，因此出现这种折中表述。可以视为匈奴、鲜卑诸族入华后拟制华夏祖先习惯之延续。与刘贵相似，北魏末年的其他胡人中也存在这种二元认同表述。北魏孝昌三年（公元527年）《魏故咸阳太守刘府君墓志》云：

25　《合邑生一百三十人等造像记》，参见魏宏利：《北朝关中地区造像记整理与研究》，第231页。

26　《魏故使持节侍中骠骑大将军太保太尉公录尚书事都督冀定瀛殷并凉汾晋建郏肆十一州诸军事冀州刺史郏肆二州大中正第一酋长敷城县开国公刘君墓志铭》，收入赵超：《汉魏南北朝墓志汇编》，第336页。

27　司马光：《资治通鉴》卷一百五十七《梁纪十三·大同三年》，第4882页。

> 君讳玉，字天宝，弘农胡城人也。厥初基胄与日月同开，爵
> 封次弟通君臣之始。周秦大汉，并班名位。远祖司徒宽之苗。其
> 中易世，举一足明。值汉中讥凶奴之患，李陵出讨，军势不利，
> 遂没虏廷。先人祖宗，便习其俗，婚姻官带，与之错杂。[28]

前文已有论及刘玉祖先初万头为领民酋长，故其出身胡族无疑。
但其后人也未忘记将自己和汉代闻人搭上关系，只不过在拟制祖先谱
系时没有考虑到李陵出塞事在西汉，刘宽为司徒事在东汉，竟然将刘
宽列于李陵之前，更进一步证明此乃伪托。需要看到的是，在北朝
后期一些居住于汉人优势地区的稽胡家族对于自身祖先之叙述矫饰甚
多，完全讳言胡族相关词汇，已然将自己视为汉人。《大周故谯郡太
守曹□□□碑》云：

> 君讳恪，字祁乐，沛国谯人也……汉室龙兴，曹参为相。魏
> 武皇帝以英杰之上才，□挺之浚哲，□为魏祖。历载弥长，君即
> 其后……霖，黄初三年立为河东王，食邑六千二百户……子启
> 嗣……移逢兹不造，□深思远，大虑后变起，遂令夫人达携二
> 子，长道真、次道英微行避难，私称姓禾，唯求万全。[29]

曹恪不但以曹操后裔自居，而且拟制了其族出自曹丕之子曹霖的
谱系，将祖先置身于西晋战乱之大背景中，完成家系移植。相较于北
朝时尚有不少稽胡上层在自叙出身时一边回溯祖先华夏起源，一边无
意中流出塞外经历的犹抱琵琶半遮面相比，隋唐稽胡之对汉认同更加
彻底。《刘仁愿纪功碑》云：

28　《魏故咸阳太守刘府君墓志》，收入赵超：《汉魏南北朝墓志汇编》，第212页。
29　胡聘之：《山右石刻丛编》卷二《大周故谯郡太守曹□□□碑》，第14979页。

　　君名仁愿，字士元，雕阴大斌人也。（阙一字）土开家，（阙二字）建旗于东国；分茅锡壤，王孙投节于北疆。三楚盛其衣簪，六郡称其轩冕。本枝奕叶，可略而言。高祖（阙三字）常侍（阙二字）远将军（阙一字）州大中正彭城穆公，属魏室不纲，尔朱陵虐，东京（阙一字）丧（阙二字）西迁陪奉銮舆，从居关内。寻除镇北大将军持节都督河北诸军事绥州刺史。因官食（阙一字）仍（阙一字）居（阙七字）北州之望。曾祖平，镇北大将军朔方郡守绥州刺史上开府仪同三司，袭爵彭城郡开国公。祖懿，周骠骑大将军仪同三司，随使持节绥州诸军事绥州总管（阙一字）州刺史雕阴郡开国公。父大俱，皇朝使持节因绥二州总管廿四州诸军事绥州刺史寻迁都督左武卫将军右骁卫大将军胜夏二州道行军总管冠军大将军镇军大将军上柱国别封（阙一字）城郡开国公。[30]

　　刘仁愿乃雕阴大斌人，中唐林宝在述及雕阴刘氏时，明确指出"唐左武卫大将军、绥州总管、义成公大俱，晋右贤王豹之后，绥州代为酋望"。[31]刘大俱即刘仁愿之父，其祖先不言刘渊而言刘豹，当为政治正确的产物，与李唐社稷间接承自西晋，而刘渊率先反晋有关。雕阴刘氏出自稽胡，但刘仁愿高祖以来之爵位封赠却表明其意在塑造彭城刘氏为祖先，与河东同胞刘季真被封为彭城郡王交相呼应。同样的情形在初唐夏州稽胡刘神、刘保从兄弟的墓志中亦有出现，此二者已以彭城人自居，并以祖先仕官之借口解释何以东西跋涉千里，最终落籍夏州。[32]

　　唐代胡人拟制汉人祖先之现象虽然更为普遍，但是稽胡上层人士在冒认祖先时屡见考据不慎的笑话。开元十一年（公元723年）《曹明

30　阙名：《唐刘仁愿纪功碑》，收入董诰等：《全唐文》卷九百九十，第10249-1页。据《元和姓纂》可补其父刘大俱爵位为义城郡开国公。

31　林宝：《元和姓纂》卷五《刘氏》，第703页。

32　《刘神墓志》《刘保墓志》，参见康兰英：《榆林碑石》，第208、217页。

照墓志》称志主出身谯郡，"曾祖继代，金河贵族"。[33] 曹明照虽自称谯郡，似乎为曹操之后，然金河为北魏故都盛乐，故"金河贵族"表明其宗族极可能与曹覆寅有关。不难推测，十六国之末薛干部袭击东曹，然螳螂捕蝉，黄雀在后，拓跋珪又乘虚击败其部，部分东曹部民当从薛干部先归赫连夏，后又因拓跋焘平统万而归魏。曹明照之夫即出自鲜卑折掘氏，从此角度亦不难推断曹氏血统也非汉人。除曹明照之凭空追认祖先外，曹氏胡裔中可见的另一种祖先书写则以仕官为借口辩解迁徙缘由。唐代夏州胡曹恽在强调出身沛国谯县曹氏后，又以"后代因官，遂家于夏府"之理由，洗白胡族出身，却不想志文亦有对其尚武习气之赞美以及"种落"生活之描写，[34] 很难不令人联想到北魏夏州胡曹明等人。

到中唐时，刘姓胡人已经在两汉诸帝中为自己找到了"祖先"，贞元六年（公元790年）《刘明德墓志》称志主出自"彭城汉武帝之襄"。[35] 关于刘明德之稽胡出身，第四章已有论及，但其对祖先之追认却不禁令人捧腹。与刘仁愿相同，刘明德也选择彭城刘氏作为祖先，彭城刘氏虽为汉室宗亲，但系出楚元王刘交，在谱系上与汉武帝相差甚远。刘明德家人考证不细，终贻笑大方。

与诸刘姓稽胡从汉室外甥转为直接冒认汉室宗亲相比，其余姓氏之胡也不甘落后，即使不能攀附帝王，也要与名臣良将搭上关系。如卜氏，《卜元简墓志》大谈"偃以数术居晋，商以文学游〔鲁〕，大名之兆克从，立言之曲惟茂，令德之后，君其有诸"。[36] 卜元简之出身第四章亦有提及，当为匈奴须卜氏之后，或为北魏稽胡帅卜田之族，然其竟然将卜偃、子夏认作祖先。

龟兹系胡人白氏则攀附白起为祖先，唐乾宁二年（公元895年）

---

33 《曹明照墓志》，收入毛汉光：《唐代墓志铭汇编附考》第18册，第23页。

34 《曹恽墓志》，参见康兰英：《榆林碑石》，第221页。

35 胡聘之：《山右石刻丛编》卷八《刘明德墓志》，第15101页。

36 《卜元简墓志》，收入毛汉光：《唐代墓志铭汇编附考》第14册，第437页。

《白敬立墓志》云：

> 公讳敬立，字□□，秦将军武安君起之后。武安君将秦军
> 破楚于鄢郢，退军筑守于南阳，因而号其水为白水，始称贯于南
> 阳。武安君载有坑赵之功，为相君张禄所忌，赐死于杜邮，其后
> 子孙沦弃或逐扶苏有长城之役者，多流裔于塞垣。□公家自有唐
> 洎九世，世世皆为夏州之武官。[37]

白敬立祖先自唐初即为夏州武官，夏州在唐初仍为稽胡部落分布
地，白敬立当与白道生类似，为稽胡之后。

屠各裔胡王氏也将祖先追溯至汉代大臣，隋大业元年（公元605
年）《王善来墓志》云：

> □□□，字善来，晋西河人也。其先□□□□苗裔，汉大
> 将军王根之胤胄。祖居伏□□同三司，魏道武皇帝以其有雄干勇
> 毅，补任回荒镇将，御捍北蕃。猃狁见之无不胆碎，是以不敢内
> 侵猾夏。父盖仁，志□英贤，独步人表，齐献武皇帝补任前锋直
> 荡、第一领民酋长。[38]

王善来为西河人，其父曾被高欢封为领民酋长，当系稽胡出身。
然在墓志中却不但将祖先与匈奴对立，而且攀附汉代大将军王根为远
祖。王根为王莽之叔父，王善来以其为祖先，当是植入王莽篡汉败亡
后，近支宗人避难入胡之潜台词，为家族出身制造合理性。

不同于姓氏为汉式单姓之稽胡可以伪托汉人祖先，仍沿用胡人
复姓的稽胡虽难以掩盖胡族出身，但却退而求其次找到另一条矫饰道

37　《白敬立墓志》，收入康兰英：《榆林碑石》，第242页。
38　罗振玉：《京畿冢墓遗文》卷上《王善来墓志》，第13617页。

路。唐上元三年（公元676年）《呼延章墓志》自叙族源曰："其先出自帝颛顼，有裔孙封于鲜卑山，控弦百万，世雄漠北，与国迁徙，宅于河南，衣冠赫奕，于铄记传。"[39] 呼延章曾祖即东魏名将高昂之部将呼延族，在关陇鲜汉贵族把持上流社会话语权的时局中，为了给自身塑造一个显赫的祖先，不惜放弃原匈奴之出身，编造了呼延氏曾为拓跋氏部落联盟成员之一、后随孝文帝南迁的传说，将自己包装为当时社会认可度较高的鲜卑代北虏姓。然呼延氏终归为匈奴旧贵，与鲜卑人甚至一度兵戎相见，此等冒认与刘明德等人相比不遑多让。顺带一提的是，先呼延章一年过世的堂弟呼延宗在墓志中仅书曰"闯龙门而北徙，族茂中州；运鹏翼而南迁，枝繁上国"，[40] 含蓄地提及家族历史，而且行文暗示其为中原士族北迁再南下者，否定胡族血统之目的不言自明。

在讳言胡人出身、攀附汉人祖先的表象外，心理认同的变化也促成一些稽胡上层由武入文。此前只有酋帅阶层知晓文字的稽胡在入唐之后竟然也出现了胡裔文学家，其文学笔法、生活情趣等方面与汉人士大夫已无甚差别。如贺遂亮，唐时为侍御史、陵州刺史，曾为唐军平百济纪功撰文，兹录一段于下：

> 原夫皇王所以朝万国，制百灵，清海外而举天维，宅寰中而恢地络，莫不扬七德以驭遐荒，耀五兵而肃边徼。虽质文异轨，步骤殊途，揖让之与干戈，受终之与革命，皆载劳神武，未戢佳兵。是知凶水挺妖，九婴遂戮；洞庭构逆，三苗已诛。若乃式鉴千龄，缅惟万古；当涂代汉，典午承曹。至于任重凿门，礼崇推毂，马伏波则铸铜交阯，窦车骑则勒石燕然，竟不能覆鲲海之奔

39　《呼延章墓志》，收入毛汉光：《唐代墓志铭汇编附考》第14册，第71页。
40　《唐呼延宗墓志》，收入毛阳光：《洛阳流散唐代墓志汇编续集》，北京：国家图书馆出版社，2018年，第49页。

鲸，绝狼山之封豕。况丘树磨灭，声尘寂寥；圆鼎不传，方书莫纪。蠢兹卉服，窃命岛洲。襟带九夷，悬隔万里。恃斯险厄，敢乱天常。东伐亲邻，近违明诏；北连逆竖，远应枭声。[41]

其文辞气势磅礴，对仗工整，典故频出，在短短二百余字中禹伐三苗、曹氏代汉、司马代魏、马援伐交趾、窦宪征匈奴等典故已跃然其间。文学素养较汉士亦不逊色。文章之外，贺遂亮也有诗篇传世，《大唐新语》载其一首曰：

> 意气百年内，平生一寸心。
> 欲交天下士，未面一虚襟。
> 君子重名义，贞道冠衣簪。
> 风云行可托，怀抱自然深。
> 落霞静霜景，坠叶下风林。
> 若上南登岸，希访北山岑。[42]

此诗沿袭北朝诗风，平实质朴，豪气干云，胡人勇健重义之气洋溢字里行间，虽无法与后世李杜相提并论，却绝非某些他人集中作贼者可高攀，时人赞誉其"词学称优"并不为过。[43] 由于稽胡某些上层人士与统治集团较早产生联系，为后者吸收，或主动或被动接受主导文化——汉文化，成为州县属官的胡族豪强即此中代表。隋唐之交的延州稽胡白留真曾任延安县主簿，虽为从九品下之稗官，却有流内身份。执掌"付事勾稽，省署钞目"，[44] 工作中要纸笔随身，更须具备断

---

41 贺遂亮：《大唐平百济国碑铭》，收入董诰等：《全唐文》卷二百，第2024-2页。
42 刘肃：《大唐新语》卷八《文章第十八》，第125页。
43 《刘璿墓志》，收入陈长安：《隋唐五代墓志汇编·洛阳卷》第7册，天津：天津古籍出版社，1991年，第210页。
44 杜佑：《通典》卷三十三《职官十五》，第921页。

图7-1 梁家河摩崖造像之持槊力士

（笔者据延安市文物研究所《陕西黄陵洛河和沮河摩崖造像调查》临摹。）

文识字的能力。在此客观要求及官场迎来送往的应酬下，汉化速度当远超一般部民。

不止上层，自北魏末起，下层稽胡也在多方面开始其缓慢的汉化历程。从稽胡与汉人之日常接触看，至少在北朝末期，二者接触已经较为频繁。《周书·稽胡传》记其服饰习尚云："丈夫衣服及死亡殡葬，与中夏略同。妇人则多贯蜃贝以为耳及颈饰。"[45] 稽胡男子服装与外界汉人大致相同，虽然考虑到中原"自北齐以来乃全用胡服"的服装变化史，[46] 此时一般汉人平民所穿也多为胡风窄袖袍服，但区别于其

45　令狐德棻：《周书》卷四十九《稽胡传》，第897页。

46　沈括撰，胡道静校证：《梦溪笔谈校证》卷一《故事一》，上海：上海人民出版社，2011年，第23页。

他族群的匈奴传统尖帽似乎已非稽胡主流服饰，故未被记录者注意。[47]
而且史家也没有强调发式，看来"拖发"之匈奴旧俗似乎也被"束
发"汉俗取代。可资佐证的是，今宜君秦家河北朝摩崖造像、黄陵香
坊北朝石窟、梁家河西魏石窟等史迹中均存在身着窄袖胡服之束发男
子形象，[48]应为当时服发之写实反映。相比之下，妇女尚保留了较多本
族特色。对于这种服装性别差异，王明珂在考察近现代四川羌族时也
有注意到，认为"为了与外面的汉人世界接触，男人常穿着汉装"，[49]
以避免可能受到的歧视。故服装"略同中夏"也反映了胡人男子似乎
已和汉人等外界族群存在往来。另一方面，胡中佛教造像的推广在客
观上也促成稽胡与他族交流。北朝末期黄土高原胡区的造像艺术风格
颇有类似云冈等其他地区者，此或为稽胡豪酋聘请汉人等外族工匠所
为，或为胡人至临近汉区学习之结果。借助佛教的力量，胡人与其他
族群联系不断加深。

对统治者权威的承认与甘愿接受被统治地位，当是接受汉化的第
一步。不过需要看到的是，即使酋帅不乐意接受政府统治，却也无法
避免受到政府主道导文化潜移默化的影响，虽然带来影响的文化未必
是汉文化。马长寿先生即敏锐地察觉到北朝末期羌人多有取名与鲜卑
人略同者，[50]不过受鲜卑文化影响的不止羌人，也包括黄河两岸的稽
胡。汾州胡帅刘受逻干之名即拓跋、吐谷浑等鲜卑部族中常见的男子
名——受洛干（树洛干），延州胡人郝伏颠之名当亦出自鲜卑语，可

47　梁家河摩崖造像第二层之力士形象或表明在某些稽胡地区仍可能存在着传统匈奴
　　尖帽之俗，但由于风化侵蚀对造像之破坏，不能完全确定该力士所戴为匈奴尖帽。
　　另外，此力士之服装与临沂白庄汉墓石刻之击鼓胡人较为相似。
48　参见靳之林：《陕北发现一批北朝石窟和摩崖造像》，第62、65页；延安市洛川县
　　博物馆、延安市文物研究所：《陕西黄陵洛河和沮河摩崖造像调查》，《洛阳考古》
　　2019年第1期，第8—9页。
49　王明珂：《羌在汉藏之间：一个华夏边缘的历史人类学研究》，台北：联经出版有限
　　公司，2003年，第352页。
50　马长寿：《碑铭所见前秦至隋初的关中部族》，第80页。

能即北魏将领楼伏连之名——"伏连"，在中古汉语中"颠"（ian）、"连"（jian）急读音近。随着鲜卑北朝逐渐汉化，这一影响因素自然从鲜卑文化转为汉文化。

北魏时稽胡起事不胜枚举，但到东、西魏时，一些地区的稽胡已经向政府表示服从，使用政府年号纪年并视帝王或权臣为国家威权的象征。东魏武定七年（公元549年）《兴化寺高岭诸村造像记》造像目的之一即"为皇帝陛下、勃海大王延祚无穷，三宝永隆，累级功德"。[51] 此造像乃肆州定襄高岭以东诸村所为，肆州为稽胡活动区域，其后列造像者姓名中有"呼延清郎"，其为稽胡无疑，此外"厉武将军刘显仲"也有稽胡出身之可能。该造像记中提及之"皇帝陛下"为孝静帝元善见，"勃海大王"为高澄，将帝王作为祈福对象的造像活动在汉人中较为常见，但在稽胡中出现则代表了该地稽胡已同其他汉人一样，承认国家的权威。

虽然黄土高原偏远胡区的佛教石窟、造像尚多有不书年号者，但在西魏北周政府控制力较强的胡区，造像活动中承认国家威权的镌文并不罕见。西魏大统十二年（公元546年）鄜城《法龙造像记》即有"伏愿□皇帝陛下，大丞相王□□□□"之语，该造像题名中有"邑子梁道兴""邑子王道龙""邑子董骨□"等，[52] 梁氏、王氏、董氏等当出自稽胡或稽胡化之屠各。这些胡人与氐、羌等族一起将西魏文帝、宇文泰作为祈福对象，表明此时当地稽胡已经与氐、羌、鲜卑等族一样成为国家治下的顺民。此外，北周武成二年（公元560年）渭南《合方邑子百数十人造像记》的题名胡人虽或多或少保留了对塞北故土的认同，可其发愿文中也有"愿皇帝陛下延祚无穷"这类冠冕堂皇的奉承之辞。与之形成鲜明对比的是北魏末期黄石崖造像《法义兄弟姊妹等题记》，虽然造像者同样属于外迁胡，亦有采用北魏孝明帝之

---

51 胡聘之：《山右石刻丛编》卷一《兴化寺高岭诸村造像记》，第14957页。
52 靳之林：《延安地区发现一批佛教造像碑》，第33页。

年号"正光"，却并未将祝福帝王的阿谀之词镌之顽石。尽管有学者认为造像记中提及皇帝、官僚的字眼可能只是起应酬作用的门面话，[53]但不能否认，这一"门面话"从无到有的过程标志着政府控制力的深入与当地居民切身体会的加强。

　　某些传说表明，在一些胡区，人间最高统治者——帝王可能已经与神界之佛祖结合，前者为佛祖化身——转轮王的观念已被当地居民接受。今陕西安塞存有一造像龛，根据工艺推断其雕刻时间当在北魏中期以后。此龛内雕佛陀，然右侧雕刻一弯曲之蛇。[54]该造像寓意当出自《杂阿含经》，为述说魔王波旬化为蟒蛇企图扰乱佛陀修法却为佛陀叱退之典故。[55]该造像的出现表明至少在北朝末期当地胡人对该神话已较为熟悉。巧合的是，至迟在北宋之末，当地却出现了李世民斩蟒的传说，"弓矢张□正中此蟒"，"太宗挽尾努力一拔，朗然得"。[56]如果剔除刘邦斩白蛇传说的可能影响，不难看出相似神话母体中的佛陀被唐太宗取代，表明胡人后裔已经接受转轮王即佛的观念，拜倒在帝王权威之下，而这一转变就发生在北朝末到北宋时期。

　　在官方控制力的不断强化下，孝道等儒家传统观念也被一般胡人百姓接受，匈奴贱老贵壮的传统价值观遭汉人伦常冲击趋于瓦解。唐代汾州隰城人刘善经"少小孤，母所抚育。其母平生常习读内典，精勤苦行"，其母死后，刘氏"哀毁过礼，哭声不辍"。[57]以刘善经之籍贯、姓氏来看，当出自稽胡家庭。但胡俗在其母子身上似乎已荡然无存，母丧后的种种表现也与汉人孝子无异。需要看到的是，这一改变

53　黄敏枝：《唐代民间的弥勒信仰及其活动》，第14页。

54　杨宏明：《安塞县出土一批佛教造像》，第55页。

55　失译人名：《别译杂阿含经》卷二，收入大藏经刊行会编：《大正新修大藏经》第2册，第382-1页。

56　《剑匣寺重修碑记》，收入延安市文物研究所编：《延安石窟碑刻题记》，第302页。该寺始建于宋元祐六年（1091年），则传说出现更当在此之前。

57　释道世撰，周叔迦等校注：《法苑珠林校注》卷二十六《唐汾州隰城人刘善经》，第826页。

应该出自儒、佛二教的双管齐下，内经（佛典）的作用不可忽视。佛教以"目莲救母"等传说生动有力地补充了儒家的孝道观念，在此道德领域，二教高度一致。刘母过世于贞观廿一年（公元647年），则其受到佛典影响当在初唐。这可能正是第六章讨论过的政府推崇正统佛教之结果。

除文化、信仰外，至隋唐时胡区的经济生活也发生了变化。斯科特在考察被称为赞米亚（Zomia）的东南亚地块之山地居民"文明化"案例时，提出文明化的先决条件为定居农业与居住在国家空间中。[58]这一"文明化"正可对应政府对胡人之"教化"，故推广农业自然成为教化胡人的必由之路。可能是由于历代治理官吏劝课农桑，当地经济转型当取得一定成效，如延州总管李和"实仓廪而息干戈，劝农桑而变夷俗"。[59]此时一些区域的稽胡其经济形态已由半农半牧逐渐变为以农业为主。《法苑珠林·十恶篇第八十四》云：

> 唐武德年中，隰州大宁人贺悦永兴为邻人牛犯其稼穑，乃以绳勒牛舌断。永兴后生子三人，并皆瘖痖，不能言语。[60]

此故事虽意在宣扬佛家因果报应，但传说的背后却隐藏了胡区经济形态之转变事实。隰州大宁为稽胡之地，再就姓氏而论，贺悦永兴为稽胡无疑。然而大宁本属以出产骏马著称之屈地，又临近北魏时牧种繁炽的吐京，可到隋唐之交，当地胡人养殖重点已经由马变为牛。牛为农耕经济下的重要资源，贺悦永兴亦以农作为业，为了庄稼甚至

---

58 詹姆士·斯科特著，王晓毅译：《逃避统治的艺术》，第141页。

59 《李和墓志》，参见陕西省文物管理委员会：《陕西省三原县双盛村隋李和墓清理简报》，第41页。

60 释道世撰，周叔迦等校注：《法苑珠林校注》卷七十三《唐贺悦勒牛舌断瘖验》，第2176页。

不惜与邻人交恶。从北朝时的屡屡起事到唐人眼中的"风俗和平",[61]
隰州的转变不过用了两代人时间,促成其民风改变的原因之一当为经
济转型、农业推广。

　　根据文化人类学原理,语言为独立族群之重要构成要素,基础语
言学的奠基人威廉·冯·洪堡特(Wilhelm von Humboldt)指出一族
所在的生活环境、气候条件和它的宗教、社会建制、风俗习惯等,一
定程度上都可以与之脱离,但无论如何都不能舍弃的就是语言,因为
语言是一族生存必需的呼吸,是他的灵魂所在。[62] 因此,从语言的变化
亦可窥见从匈奴入塞到稽胡逐渐汉化的过程。直到三国曹魏之时,入塞
匈奴还较完整地保留了族语。《艺文类聚》引皇甫谧《玄晏春秋》云:

> 计君又授与《司马相如传》,遂涉《汉书》。读《匈奴传》,
> 不识"棠梨孤涂"之字。有胡奴执烛,顾而问之。奴曰:"'棠梨'
> 天子也,言匈奴之号'单于',犹汉人有天子也。"予于是乎旷然
> 发寤。[63]

　　该故事之主人公为皇甫谧,以其"太康三年(公元282年)卒,
时年六十八"而计,[64] 出生当在东汉建安末,其人二十后方学习,因此
胡奴故事当发生在曹魏明帝之时。到西晋时,即使入塞匈奴上层汉文
化素养较高,可在相互交流时似乎仍以匈奴语为媒介。并州文水大于
城即得名于匈奴语,"本刘元海筑,令兄延年镇之,胡语长兄为大于,
因以为名"。[65] 据杨守敬考证,此"大于"当为"大干",语源当出自

61　《李嘉墓志》,收入毛汉光:《唐代墓志铭汇编附考》第10册,第267页。

62　威廉·冯·洪堡特著,姚小平译:《论人类语言结构的差异及其对人类精神发展的
　　影响》,北京:商务印书馆,2008年,第39页。

63　欧阳询,《艺文类聚》卷八十《火部·烛》引皇甫谧《玄晏春秋》,上海:上海古
　　籍出版社,1982年,第1371页。

64　房玄龄:《晋书》卷五十一《皇甫谧传》,第1418页。

65　李吉甫:《元和郡县图志》卷十三《河东道二·太原府》"文水县"条,第372页。

鲜卑语之"阿干"。[66] 匈奴语中不乏今蒙古语族词汇，因此与鲜卑语有相近之处并不意外。今蒙古语称兄长为ax_a，当即该词词源。[67]

到稽胡时代，由于生活区域之封闭，因此族语得到了较好的保留。直到北周，一般胡人与外界汉人接触时还需要借助翻译，至于担任译员者为通晓汉语之胡人还是通晓胡语之汉人则不得而知。但由此可以确定的是至少在当时已经有人同时学习两种语言，以便相互交流。这些译员的出现为促进稽胡学习汉语提供了帮助。在隋初胡区烽火渐熄、郡县设置增多之后，胡人习汉语之风渐盛。《元和郡县图志·关内道三·丹州》引《隋图经》云："丹州白室，胡头汉舌，其状似胡，其言习中夏。"[68] 这种学习汉语的风习至唐代不衰。在此背景下，道宣律师才有可能入稽胡地区巡礼、弘法。道宣律师为汉僧，除汉语、梵语外，肯定不谙胡语，但其却能入胡中两年，当是凭借汉语为媒介与胡人交流沟通。《集神州三宝感通录·释慧达》记载释慧达（刘萨诃）"有经一卷，俗中行之，纯是胡语，读者自解"。[69] 唐初稽胡当为胡、汉双语并行，胡人通过使用汉语记音的方式来诵读胡语经卷，这种学习方法必须建立在掌握一定汉字的基础上。但从"读者自解"来看，其思维语言仍然为胡语。事实上，初唐胡人取名时尚可见到以胡语命名者，如延州呼延牒陁、刘细利夫妇及其侄辈，胡语名的存在表明在偏远地区胡语仍是其族日常交流的主要语言。

不过到盛唐时，稽胡的汉语能力进一步提高，似不用通过翻译即能理解专业词汇颇多的佛理。先藏禅师弘法时，"具尸罗于汾川，演毗卢于嵩岱"。[70] 其为出身清河张氏之汉人高门，基本不可能学习胡

---

66 郦道元撰，杨守敬、熊会贞疏：《水经注疏》卷二《河水二》注，第179页。
67 据内蒙古大学朝鲁孟老师告知，不同地域的蒙古语发音有所差异，在察哈尔方言中"哥哥"的发音与"阿干"无异。
68 李吉甫：《元和郡县图志》卷三《关内道三·丹州》，第74页。
69 释道宣：《集神州三宝感通录》卷下《神僧感通录》"释慧达"，第434-3页。
70 《先藏禅师碑》，参见爱民：《唐元和三年〈先藏禅师塔铭〉考释》，第59页。

语，因此其在汾水胡区说法时即使遣词通俗易懂、贴近百姓，所用语言也一定是汉语，胡人听众除非附庸风雅、不懂装懂，否则应是对汉语听解已无大碍。可以肯定的是，到中唐时期，汉语已成为绥州胡人的主要通行语言。郑玉在雕阴听闻当地民歌时，已知内容为"雕阴人唱采花歌"。能令荥阳郑氏出身之士族听懂，所用语言自然是汉语，虽然被目为"旧时白翟今荒壤"，[71] 但这些所谓的白翟后裔已用汉语取代"夷狄"胡语。

需要指出的是，从空间而言，不同区域之间稽胡汉化进度存在明显差异，廖幼华先生对丹州稽胡汉化较快之问题已有研究。在河东胡区，隰州较石州而言，汉化可能较为迅速，唐初已经出现农业推广、汉文化价值观深入等现象，可石州在同一时期仍被视作"离石前墟，稽胡旧俗"。[72] 其差异除北齐时高洋平石楼之影响外，与当地牧守之个人素质亦当有关，如唐舒王李元名在州二十年，"数游山林，有高蹈意"，[73] 出于明哲保身，故无为而治，不可能对当地风俗旧习触动过多。

丁零与稽胡虽然在祖先入塞时间上相差不远，稽胡甚至略早于丁零，但二者的汉化过程却差异较大。丁零在北魏中期后已逐渐与汉人融合，然而稽胡的汉化过程却缓慢得多，直到唐初河西还有数量颇多的稽胡酋长存在。中唐时期，唐宪宗授张宏靖太原节度使时，仍不忘提及当地"雁塞之上，稽胡杂居"，[74] 其族汉化所用时间远超丁零。

在心理认同方面，虽然入唐之后，稽胡上层纷纷攀附汉人帝王将相为祖先，但仍有少量人士对自身之非汉族出身直言不讳。唐永泰元年（公元765年）《左武卫将军白公神道碑》自称祖先"呼韩之宗，谷

71　郑玉：《苇谷》，收入彭定求等：《全唐诗》卷七百七十二，第8760页。

72　《卜元简墓志》，收入毛汉光：《唐代墓志铭汇编附考》第14册，第437页。

73　欧阳修、宋祁：《新唐书》卷七十九《舒王元名传》，第3557页。

74　唐宪宗：《授张宏靖太原节度使制》，收入董诰等：《全唐文》卷五十七，第624-1页。

蠢之胤，代居南部，早入中原"。[75] 稽胡白氏为西域胡出身，白道生将祖先追溯至匈奴单于虽属于另一类型之攀附，但至少承认自身非汉人，与其他胡人上层迥异。

婚姻对象方面，除进入上层社会之胡人外，一般稽胡则偏向选择本族或其他胡族（详见附录二）。《刘细利造像记》表明直到唐初陕北某些地区刘氏与呼延氏两大匈奴旧姓仍然维持互为婚姻之传统。《刘明德墓志》载其夫人高氏，高氏可能亦出自稽胡，为匈奴勾王高不识之入塞后裔。在本族之外寻求婚姻对象时，稽胡存在选择胡族或胡化族群之偏好。西魏《焦延昌造像碑》云：

> 邑子焦延昌
>
> 祖父故曹，为勾雷平莫将军、第一领民酋长
>
> 父拔拔，西夏朔方郡功曹
>
> ……
>
> 祖母呼延卒□
>
> 母呼延虎[76]

焦氏虽以汉人居多，但氐人等其他族群中也存在焦氏，效力宋、齐之武将焦度即出于南安氐。[77] 虽然马长寿先生推断造像之焦氏为鲜卑，[78] 然鲜卑中罕见此姓，故氐人可能性高于鲜卑。从其能为领民酋长来看，焦延昌家族即使为汉人，也已经胡化，故两代与胡人呼延氏联姻。据出土于陕西榆林之隋开皇十三年（公元593年）《叱奴延辉墓志》，墓主夫人为贺遂氏。[79] 叱奴本鲜卑部落，西夏州稽胡贺遂氏与之

75　于益：《左武卫将军白公神道碑》，收入李昉等：《文苑英华》卷九百八，第4779-1页。

76　王昶：《金石萃编》卷三十二《焦延昌造像碑》，第564—565页。

77　萧子显：《南齐书》卷三十《焦度传》，第559页。

78　马长寿：《碑铭所见前秦至隋初的关中部族》，第46页。

79　《叱奴延辉墓志》，收入康兰英：《榆林碑石》，第206页。

联姻亦可说明胡人对联姻族群的选择偏好。不过胡汉通婚的现象也有少量存在，据笔者统计，除去显贵后可见的18例稽胡婚姻关系中，胡汉联姻可见4例，占其2成。

陈寅恪先生曾指出，对于北朝胡汉之区别标准，文化较血统重要，汉化之人即为汉人，反之，胡化之人即为胡人。[80] 这一理论亦可用于稽胡，在文化认同上，唐时仍有排斥汉化、坚持非汉心理认同之胡人。即使在稽胡通用语言逐渐变为汉语后，某些地区胡民的心理认同也未向汉人靠近，而是出人意料地选择了他族作为祖先。对于稽胡族源，十六国末期后秦在其居住区设立匈奴堡，表明当时统治者对其族出身比较清楚。刘渊后裔、匈奴别种之观点直到隋朝初期都是主流观点，北周保定元年（公元561年）《周大将军延寿公碑颂》称颂勋州刺史于寔"［恩？］被北［狄？］"，[81] "北狄"为匈奴代指，勋州即原南汾州，为稽胡居住区，颂词作者径直将稽胡作为北狄书写。天和末庾信所撰《周柱国大将军拓拔俭神道碑》在描述长孙俭治理稽胡聚居之夏州时，有"郅支抱马，如闻耿秉之战；单于愿识，似畏王商之威"等语，[82] 仍然视之为匈奴。隋初《李和墓志》在渲染志主延州总管任内政绩时，称其"细侯再抚，比迹易追；子虞重临，方之何远"，[83] "细侯"为击退匈奴之东汉渔阳太守郭伋，"子虞"乃治理南匈奴颇有成效之汉末并州刺史梁习。《李和墓志》用此二人比拟墓主，反映了当时知识阶级对匈奴与稽胡关系之认识。中唐时期，常人虽对稽胡来源已不甚了了，但谱牒学者仍洞悉其匈奴祖先。[84]

80　陈寅恪：《唐代政治史述论稿》，北京：生活·读书·新知三联书店，2009年，第200页。

81　《周大将军延寿公碑颂》，参见颜娟英：《北朝佛教石刻拓片百品》，第177页。

82　庾信：《周柱国大将军拓拔俭神道碑》，收入李昉等：《文苑英华》卷九百五，第4760-1页。

83　《李和墓志》，参见陕西省文物管理委员会：《陕西省三原县双盛村隋李和墓清理简报》，第41页。

84　林宝：《元和姓纂》卷五《刘氏》，第703页。

《周书·稽胡传》虽然也有录有"或云山戎赤狄之后"之说，[85] 但"或云"前缀表示对此说存疑。然而到隋代，这种存疑之说却大行其道，甚至得到了部分稽胡的主动认可。《元和郡县图志·关内道三·丹州》引《隋图经》云："近代号为步落稽胡，自言白翟后也。"[86] "自言"至少代表了隋时丹州稽胡之自我认同，到唐开元年间这种认同已经扩大到稽胡居住的多数地区。张守节《史记正义》云："翟，隰、石等州部落稽也。延、绥、银三州皆白翟所居。"[87] 河东胡人为翟，河西胡为白狄，这一狄人认同的扩大与其族语式微时间相近，可伴随胡语衰退的却不是汉人认同的扩张，而是另一种非汉人认同的深入。尽管在经济上可以通过劝课农事对胡人加以同化，但心理上的胡人认同却又改头换面继续坚守。到北宋时，原稽胡居住地区在胡汉文化交融下仍然留下了胡人的文化印记，《东斋记事》所录之歌或是对这段历史的回忆：

> 汉似胡儿胡似汉，
> 改头换面总一般，
> 只在汾河川子畔。[88]

第三节　丁零、稽胡汉化差异之原因

汉化进程中丁零与稽胡的巨大差异可以归因于以下诸方面：

一、地理因素

丁零与稽胡虽然均被视为山居族群，但二者的居住环境存在明显

85　令狐德棻：《周书》卷四十九《稽胡传》，第896页。
86　李吉甫：《元和郡县图志》卷三《关内道三·丹州》引《隋图经》，第74页。
87　司马迁：《史记》卷一百二十九《货殖列传》引注张守节《正义》，第3263页。
88　范镇：《东斋记事》卷三，北京：中华书局，1980年，第28页。

区别。入塞丁零生活的太行山区虽然为"形胜之区但地险而瘠",[89] 可实际上太行山区与外界自古就存在通道相连,即著名的"太行八陉",对外联系并不算太困难。所以山居丁零人绝非与世隔绝,这些道路的存在可以令并州地区的丁零东出华北平原,也可令华北之丁零北迁代郡。

此外,并非所有的丁零人都生活于山区,其另一生活形态为"阻山而居",[90] 即背靠太行山麓,面向华北平原生活。一些丁零部落就生活于山脚,甚至山外的平原地区。《魏书·太武纪上》明言定州丁零鲜于台阳、翟乔等"二千余家叛入西山"。[91] 从"叛入"之用词看,其原本生活地区并非位于山中,似应在山外平地居住。西山等山区只是一些丁零起事时之地形依托,而非所有丁零部落的集中居住区。不仅定州丁零如此,并州丁零情况可能也类似。魏泰常初,"白涧、行唐民数千家负崄不供输税",经周幾与长孙道生晓以祸福,"逃民遂还"。[92] 既然"逃民"还家,则可知这些丁零民的日常居住地区并不在群山中。所以,丁零人并不是纯粹的山居族群,当称为半山居族群。

相比丁零人半开放之居住环境,稽胡地区要封闭得多,吕梁山区之闭塞绝非太行山区可比。《(雍正)石楼县志》自云地势曰:"邑隶万山之中,四望皆崇山陡坡。"[93] 直到近代,石楼"县城仅能通乘骑,乡间只有崎岖蜿蜒的羊肠小道"。[94] 笔者曾赴延安地区走访,司机告知直到 20 世纪 90 年代,当地道路仍然崎岖难行,从乡村到县城只能乘坐数日的骡马车。[95]

按《周书·稽胡传》之记载,稽胡的生活环境为山谷,不过该地

89　蔡懋昭:《(隆庆)赵州志》卷一《地理·疆域》,收入《天一阁藏明代方志选刊》第 2 册,台北:新文丰出版公司,1985 年,第 454 页。

90　司马光:《资治通鉴》卷一百二十六《宋纪八·元嘉二十八年》胡注,第 3964 页。

91　魏收:《魏书》卷四上《世祖纪上》,第 74 页。

92　魏收:《魏书》卷三十《周幾传》,第 726 页。

93　袁学谟:《(雍正)石楼县志》(钞本缺卷以刻本配之)卷六《山川》,第 503 页。

94　石楼县志编纂委员会:《石楼县志》,太原:山西人民出版社,1994 年,第 10 页。

95　笔者 2021 年 5 月 19 日赴陕西延长时,所搭乘出租车之李姓驾驶员告知。

形当多适用于山居胡人，尚有胡人生活于其他地形中。刘萨诃之出生地即在慈州东南高平原。[96] 高平原之"原"即"塬"，为流水冲刷形成之地貌，上方较为平坦，四周陡峭，高于平地，多见于黄土高原，著名的五丈原、董志塬即其代表，居住于黄土高原之稽胡必有不少在台塬上经营农牧。无论哪种地形俱在群山围绕中，与外界联系困难。易守难攻的同时，亦在一定程度上妨碍了胡人与其他族群的接触，即使直线距离接近，但千沟万壑的地貌却令直接交流受到阻碍。廖幼华先生即指出稽胡所居地受地理条件限制，多为与汉人社会完全不同的"隙地"，中央王朝政治、文化力量的延伸对于这种形势封闭的地区往往很难达到。[97]

所以，在各自不同的地理环境中，丁零与外界之交通较稽胡便利，也更容易受到周边文化的辐射影响。而稽胡无论是生活在黄土高原还是吕梁山区，大多受到自然环境的诸多限制，外界要进入其中必先克服自然阻碍，而这一成本并不低廉。这也可以解答为何在稽胡起事地区中，西河胡早在北朝末已少有举事？当必与西河之地形有关，西河与定州丁零相似的半开放环境令胡汉文化交流较其他地区容易。

二、经济形态

与自然地理密切相关的是受其影响的经济形态，经济形态的类型一定程度上影响了相关族群的对外关系，对汉化之作用也不尽相同。

丁零本为草原部族，但翻检史册，却找不到其入塞后经济生活的直接描述。换个角度考量，其中原因除汉人编写史书时往往不重视其他族群之经济生活外，可能也与其经济形态同周围汉人大同小异有关，即以农业为主。不过，晋末十六国初的丁零可能仍保留了一定规模的牧业。中山丁零翟鼠反抗石勒后，"勒率骑讨之"，"鼠保于

---

96 释道宣：《续高僧传》卷二十六《魏文成沙门释慧达传》，第981页。
97 廖幼华：《丹州稽胡汉化之探讨——历史地理角度的研究》，第309页。

胥关，遂奔代郡".[98] 按唐代交通条件，中山至代郡取道飞狐陉路程在四百七十里以上，如果翟鼠要率领部众完成撤退，而不为石勒骑兵追及，则必然需要以马力为凭借，而马匹的配备则需畜牧业为基础。又《晋书·慕容儁载记》云：

> 遣其抚军慕容垂、中军慕容虔与护军平熙等率步骑八万讨丁零、敕勒于塞北，大破之，俘斩十余万级，获马十三万匹，牛羊亿余万。[99]

此时，前燕都城尚在蓟，所出征的塞北离丁零翟鼠曾出奔之代郡不远，被其俘获大量畜产的丁零、敕勒中或有部分为此前翟鼠残部。到翟魏败亡时，某些细节显示可能游牧族群影响仍在，如翟钊"携妻子率数百骑北趣白鹿山"，[100] 翟钊之妻也能骑马，这不禁令人联想起《李波小妹歌》中"褰裙逐马如卷蓬，左射右射必叠双"之语。[101] 如果远离畜牧，恐怕难以掌握骑术。至于与定州丁零关系较为疏远的幽州、平州丁零，由于居住在北疆，受寒冷天气影响，仅靠农业生产或难以为生，因此狩猎经济成为重要补充。后燕丁零杨道即狩猎于白鹿山，为契丹俘虏北迁后，仍以射猎为生。[102]

但是当北魏在中原逐步确立统治秩序后，丁零的经济也纳入国家管控。其生活的行唐、白涧等地区均要向北魏缴纳赋税，按照北魏千里内纳粟之规定，其所承担的赋税当以纳粟的形式上缴，故到北魏时丁零的生活无疑已农业化。由于定州本身即传统农业地区，非稽胡

98　房玄龄：《晋书》卷一百四《石勒载记上》，第2725页。

99　房玄龄：《晋书》卷一百十《慕容儁载记》，第2838页。

100　房玄龄：《晋书》卷一百二十三《慕容垂载记》，第3088页。

101　魏收：《魏书》卷五十三《李安世传》，第1176页。

102　李昉等：《太平御览》卷一百九十二《居处部二十·城上》引崔鸿《十六国春秋·北燕录》，第927-1页。

之农牧过渡地带，因此在农业较高的回报率吸引下，政府必然会大力引导丁零人从事农业生产。

相较于政府治下之丁零在定居后逐渐转为农业生产，稽胡地区虽然也存在地方长官劝课农桑的经济指导，如李和主政延州期间，"劝农桑而变夷俗"。[103] 不过，当地牧猎经济在相当长的时间内仍然占有较大比重。入塞之后，由于空间的变化，匈奴人已有从事农业生产者。匈奴后部出身的汉赵大臣陈元达未发迹前，"常躬耕兼诵书"。[104] 其实早在陈元达之前，曹魏末期"太原诸部亦以匈奴胡人为田客，多者数千"，[105] 不过这种以匈奴为田客之行为恐怕并不是建立在匈奴农业发展水准已与汉人接近的基础上，或由于蓄养胡人奴隶为灰色地带，缺少政府介入，使用成本较低，故权贵通过追加人力资本之方式弥补其耕作技术生疏，以保证产量。总之，入塞匈奴的农业化程度可能被高估。

在陈元达农耕时，匈奴中仍存在以牧业为生之部民。《太平御览》引崔宏《十六国春秋·前赵录》云：李景"少贫，见养叔父，常使牧羊"。[106] 李景即曾救刘聪驾之李景年，出身匈奴前部（南部）。而陈元达所在之北部（后部）继刘猛叛晋出塞后，刘渊时又出现部民叛逃出塞之事，如果此时匈奴已完全成为农耕部族，则土地田产等必然成为其出塞的负担。只有在主要资产具有可移动性的前提下，较长距离的迁徙方有可能实现。因此，魏晋时期入塞匈奴的牧业必然仍有重要地位。根据考古发掘，吕梁山区永和县龙吞泉遗址之汉魏时期地层中极少出土铁器，但存在大量陶片，"表明这里当时并不进行农业等生产

103《李和墓志》，参见陕西省文物管理委员会：《陕西省三原县双盛村隋李和墓清理简报》，第41页。

104 房玄龄：《晋书》卷一百二《刘聪载记附陈元达传》，第2679页。

105 房玄龄：《晋书》卷九十三《王恂传》，第2412页。

106 李昉等：《太平御览》卷八百三十三《资产部十三·牧》引崔宏《十六国春秋·前赵录》，第3719-1页。

活动"，但"曾有人定居生活过"，山西考古研究所之发掘报告推测为驻军。[107] 但如果考虑到该时期吕梁山区的族群构成，入塞匈奴在此定居畜牧也当为一合理解释。

　　牧业规模从其军种组成也可见一斑，刘渊起兵之初，可以"遣左於陆王宏帅精骑五千，会颖将王粹拒东嬴公腾"，[108] 而此五千骑必然不是刘渊五万众中骑兵的全部，可知其骑兵所占比例当不低。晋建兴三年（公元315年）箕澹对刘琨之谏言中尚有"内收鲜卑之余谷，外抄残胡之牛羊"等语，[109] 考虑到古汉语修辞手法，当认为此时并州之匈奴、鲜卑在经济上为农牧兼营。

　　到十六国时期，原入塞匈奴居住区的牧业仍保有较大规模。《太平御览》引《陈武别传》云：陈武"休屠胡人，常骑驴牧羊"。[110] 陈武"育于临水令陈君"，[111] 临水属西河郡，为原匈奴活动地区。至于陈武骑驴牧羊的深层原因，除因战争需要马作为战略资源为政府征收外，另一可能的答案是牧业规模缩小。草原上传统放牧为骑马放牧，近现代内蒙古地方一人徒步能管理150至200只羊，而骑马则可以扩大到500只。[112] 驴的位置应介于二者之间，表明入塞后牧业规模虽然较原来收缩，但亦非人力步行可以应付。另外，驴对山地、丘陵等复杂地形的适应力超过马，也可将其视为新环境下畜牧方式的自我调节。

　　前、后秦之交的贰城胡中也保留了相当规模的牧业，曹寅、王达一次即向姚苌贡马三千匹。三千匹的概念可以参考下表：

107　山西省考古研究所等：《永和龙吞泉遗址发掘报告》，《三晋考古（第三辑）》，太原：山西人民出版社，2006年，第210页。

108　司马光：《资治通鉴》卷八十五《晋纪七·永兴元年》，第2700页。

109　房玄龄：《晋书》卷六十二《刘琨传》，第1685页。

110　李昉等：《太平御览》卷三百九十二《人事部三十三·吟》引《陈武别传》，第1812-2页。

111　李昉等：《太平御览》卷三百六十三《人事部四·字》引《陈武别传》，第1671-1页。

112　王明珂：《游牧者的抉择：面对汉帝国的北亚游牧部族》，第131页。

表7-1　十六国贡马表

时间 （公元）	贡马方	所属政权、 族群	进贡对象	数量（匹）	目的
310	张轨	前凉	西晋	500	赴难
323	张茂	前凉	前赵	1 500	请和
371	辟奚	吐谷浑	前秦	50	输诚
390	曹寅、王达	贰城胡	后秦	3 000	输诚
402	拓跋珪	北魏	后秦	1 000	求亲
406	秃发傉檀	南凉	后秦	3 000	输诚
407	杜仑	河西鲜卑	后秦	8 000	输诚
410	慕容超	南燕	东晋	1 000	请和
411	郁久闾斛律	柔然	北燕	3 000	求亲
411	虞出库真	库莫奚	北燕	1 000	求市
414	郁久闾大檀	柔然	北燕	3 000	通好

资料来源：《晋书》《资治通鉴》。

　　三千匹的贡马数量当然无法与河西走廊的鲜卑相比，但在当时规模中也居于前列。考虑到进贡目的之差异，输诚之急迫程度逊于请和，可推测这一数目当在贰城曹氏的可承受范围内，则其马匹保有量更应在此之上，当地牧业规模可见一斑。

　　入魏以后，稽胡虽然以纳粟作为承担政府赋役的主要方式，但在某些地区，牧业似乎仍是主要产业。王明珂先生提出在环境变迁影响下，黄土边缘人群曾有逐渐减少对农业生产的依赖之应对举措，如公元前2000年至前1000年的气候干冷化影响下以游牧维持生计。[113] 稽胡

113　王明珂：《游牧者的抉择：面对汉帝国的北亚游牧部族》，第108页。

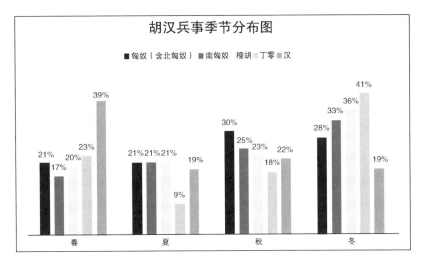

图7-2　胡汉兵事季节分布

*汉人起事参考张泽咸、朱大渭《魏晋南北朝农民战争史料汇编》之统计绘制。

活跃的时代也是历史上之气候寒冷期，即使政府极力推广农业，也难以在气候条件上得到客观保障。

　　在起事季节选择上，稽胡与祖先匈奴存在相似之处，即集中于秋冬发难。王明珂将游牧人群之掠夺分为生计性掠夺与战略性掠夺两种模式，其中生计性掠夺多发生于秋季与初冬，是出于直接获得生活物资之目的，为游牧经济生态的一部分。此时，牧民一年中的游牧工作大体完成，兵强马壮，因而可以满足战斗需要。[114] 在吐京胡中疑似生计性掠夺远较其他地区之稽胡突出，概率高达75%。事实上，吐京胡居住的石楼地区自先秦就有"晋国多马，屈焉是产"之美誉，[115] 以其优越的地理环境，北魏时仍以出产良马著称。《水经注·河水三》云土军县"有龙泉，出城东南道左山下牧马川，上多产

114　王明珂：《游牧者的抉择：面对汉帝国的北亚游牧部族》，第147页。
115　柳宗元：《晋问》，收入董诰等：《全唐文》卷五百八十六，第5917-1页。

名驹，骏同滇池天马".[116] 所以在传统及环境的双重作用下，牧业在吐京胡中地位重要，正是以此为基础，北魏吐京胡方能训练出可与正规军一战的骑兵，政府军也能在击败吐京胡后获得"牛羊驼马以万数".[117] 直到北齐时，该地之畜牧规模仍能令伐胡齐军"获杂畜十余万".[118]

在河西稽胡中，牧业也有一定规模的保留，故于寔平胡帅郝三郎后可"获杂畜万余头",[119] 在黄陵香坊石窟右侧壁上也刻有骑马之供养人形象,[120] 可为当地牧业发达之佐证。史念海先生、谭其骧先生均认为此时居于山谷之中的稽胡仍然以畜牧为生，史先生进一步提出其经济活动"只能是畜牧，而不可能有很广阔的草原从事于游牧".[121] 目前离石尚有名为西华镇草原的亚高山草甸，为当地重要畜牧地，此山地畜牧可为史老佐证。隋代稽胡分布区域中"多畜牧"仍为其主要经济特征.[122] 一些稽胡分布州县，直到唐代畜牧业仍占有一定地位。在原稽胡居住的夏、银、岚、绥四州，唐政府先后建立过牧马机构，如果没有当地居民的畜牧传统及地理条件为支撑，恐怕较难设立。夏州在牧马业外，牧牛业亦较为发达，中唐时仍是京畿百姓的耕牛来源地之一.[123] 黄河以东牧羊业盛行，时有"河西羊最佳，河东羊亦好"之说.[124] 安史之乱后仍有稽胡活动的鄜州亦有较发达的

---

116 郦道元撰，杨守敬、熊会贞疏：《水经注疏》卷三《河水三》，第263—264页。

117 魏收：《魏书》卷七十三《奚康生传》，第1630页。

118 李百药：《北齐书》卷四《文宣帝纪》，第58页。

119 令狐德棻：《周书》卷十五《于寔传》，第251页。

120 靳之林：《陕北发现一批北朝石窟和摩崖造像》，第62页。

121 参见史念海：《隋唐时期黄河中上游的农牧业地区》，第171页；谭其骧：《何以黄河在东汉以后会出现一个长期安流的局面》，第26页。

122 魏微：《隋书》卷二十九《地理志上·雍州》，第817页。

123 唐敬宗：《令市耕牛诏》，收入董诰等：《全唐文》卷六十八，第716-1页。

124 孟诜：《食疗本草》，收入唐慎微：《证类本草》卷十七，收入纪昀等总纂，台湾商务印书馆编审委员会主编：《景印文渊阁四库全书》第740册，第740-771页。

牧羊业。[125]

作为畜牧经济的补充，狩猎在稽胡中也有一定地位。前文已引《太平广记》之唐代慈州稽胡"以弋猎为业"故事。[126] 又中唐僧人释普满入稽胡弘法时，胡人亦有以狩猎为营生者。在第四章所列之贡物表中，胡民所承担的熊皮、鹿角等贡物也需依托狩猎才能取得。直到晚唐五代，白敬立、李存进等人还在原稽胡地区"劝以耕农"，[127] 可见当地非农经济生命力之顽强。

根据文化人类学原理，生态对文化会产生影响，不同的经济形态也干预着人们的价值观。"在环境恶劣和需要勇气和技艺来生存的地区，强调力量、坚忍的男子气概更容易出现"，与此相反，"在那些环境宜人、食物充足且容易获得的地区"，男子气概并不重要。"环境越恶劣，资源越稀缺，人们的男子气概越被强调"。[128] 相较于丁零生活的定州物产丰富，胡区的生存环境无疑更为恶劣，牧猎经济的长期存在无疑对其族尚武性格的保留起着维持作用。因此，在农业为主要产业、经济形态与汉人逐渐靠拢的前提下，丁零更容易与汉人接近；相反，掺杂了相当比重的牧猎经济之稽胡在维护胡人性格同时，也与农业为主的汉人保持了距离。相似的例子可以参考乾隆之上谕——"若平时将狩猎之事废而不讲，则满洲兵弁习于晏安，骑射渐至生疏矣"。[129] 虽然此后包括吐京胡在内的诸种稽胡也逐渐转为经营农业，但这一转变的加速已在隋唐之时。

125 尉迟偓:《中朝故事》卷下，收入纪昀等总纂，台湾商务印书馆编审委员会主编:《景印文渊阁四库全书》第1035册，第1035-821页。

126 李昉等:《太平广记》卷四百二十七《虎二》"稽胡"条引戴孚《广异记》，第3475页。

127《白敬立墓志》，参见康兰英:《榆林碑石》，第243页；胡聘之:《山右石刻丛编》卷十《李存进碑》，第15140页。

128 史蒂文·J.海因（Steven J. Heine）著，张春妹等译:《文化心理学》，北京:中国轻工业出版社，2012年，第62—63页。

129 托津、曹振镛:《大清会典事例（嘉庆朝）》卷五百七十三，收入《近代中国史料丛刊三编》第680册，台北:文海出版社，1992年，第6604页。

三、外部作用

（一）政府重视程度

丁零生活的河北定州自战国以来即为经济发达地区，为历代政府之重要财源型州县，北魏时更有"国之资储，唯借河北"之说。[130] 对于此等膏腴之地，政府重视程度自然非同一般，因此北魏一朝帝王视察的频率较高。兹将道武至孝文时之有关出巡表列于下：

表7-2　北魏前期帝王巡视胡区、丁零区域表

时间（公元）	执政者	巡视区域						备注
		胡区			丁零区			
		离石	吐京	隰城	定州（中山）	常山	赵郡	
398	道武				√	√	√	攻后燕之善后
427	太武				√			428年丁零叛而复降
434	太武			√				讨白龙
435	太武				√			
439	太武				√			
443	太武				√			
445	太武		√		√			讨吐京胡、徙丁零
447	太武				√			
448	太武				√			

130　魏收：《魏书》卷十五《拓跋晖传》，第380页。

时间（公元）	执政者	巡视区域						备注
		胡区			丁零区			
		离石	吐京	隰城	定州（中山）	常山	赵郡	
453	文成				√			
454	文成				√			456年平定井陉丁零
458	文成				√			
461	文成				√			
481	孝文				√			
494	孝文				√			
497	孝文	√						讨离石胡
总计		3			16			

资料来源：《魏书》。

在帝王出巡的卤簿威仪中，国家威权也必然在当地得到构建、强化。帝王的声势、排场也应该会对丁零人产生潜移默化的作用，促使其臣民观念形成。而伴随仪驾的往往是武力炫耀，在马射、讲武等军事演习的威慑下，对于所部与政府的实力差距，丁零豪酋当然也心知肚明，与其选择根本没有胜算的起事，倒不如成为国家治下之顺民以保全性命。

政府不仅宣传国家权力的强大，也会通过社会救济、慈善公益等各种慰问安抚方式向含丁零在内的该地区居民"送温暖"，予以民生关怀，借以笼络人心，塑造政府亲民形象。《魏书·世祖纪下》云：

（太平真君）六年（公元445年）春正月辛亥（廿一），车驾行幸定州，引见长老，存问之。

（太平真君九年，公元448年）二月癸卯（初一），行幸定州。山东民饥，启仓赈之。罢塞围作。[131]

即使到了魏室实力衰退的宣武帝时期，地方官员在饥馑之岁，仍会"开公廪，舍秩粟数百万斛，以饩饥民"，[132] 实施灾害救助。为缓和官民矛盾，北魏甚至不惜通过严刑峻法对该地一些违法官员予以严惩，以获取民心，维护政府机构之有效运转。始光四年（公元428年）十二月，太武帝巡行中山，考察吏治，"守宰贪污免者十数人"。[133] 又《魏书·段霸传》云：

世祖亲考内外，大明黜陟。前定州治中张浑屯告霸前在定州浊货贪秽，便道致财，归之乡里。召霸定对，霸不首引。世祖以霸近臣而不尽实，由此益怒，欲斩之。恭宗进请，遂免霸为庶人。[134]

需要注意的是，在丁零作为一个独立族群逐渐消失的关键时期——孝文朝，北魏对定州民生的重视程度较以往有所提高，救济力度与效果均值得肯定。《魏书·高祖纪上》云：

（太和七年，公元483年）三月甲戌（廿五），以冀定二州民饥，诏郡县为粥于路以食之，又弛关津之禁，任其去来……六

---

131 魏收：《魏书》卷四下《世祖纪下》，第98、102页。
132 《魏使持节骠骑将军冀州刺史尚书左仆射安乐王墓志铭》，收入赵超：《汉魏南北朝墓志汇编》，第64页。
133 魏收：《魏书》卷四上《世祖纪上》，第73页。
134 魏收：《魏书》卷九十四《段霸传》，第2015页。

月，定州上言，为粥给饥人，所活九十四万七千余口。[135]

　　第五章对丁零起事的原因已作分析，其中很大一部分为天灾人祸所致，即出于饥荒威胁与守令威逼下的求生斗争。但是当这两大原因都得到缓和后，起事的动因自然被松动。汉人自然是政府利好政策的主要受益者，但同一地区的丁零人也当受到余泽。最终，丁零甘心接受政府统治，进而融合于周边其他族群中。

　　与之相比，稽胡生活的吕梁山区、黄土高原，无论是人口资源还是土地开发潜力都远远无法同河北地区相比，对政府吸引力有限。所以受重视程度远不及后者，从上表所列北魏帝王在该地区的出巡次数也可印证这一结论。北魏对胡区仅有的几次出巡也多为平叛需要，除孝文帝太和廿一年（公元487年）巡行离石可能向当地胡人施加了一定影响力外，其余巡行恐怕效果有限。另一方面，正是由于缺乏政府力量宣传，胡人对国家威权自然认识不足，难以对政府产生畏惧。需要注意的是，政府影响程度直接关系到胡区的治乱。当政府有能力对胡区进行宣传，塑造强大政府形象时，则胡人对发动起事较为谨慎；相反，则蠢蠢欲动。最典型的即齐、周对峙时，由于北齐的精锐力量集中于离胡区较近的并州，对西部宇文氏之军事行动也往往从胡区外围经过或直接进入胡区，故其治下之河东稽胡起事频率远远低于宇文氏治下之河西。而宇文周之核心区域在关中平原，对北部黄土高原胡人威慑力有限，其后虽然也有大军北上通过胡区绕道伐齐之举，但相较于北齐并州武力的长期存在，北周军事力量对胡人威慑力显得不足。当然造成齐、周胡人起事频率差异的尚有前述治理政策等原因，但周边军力的威慑也是需要考量的因素。

135　魏收：《魏书》卷七上《高祖纪上》，第152页。

表7-3　河东、河西稽胡起事对比

地域时期	353—383	384—439	440—494	495—523	524—534	535—581	582—610	611—628	629—907
	十六国后期	北魏初	北魏中	北魏末	魏末战乱	齐周	隋初	隋唐之交	唐
河东	1	12	6	5	11	12	0	2	1
河西	1	3	0	0	4	15	0	6	3

资料来源：《晋书》《魏书》《北齐书》《周书》《隋书》《旧唐书》《新唐书》《资治通鉴》。

直到北朝末期北方统一后，胡区郡县设置逐渐增多，政府之强力形象才在其中逐步确立。但政府对胡区之重视程度仍远不及河北，胡区各州经济水准多为中下，自然也难以提高官方之兴趣。

（二）其他族群之进入

与汉化形成鲜明对比的是胡化，但胡化之"胡"未必代表匈奴之胡，亦可指代其他文化与汉人迥异的少数族。丁零居住的河北地区虽然经历了北魏末年六镇鲜卑化势力涌入及唐代安史之乱后藩镇胡化这两个非汉文化抬头的时代。但前者在数年后即宣告失败，丁零后裔在六镇军人席卷州县时也未表现出明显的合作倾向；而后者之胡化虽然从安史之乱延续到五代时期，但丁零人在此前早已完成汉化，因此河北藩镇对丁零的汉化过程没有产生阻碍作用。

然而稽胡情况不同，除自身汉化进程缓慢外，其居住地区也一直有其他少数族进入。开启入居胡区先河者当为突厥，突厥自北朝末年即积极介入稽胡事务，非但与刘受逻干合作抗周，稍早的刘没铎起事似乎也少不了突厥的暗中支持。在隋末唐初大乱中，刘季真、刘仚成等稽胡酋帅均直接投靠突厥。当稽胡酋帅失败后，可能亦有北上逃入突厥者。突厥虽然在胡区叱咤一时，但随着李唐力量之增强，不久即退回塞外，因此这一时期不可能在胡区留下太多突厥人。不过百年以后，随着突厥势力渐衰，其部众又有播迁南下者。《旧唐书·张嘉贞传》云：

> 时突厥九姓新来内附，散居太原以北，嘉贞奏请置军以镇之，于是始于并州置天兵军，以嘉贞为使。[136]

张嘉贞镇抚突厥一事，司马光系于开元五年（公元717年）。实际上，突厥进入传统胡区的时间应该更早，至少不晚于先天元年（公元712年）。先天元年《刘穆墓志》有"险即孟门，地称离石，滨于杂虏，控以诸军"之语。[137] 依陈寅恪先生所论，杂虏即杂种，此二词汇屡次出现于杜甫诗中，其为安史之同类，即中亚九姓胡。[138] 这些与突厥混杂之胡人与尚未汉化之稽胡接触后，可能令当地更加动荡。石州刺史刘穆即可能为处理这一问题而殚精竭虑，最终积劳成疾，猝死任上。

安史之乱的爆发令中央一时无法顾及突厥，因此又有突厥部落进一步南下，直至稽胡核心地区。永泰年间，"慈、隰等州狼山部落首领塌实力继章掠众，聚兵比胁州县，不顾王命，恣行剽煞"。[139] 慈州、隰州为北朝吐京胡居住地，考其当地方志，附近山川均无称狼山者。故此狼山当非慈、隰境内山脉。《旧唐书·突厥传上》云：

> 高宗数其罪而赦之，拜左武卫将军，赐宅于长安，处其余众于郁督军山，置狼山都督以统之……车鼻既破之后，突厥尽为

---

136 刘昫：《旧唐书》卷九十九《张嘉贞传》，第3090页。

137 《刘穆墓志》，收入周绍良：《唐代墓志汇编》上册，上海：上海古籍出版社，1992年，第1148页。

138 陈寅恪：《以杜诗证唐史所谓杂种胡之义》，收入氏著《金明馆丛稿二编》，上海：上海古籍出版社，2020年，第53页。

139 《杨良瑶神道碑》，参见张世民：《杨良瑶与海上丝绸之路——〈唐故杨府君神道之碑〉解读》，西安：西安地图出版社，2017年，第41页。

> 封疆之臣，于是分置单于、瀚海二都护府。单于都护领狼山、云
> 中、桑乾三都督，苏农等一十四州，瀚海都护领瀚海、金微、新
> 黎等七都督，仙萼、贺兰等八州，各以其首领为都督、刺史。高
> 宗东封泰山，狼山都督葛逻禄社利等首领三十余人，并扈从至岳
> 下，勒名于封禅之碑。[140]

此狼山当即唐高宗时所设狼山都督之狼山，其地"在京师西北
六千里"。[141]"塌实力"一词或出于突厥语，非稽胡常见姓氏，故此狼
山酋长或从狼山都督府南下，进入稽胡地区，族属当为突厥或其别部
葛逻禄。高宗时狼山都督为社利，故此狼山部落或与中唐胡将李光
进之姊夫舍利葛旃（李奉国）同源。此时，唐室经安史之乱而元气
大伤，无力将其剿平，只能派宦官杨良瑶招抚塌实力继章，姑息了
事。此后，其部自然在此定居，与尚未完全汉化的稽胡杂处。比较
典型的融合例子当属前文提及之宁朔州白氏部落，其酋长本出自稽
胡，然而到中唐时期，白道生之子白元光却被视为突厥人，[142] 当为部
下三百余户在突厥南下后因通婚、杂居等原因突厥化。顺带一提的
是，白道生夫人为康氏，显系粟特，该部落内部状况之复杂由此可见
一斑。

唐高宗仪凤中（公元678年前后），延州金明县又迁入吐谷浑，李
唐为之设立浑州。[143] 晚唐时，稽胡故地雕阴在迁入吐谷浑后，各族融
合致"稽胡杂种之俗"不改。[144] 由于吐蕃崛起的压力，党项所属羁縻
州也多有内迁，其中也有进入稽胡地区者。党项酋长拓跋驮布在武则

---

140 刘昫：《旧唐书》卷一百四十四上《突厥传上》，第5165—5166页。

141 刘昫：《旧唐书》卷一百九十九下《铁勒传》，第5344页。

142 欧阳修、宋祁：《新唐书》卷一百三十六《白元光传》，第4594页。

143 欧阳修、宋祁：《新唐书》卷四十三下《地理志七下·关内道》"延州都督府"条，
第1125页。

144 沈珣：《授李彦佐鄜坊节度使制》，收入李昉等：《文苑英华》卷四百五十六，第2321-
2页。

天"万岁年，以大酋长检校党州司马"，[145] 党州即为党项所设之羁縻
州，位于稽胡居住已久的庆州境内。此后，河东也出现党项的踪迹，
《旧唐书·党项羌传》云：

> （贞元）十五年（公元799年）二月，六州党项自石州奔过
> 河西……居庆州者号为东山部落，居夏州者号为平夏部落。永
> 泰、大历已后，居石州，依水草。[146]

党项拓跋氏崛起后，夏州胡酋白敬立即成为节度使拓跋思恭的麾
下大将。到唐末，原河东稽胡地区已为沙陀李克用地盘，在沙陀、粟
特等胡文化的影响下，本就汉化不深的当地胡人自然更愿接受这些非
汉文化，可以说外来族群介入是打断稽胡汉化过程的意外因素。

四、文化类型差异及原文化保留程度

除自然环境、经济形态及外力介入程度存在区别外，更可能造成
二者对汉文化接受度不同的因素当为文化模式的差异，以及在此基础
上对原文化的改造力度等衍生要素。

（一）文化模式类型

由于自然环境和生活方式的差异，以及观念、信仰、习惯之区
别，不同族群会在其文化类型上呈现差别，形成自己独特的文化特
征。丁零与稽胡在其祖先时代都为草原游牧部族，因此在文化类型
上有一定的相似之处。丁零风俗可参考其草原胞族铁勒，"人性凶忍，
善于骑射，贪婪尤甚，以寇抄为生"。[147] 相似的习俗在匈奴中也有存
在，《史记·匈奴列传》云：

---

145 《拓跋驮布墓志》，参见段志凌、吕永前：《唐〈拓跋驮布墓志〉——党项拓跋氏源
　　于鲜卑新证》，《中国国家博物馆馆刊》2018年第1期，第51页。
146 刘昫：《旧唐书》卷一百九十八《党项羌传》，第5293页。
147 魏徵：《隋书》卷八十四《铁勒传》，第1880页。

> 其俗，宽则随畜，因射猎禽兽为生业，急则人习战攻以侵伐，其天性也。其长兵则弓矢，短兵则刀铤。利则进，不利则退，不羞遁走。苟利所在，不知礼义。[148]

逐水草而居，以迁徙为常，在追求利益最大化时不在乎脸面。此乃草原游牧族群的一般性格特征，也可用于解释为何丁零、稽胡入塞后叛服不定，毕竟传承自祖先的族群认同影响深远。然在共性之外，二者在文化上也有显著区别，《魏书·高车传》云：高车"无都统大帅，当种各有君长，为性粗猛，党类同心，至于寇难，翕然相依"。[149]对同胞的爱护与对首领的忠诚构成了高车—丁零族群性格中最具人性光辉的一面——生死与共。可能也正是因为这一族群心理的作用，当南下的翟辽面对慕容垂大军压境时，身处河北故地之翟遥等人不惜以卵击石，起事反燕，恐怕为的正是围魏救赵，缓解同胞压力。而翟钊单骑奔西燕后，其旧部翟都等人不离不弃，辗转追随至上党，也当为"党类同心"之写照。但站在政府角度，丁零的这一特性恰恰有利于对其招安，只要拉拢丁零上层，施以小恩小惠，即有望维持其部民的顺从。

丁零的另一族群性格表现为英雄崇拜，《魏书·高车传》云：

> 倍侯利质直勇健过人，奋戈陷阵，有异于众。北方之人畏婴儿啼者，语曰"倍侯利来"，便止。处女歌谣云："求良夫，当如倍侯。"其服众如此。[150]

丁零对英雄的崇拜并不局限于本族，而是超越地缘、血缘之隔，

---

148 司马迁：《史记》卷一百十《匈奴列传》，第2879页。
149 魏收：《魏书》卷一百三《高车传》，第2307页。
150 魏收：《魏书》卷一百三《高车传》，第2309页。

有卡里斯玛特质之外族也可得到丁零人之推崇。这一特性也可解释为何曾为死敌的慕容麟在走投无路时，西山丁零仍愿意接纳之并受其征用。正因前者军事才能尚称卓越，曾击败丁零反抗军，故为其族服膺。在其族对象族群界限模糊的英雄崇拜影响下，颇具领袖魅力的北魏前期诸帝可能亦受丁零人畏服。其在丁零居住地周围举行骑射讲武后，鲜卑武士的马上英姿自然会口耳相传进入丁零，随之而来的自然是畏惧，转而心悦诚服，并最终接受当代英雄之领导。

　　丁零在塞外游牧时从未成为草原霸主，倍侯利昙花一现的武功也与入塞丁零无关。入塞前，丁零先后受到匈奴、鲜卑等外族统治，这段历史也令丁零在接受其他族群统治时心理抵触较小，在民间交流中也较少顾虑。所以到北朝后期，已有丁零后裔与汉人邻居一起合作，从事慈善，造福地方。如施舍义田、救济饿殍，河北定兴之北齐天统三年（公元567年）《标异乡义慈惠石柱颂》中有鲜于氏、严氏等多人与鲜卑、汉人等族群一同投身乡里慈善。[151] 又如修筑桥梁、改善交通，山东临沂之隋开皇二十年（公元600年）《密长盛等桥象碑》中即有一同参与修桥、名字缺失的翟氏二人。[152] 合力从事地方慈善不但有助于改变汉人对丁零的刻板印象，也能增进相互了解，促进族群融合。

　　相较于长期作为臣服者存在的丁零，稽胡之祖先匈奴却有着不一样的历史。匈奴是有史以来第一个一统草原、雄踞塞外的族群，对面大军袭来的刘邦，冒顿单于用白登之围令西汉陷入数十年的纳贡、和亲屈辱。对自身的实力与战绩，匈奴格外自豪。《汉书·匈奴传上》录《单于遗汉书》云："南有大汉，北有强胡。胡者，天之骄子也，不为小礼以自烦。"[153] 匈奴人的自信在其中表露无遗，故单于也以"天地所生日月所置"的前缀修饰语凌驾汉人"天子"之上。[154] 此后，匈奴

151《标异乡义慈惠石柱颂》，参见颜娟英：《北朝佛教石刻拓片百品》，第184—199页。

152 陈景星：《（民国）临沂县志》卷十二《金石》，1917年刊本，第672页。

153 班固：《汉书》卷九十四上《匈奴传上》，第3780页。

154 司马迁：《史记》卷一百十《匈奴列传》，第2899页。

虽在汉军打击下逐渐衰弱，南单于也归汉附边，但单于地位一度在诸侯王以上，这是其他少数族难以比拟的。直到魏晋禅代时，匈奴地位至少在形式上还居于其他少数族之上，为四夷外藩之首。[155]

然而在单于贵族仍得到中原王朝形式上的尊重时，匈奴下层部众却已多有被掠为汉人豪强田客者。实际上早在东汉中期，陕北地区已经有匈奴人沦为当地官绅之马夫牧奴。[156] 西晋之时，即使是单于近支出身的刘曜在面对国法时亦不能凭借其特殊身份，免于绳墨，只能"亡匿朝鲜，遇赦而归"。[157] 此时，匈奴贵族面对今非昔比的待遇早已怒火中烧，《晋书·刘元海载记》载右贤王刘宣之言：

> 昔我先人与汉约为兄弟，忧泰同之。自汉亡以来，魏晋代兴，我单于虽有虚号，无复尺土之业，自诸王侯，降同编户。今司马氏骨肉相残，四海鼎沸，兴邦复业，此其时矣。[158]

"南有大汉，北有强胡"，与中原王朝分庭抗礼的历史已成为匈奴贵族对往昔的美好回忆。相较于丁零安于定居塞内，"兴我邦族，复呼韩邪之业"，[159] 重塑草原帝国之辉煌成为匈奴右贤王刘宣明确提出的政治构想。虽然此提议被刘渊否决，但至少代表了相当一部分匈奴贵族的心声。即使匈奴汉赵随着历史的滚滚车轮成为过往，但匈奴曾经书写的辉煌必然仍是其遗民后代仰视的对象，虽然在时间的冲刷下，这个仰角逐渐固定，印象也渐趋模糊，但要其后人彻底放弃祖先历史却是不切实际的。纵然时代已进入北朝，"单于"之号渐渐被人遗忘，

155　房玄龄：《晋书》卷三《武帝纪》，第50页。

156　朱浒：《汉画像胡人图像研究》，北京：生活·读书·新知三联书店，2017年，第162、235页。画像石见李贵龙、王建勤：《绥德汉代画像石》，西安：陕西人民美术出版社，2001年，第98页。

157　房玄龄：《晋书》卷一百三《刘曜载记》，第2683页。

158　房玄龄：《晋书》卷一百一《刘元海载记》，第2647页。

159　房玄龄：《晋书》卷一百一《刘元海载记》，第2648页。

可对英雄祖先的一些记忆却通过"步落稽"的新族号新瓶装旧酒，改头换面继续发挥影响。

根据文化人类学观点，需要强调族群文化特征的人群，往往面对族群认同危机。[160] 在汉文化的强势包围下，匈奴后裔对异文化步步逼近的现实肯定心存抵触。但匈奴传统文化在入塞后逐渐式微，有什么办法能让其后裔应对文化危机？于是稽胡向宗教求助，"宗教认同是一种自我选择的边界形成机制，意在强化政治和社会差异"。[161] 在十六国时期，佛教外来色彩十分浓重，"佛是戎神"的胡文化背景与稽胡强调自身之非汉属性一拍即合。[162] 故以非汉人之宗教立于汉文化包围之地，借以维护自身独立性。而当佛教逐渐本土化，周围汉人也接受三宝后，稽胡又一度拥抱其中的非主流派——弥勒教，从某种角度而言，此举也是出自对族群认同的坚守。在举事年号之出典方面，与汉人年号多来自儒经不同，稽胡不乏出自梵典内经者，如刘没铎之"石平"当出自《迦叶赴佛般涅槃经》之"时有方石平正，其色如琉璃"，为迦叶尊者对罗汉讲经时常坐之处。[163] 刘迦论之"大世"当与《别译杂阿含经》之"释种大世尊，无比之丈夫"有关，将自己比附为佛陀世尊。[164]

当时间进入隋唐后，面对不可能战胜的强大政府，考量作为"胡"存在的经济基础——牧猎经济逐渐为官方倡导的农业所取代，稽胡只能由经济之"胡"转向更加坚定的心理之"胡"。即使是在语言逐渐被汉语取代，作为独立族群存在的关键心理要素日益流失，其族也坚定地要将自身与汉人区隔。

160　王明珂：《华夏边缘：历史记忆与族群认同》，北京：社会科学文献出版社，2006年，第14页。

161　詹姆士·斯科特著，王晓毅译：《逃避统治的艺术》，第192页。

162　房玄龄：《晋书》卷九十五《佛图澄传》，第2488页。

163　竺昙无兰译：《迦叶赴佛般涅槃经》，收入大藏经刊行会编：《大正新修大藏经》第12册，第1115-2页。

164　失译人名：《别译杂阿含经》，第456-2页。

在匈奴历史重塑尝试遭到挫败后，匈奴祖先认同至少在表面上为稽胡选择性遗忘。如果说北魏时出生的大利稽冒顿还可以自豪地用英雄祖先为自己命名，北朝末期刘没铎（中古音：muət dɑk）则只能看到疑似祖先冒顿（上古音：mok tuot）单于的影子，而到唐时匈奴英雄已经成为稽胡民众生活中的调侃对象。《刘萨诃因缘记》有"于是驴耳王，焚香礼敬千拜，和尚以水洒之，遂复人耳"之故事。[165] 关于此驴耳王本系何人，敦煌文书P.3727号写本之末有附一条注释——"赫连驴耳王"。[166] 则此传说人物必与赫连夏诸帝有关，无论是赫连勃勃还是其子赫连昌、赫连定，匈奴正胤的身份毋庸置疑，亦在十六国末叱咤一时。如果唐初一般胡民对自己的族源尚有些许记忆，当不至于将本族的英雄置于这类恶搞境地。可见其民对于自身的来源或已选择性遗忘。故此时拟制新的祖先又成为重新整合族群的途径之一。在北朝后期稽胡酋帅地位较以往有所提高的时代背景下，印度这一选择进入了胡酋眼中。卢水胡裔稽胡豪强郝伏颠自称"望出西瞿国"，[167] 西瞿国为佛教传说中四大部洲之一的西瞿陀尼洲（西牛货洲、西牛贺洲），即古印度。在佛教弘传的加持下，印度乃当时中原人士眼中可与中华分庭抗礼的少数国度之一。稽胡豪酋以印度后裔自居，自然是希望向占优势地位的汉人争取更多利益与话语权，甚至平等地位。

然而在华夷之辨的影响下，加之谱学之风盛行，稽胡以印度为祖先之尝试只是昙花一现，并未得到太多认可，得来的恐怕只是谱学家的冷嘲热讽。最终比匈奴更加有别于汉人的白狄成为新的共同"祖先"。匈奴虽然在历史上长期与汉人对立，但自汉代起，在汉人所构筑的炎黄祖先神话中，匈奴即与汉人有了相同的起源。司马迁认为

165《刘萨诃因缘记》，参见陈祚龙：《刘萨诃研究——敦煌佛教文献解析之一》，第34页。
166 魏普贤（Hélène Vetch）：《敦煌写本和石窟中的刘萨诃传说》，收入谢和耐（Jacques Gernet）等著，耿升等译：《法国学者敦煌学论文选萃》，北京：中华书局，1993年，第438页。
167《郝伏颠墓志》，参见延安市文物编纂委员会编：《延安市文物志》，第373页。

"其先祖夏后氏之苗裔也，曰淳维"。[168] 对于被视为匈奴祖先的淳维，司马贞《史记索隐》云：

> 　　张晏曰"淳维以殷时奔北边"。又乐产《括地谱》云"夏桀无道，汤放之鸣条，三年而死。其子獯粥妻桀之众妾，避居北野，随畜移徙，中国谓之匈奴"。[169]

　　从有其父必有其子的遗传角度，桀为无道之君，其子品行必然好不到哪去，所以这也从汉人的角度解释了匈奴收继婚等"陋俗"之成因。但夏桀毕竟是大禹之后，故匈奴与汉人一样有着炎黄子孙的族籍。然而白狄则不一样，关于狄人之起源，《山海经·大荒西经》云："有北狄之国。黄帝之孙曰始均，始均生北狄。"[170] 虽然狄人也有华夏起源之说，但以记录二者起源传说之载体而言，权威性完全不可等而视之。匈奴之华夏起源出自良史名家编撰的权威史籍，《史记》"前四史"之首的地位自不待言。而狄人之炎黄起源始见于《山海经》这种近似巫书的海外奇谈，因此白狄的夷狄属性甚于匈奴。其族在春秋时期也一如后世匈奴，多次与中原各国发生冲突，甚至令齐桓公喊出"尊王攘夷"口号，历史上的重要性未必次于匈奴。而稽胡居住区域也为曾经的白狄分布区，将白狄后裔的身份加于自身也可在与汉人的土地争议中获得较为有利的历史依据，增加居住正当性。因此，自西晋汉人将西河之白部胡与白狄望文生义相结合后，匈奴祖先逐渐远去的稽胡也顺水推舟将与自己无甚关联的白狄认作新的祖先。

　　需要注意的是，经常与汉人发生冲突的历史也在其他方面左右了稽胡的生活，令其在与汉人接触中试图寻求对等。《太平寰宇记·关

168　司马迁：《史记》卷一百十《匈奴列传》，第2879页。
169　司马迁：《史记》卷一百十《匈奴列传》引注司马贞《索隐》，第2879页。
170　袁珂：《山海经校注》卷十一《大荒西经》，第395页。

西道十一·丹州》下引《隋图经》云："川南是汉，川北是胡。胡汉之人，于川内共结香火，故唤香火为库砣，因此为名。"[171] 胡、汉结为兄弟当然有助于二者和平接触，相互交流，但"兄弟"的结成自然象征地位对等，这一关系的拟制可能亦反映了稽胡"和而不合"的心理底线。在胡汉交流中双方可以和睦共处，但绝不能被汉人融合。兄弟之盟既然达成，则双方子女自然互为从兄弟姊妹，婚姻之事碍于礼法难以启齿。从目前可见的稽胡造像、墓志来看，一般阶层之胡汉联姻也不如胡人族内婚普遍。稽胡族人心理上对非汉文化的坚守也影响了当地的文化，原稽胡居住区之社会风俗在稽胡印记逐渐模糊的唐代仍然迥异于其他地区，不得不令地方牧守感叹"汾州黠俗，旧难衔辔"，[172] 抱怨"汾水之曲"，"俗异于华"。[173]

在文化模式中，丁零表现为重视同胞，服从领袖，崇拜英雄；而匈奴—稽胡则对自己的传统文化抱有自信，对历史自豪，此为二者之显著区别。美国学者德鲁普（Michael Drompp）认为游牧国家的形成中有一重要因素——对权力的渴望，即渴望统治别人，而不是被别人统治。其子民盼望的是取代既有政权，以图享受统治的特权。[174] 作为曾经称霸草原的游牧国家后人，身体中仍然流淌着祖先驰骋疆场、牧马中原的血液，稽胡对祖先辉煌往事的记忆恐怕难以消失，自然对权力游戏颇有兴趣，尤其是在面对来自外族的统治压力时。相反，没有建立统一政权的丁零在这方面经验要少得多，多少存在逆来顺受的心理。文化变迁为人类社会的普遍规律，在不同族群中，变迁的速度、程度、过程亦不相同。通常一个族群若有深厚的历史文化背景，其变迁速度就较慢，变迁的过程也比较困难，引起的痛苦亦比较大。[175] 因此，相对

---

171 乐史：《太平寰宇记》卷三十五《关西道十一·丹州》"宜川县"条，第744页。
172 《颜仁楚墓志》，收入毛汉光：《唐代墓志铭汇编附考》第6册，第417页。
173 《长孙安墓志》，收入毛汉光：《唐代墓志铭汇编附考》第17册，第317页。
174 德鲁普撰，陈浩译：《内陆亚洲帝国形成论——以突厥汗国和回鹘汗国为例》，第226页。
175 孙秋云：《文化人类学教程》，北京：北京大学出版社，2018年，第70页。

于历史负担较轻的丁零，曾经的匈奴后代即使以白狄认同成为其心理领域去匈奴化之反意识，可匈奴的某些历史仍是稽胡心中挥之不去的潜意识，这也成为其在汉化道路上远落后于丁零的心理包袱。

（二）原文化之保留与文化冲突

1. 入塞丁零之原文化残留

丁零在入塞之后久居汉文化较为发达的中山、常山等地，因此其生产渐习农事，日常生活日趋汉化。不过在十六国魏初，入塞丁零仍然保留了一些草原文化特征。

（1）部落组织

十六国魏初的丁零社会组织中有营部与渠帅存在。明元帝时，榆山丁零翟蜀即率营部通刘裕。[176] 丁零之营部当非营寨之类建筑，《晋书·职官志》有尚书郎"其一人主匈奴单于营部"，[177] 匈奴单于治下为部落组织无疑，故丁零之"营部"当与之相似。此外，在魏太武帝时，上党丁零还保留有渠帅，参考《魏书·崔浩传》之"新降高车渠帅数百人"，[178] 此丁零"渠帅"亦当为部落酋长。对于入塞丁零之氏族构成，可参见下表：

表7-4　入塞丁零姓氏表

地域　　姓氏		翟	鲜于	严	故	洛	不详
定州	中山	翟鼠	鲜于乞		故堤		
		翟斌	鲜于成				
		翟檀					

176　魏收:《魏书》卷三《太宗纪》，第57页。

177　房玄龄:《晋书》卷二十四《职官志》，第731页。

178　魏收:《魏书》卷三十五《崔浩传》，第819页。

地域 ＼ 姓氏		翟	鲜于	严	故	洛	不详
定州	中山	翟敏					
		翟辽					
		翟成					
		翟钊					
	常山	翟遥	鲜于次保				
			鲜于乞				
	定州	翟乔	鲜于台阳				
榆山		翟蜀				洛支	
濩泽		翟猛雀（翟猛）					
西河		翟同					
上党		翟都					
陇西		翟瑶					
		翟勃					
		翟绍					
建安				严生			
并州							√
密云							√
井陉							√
合计		16	5	1	1	1	

资料来源：《晋书》《魏书》《资治通鉴》。

　　入塞丁零部落中，翟氏无疑具有压倒性优势。不过翟氏内部可能存在多个支系，因此才有面对石赵时翟鼠、翟斌之不同态度。至于其他氏族，鲜于氏当为联盟内仅次于翟氏的辅弼存在，二者的关系或相当于匈奴内部刘氏与呼延氏之关系。以上党丁零存在酋长来看，翟斌麾下诸翟与其以汉人的视角解释为宗人，倒不如说是与部落联盟领袖存在亲缘关系的次一级部落首领，作战时各率领本部丁壮随上一级领袖冲杀。从魏太武帝时期定州、井陉丁零的基层结构已为"家"来看，在北魏对该地区的统治稳定后，部落组织可能已在国家干预下遭到强行解散，但仍聚族而居。

　　在部落制度长期影响下，丁零人保留了一些相应的草原民俗。其中最显著的社会习惯即取名方式偏爱使用动物名，这种风俗广泛存在于北亚草原各族中，《魏书·官氏志》云：

　　　　初，帝欲法古纯质，每于制定官号，多不依周汉旧名，或取诸身，或取诸物，或以民事，皆拟远古云鸟之义。诸曹走使谓之凫鸭，取飞之迅疾；以伺察为候官，谓之白鹭，取其延颈远望。自余之官，义皆类此，咸有比况。[179]

　　在入塞丁零酋长中，可以体现这一习俗的主要有翟鼠、翟猛雀之命名。尤其是后者的得名可能来自丁零鸟图腾崇拜之传统，第二章已有提及丁零之崇翟鸟习俗，段连勤先生不赞同许慎《说文解字》将"翟"释为野鸡之说，而是据《蒙古秘史》进一步推测其或为草原部族饲养的黄鹰。[180]"猛雀"恰为猛禽之名，此名或即得自其族之旧有传说。也可说明十六国末魏初之丁零人中，仍有保留有一些传承自祖先的草原族群意识。

---

179 魏收：《魏书》卷一百一十三《官氏志九》，第2973页。
180 段连勤：《北狄族与中山国》，第3页。

对于鸟崇拜，在丁零后裔墓葬中尚有体现。敦煌翟曹明墓虽然已主要是汉文化影响的产物，可其墓室画像砖中却多有刻画朱雀、赤雀、玄鸟等鸟类形象。[181] 在当初未东迁的翟氏后裔中也可寻获此崇拜之蛛丝马迹。北朝末期之粟特化丁零后裔翟曹明墓室门楣上即刻有两只公鸡，有学者认为公鸡为祆教的圣禽——斯劳沙（Sraosha）。[182] 依笔者之见，虽然公鸡非传统之猛禽，但却与释"翟"为野鸡的观念有所重合，或可解释为由于其人长期粟特化，祖先神话流失严重，但仍留有一些印象，进入中原后，结合当时翟为野鸡之流行观念，望文生义以公鸡形象诠释祖先传说。

（2）母系社会遗存

丁零人入塞后，虽然采取从父姓习俗，但一些证据显示，其内部可能以母系为组织纽带，存在较强的母系社会遗风。《晋书·慕容垂载记》云：

> 丕谓垂曰："翟斌兄弟因王师小失，敢肆凶勃，子母之军，殆难为敌，非冠军英略，莫可以灭也。欲相烦一行可乎？"[183]

可知丁零翟斌手中之精锐部队为子母军，对于子母军的得名原因，或可从草原族群之社会形态予以考察。相较中原汉人，北亚草原各族之女性地位往往较重要，家庭内母亲拥有一定地位。对于入塞丁零人之性别角色地位，可以参考其塞上之胞族高车、铁勒，《魏书·高车传》云：

> 婚姻用牛马纳聘以为荣……迎妇之日，男女相将，持马酪

181 殷光明：《西北科学考察团发掘敦煌翟宗盈画像砖墓述论》，第161—164页。
182 沈睿文：《吉美博物馆所藏石重床的几点思考》，收入张小贵：《三夷教研究——林悟殊先生古稀纪念论文集》，兰州：兰州大学出版社，2014年，第426—483页。
183 房玄龄：《晋书》卷一百二十三《慕容垂载记》，第3080页。

熟肉节解。主人延宾亦无行位，穹庐前丛坐，饮宴终日，复留其宿。明日，将妇归，既而将夫党还入其家马群，极取良马。[184]

《隋书·铁勒传》则云："唯丈夫婚毕，便就妻家，待产乳男女，然后归舍，死者埋殡之，此其异也。"[185]《魏书》之高车为从夫婚，而《隋书》之铁勒则为半从妻婚，其中差异除文化变迁之可能外，空间差异也是需要考量的因素。北魏人熟悉的高车多为其治下之北疆高车，大体位置在今蒙古草原东部；而隋人所谓之铁勒则偏西部。入塞丁零诸翟为西丁零之后，其风俗当与西部铁勒更为接近，因此其中女性地位当不低。另一个可以说明入塞丁零母子关系的事例为公孙轨威逼丁零渠帅，《魏书·公孙轨传》云：

> 丁零渠帅乘山骂轨，轨怒，取骂者之母，以矛刺其阴而杀之，曰："何以生此逆子！"从下到擘，分磔四肢于山树上以肆其忿。[186]

公孙轨能擒获丁零酋长之母多少有意外因素在内，但公孙轨为后燕官员家庭出身，后燕与丁零接触颇多，当知其习俗。故可能利用丁零之重母习俗报复起事酋长，实施心战。

根据"白兰羌，吐蕃谓之丁零"的记录，[187] 羌与丁零在社会组织、部落构成上可能存在相似处。羌人中存在以母系血缘记忆强调垂直之母子家系传承的习惯，在羌人部落中，凝聚各部落的是共同的母亲或祖母，其祖母与母亲在部落之中有重要地位。[188] 在近代多妻制之游牧

184　魏收：《魏书》卷一百三《高车传》，第2307页。
185　魏徵：《隋书》卷八十四《铁勒传》，第1880页。
186　魏收：《魏书》卷三十三《公孙轨传》，第784页。
187　欧阳修、宋祁：《新唐书》卷二百二十一上《党项传》，第6215页。
188　王明珂：《游牧者的抉择：面对汉帝国的北亚游牧部族》，第192、194页。

社会中，也不乏每一位母亲与其子女构成人群基本单位的例子。非洲之游牧族群努尔人会在有多个妻子且每个妻子都有儿子的情况下分出世系，世系群常常以母亲的名字命名。[189]

因此，丁零人子母军可能为以母系关系为纽带组建之部落兵，因为同袍间有共同血缘关系，所以在战场遇险时挺身相救可为常态，凝聚力也较一般非亲族军队强，故能在十六国诸军中占有一席之地。

（3）蓄猴之俗

粟特人中存在蓄养猿猴之嗜好，在商贸旅程之长距离跋涉中，为了排遣寂寞与增添乐趣，不少粟特人养猴为宠物。在粟特美术中，猴子也经常出现。敦煌佛爷庙唐墓之胡人牵骆驼墓砖中，就有一只猴子在骆驼的驮囊上，新疆和田约特干遗址也出现诸多陶制小猴子。[190] 由于丁零的原居地在康居以北，因此被临近的粟特文化影响当在情理之中。丁零王翟钊即蓄猴，《太平广记·畜兽十三》云："晋太元中，丁零王翟昭后宫养一猕猴。"[191] 此故事后文虽多有怪诞演绎，但反映的喜猴之俗当是事实。

2. 稽胡之匈奴文化留存

由于稽胡在入居塞内后处于山区、台塬等较为封闭的环境中，因此保留了较多的匈奴旧习，除前文提及的牧猎经济外，尚有其他方面。

（1）妇女饰品

与其他社会的女性一样，稽胡妇女也在其族审美标准下追求仪表鲜妍。在各种化妆首饰中，对贝类饰品有着特殊偏好，"多贯蜃贝以为耳及颈饰"。[192] 虽然林幹先生认为"此点尤与匈奴和西域胡异"，[193] 不

---

189 E. E.埃文思-普里查德（E. E. Evans-Pritchard）著，褚建芳译：《努尔人——对一个尼罗特人群生活方式和政治制度的描述》，北京：商务印书馆，2014年，第280页。

190 沙武田：《唐、吐蕃、粟特在敦煌的互动》，《敦煌研究》2020年第3期，第19—20页。

191 李昉等：《太平广记》卷四百四十六《畜兽十三》"猕猴"条引陶潜《续搜神记》，第3645页。

192 令狐德棻：《周书》卷四十九《稽胡传》，第897页。

193 林幹：《稽胡（山胡）略考》，第150页。

过随着考古发掘的深入，一些地区的匈奴墓中出土了装饰用之海贝，
如宁夏同心倒墩子匈奴墓即在女性墓主随葬品中发现有海贝，而且位
于其颈部。[194] 这无疑对应了后世稽胡妇女喜用蜃贝作为装饰之俗，稽
胡之贝类饰品习俗为继承匈奴无疑。

（2）草原文化礼器

2006年宁夏盐池县出土、被学界称为"方奇"的器物对说明稽胡
受袄教影响可能有所帮助，这点在第六章已有论及。该金器长18公
分，宽14公分，厚1公分，正面图案为骑马张弓之武士形象，两下角
也为张弓武士图案，周围是鸟、猴、虎、犬等鸟兽图案。背面有铭文
如下：

> 金鋀灵质，盛衰不移。良工刻构，造兹方奇。明明鷇骋，百
> 擒飞驰。猿猴腾蹋，狡兔奋髭。九龙衔穗，韩卢昐陵。洸洸巨
> 例，御世庄丽。保国宜民，千载不亏。白乌二年岁在戊午三月丙
> 申朔九日甲辰，中御府造，用黄金四斤。[195]

因其背面铭文中有"方奇"字样，故该金器被称为方奇。由于
"白乌二年"纪年与其年干支"戊午"不合，因此关于其制作年代存
在两说。其一以"白乌二年"为准，代表者为白述礼、张树彬、任晓
霞等，[196] 认为白乌二年为隋末向海明起事之年号，故其铸造时间当在
公元614年，至于干支与年号的不合当与向海明更改历法有关。[197] 其

194　宁夏回族自治区博物馆、同心县文馆所、中国社会科学院考古研究所宁夏考古组：
　　《宁夏同心县倒墩子匈奴墓地发掘简报》，《考古》1987年第1期，第34页。
195　白述礼：《试论宁夏盐池发现新的黄金方奇》，《宁夏大学学报（人文社会科学版）》
　　2007年第4期，第83页。
196　参见白述礼：《试论宁夏盐池发现新的黄金方奇》，第82—87页；张树彬：《盐池白
　　乌二年金版"方明"说》，《东方收藏》2010年第10期，第84—85页；任晓霞：《破
　　译盐池古峰庄出土金版上的历史密码》，《东方收藏》2010年第6期，第62—63页。
197　参见张树彬：《盐池白乌二年金版"方明"说》，第85页。

图7-3 宁夏博物馆藏金方奇

（笔者2021年5月摄于银川。）

二以马强、倪玉湛、王文广为代表，[198] 认为应当以干支为准，故其铸造年代当在公元418年，而且向海明起事不到一年，故白乌纪年与向海明无关，此物当为十六国末期某匈奴政权所为。

不过无论采取何种说法，金方奇可能都与稽胡存在一定关系。后说自不待言，即使采用前说，此物可能也与稽胡有关。笔者推测，可能由于共同的弥勒信仰，向海明或被稽胡奉为盟主，或存在其他往来，因此其政权之"中御府"以胡人形象铸造方奇，用来满足向氏渴望四夷来朝的虚荣心。

抛开具体时间不说，就做工而言，此方奇充满了草原游牧族气息，斯基泰文化之马具、武器、动物纹饰三要素交融，与萨珊波斯、嚈哒之狩猎图极为相似。其中猎豹狩猎的存在，表明可能与中亚或西

---

198 参见马强：《白乌二年金方奇及相关问题》，《文物》2015年第4期，第91—95页；倪玉湛、王文广：《白乌二年金方奇年代补证》，《装饰》2016年第11期，第82—84页。

亚有关。[199] 不过与波斯、嚈哒相比，该器物在设计上又存在一些改变。马鬃被扎起为萨珊波斯塑造战马的典型艺术手法，[200] 在波斯及嚈哒之狩猎图中这一装饰较为常见。然而金方奇的战马却没有采用波斯风格的鬃毛造型，或许是融入本族审美取向之结果。总之，此器物的出现说明至少到北朝初期，稽胡在心理上仍然强烈认同匈奴草原文化。

（3）妇女地位

稽胡妇女在族群中之地位，《周书·稽胡传》云：

> 俗好淫秽，处女尤甚。将嫁之夕，方与淫者叙离，夫氏闻之，以多为贵。既嫁之后，颇亦防闲，有犯奸者，随事惩罚。[201]

又《隋书·地理志上》云：“雕阴、延安、弘化，连接山胡，性多木强，皆女淫而妇贞，盖俗然也。”[202] 在稽胡的性别角色地位中，女性婚前自由较为突出，给汉人留下了深刻的印象。

对于这种婚前自由行为，E. A. 韦斯特马克将其视为结婚前的准备，“这可能是一种正常的求偶方式，也可能是在建立长久关系之前所进行的试婚”。[203]《太平广记》延州妇人的故事表明这种较为开放的两性观念可能直到中唐仍在稽胡地区流行。与稽胡妇女较为自由相似的是，大众文化中被认为与西迁匈奴有关的匈人，其妇女也拥有较大的自由。根据罗马人阿米亚努斯（Ammianus Marcellinus）之记载：

---

199 张广达：《唐代的豹猎——文化传播的一个实例》，收入《唐研究》第七卷，北京：北京大学出版社，2001 年，第 177 页。

200 林梅村：《中国与近东文明的最初接触——2012 年伊朗考察记之五》，《紫禁城》2012 年第 10 期，第 39—40 页。

201 令狐德棻：《周书》卷四十九《稽胡传》，第 897 页。

202 魏徵：《隋书》卷二十九《地理志上·河源郡》，第 817 页。

203 E. A. 韦斯特马克著，李彬等译：《人类婚姻史》，北京：商务印书馆，2015 年，第 127 页。

记得当阿提拉进入他的主要村庄时，匈奴妇女从四面八方跑去看望他：其中一些人围着他的马，唱着欢迎他的歌。有时当阿提拉沿着路走得更远时，昂热修斯的妻子带着一群女仆从她的小屋里出来，向酋长提供食物和饮料……这名妇女也公开露面并在人群中揉肩膀，不仅是与自己的人，还有陌生人和外国人。[204]

在妇女地位较高方面，稽胡与匈人这两大可能起源于同一祖先的族群无疑较为相似。需要注意的是，在佛教传入胡区后，稽胡并未如多数佛教部派一样歧视女性，而是对女性地位予以肯定。如传说之延州妇人真身为锁骨菩萨，其死后"视遍身之骨，钩结皆如锁状"。[205] 这种形状不禁令人想起稽胡高僧刘萨诃圆寂之后，法身"形骨小细状如葵子，中皆有孔，可以绳连"。[206] 二者遗骨在外形上之相似不应仅视为巧合，而当有其文化观念蕴藏在内，即稽胡可能认为无论男女均可修行得道成佛，而促使这一观念形成的原因当即其族男女之间社会地位差异较小的现实。

（4）收继婚

稽胡婚姻关系中收继婚之存在令外界汉人尤为注意，《周书·稽胡传》云："兄弟死，皆纳其妻。"[207] 收继婚又被称作转房婚，此习俗的出现除与照顾亲属有关外，更重要的意义即防止父系家财因妇女改嫁而流入外姓手中。稽胡的这一风俗当继承自匈奴"父死，妻其后母；兄弟死，皆取其妻妻之"之传统习俗。[208]

---

204 E. A. Thompson，*The Huns* (*The Peoples of Europe Series*)，Wiley-Blackwell，1996，pp.185-186.

205 李昉等：《太平广记》卷一百一《释证三》"延州妇人"条引牛僧孺《续玄怪录》，第682页。

206 释道宣：《集神州三宝感通录》卷下《神僧感通录》"释慧达"，第435-1页。

207 令狐德棻：《周书》卷四十九《稽胡传》，第897页。

208 司马迁：《史记》卷一百十《匈奴列传》，第2879页。

（5）猛禽崇拜

草原游牧族对雄鹰等猛禽普遍较为崇拜，至今蒙古地方在举行摔跤比赛时，跤手犹有赛前振臂模仿雄鹰翱翔之动作。匈奴雄鹰崇拜最典型的例子当为内蒙古阿鲁柴登匈奴墓出土的匈奴单于鹰形冠，冠顶中间为一绿松石首、黄金铸身之雄鹰，王冠上之鹰目视前方，展翅欲飞，为匈奴首领的权力象征。无独有偶，在稽胡酋长中亦不乏以鹰类猛禽取名者，如北魏三城胡酋鹞子、隋末唐初胡帅刘鹞子。

（6）蹛林遗俗

唐贞观年间，道宣律师入稽胡中游历，发现当地有一特殊习俗——"今诸原皆立土塔，上施柏刹系以蚕茧，拟达之栖止也"。[209] 道宣将土塔上树柏枝并挂蚕茧的风俗归因于当地百姓对稽胡高僧刘萨诃之纪念，此非其主观臆断，当为此时胡中公认说法。

但此风俗恐怕不仅与刘萨诃有关，更可能出自对匈奴旧俗之继承与发展。《史记·匈奴列传》云："秋，马肥，大会蹛林，课校人畜计。"对于"蹛林"之意，张守节《正义》引颜师古之说，解释为"蹛者，绕林木而祭也。鲜卑之俗，自古相传，秋祭无林木者，尚竖柳枝，众骑驰绕三周乃止，此其遗法也"。[210] 颜师古为唐初人，时距离北朝未远，而其祖父颜之推曾出仕北齐，对于鲜卑之俗不会陌生，故其说当属可信。《魏书·礼志四》有记载魏太武帝遣李敞至乌洛侯国祭拜先祖石室之礼仪，"敞等既祭，斩桦木立之，以置牲体而还。后所立桦木生长成林，其民益神奉之"。[211]

直到现在蒙古地方仍存在相似习俗，各旅游景区常见的敖包即为在石块累积之圆形底座上树立柳枝作为祭祀场所，蒙古人在向其献贡物后，绕行三圈方完成祭拜。稽胡的土塔树以柏树枝无疑是对这一北

209　释道宣：《集神州三宝感通录》卷下《神僧感通录》"释慧达"，第435-1页。
210　司马迁：《史记》卷一百十《匈奴列传》，第2892页。
211　魏收：《魏书》卷一百八之一《礼志四之一》，第2738页。

亚草原诸族常见习俗的继承，只不过融入佛教高僧故事加以诠释。

（7）抄掠经济

匈奴的传统价值观被汉人斥为"苟利所在，不知礼义"，[212] 稽胡居住地区直到唐代还被视为"人贪于利，俗异于华"。[213] 这种对利益的追求如果上升到极端利己阶段，则必然表现出对他人财产甚至人身的漠视，换言之，即抢夺行为盛行。

稽胡的各种经济活动中，有一类对周边族群伤害极大，即以掠奴为代表的抄掠经济。在其祖先匈奴身上，抄掠经济尤为明显，如汉文帝十四年（公元前166年），匈奴单于发十四万骑入朝那、萧关，"杀北地都尉印，房人民畜产甚多"。[214] 到魏晋匈奴五部时期，入塞匈奴中仍有此风，甚至不惜以其他胡人作为掠夺对象，石勒就曾经沦为受害者。其因饥荒与同伴逃难，准备"自雁门还依宁驱"，却遭"北泽都尉刘监欲缚卖之"。[215] 对于北泽都尉，清人周家禄认为"北泽当是北部之误"，[216] 故此次掠奴当为匈奴北部所为。作为与匈奴有直接关系之后代，稽胡的掠奴、抄掠也数见不鲜。《周书·韦孝宽传》云：

> 时又有汾州胡抄得关东人，孝宽复放东还，并致书一牒，具陈朝廷欲敦邻好。
>
> ……
>
> 汾州之北，离石以南，悉是生胡，抄掠居人，阻断河路。[217]

---

212 司马迁：《史记》卷一百十《匈奴列传》，第2879页。

213 《长孙安墓志》，收入毛汉光：《唐代墓志铭汇编附考》第17册，第317页。

214 司马迁：《史记》卷一百十《匈奴列传》，第2901页。

215 房玄龄：《晋书》卷一百四《石勒载记上》，第2708页。

216 周家禄：《晋书校勘记》卷五，收入《丛书集成新编》第6册，第735页。

217 令狐德棻：《周书》卷三十一《韦孝宽传》，第538页。

　　纵使有高洋荡平石楼之余威，吕梁百姓仍有沦为胡人掠奴受害者之忧。如《隋书·侯莫陈颖传》云："稽胡叛乱，辄略边人为奴婢。"[218] 在刘蠡升反魏时，北魏、东魏"西土岁被其寇，谓之胡荒"，高欢在击败胡兵后，获得"胡、魏五万户"，[219] 其中的魏人（汉人）即使并非全部来自被掠之奴，也必有相当部分为胡人掠奴所得。需要注意的是，北朝这些稽胡掠奴行为主要发生在河东，而河东稽胡之主要来源即原入塞匈奴，对于其较为频繁的抄掠行为，与其称之为巧合，倒不如说是对原匈奴陋俗的继承。

　　河西也存在稽胡劫掠行为，但与河东胡人掠人为奴用于生产不太一样，河西胡人掠人的目的似乎为满足杀戮欲望。《法苑珠林·救厄篇第七十六》云：

　　　　（徐善才）道逢胡贼，被捉将去，至鄜州南界。胡贼凶毒，
　　所捉得汉数千人，各被反缚，将向洪崖。差人次第杀之，头落
　　悬崖。[220]

　　即使当河东、河西之稽胡起事逐渐为唐朝平定，天下经历了贞观之治的恩泽。可是到高宗时期，某些地区似乎还存在以劫掠为业的稽胡。《旧唐书·田仁会传》云：

　　　　五迁胜州都督，州界有山贼阻险，劫夺行李，仁会发骑尽捕
　　杀之。[221]

218　魏徵：《隋书》卷五十五《侯莫陈颖传》，第1381页。

219　李百药：《北齐书》卷二《神武帝纪下》，第18页。

220　释道世撰，周叔迦等校注：《法苑珠林校注》卷六十五《唐居士徐善才》，
　　　第1971页。

221　刘昫：《旧唐书》卷一百八十五上《田仁会传》，第4793页。

这段记录在《新唐书》中也有收入，不过"山贼"作"凤贼"，[222] 可见劫掠由来已久，胜州地处稽胡传统聚居区之北端，故此山贼可能为仍不愿接受政府统治之稽胡。

对于稽胡抄掠的方式，史籍缺乏详细记载，或许可以参考近代凉山彝族的掠奴方式。在凉山黑彝头目组织的劫掠行动中，劫掠者一般分为小股，多在十人左右，由熟悉情况、能指挥带路之人直接率领，携带武器，趁各地区防备不周时出击。最常见的是夜间到延边的汉人农舍劫掠，也有趁延边汉人农民在从事农活时突然袭击，将其驱赶回山。更大规模的劫掠则为成百上千人马攻打延边汉区城镇，这种大规模行动中获得奴隶往往以百、千计。[223]

需要指出的是，对奴隶之需求并非在所有发展程度较落后的族群中均存在。笔者曾经向赛德克耆老田贵实先生请教，得知近代台湾泰雅系诸族虽然有出草猎首之习，但掠夺外族为奴隶的现象几乎不存在。[224] 因此，这一习俗可能在对劳动力、技术之获取有较高需求的族群中才易出现。王明珂推测匈奴热衷掠夺外族为奴之目的当为补充人力资源，以解决畜牧业发展与劳动力不足的矛盾。[225] 因此，稽胡的掠奴可能也存在相似的动因，或为获得农牧业所需要的劳动力，或为从汉人手中得到农牧、纺织、冶炼等技术。应当注意的是，胡人中存在与汉人结义以及对外商贸交易，这些在客观上需要一个和平的氛围，既然存在对外界社会的依赖，则不可能杀鸡取卵、涸泽而渔，可屡见史册的掠奴行为显然与这一要求矛盾。如何解释这一矛盾呢？除去时空差异外，如果参考近现代山区族群与外界之关系，或许可将胡人眼中的外界社会分为伙伴村与非伙伴村。前者为存在固定商贸往来的盟友，后者则不在此列，可能沦为劫掠对象。而不同胡帅率领的部落也

222 欧阳修、宋祁：《新唐书》卷一百九十七《田仁会传》，第5623页。

223 胡庆钧：《凉山彝族奴隶制社会形态》，第115—116页。

224 笔者于2021年3月8日向居住花莲的赛德克耆老田贵实先生（Kimi Sibal）请教。

225 王明珂：《游牧者的抉择：面对汉帝国的北亚游牧部族》，第158页。

可能有着不同的伙伴村落，在甲胡帅与甲村为伙伴关系的前提下，甲村并不能免于乙胡帅之觊觎。美国学者斯科特归纳山地政治结构为"存在多个相互竞争的小政体"，每一小政体都有受其保护的谷地伙伴村落。[226] 近代在凉山彝区经商的汉商即使有向黑彝缴纳保费，可也只能保证其免遭该黑彝辖区内彝人之劫掠，对其他区域则无能为力。[227] 这也可以解释为何胡中同时存在对外劫掠与结盟这两种明显矛盾的现象，如果这一推论成立，或许也可进一步推测由于利益纠纷，胡人部落之间肯定也存在矛盾冲突，类似近代彝族中流行的"打冤家"械斗在胡中亦当存在。

稽胡入塞居住，诚然也出现了一些新的社会风俗习惯，不过在任何社会中，文化均不可能凭空出现。依据现代文化人类学理论，"每一条文化创新的主线都与现存的信念与实践之网交织在一起"，建立在此前的结构之上，文化的变化"是对现存文化基础的修正，而不是重新产生一个新的文化"，因为"早期的文化结构可以影响几个世纪后的文化规范"。[228] 所以，与其将稽胡中出现的新文化现象视为佛教等外来因素影响下之移风易俗，倒不如称为佛教等外来文化包装下匈奴旧俗的改头换面。《集神州三宝感通录·释慧达》云：

> 稽胡专直信用其语，每年四月八日大会平原，各将酒饼及以净供。从旦至中酣饮戏乐，即行净供至中便止，过午已后共相赞佛歌咏三宝，乃至于晓。[229]

刘萨诃训导下产生的稽胡集会时间与匈奴祖先存在明显差异。关

---

226 詹姆士·斯科特著，王晓毅译：《逃避统治的艺术》，第183页。

227 胡庆钧：《凉山彝族奴隶制社会形态》，第83—84页。

228 Steven J. Heine 著，张春妹等译：《文化心理学》，第89页。

229 释道宣：《集神州三宝感通录》卷下《神僧感通录》"释慧达"，第434-3页。

于匈奴之集会时间，《史记·匈奴列传》云：

> 岁正月，诸长小会单于庭，祠。五月，大会茏城，祭其先、天地、鬼神。秋，马肥，大会蹛林，课校人畜计。[230]

附塞之后，南匈奴之集会时间大体不变，《后汉书·南匈奴列传》云：

> 匈奴俗，岁有三龙祠，常以正月、五月、九月戊日祭天神。南单于既内附，兼祠汉帝，因会诸部，议国事，走马及骆驼为乐。[231]

从匈奴旧俗正月、五月、九月之三龙祠变为四月初八大会，不能不说是传统习俗的改变。需要注意的是，四月初八不是普通的日子，"佛以四月八日生"，[232] 故为佛诞日。稽胡携带酒饼之习惯也当为出自佛经规范。《毗尼母经》云：

> 佛言：病者听瓮上嗅之，若差不听嗅，若嗅不差者听用酒洗身，若复不差听用酒和面作酒饼食之，若复不差听酒中自渍。[233]

这些习俗的出现当然属于文化创新，但其背后并非凭空植入，与其说是对外族文化的移植，倒不如说是在适应入塞生活的基础上，对匈奴

---

230 司马迁：《史记》卷一百十《匈奴列传》，第2892页。
231 范晔：《后汉书》卷八十九《南匈奴列传》，第2944页。
232 白法祖译：《佛般泥洹经》卷下，收入大藏经刊行会编：《大正新修大藏经》第1册，第175-3页。
233 失译人名：《毗尼母经》卷五，收入大藏经刊行会编：《大正新修大藏经》第24册，第825-2页。

旧俗的妥协与改造。酒饼的佛典本来即为出家戒律与饮酒矛盾之妥协。童丕先生提出稽胡存在受粟特人影响种植葡萄之可能，对于山西地区的葡萄种植业、葡萄酒酿造业，稽胡可能起到了引入作用。[234] 如若此说成立，则胡人聚会所使用之酒类或许并非习自汉人之粮食发酵酒，可能为西域粟特胡传来的葡萄酒，亦属于非汉文化因子。稽胡年中集会时间之调整也当为妥协原则下之实践。匈奴正月大会之俗始见于西汉，而此时高纬度之草原地区已是寒风刺骨、冰天雪地，并不利于人群大规模移动。江上波夫即认为，正月之龙祠为匈奴单于效仿中原王朝正月朝会制度之产物，为其国家性质之表现。[235] 如果按照此理论，当作为匈奴最高领袖的单于权威不复存在时，正月龙祠即无存在基础。在剩下的两次大会中，五月龙祠可能即为稽胡四月初八大会的源头。大会时间提前的原因或与入塞后气温、环境、经济的变化有关。稽胡在农业方面主要作物为粟与麻，关于这两种作物的播种时间，《齐民要术》云：

> （粟）三月上旬种者为上时，四月上旬为中时，五月上旬为下时……常记十月、十一月、十二月冻树日种之，万不失一……《氾胜之书》曰："黍者暑也，种者必待暑。"先夏至二十日，此时有雨，彊土可种黍。
>
> （种麻）夏至前十日为上时，至日为中时，至后十日为下时。[236]

农业之外，羊是胡人畜牧业的主要畜种，对于牧羊的关键年中行事时间，《齐民要术》云：

234　童丕（Eric Trombert）撰，阿米娜译：《中国北方的粟特遗存——山西的葡萄种植业》，第212—213页。

235　江上波夫：《匈奴的祭祀》，收入刘俊文主编，辛德勇等译：《日本学者研究中国史论著选译》卷九，北京：中华书局，1993年，第17页。

236　贾思勰撰，缪启愉校释，缪桂龙参校：《齐民要术校释》卷二《黍穄第四》，北京：中国农业出版社，1982年，第74—75页；《种麻第八》，第86页。

> 白羊，三月得草力，毛床动，则铰之。五月，毛床将落，又
> 铰取之。八月初，胡菉子未成时，又铰之……羖羊，四月末，五
> 月初铰之。[237]

　　塞内气候较塞外温暖，因此年中行事可能不同于草原时间。根据
北魏之时令可以推知农历五月时稽胡农民要忙于粟、麻播种，牧民则
要剪羊毛、阉割公羊，属于比较繁忙的季节。因此，若要其如草原时
代一样，于五月举行集会则必须放弃生产活动，这显然是普通民众难
以接受的，但是如果不举行大会，则无法相互交流、娱乐，维持本族
之特性。因此，在参照佛教文化与考虑现实生产后，作为妥协结果的
四月初八大会应运而生。不但在时间上较为接近传统节日，而且集会
时"酺饮戏乐"的娱乐活动也为对传统龙祠上娱乐精神之传承，可以
视为佛教理论包装下对传统节日之调整性继承。

　　综上可见，稽胡、丁零并非入塞后即一蹴而就抛弃传统习惯，而
是仍然保留了一定的草原习俗。但是丁零保存的旧习较稽胡少，因此
在接受汉文化时包袱更轻。反之，稽胡浓厚的草原积习顽强地抵御着
汉文化的影响，令其在汉化道路上步履蹒跚。

　　另外，这些不同的习俗在与异文化交流中作用也不尽相同，影
响也各异。丁零人在部落组织遭到解散后，取名习惯只是无足轻重的
小问题。蓄养猕猴之俗更容易转变为马戏杂技——耍猴，成为周边人
群喜闻乐见的娱乐方式，融洽族群关系。而母系社会残留之重母习俗
在北朝并无太多冲突之处，北朝本身即有"越来越重视母亲的趋势"，
"强调母子之间的感情纽带"。[238] 在"二十四孝""目连救母"等儒、佛
故事的加持下，丁零的母系社会遗俗更能与汉人的孝道观念相合，为

---

237 贾思勰撰，缪启愉校释，缪桂龙参校：《齐民要术校释》卷六《养羊第五十七》，第
　　314—315页。

238 陆威仪（Mark Edward Lewis）著，李磊译：《分裂的帝国：南北朝》，北京：中信
　　出版社，2016年，第184页。

其融入汉人起到促进作用。

　　与之相反，稽胡之俗却多与汉文化存在冲突。如其掠奴行为直接危害到汉人及其他族群的生命安全，除受到来自政府的打击外，也必然扩大与其他族群的心理间隔。而胡中女性之婚前性自由则为传统汉人社会所不容，被儒家视为"无夫奸"，在汉人中甚至要被追究法律责任，"徒一年半"。[239] 此后，虽然也有稽胡妇女以门风有礼著称，可那已经是唐代之事，而且为上层女性。文化冲突的存在令稽胡与汉人相互接触时，难以卸下心防去相互接受对方，遑论其文化。稽胡长期在汉化道路上彷徨不前，其主观因素即文化冲突之负面影响。

---

239 长孙无忌等：《唐律疏议》卷二十六《杂律一·凡奸》，北京：中华书局，1983年，第493页。

结　论

兼论汉化后续与文化遗踪

魏晋时期，大量草原游牧族群在各种因素作用下入塞定居，掀起了国史上所谓的"五胡乱华"大幕。在入华之主要五胡外，尚有如丁零等其他胡族。其影响力虽然不及前五者，但也是这一幕大戏中不可或缺的配角。丁零人原本生活于贝加尔湖一带，秦汉时被中原人认识。到汉代，丁零已分为两支，即匈奴以北其原居地区之北丁零，以及中亚康居以北之西丁零。由于当时匈奴对西域各国之控制，因此有部分西丁零可能沦为匈奴役属，并以部落的形式随之东迁。由于两汉之交匈奴内乱频发，其对下属部落控制力大不如前，一部分丁零人也伺机联合其他被统治族群脱离匈奴控制，在凉州一带驻牧，并不时与汉人发生冲突，成为汉人所谓的"赀虏"。丁零虽为赀虏的一种，但似乎保持了族群的独立性，直到魏晋时尚有部落在河西凉州活动。另一部分丁零则继续南下，直至今天甘肃成县一带。在汉末大乱中，一些丁零人可能成为地方军阀的佣兵，或为之裹挟，东入中原。在主帅几经转换后，落入曹操的手中，最终在今天的太行山东麓定居，其中最重要的部分即日后跃马黄河的翟氏部落。

五胡之首的草原骄子匈奴在经历了南北匈奴分裂后，南单于附汉保塞，成为汉朝之蕃臣。汉末动乱中，南单于庭一分为二，塞上在新主死后以老王主政，其后不详；塞内之平阳则成为入塞匈奴王庭之

443

所在。后者在经历与屠各等族融合后，经政府拆分以入塞匈奴五部见世。其后刘渊起兵反晋，血洗百年之耻，然而随着石赵的兴起，五部匈奴的时代终结，剩下的匈奴遗民则继续在塞内旧地生活，与西域胡、鲜卑等不同部族融合，终于在北魏末年正式形成了新的族群——稽胡。以刘萨诃之刘师佛信仰与胡女布文化区为纽带，新的族群分布于吕梁山区、黄土高原，其文化影响甚至重抵塞上。

出于增加赋税，扩大控制户口之考量，历代政府都试图控制这些山居或半山居族群，在其居住地区设置行政机构，委派官吏进行管理。当政府向其一般百姓征收赋税，分派徭役时，也不忘对其上层进行拉拢，以期将这些不服王化的生胡（丁零营部）教化为可以纳粮服役的民户，进而将之同化。劝课农桑、兴学重教、打击豪酋成为射向这些非汉族群的三只箭，在一些地区也取得了一定效果。不过这种控制力的施加绝非和风细雨般的存在，而是多伴随着腥风血雨，历代政府无论为汉人政权还是少数族政权，都没有将丁零、稽胡视为拥有平等地位之族群。即使中间有部分统治者改弦更张，采取温和怀柔手段，也改变不了这些族群"戎狄小人"的被歧视地位。所以出于反抗压迫等原因，丁零、稽胡频频举事，向统治者发难，希望能改变自己的命运与地位。但由于强弱过于悬殊等，这些抗争无不以失败告终。在造成起事频繁的诸多原因中，虽然有其传统族群特性及领导酋长对个人利益之追求、外部力量煽动等因素，但最直接的原因应该是天灾人祸下对生存权利的争取。

为了能在武装斗争中有更多筹码应对强大的政府，丁零与稽胡尝试了不同方式。在寻求外援的道路上，西燕、刘宋成为丁零的争取对象，可惜效果不彰。而突厥倒是给予了稽胡实际援助，但在中原政权的强力回击下，对大局于事无补。在内政建设上，两族进行了不同方式之尝试。丁零翟魏政权为维持运行，统治者采取了跨族群合作之模式，不但与汉人武装取得联系，也积极争取汉人士大夫为政权效力，其中不乏清河崔氏等高级门阀。但在后者坚持的族群优劣狭隘视角下，丁零人很难获得汉人士族的认同，太原郝轩之所谓"鹁雀飞沉"即代表了汉人门阀之不屑态度。[1] 稽胡在建政中则更倾向基于构建胡族本位政权，尽管北魏初为适应汉人盟友之加入，曾重拾匈奴先人之胡汉分治原则，但在与汉人关系切断后，又重归胡族本位，甚至走向极端排外。到北魏后期，为适应族中非匈奴系族群增多的现实，又采取调和妥协原则，创制了新的族群名称——步落稽。不过仅凭此新族名还远无法构筑新的族群认同、整合胡区，于是宗教又成为团结诸胡之思想武器。刘萨诃将佛教信仰带入胡中后，佛教与匈奴旧习、西域祆教等元素结合，成为指导起事的思想工具——胡区弥勒教。在弥勒教这一宣传弥勒下生、解救世人的异端佛教宗派的催化下，自魏末到唐初，稽胡各部在其大旗下整合、起事，然而在自身与政府巨大的实力差距面前，即使能收到一时之效却还是无法改变终归失败的命运。到唐代，稽胡的弥勒崇拜已渐渐为禅宗、净土等其他修行简便的佛教派别取代。宣扬反抗思想的未来佛弥勒也逐渐让位于引导信众来世解脱的阿弥陀佛，宗教变迁的背后实属胡人对政府强力控制的无奈与屈服。

尽管两大族群先后开启汉化之路，但二者的历程截然不同。虽然吕思勉先生推测汉末至唐初，由于入山居住的汉人甚多，凭借自身文化优势，同居之胡人为之同化，黄河流域也因此彻底开辟，[2] 但实际上，稽胡的汉化过程恐非如吕老所言之同居同化。相较于丁零人的迅速融入，稽胡则出现了反复与曲折。由于居住地理环境差异，半山居的丁零显然更容易与外界接触，接受汉人农耕文明影响。相比之下，稽胡所居封闭的山区、台塬环境成为影响其与外界交流的自然障碍，而畜牧经济的传统及农牧混合区的地理位置，令其在从事农业外保留

1　魏收：《魏书》卷二十四《崔玄伯传》，第620页。
2　吕思勉：《蒿庐论学丛稿》《〈史籍选文〉评述·乔光烈招垦里记》，收入氏著《吕思勉遗文集》上册，上海：华东师范大学出版社，1997年，第915—916页。

了相当程度的牧猎经济，使得胡人在与汉人农耕文化区隔外，也一定程度保留了武勇传统，在入塞数百年后刘仁愿、刘神、刘明德等胡人仍凭借武艺精湛见用。丁零所在的河北定州相比吕梁山区、黄土高原更为富饶，对政府吸引力也更大，因此对于国家的威权与恩泽，丁零比稽胡更容易感知。这些因素在客观上促进了丁零的迅速汉化。

而在主观方面，二者相似的草原祖先背景外，更存在是否曾为草原霸主这一差别性记忆。未曾称霸草原的丁零对被他族统治已较为熟悉，逆来顺受其至成为习惯，故心理顾虑较少。与匈奴存在直接关系的稽胡却可能无法忘记祖先的辉煌，"胡者，天之骄子"的回忆已是其心中难以忘怀的记忆。[3] 自豪的过去成为其族群记忆之潜意识，即使当匈奴记忆日渐远去后，仍然找来了与自己毫无关系的白狄作为理想替代祖先。稽胡在本族与汉人之间砌上了一道心理防线，试图延缓自身被融合的进程。所以几乎在同一时期，当丁零后裔可以与汉人一起修建桥梁、施舍义田、造福乡里时，稽胡却总体上仍对汉人较为排斥，甚至在起事时"杀掠人吏，焚烧村落"，[4] 与丁零起事时重视获取管理人才——吏颇为不同。除州郡治所、交通干线沿途之胡人外，直到北宋中叶，稽胡后裔的社会活动仍以本族为中心展开。

罗新先生在论及东晋南朝与南方诸蛮的互动关系时，认为对于多数蛮族而言，其被华夏政府控制越强，即越陷入沉重的徭役之中。面对这种局面，不少蛮族选择抗拒，逃入深山，以图躲避政府控制。对于这些族群而言，唯有"沾沐王化"与"依阻山险"两个选择，选择后者往往会遭到更加猛烈的打击，随之而来的是更彻底的"沾沐王化"。[5] 南方少数族与政府的这一尴尬关系亦可在北方山居少数族身上看到影子，实际上这一二难选择不仅适用于当时，在近代山居族群中

3　班固：《汉书》卷九十四上《匈奴传上》，第3780页。

4　刘昫：《旧唐书》卷八十三《程务挺传》，第2785页。

5　罗新：《王化与山险——中古早期南方诸蛮历史命运之概观》，第14—15页。

也存在。第七章中提到的被称为赞米亚的东南亚地块之出现即"国家建设和国家扩张的结果",居民为了逃避国家,进入山地。[6]丁零与稽胡的山居亦非出于自身喜好,同样是逃避国家控制的结果。当平原地区或已被汉人开发,或被政府掌控时,这些族群只能进入国家控制力薄弱的山区居住。然而"任是深山更深处,也应无计避征徭",[7]不过层层山谷的阻隔多少也推迟了政府进入的脚步。在一次次抵抗失败后,拒绝"王化"的胡人还是难免纳入国家控制的命运。

需要看到的是,经济上的胡风容易消失,但心理上胡风遗存的消失却需要时间的冲刷。丁零虽然在北魏中期后已经逐渐融合于汉人,但与后者之间可能直到隋初仍然存在一定的心理区别。隋开皇五年(公元585年)《七帝寺碑》中仍有"演说军人契心归善,胡汉士女、邑义一千五人并心四方"之语。[8]《七帝寺碑》立于定县,正好为百年前丁零活动之核心地区,"丁零盘据定县一带最久"。[9]其"胡汉士女"所指之"胡"除题名中之商胡何永康外,更多当指丁零后裔。陈寅恪先生亦怀疑隋末唐初的河北豪强中多有丁零遗族。[10]即使在东迁路上的滚滚黄沙早已散去,翟魏政权的金戈铁马业已铸剑为犁的唐代,仍不乏入居中原的翟氏在婚姻方面对曾经是自己邻居的粟特人存在偏好。《康国大首领康公夫人翟氏墓志》云:

> 夫人翟氏,汝南上蔡郡人也。家传轩冕之荣,门出士林之秀。曾祖瓒,隋朝议郎,检校马邑郡司马。[11]

6　詹姆士·斯科特著,王晓毅译:《逃避统治的艺术》,第407—413页。
7　杜荀鹤:《山中寡妇》,收入彭定求等:《全唐诗》卷六九二,第7958页。
8　何其章修,贾恩绂纂:《(民国)定县志》卷十八《金石篇上》,第640页。
9　何其章修,贾恩绂纂:《(民国)定县志》卷二《古迹篇·城村》,第416页。
10　陈寅恪:《论隋末唐初所谓"山东豪杰"》,第255页。
11　《康国大首领康公夫人翟氏墓志》,收入周绍良:《唐代墓志汇编》下册,第1634页。

所谓"汝南上蔡"之籍贯不过是攀附汉代名臣翟方进之词藻，但从翟氏曾祖之经历而言，当非较晚入华之粟特化翟氏。然而就是此等"冠冕之家"，却能与身为酋长的粟特人结缡，与其说促使其突破胡汉之防的是唐代社会风气，倒不如说是其体内流淌的丁零血统与牧马西域的那一段历史记忆所致。[12] 需要看到的是，即使在入塞丁零汉化基本完成的唐代，塞外居住的部分丁零后裔仍有强烈的非汉意识。武后时期的冠军大将军翟奴子自认"肃慎开家""桂楼疏族"。[13] 其籍贯燕郡辽西正位于白狼水流域，与后燕时活动于塞外的白鹿丁零或存在关系。从其墓志书写来看，此部当在十六国后融入高句丽，故保持了不同于入塞同胞的心理认同。[14]

可以说，丁零人在华北平原之啸聚历史直到近代仍是当地士绅、知识阶层心中挥之不去的阴影。《（民国）定县志》仍言："此邦自周迄清，金革之祸世与外夷有不解之缘，白狄据土而后即以五胡丁零之患为最久。"[15] 但在时间的冲刷下，这些曾经的痕迹除了文物遗址的断壁残垣外，其他早已化为过眼烟云。在今天的河北正定等地，翟姓仍然是当地大姓之一，[16] 然而当这些丁零后人追忆其自己祖先时，只会谈及那位被冒认的汉代大臣翟方进，丝毫不会提到翟斌等丁零诸翟，而且其姓氏的读音也从"zhái"变为"dí"，[17] 完全无视自己曾经的过去。丁

---

12 翟氏与粟特康氏联姻者尚有武后时之迁代丁零后裔洛州翟公，参见陈长安：《隋唐五代墓志汇编·洛阳卷》第7册《翟公妻康氏墓志》，第210页。

13 赵君平、赵文成：《秦晋豫新出墓志搜佚》第2册《唐翟奴子墓志》，第377页。

14 "桂楼"即高句丽五族之一的桂娄部。高句丽盛时疆域仍未扩张至白狼水流域，翟奴子先人成为高句丽部属或与北燕灭国后冯弘率部奔高丽有关，辽西燕郡或为祖籍，非实际出生地。

15 何其章修、贾恩绂纂：《（民国）定县志》卷十七《兵事篇》，第622页。

16 正定县地方志编纂委员会编：《正定县志》，北京：中国城市出版社，1992年，第841页。

17 笔者2021年5月至历史上丁零活动的大本营河北石家庄市行唐县走访，当地地名中仍有"南翟营"等可能与丁零有关之残留，但"翟"已不念"zhái"，当地翟姓人士亦自称姓"dí"。

零祖先在十六国北朝时期跃马中原的历史除了专家学者还有知晓外，其故地的街头巷陌已无人记得。今天当我们谈及这一历史悠久的族群时，唤起记忆的工具似乎也只有其塞外胞族的《敕勒歌》，或者纳兰性德笔下"去去丁零愁不绝，那堪客里还伤别"的离愁别绪。[18] 除了从"翟""鲜于"等姓氏中还能隐约窥见入塞丁零之过去外，其他已难寻踪迹。

因为唐中叶后其他少数族群的融入，稽胡的汉化历程一度中断，在晚唐五代沙陀人的统治下，河东军团中也有稽胡后裔出现。如刘训，"隰州永和人也。出身行间，初事武皇为马军队长，渐至散将"。[19] 隰州永和为稽胡故地，刘训极可能为出仕晋王李克用的稽胡后裔，从其得为马军队长可知当时稽胡后人中骑射之风不衰。沙陀之外的其他势力中也有稽胡后裔活动的痕迹。如延州高万兴、高万金兄弟，"梁、唐之间为延州节度使"。[20] 又延州刘景岩，"事高万金为部曲，其后为丹州刺史"。[21]

此时的稽胡后裔大多如同祖先一样崇尚武力而不似汉人尚文，故得以在五代乱局中凭军功立足。更为家喻户晓者当属宋初之呼延赞家族，对于其籍贯，《宋史·呼延赞传》谓其"并州太原人"，[22]《寰宇通志》称其石楼忠孝村人，墓在"石楼县西南九十里忠孝村，旧有碑"。[23] 不管籍贯何处，其为稽胡后裔无疑。至今呼延赞的家族事迹仍是民间茶余饭后的谈资，即评书艺人演绎的《呼家将》，其与《杨家将》《岳家将》一道成为书场、广播的宠儿，你方唱罢我登场。

不过历史的发展总是吊诡，五代时尚为沙陀政权效力之稽胡后

---

18 纳兰性德：《纳兰词》卷三《蝶恋花》，台北：中华书局，1966年，第9页。
19 薛居正：《旧五代史》卷六十一《刘训传》，第820页。
20 薛居正：《旧五代史》卷一百二十五《高允权传》，第1646页。
21 欧阳修：《新五代史》卷四十七《刘景岩传》，第536页。
22 脱脱：《宋史》卷二百七十九《呼延赞传》，第9488页。
23 陈循、彭时等：《寰宇通志·平阳府上》"陵墓"条，第5971页。

裔，到两宋之交却出现了大宋的救世之将。南宋中兴四将中一半有稽胡血统之嫌。与岳飞齐名的韩世忠在母系血统中即有稽胡，其曾祖母郝氏、祖母高氏、母贺氏，[24] 三姓均为稽胡旧姓，即使是韩世忠本人也有出自匈奴破六韩氏之可能。而另一位刘光世虽然父系可能出于党项，但其曾祖母为白氏，[25] 出于延州稽胡后裔之可能性较大。从祖上"胡荒"的制造者、中华文明的威胁者到宋金战争中华夏王朝的捍卫者，稽胡及其后人的位置变化令人颇感意外，不能不感叹今非昔比。

不同于丁零遗迹已难寻踪影，在今天的山西、陕西一带仍然保留了一些当年稽胡活动的痕迹。在吕梁山区、黄土高原的原稽胡活动中心地带，尚有不少地名、村名来源于非汉语，胡族色彩强烈。兹将其部分列表于下：

表8-1　山、陕非汉语地名略表

地名	地点	中古汉语读音	推测语族	拼写	推测意思
索达干村	山西临县碛口镇	sak tat gan	突厥	sart	商人、经商
赤普浪村	山西临县白文镇	qiek pó lang	突厥	Çipura	海鲷
奇奇里村	山西永和县阁底乡	ǵie ǵie lí	蒙古	čečerege	颤抖的
东索基村	山西永和县桑壁镇	sak gi	突厥	saq	头发
都苏村	山西永和县交口镇	tu su	突厥	tusu	益处、疗效

24　王昶：《金石萃编》卷一百五十《韩蕲王碑》，第2780页。
25　张嵲：《紫薇集》卷十四《故曾祖母白氏可特赠吴国夫人制》，收入《丛书集成续编》第127册，台北：新文丰出版公司，1989年，第469页。

地名	地点	中古汉语读音	推测语族	拼写	推测意思
赤奴村	山西大宁县曲峨镇	qiek no	蒙古	čino_α	狼
它支村	山西汾西县勍香镇	ta jie	突厥	taz	豹花马、贫瘠
可也村	陕西延长县雷赤镇	kʰα ĭa	突厥	qala	城堡、堡垒
苏罗村	陕西延长县安河镇	su lα	蒙古	sumu	苏木村镇
窟野河	内蒙古—陕西	kʰuət jĭa	突厥	kaya	峭壁

资料来源:《临县志》《永和县志》《大宁县志》《汾西县志》《延长县志》。

　　以上诸村名究竟为何族留下已难一一考证,不过其中一部分必与长期在此生活的稽胡有关。陕西延长可也村即在名称上直接对应了稽胡语"可野"(城堡),[26] 其地与唐代云岩县相去不远,后者治下曾经存在稽胡名僧刘萨诃修行的可野寺,今天在距其不远处尚有两座稽胡后裔村庄——呼延村与呼家村。[27] 可也村名为稽胡活动故迹无疑,只不过当笔者向当地耆老问及村名来历时,却被告知意为此地平安吉祥,适于生活,定居"可也",故名曰"可也村"。[28] 这显然是汉语思维下对胡语原名望文生义的附会解释。

26　何星亮先生认为,"可野"源于突厥毗伽可汗碑中出现的koroŋan一词,参见何星亮:《稽胡语若干词试释》,第40页。而据土耳其Izmir Katip Çelebi大学突厥语言与艺术系Rysbek Alimov教授之意见,"可野"(qala)可能源于阿拉伯语,最早出现于12世纪之维吾尔语法条中,为突厥语族之阿拉伯语借词。稽胡在隋唐之时使用该词,除巧合外,较为合理的解释当与其族群融合,吸纳不同族裔之词汇有关。

27　可也村东北直线距离14.5公里处有呼延村,村南直线距离8公里处有呼家村。

28　笔者2021年5月19日赴陕西延长可也村,向村民耆老请教名称来历。

图8-1　陕西延长县可也村村牌楼

（笔者2021年5月摄于陕西延长。）

　　对原稽胡领袖的追忆也可能通过民间信仰的形式隐藏于吕梁山区，在今天的山西介休、中阳、石楼等地，尚保留了名曰可汗庙的民间宫庙。对于所供奉的可汗为何人，无论是地方志还是民间传说都未提供确切的答案。央视节目推测为刘武周，[29] 张庆捷先生提出为斛律光。[30] 若为前者，则难以解答为何在刘武周势力未曾达到的石楼等地仍存在可汗祠；而张氏之说成立的重要前提为可汗祠乃符合官方奉祀精神之民间崇拜，但如果可汗祠本身即无官方背书，而为民间"淫祠"，则其说值得商榷。可汗祠的分布地域除与张氏推测的斛律光征战区域

29　郑广根、王融亮，中央十台2011年7月5日《探索与发现·暗道之谜》节目访谈。

30　张庆捷：《可汗祠探源》，《历史研究》2019年第1期，第36—54、190页。

图8-2 山西介休县张壁古堡可汗祠供奉之可汗

（笔者2021年5月摄于介休。）

大致重合外，更与传统胡区相合，又可汗之称必然令人联想到自称突
利可汗的隋末胡酋刘季真。在中阳、石楼等地的可汗庙残碑上，可汗
信仰已经与龙王崇拜结合，成为龙天可汗，[31]"龙"的出现似乎又对应
了刘季真之父刘龙儿。参考临县原为纪念刘渊之"刘王沟"因口耳相
传之谐音语讹变成"龙王沟"，[32]是否可能因"刘""龙"发音相近而混

---

31 张庆捷：《可汗祠探源》，第42—46页。

32 胡宗虞修，吴命新纂：《（民国）临县志》卷十六《古迹考》，第453页。

涁？与其将可汗视为斛律光或其他单一历史人物，倒不如换个思路，将其视为融合刘龙儿、刘季真父子数人形象在内的崇拜对象。即使在刘氏父子失败后，其对当地胡人的影响力仍不可等闲视之，也许稽胡出于怀念父子二人（或三人）的目的，立庙奉祀之。但在成王败寇的定律下，其庙自然不可能得到当时官方的认可。在唐太宗一纸"私家不得辄立妖神，妄设淫祀，非礼祠祷，一皆禁绝"的诏令下，[33] 可汗崇拜只能在偏乡悄悄存在。久而久之，稽胡的后人们也忘记了祖先糅合刘氏父子形象塑造的可汗本为何人，但这一曾经存在的可汗却成为模糊的历史记忆，至今仍在传承。

如果查寻吕梁山区流传的民间传说，可以发现不少耐人寻味的元素存在。如临县民间有供奉传说为石勒的浮济大王，[34] 有所谓石勒饮马泉之遗迹传世，[35] 相传为埋葬刘曜之妹的皇姑墓直到清末民初仍"樵采者不敢犯"。[36] 石勒也好，刘曜也好，其体现的均为非汉人的胡族元素，当地居民祖祖辈辈、口耳相传的这些胡族帝王传说或许暗示了当地百姓对自身历史的认同，即非汉人祖先之暗示。换言之，胡族英雄故事的流传或隐含了当地人稽胡后裔的身份，刘石等人在传统汉人史家的笔下只能作为"载记"之偏霸存在，不能堂堂正正进入帝王天子之"本纪"，可是对于当地居民而言，这已经足够，至少比屡战屡败的稽胡更值得托附。只是刘石之匈奴五部、羯胡后裔留在当地者后世成为稽胡，村民对刘石之崇拜并不能否定其祖先曾经历稽胡的这一演进阶段。

逯耀东先生指出，即使入华边疆民族放弃自身原有文化传统，完全与汉人融合，其过程也往往十分艰辛。其纵然完全放弃本族文化，

---

33 刘昫：《旧唐书》卷二《太宗纪上》，第31页。
34 胡宗虞修，吴命新纂：《（民国）临县志》卷九《山川略》，第212页。
35 胡宗虞修，吴命新纂：《（民国）临县志》卷九《山川略》，第215页。
36 胡宗虞修，吴命新纂：《（民国）临县志》卷十六《古迹考》，第454—455页。

但仍有某些文化因子无法被融合而得保存。[37]如陈寅恪先生所言，汉语中对体力劳动者之称呼"苦力"来自突厥语"奴"。[38]只是这留下无法融合印记的突厥语族群未必只有东、西突厥，稽胡的位置也不应被忽视，以"库利"称呼奴婢的稽胡等族群为今人带来的影响或许仍在我们身边却未被察觉。更有可能与稽胡存在关系的遗痕也许就存在于今日的陕北，黄土高原乡村农夫的标志性装扮——羊皮袄可能即承自稽胡"丈夫服皮"的传统习惯，[39]而闻名中外的陕北民歌——信天游抑或属于胡人遗音。据牛冬梅研究，《匈奴歌》、《敕勒歌》、古代突厥民歌和陕北信天游在曲体结构以及内部的韵律结构之间存在明显的传承关系。[40]但相比突厥、敕勒等族，稽胡在黄土高原的生活历史更为长久，且其音乐"皆马上乐"，[41]自然也保留了草原遗声。今天听到信天游那高亢嘹亮的声韵时，难免不令人联想起胡人的善啸之风，后赵君主石勒倚啸洛阳东门，[42]稽胡军官刘明德之父且歌且啸。[43]所以，影响信天游更多的当是从塞外走来的匈奴后代——稽胡的北狄马上乐。

在感叹国史上汉文化对其他文化的巨大涵化力量时，我们往往忽视了其他族群即使被迫接受汉文化，也力图保留一些原生文化传统。而保留的程度无疑与自身文化底蕴密切相关，越是有悠久历史与强大力量的族群后裔，其保留的遗产越是厚重，毕竟没有多少人能借族群融合口号自我安慰，彻底遗忘自己曾经的历史，抛弃自身族群特有的

37　逯耀东：《从平城到洛阳：拓跋魏文化转变的历程》，第4页。

38　蔡鸿生：《唐代九姓胡与突厥文化》，北京：中华书局，1998年，第267页。

39　杜佑撰，长泽规矩也、尾崎康校：《日本宫内厅书陵部藏北宋版通典》卷一百九十七《边防十三》，上海：上海人民出版社，2008年，第412页。

40　见牛冬梅：《陕北信天游与古代突厥民歌亲缘关系之比较（上）》，《交响（西安音乐学院学报）》2007年第1期，第14—20页；牛冬梅：《陕北信天游与古代突厥民歌亲缘关系之比较（下）》，《交响（西安音乐学院学报）》2007年第2期，第27—32页。

41　刘昫：《旧唐书》卷二十九《音乐志二·北狄之乐》，第1071页。

42　房玄龄：《晋书》卷一百四《石勒载记上》，第2707页。

43　胡聘之：《山右石刻丛编》卷八《刘明德墓志》，第15101页。

血脉传承、信仰文化、语言文字以迎合优势统治族群。即使在优势族群掌握话语权的语境下，此辈可得到大书特书，甚至被塑造为识时务之俊杰、先锋，但在族内，迎接他们的必然是卖族求荣、数典忘祖的唾骂与"族奸"的痛斥。

虽然在所谓鼓吹民族融合的御用文人、"进步史家"眼中，对汉化持审慎甚至否定意见是后进族群抱残守缺、落后保守的表现，坚持民俗者往往遭到站在所谓"历史高度"的前者之口诛笔伐、冷嘲热讽。但刘浦江先生在分析女真汉化问题时指出：

> 每一种民族文化都有它的生存权利和存在价值，文明和野蛮、先进和落后，都不能构成一种文化必当同化于另一种文化的全部理由。不管历史的最终结局如何，他们为保存民族文化、维护民族传统所作的努力，都是值得尊敬的。[44]

这段话不但适用于女真，同样也适用于面对文化危机的稽胡等族。尽管统治阶层一再标榜"修其教，不易其俗；齐其政，不易其宜"，[45]宣称尊重少数族文化风习，可实际上"非我族类，其心必异"才是不能说的秘密。故历朝历代的统治族群不管是铁腕还是怀柔，其对少数族的统治实质不过是凭借自身权力、资源优势实行或明或暗的族群同化，某些政权甚至对推行强制同化无所不用其极，令人发指。

可对于有着悠久历史以及强烈自我认同的族群而言，政府这些不得族心的同化措施必将受到顽强抵制，身体内流淌着匈奴光荣血统的稽胡即属此类。美国社会学家米尔顿·M.戈登（Milton Myron Gordon）将族群同化概括为七个变量：文化或行为同化、结构同化、

44 刘浦江：《女真的汉化道路与大金帝国的覆亡》，收入袁行霈主编：《国学研究》第7卷，北京：北京大学出版社，2000年，第190页。
45 《礼记正义》卷十二《王制》，收入《十三经注疏》整理委员会：《十三经注疏》第16册，第467页。

婚姻同化、认同意识同化、态度接受同化、行为接受同化、公民同化。[46] 对于稽胡下层民众而言，直到中唐其同化也只符合或基本符合文化或行为同化、结构同化两个变量，[47] 其余变量并未在族中发生广泛影响。对同化的抵制使得稽胡较丁零而言，在更长时间内维持了族群独立与文化风俗，令源自草原的胡风浸染山陕山区五百余年。

　　当丁零与稽胡最终走入汉人中后，其直接后裔保留的原文化亦不相同。在历史传统的作用下，旧的习俗并不会全部化为时间的灰烬，往往是以另一种形式改头换面加以存在，在包围自己的外族文化中顽强地留下自身印记。今天当身穿传统羊皮袄的陕北村民吼出高亢的信天游时，尽管其本人未必知晓祖先的过去，但其身上披覆的却是祖先遗俗，传唱的曲调也是祖先留传的草原遗曲，致敬的是祖先曾经的金戈铁马生活、天之骄子历史，呼唤的是那一个个曾经策马中原的族名。

46　米尔顿·M.戈登著，马戎译：《美国生活中的同化》，南京：译林出版社，2015年，第65—66页。

47　戈登将"把文化模式变为主流社会的文化模式"这一转变称为"文化或行为同化"，稽胡逐渐采用汉语，主要经济形态由半农半牧猎转为农业，这些变化基本符合这一变量。"在基层群体层次上"，大规模进入主流社会的"小集群、俱乐部、机构"之现象被戈登称为"结构同化"，由于北周以来府兵制的推行，稽胡丁壮亦被编入军府，虽然属于被动纳入，但也基本符合这一变量。参见米尔顿·M.戈登著，马戎译：《美国生活中的同化》，第65—66页。

参考书目

一、传统史料

（一）正史、编年、载记

司马迁：《史记》，北京：中华书局，1982年。

班固：《汉书》，北京：中华书局，1975年。

范晔：《后汉书》，北京：中华书局，1965年。

陈寿：《三国志》，北京：中华书局，1959年。

房玄龄：《晋书》，北京：中华书局，1974年。

沈约：《宋书》，北京：中华书局，1974年。

萧子显：《南齐书》，北京：中华书局，1972年。

姚思廉：《梁书》，北京：中华书局，1973年。

姚思廉：《陈书》，北京：中华书局，1972年。

魏收：《魏书》，北京：中华书局，1974年。

李百药：《北齐书》，北京：中华书局，1972年。

令狐德棻：《周书》，北京：中华书局，1971年。

魏徵：《隋书》，北京：中华书局，1973年。

李延寿：《北史》，北京：中华书局，1974年。

李延寿：《南史》，北京：中华书局，1974年。

刘昫：《旧唐书》，北京：中华书局，1975年。

欧阳修、宋祁：《新唐书》，北京：中华书局，1975年。

薛居正：《旧五代史》，北京：中华书局，1976年。

欧阳修：《新五代史》，北京：中华书局，1974年。

脱脱：《宋史》，北京：中华书局，1985年。

《明实录》，台北："中研院"史语所，1984年。

袁宏撰，周天游校注：《后汉纪校注》，天津：天津古籍出版社，1987年。

司马光：《资治通鉴》，北京：中华书局，1956年。

李焘：《续资治通鉴长编》，北京：中华书局，1992年。

崔鸿撰，屠乔孙辑：《十六国春秋》，收入纪昀等总纂，台湾商务印书馆编审委员会主编：《景印文渊阁四库全书》，台北：台湾商务印书馆，1983年，第463册。

（二）地理、方志

郦道元撰，杨守敬、熊会贞疏：《水经注疏》，南京：江苏古籍出版社，1989年。

杨衒之：《洛阳伽蓝记》，北京：中华书局，1983年。

李吉甫：《元和郡县图志》，北京：中华书局，1983年。

乐史：《太平寰宇记》，北京：中华书局，2007年。

王存：《元丰九域志》，北京：中华书局，1984年。

孛兰肹等：《大元大一统志残》，收入郑振铎辑：《玄览堂丛书》第7册，扬州：广陵书社，2012年。

陈循、彭时等：《寰宇通志》，收入郑振铎辑：《玄览堂丛书》第7—9册，扬州：广陵书社，2012年。

顾祖禹：《读史方舆纪要》，北京：中华书局，2005年。

穆彰阿、潘锡恩：《大清一统志》，上海：上海古籍出版社，2008年。

洪亮吉：《十六国疆域志》，台北：文海出版社，1968年。

丁谦：《蓬莱轩地理学丛书》，北京：北京图书馆出版社，2008年。

查郎阿等：《四川通志》，收入纪昀等总纂，台湾商务印书馆编审委员会主编：《景印文渊阁四库全书》第560册，台北：台湾商务印书馆，1983年。

曹树声：《（万历）平阳府志》，万历四十三年刻顺治二年递修本。

刘棨修，孔尚任纂：《（康熙）平阳府志》，收入中国科学院图书馆选编：《稀见中国地方志汇刊》，北京：中国书店，1992年。

孙和相修，戴震纂：《（乾隆）汾州府志》，收入《续修四库全书》第692册，上海：上海古籍出版社，2002年。

谢汝霖：《（康熙）永宁州志》，嘉庆同治间增补重印本。

袁学谟：《（雍正）石楼县志》，钞本缺卷以刻本配之。

李熙龄：《（道光）榆林府志》，道光二十一年刻本。

潘崧修、高照煦：《（光绪）米脂县志》，清钞本。

孔繁朴、高维岳：《（光绪）绥德直隶州志》，光绪三十一年序本。

（三）金石

毛凤枝：《关中石刻文字新编》，收入《石刻资料新编》第22册，台北：新文丰出
　　版公司，1977年。

王昶：《金石萃编》，收入《石刻资料新编》第1册，台北：新文丰出版公司，1977年。

王轩：《山西碑碣志》，收入《石刻史料新编（第三辑）》第30册，台北：新文丰出
　　版公司，1986年。

吴式芬：《金石汇目分编》，收入《石刻资料新编》第28册，台北：新文丰出版公
　　司，1977年。

周悦让：《登州金石志》，收入《石刻史料新编（第三辑）》第27册，台北：新文丰
　　出版公司，1986年。

胡聘之：《山右石刻丛编》，收入《石刻资料新编》第20册，台北：新文丰出版公
　　司，1977年。

张维：《陇右金石录》，收入《石刻资料新编》第21册，台北：新文丰出版公司，
　　1977年。

陆增祥：《八琼室金石补正》，收入《石刻资料新编》第6册，台北：新文丰出版公
　　司，1977年。

端方：《陶斋藏石记》，收入《石刻资料新编》第11册，台北：新文丰出版公司，
　　1977年。

赵明诚：《金石录》，收入《石刻资料新编》第12册，台北：新文丰出版公司，
　　1977年。

罗振玉：《芒洛冢墓遗文续编》，收入《石刻资料新编》第11册，台北：新文丰出
　　版公司，1977年。

（四）佛藏

释慧皎：《高僧传》，北京：中华书局，1992年。

释道宣：《续高僧传》，北京：中华书局，2014年。

释道宣：《集神州三宝感通录》，收入大藏经刊行会编：《大正新修大藏经》第52
　　册，台北：新文丰出版公司，1983年。

释道宣：《广弘明集》，收入大藏经刊行会编：《大正新修大藏经》第52册，台北：
　　新文丰出版公司，1983年。

释赞宁：《宋高僧传》，北京：中华书局，1987年。

释志磐撰，释道法校注：《佛祖统纪校注》，上海：上海古籍出版社，2012年。

释道世撰，周叔迦等校注：《法苑珠林校注》，北京：中华书局，2003年。

道原：《景德传灯录》，海口：海南出版社，2011年。

善无畏、一行译：《大毗卢遮那成佛神变加持经》，收入大藏经刊行会编：《大正新
　　修大藏经》第18册，台北：新文丰出版公司，1983年。

竺法护译：《佛说弥勒下生经》，收入大藏经刊行会编：《大正新修大藏经》第14
　　册，台北：新文丰出版公司，1983年。

澄观：《大方广佛华严经随疏演义钞》，收入大藏经刊行会编：《大正新修大藏经》
　　第9册，台北：新文丰出版公司，1983年。

失译人名：《别译杂阿含经》，收入大藏经刊行会编：《大正新修大藏经》第3册，
　　台北：新文丰出版公司，1983年。

竺昙无兰译：《迦叶赴佛般涅槃经》，收入大藏经刊行会编：《大正新修大藏经》第
　　12册，台北：新文丰出版公司，1983年。

白法祖译：《佛般泥洹经》，收入大藏经刊行会编：《大正新修大藏经》第1册，台
　　北：新文丰出版公司，1983年。

失译人名：《毗尼母经》，收入大藏经刊行会编：《大正新修大藏经》第24册，台
　　北：新文丰出版公司，1983年。

（五）诗文笔记

萧统：《文选》，北京：中华书局，1974年。

逯钦立：《先秦汉魏南北朝诗》，北京：中华书局，1983年。

张鹭：《朝野佥载》，北京：中华书局，1979年。

尉迟偓：《中朝故事》，收入纪昀等总纂，台湾商务印书馆编审委员会主编：《景印
　　文渊阁四库全书》第1035册，台北：台湾商务印书馆，1983年。

董诰等：《全唐文》，北京：中华书局，1983年。

彭定求：《全唐诗》，北京：中华书局，1960年。

杜甫撰，仇兆鳌注：《杜少陵集详注》，上海：商务印书馆，1939年。

白居易：《白氏长庆集》，收入纪昀等总纂，台湾商务印书馆编审委员会主编：《景
印文渊阁四库全书》第1080册，台北：台湾商务印书馆，1983年。

元稹：《元稹集》，北京：中华书局，2010年。

李昉：《文苑英华》，北京：中华书局，1966年。

李昉：《太平广记》，北京：中华书局，1961年。

沈括：《梦溪笔谈校证》，上海：上海人民出版社，2011年。

江休复：《醴泉笔录》，收入《笔记小说大观六编》第4册，台北：新兴出版有限公
司，1975年。

范镇：《东斋记事》，北京：中华书局，1980年。

元好问撰，施国祁注：《元遗山诗注》，台北：中华书局，1966年。

耶律铸：《双溪醉隐集》，收入纪昀等总纂，台湾商务印书馆编审委员会主编：《景
印文渊阁四库全书》第1199册，台北：台湾商务印书馆，1983年。

纳兰性德：《纳兰词》，台北：中华书局，1966年。

（六）其他

《毛诗正义》，收入《十三经注疏》整理编委会：《十三经注疏》，北京：北京大学
出版社，2000年。

《尚书正义》，收入《十三经注疏》整理编委会：《十三经注疏》，北京：北京大学
出版社，2000年。

《礼记正义》，收入《十三经注疏》整理委员会：《十三经注疏》，北京：北京大学
出版社，2000年。

《春秋左传正义》，收入《十三经注疏》整理编委会：《十三经注疏》，北京：北京
大学出版社，2000年。

方向东：《大戴礼记汇校集解》，北京：中华书局，2008年。

王钦若：《册府元龟》，南京：凤凰出版社，2006年。

王溥：《唐会要》，上海：上海古籍出版社，2006年。

王应麟：《玉海》，台北：大化书局，1977年。

史炤：《资治通鉴释文》，台北：台湾商务印书馆，1981年。

史游撰，颜师古注：《急就篇》，收入纪昀等总纂，台湾商务印书馆编审委员会主
编：《景印文渊阁四库全书》第223册，台北：台湾商务印书馆，1983年。

托津：《钦定大清会典图（嘉庆朝）》，台北：文海出版社，1992年。

宋绶、宋敏求：《唐大诏令集》，北京：中华书局，2008年。

李昉：《太平御览》，北京：中华书局，1998年。

杜佑：《通典》，北京：中华书局，1988年。

杜佑撰，长泽规矩也、尾崎康校：《日本宫内厅书陵部藏北宋版通典》，上海：上海人民出版社，2008年。

杜预：《春秋释例》，收入纪昀等总纂，台湾商务印书馆编审委员会主编：《景印文渊阁四库全书》第146册，台北：台湾商务印书馆，1983年。

沈钦韩：《春秋左氏传补注》，收入《丛书集成新编》第109册，台北：新文丰出版公司，1985年。

周家禄：《晋书校勘记》，收入《丛书集成新编》第6册，台北：新文丰出版公司，1985年。

林宝：《元和姓纂》，北京：中华书局，1994年。

长孙无忌等：《唐律疏议》，北京：中华书局，1983年。

唐慎微：《证类本草》，收入纪昀等总纂，台湾商务印书馆编审委员会主编：《景印文渊阁四库全书》第740册，台北：台湾商务印书馆，1983年。

袁珂校注：《山海经校注》，上海：上海古籍出版社，1980年。

马国翰：《红藕花轩泉品》，清末刻本。

清高宗敕撰：《续通典》，台北：台湾商务印书馆，1987年。

许慎：《说文解字》，北京：中华书局，1963年。

陈毅：《魏书官氏志疏证》，收入《四库未收书辑刊（第十辑）》第3册，北京：北京出版社，2000年。

贾思勰撰，缪启愉校释，缪桂龙参校：《齐民要术校释》，北京：中国农业出版社，1982年。

欧阳询：《艺文类聚》，上海：上海古籍出版社，1982年。

邓名世：《古今姓氏书辩证》，南昌：江西人民出版社，2006年。

郑樵：《通志》，北京：中华书局，1987年。

二、近人著述

（一）专书（依姓氏笔画为序）

乜小红：《唐五代畜牧经济研究》，北京：中华书局，2006年。

三晋文化研究会学术部:《三晋文化研究论丛》,太原:山西人民出版社,1994年。

万绳楠:《陈寅恪魏晋南北朝史讲演录》,贵阳:贵州人民出版社,2007年。

山西省考古研究所:《三晋考古(第三辑)》,太原:山西人民出版社,2006年。

山西省考古研究所:《三晋考古(第四辑)》,上海:上海古籍出版社,2012年。

马长寿:《乌桓与鲜卑》,桂林:广西师范大学出版社,2006年。

马长寿:《北狄与匈奴》,桂林:广西师范大学出版社,2006年。

马长寿:《氐与羌》,桂林:广西师范大学出版社,2006年。

马长寿:《突厥人和突厥汗国》,桂林:广西师范大学出版社,2006年。

马长寿:《碑铭所见前秦至隋初的关中部族》,桂林:广西师范大学出版社,2006年。

马俊民、王世平:《唐代马政》,台北:五南出版有限公司,1995年。

王仲荦:《北周六典》,北京:中华书局,1979年。

王仲荦:《北周地理志》,北京:中华书局,1980年。

王其英:《武威金石录》,兰州:兰州大学出版社,2001年。

王其祎、周晓薇:《隋代墓志铭汇考》,北京:线装书局,2007年。

王明珂:《华夏边缘》,北京:社会科学文献出版社,2006年。

王明珂:《羌在汉藏之间》,台北:联经出版有限公司,2003年。

王明珂:《游牧者的抉择:面对汉帝国的北亚游牧部族》,台北:联经出版,2012年。

中国社会科学院民族研究所主编:《中国民族史研究》,北京:中国社会科学出版社,1987年。

中国唐代学会编:《唐代研究论集》,台北:新文丰出版公司,1992年。

毛汉光:《中国中古政治史论》,台北:联经出版事业股份有限公司,1990年。

毛汉光:《唐代墓志铭汇编附考》,台北:"中研院"史语所,1994年。

毛阳光:《洛阳流散唐代墓志汇编》,北京:北京图书馆出版社,2013年。

毛远明:《汉魏六朝碑刻校注》,北京:线装书局,2008年。

方山县县志编纂办公室编:《方山县志》,太原:山西人民出版社,1993年。

正定县地方志编纂委员会编:《正定县志》,北京:中国城市出版社,1992年。

田余庆:《拓跋史探》,北京:生活·读书·新知三联书店,2003年。

史念海:《史念海全集》,北京:人民出版社,2013年。

白翠琴:《魏晋南北朝民族史》,成都:四川人民出版社,1996年。

冯巧英、赵桂溟:《山西佛道摭存》,太原:三晋出版社,2016年。

冯承钧：《西域南海史地考证论著汇辑》，香港：中华书局香港分局，1976年。

吕思勉：《吕思勉遗文集》，上海：华东师范大学出版社，1997年。

朱浒：《汉画像胡人图像研究》，北京：生活·读书·新知三联书店，2017年。

延安市文物研究所编：《延安石窟碑刻题记》，西安：陕西人民出版社，2020年。

延安市文物编纂委员会编：《延安市文物志》，西安：陕西旅游出版社，2004年。

刘义棠：《中国边疆民族史》，台北：台湾中华书局，1969年。

刘迎胜：《元史及民族与边疆研究集刊》第22辑，上海：上海古籍出版社，2010年。

齐运通、杨建锋：《洛阳新获墓志 二〇一五》，北京：中华书局，2017年。

汤用彤：《汉魏两晋南北朝佛教史》，北京：中华书局，1983年。

安介生：《山西移民史》，太原：山西人民出版社，1999年。

孙秋云：《文化人类学教程》，北京：北京大学出版社，2018年。

严耕望：《中国地方行政制度史——魏晋南北朝地方行政制度》，上海：上海古籍出版社，2007年。

严耕望：《唐代交通图考》，台北："中研院"史语所，1985年。

苏毓琦、伊承熙：《（民国）宁晋县志》，收入《中国地方志集成》，上海：上海书店出版社，2006年。

杜斗诚、王亨通：《炳灵寺石窟内容总录》，兰州：兰州大学出版社，2006年。

李凭：《北朝研究存稿》，北京：商务印书馆，2006年。

李学勤：《李学勤集》，哈尔滨：黑龙江教育出版社，1989年。

李贵龙、王建勤：《绥德汉代画像石》，西安：陕西人民美术出版社，2001年。

李晓杰：《水经注校笺图释·渭水流域诸篇》，上海：复旦大学出版社，2017年。

杨圣敏：《回纥史》，长春：吉林教育出版社，1991年。

杨光辉：《汉唐封爵制度》，北京：学苑出版社，2002年。

杨曾文、镰田茂雄：《中日佛教学术会议论文集》，北京：中国社会科学出版社，1997年。

杨富学：《北国石刻与华夷史迹》，北京：光明日报出版社，2020年。

吴钢：《全唐文补遗》，西安：三秦出版社，1998年。

岑仲勉：《突厥集史》，北京：中华书局，1958年。

何其章、贾恩绂：《（民国）定县志》，收入《中国地方志集成》，上海：上海书店出版社，2006年。

邹逸麟：《黄淮海平原历史地理》，合肥：安徽教育出版社，1993年。

邹逸麟:《椿庐史地论稿》,天津:天津古籍出版社,2005年。

张小贵:《三夷教研究——林悟殊先生古稀纪念》,兰州:兰州大学出版社,2014年。

张少志、张建国:《贺兰山岩画研究集萃》,银川:宁夏人民出版社,2017年。

张泽咸、朱大渭:《魏晋南北朝农民战争史料汇编》,北京:中华书局,1980年。

陈长安:《隋唐五代墓志汇编·洛阳卷》,天津:天津古籍出版社,1991年。

陈连庆:《中国古代少数民族姓氏研究——魏晋南北朝民族姓氏研究》,长春:吉林文史出版社,1993年。

陈序经:《匈奴史稿》,北京:中国人民大学出版社,2007年。

陈勇:《汉赵史论稿——匈奴屠各建国的政治史考察》,北京:商务印书馆,2009年。

陈菊霞:《敦煌翟氏研究》,北京:民族出版社,2012年。

陈寅恪:《金明馆丛稿二编》,上海:上海古籍出版社,2020年。

陈寅恪:《唐代政治史述论稿》,北京:生活·读书·新知三联书店,2009年。

陈寅恪:《唐代政治史述论稿》,台北:五南图书出版,2020年。

陈寅恪:《隋唐制度渊源略论稿》,北京:生活·读书·新知三联书店,2009年。

陈登武:《从人间世到幽冥界——唐代的法制、社会与国家》,台北:五南图书出版公司,2005年。

苗威:《高句丽移民研究》,长春:吉林大学出版社,2011年。

林幹:《中国古代北方民族通论》,呼和浩特:内蒙古人民出版社,2007年。

林幹:《突厥与回纥史》,呼和浩特:内蒙古人民出版社,2007年。

林惠祥:《中国民族史》,台北:台湾商务印书馆,1965年。

尚刚:《隋唐五代工艺美术史》,北京:人民美术出版社,2005年。

北平研究院史学集刊编辑委员会编:《史学集刊》,台北:台湾学生书局,1969年。

罗丰:《丝绸之路上的考古、宗教与历史》,北京:文物出版社,2011年。

罗丰、荣新江:《粟特人在中国:考古发现与出土文献的新印证》,北京:科学出版社,2016年。

罗振玉:《增订历代符牌图录》,哈尔滨:哈尔滨出版社,2003年。

罗新:《中古北族名号研究》,北京:北京大学出版社,2009年。

罗新、叶炜:《新出魏晋南北朝墓志疏证》,北京:中华书局,2005年。

罗福颐:《古玺印考略》,北京:紫禁城出版社,2010年。

周一良:《魏晋南北朝史论集》,北京:北京大学出版社,1997年。

周伟州:《汉赵国史》,桂林:广西师范大学出版社,2006年。

周伟洲:《敕勒与柔然》,桂林:广西师范大学出版社,2006年。

周伟洲:《新出土中古有关胡族文物研究》,北京:社会科学文献出版社,2016年。

周阿根:《五代墓志汇考》,合肥:黄山书社,2011年。

周绍良:《唐代墓志汇编》,上海:上海古籍出版社,1992年。

赵力光:《西安碑林博物馆新藏墓志汇编》,北京:线装书局,2007年。

赵万里:《汉魏南北朝墓志集释》,收入《石刻史料新编(第三辑)》,台北:新文丰出版公司,1986年。

赵君平、赵文成:《秦晋豫新出墓志搜佚》,北京:国家图书馆出版社,2012年。

赵超:《汉魏南北朝墓志汇编》,天津:天津古籍出版社,2008年。

荣新江:《中古中国与外来文明》,北京:生活·读书·新知三联书店,2001年。

荣新江:《中古中国与粟特文明》,北京:生活·读书·新知三联书店,2015年。

荣新江、张志清:《从撒马尔罕到长安:粟特人在中国的文化遗迹》,北京:北京图书馆出版社,2004年。

胡庆钧:《凉山彝族奴隶制社会形态》,北京:中国社会科学出版社,1985年。

胡秋原:《丁零·突厥·回纥——其起源,其兴衰,其西迁及其文化史意义》,台北:中土文化协会出版,1961年。

段连勤:《丁零、高车与铁勒》,桂林:广西师范大学出版社,2006年。

段连勤:《北狄族与中山国》,桂林:广西师范大学出版社,2007年。

侯旭东:《五六世纪北方民众佛教信仰:以造像记为中心的考察》,北京:社会科学文献出版社,2015年。

侯旭东:《北朝村民的生活世界——朝廷、州县与村里》,北京:商务印书馆,2005年。

施和金:《北齐地理志》,北京:中华书局,2008年。

施瑛:《中国民族史讲话》,北京:中国图书馆学会高校分会委托中献拓方电子制印公司复印,2009年。

姚薇元:《北朝胡姓考》,北京:中华书局,2007年。

袁行霈:《国学研究:第7卷》,北京:北京大学出版社,2000年。

翁俊雄:《唐代人口与区域经济》,台北:新文丰出版公司,1995年。

唐长孺:《山居存稿三编》,北京:中华书局,2011年。

唐长孺:《山居存稿》,北京:中华书局,2011年。

唐长孺:《唐长孺文存》,上海:上海古籍出版社,2006年。

唐长孺:《唐长孺文集》,北京:中华书局,2011年。

唐长孺：《魏晋南北朝史论丛》，北京：中华书局，2011年。

黄永武：《敦煌宝藏》，台北：新文丰出版公司，1981年。

康兰英：《榆林碑石》，西安：三秦出版社，2003年。

逯耀东：《从平城到洛阳：拓跋魏文化转变的历程》，台北：东大图书股份有限公司，2001年。

葛剑雄：《分裂与统一——中国历史的启示》，北京：中华书局，2008年。

韩振京：《定县地名资料汇编》，定县：河北定县地名办公室，1983年。

韩理洲：《全隋文补遗》，西安：三秦出版社，2004年。

舒大刚：《春秋少数民族分布研究》，台北：文津出版社，1994年。

童岭：《皇帝·单于·士人——中古中国与周边世界》，上海：中西书局，2014年。

谭其骧：《长水集》，北京：人民出版社，2011年。

缪钺：《读史存稿》，北京：生活·读书·新知三联书店，1963年。

樊锦诗、荣新江、林世田：《敦煌文献·考古·艺术综合研究：纪念向达先生诞辰110周年国际学术研讨会论文集》，北京：中华书局，2011年。

颜娟英：《北朝佛教石刻拓片百品》，台北："中研院"史语所，2008年。

薛宗正：《突厥史》，北京：中国社会科学出版社，1992年。

霍巍：《吐蕃时代考古新发现及其研究》，北京：科学出版社，2011年。

魏宏利：《北朝关中地区造像记整理与研究》，北京：中国社会科学出版社，2017年。

（二）期刊论文（依姓氏笔画为序）

大同市考古研究所：《山西大同沙岭北魏壁画墓发掘简报》，《文物》2006年第10期，第4—24页。

山西省考古研究所、吉县文物管理所：《山西吉县挂甲山摩崖造像调查简报》，《文物》2010年第10期，第40—51页。

马剑斌、彭维斌：《读〈北魏虎符跋〉札记》，《中国国家博物馆馆刊》2013年第5期，第59—62页。

马强：《白乌二年金方奇及相关问题》，《文物》2015年第4期，第91—95页。

马衡：《北魏虎符跋》，《考古通讯》1956年第4期，第76页。

王丁：《胡名释例》，京都大学人文科学研究所中国中世写本研究班，《敦煌写本研究年报》2019年第13号，第99—132页。

王晶：《论汉宋间翟氏的民族融合》，《中国边疆史地研究》2015年第1期，第

104—111 页。

毛汉光:《唐代军卫与军府之关系》,《中正大学学报（人文分册）》1994 年第 5 卷第 1 期,1994 年第 111—171 页。

田建文:《辨识南吕梁白狄墓》,《中原文物》2021 年第 1 期,第 73—82 页。

田毅、王杰瑜:《南北朝时期吕梁山区的稽胡叛乱与行政区划变迁》,《山西档案》2015 年第 6 期,第 15—18 页。

白文、尹夏清:《陕西延长的一批唐代窖藏造像碑调查》,《文博》2008 年第 2 期,第 17—26 页。

白述礼:《试论宁夏盐池发现新的黄金方奇》,《宁夏大学学报（人文社会科学版）》2007 年第 4 期,第 82—87 页。

宁夏文物考古研究所、中国社会科学院考古研究所宁夏考古组、同心县文物管理所:《宁夏同心倒墩子匈奴墓地》,《考古学报》1988 年第 3 期,第 333—356、377—388 页。

宁夏回族自治区博物馆、同心县文馆所、中国社会科学院考古研究所宁夏考古组:《宁夏同心县倒墩子匈奴墓地发掘简报》,《考古》1987 年第 1 期,第 33—37、99 页。

任晓霞:《破译盐池古峰庄出土金版上的历史密码》,《东方收藏》2010 年第 6 期,第 62—63 页。

刘苑如:《重绘生命地图——圣僧刘萨诃形象的多重书写》,《中国文哲研究集刊》第 34 期,第 1—51 页。

齐东方:《虞弘墓人兽搏斗图像及其文化属性》,《文物》2006 年第 8 期,第 78—84 页。

孙钢:《河北唐县"赛思颠窟"》,《文物春秋》1998 年第 1 期,第 30—33 页。

牟发松:《十六国北朝政区演变的背景、特征及趋势略论——以特殊政区为中心》,《华中师范大学学报》（人文社会科学版）2017 年第 5 期,第 129—136 页。

牟发松:《十六国地方行政的军政化》,《晋阳学刊》1985 年第 6 期,第 39—47 页。

牟发松:《北魏军镇起源新探》,《社会科学》2017 年第 11 期,第 129—141 页。

严耕望:《佛藏所见之稽胡地理分布区》,《大陆杂志》1986 年第 4 期,第 3—5 页。

李志敏:《魏晋六朝"杂胡"之称释义问题》,《民族研究》1996 年第 1 期,第 75—83 页。

杨长玉:《闲壤与闲田——唐蕃间的中立缓冲区初探》,《西域历史语言研究集刊》2020 年第 1 期,第 10—25 页。

杨军、安彩虹:《陕西延安葫芦河水磨摩崖造像调查》,《东方博物》2020 年第 2 期,第100—109页。

杨宏明:《安塞县出土一批佛教造像》,《文博》1991年第6期,第55、61页。

吴宏岐:《"护军"起始时间考辨》,《中国史研究》1997年第4期,第165—167页。

何星亮:《稽胡语若干词试释》,《民族语文》1982年第3期,第38—42页。

沙武田:《唐、吐蕃、粟特在敦煌的互动》,《敦煌研究》2020年第3期,第14—26页。

张庆捷:《可汗祠探源》,《历史研究》2019年第1期,第36—54、190页。

张金龙:《十六国"地方"护军制度补正》,《西北史地》1994年第4期,第30—38页。

张树彬:《盐池白乌二年金版"方明"说》,《东方收藏》2010年第10期,第84—85页。

张继昊:《北魏的弥勒信仰与大乘之乱》,《食货月刊》复刊第3—4期,1986年,第59—79页。

张敏、杨军:《陕西省志丹县永宁镇石窟、摩崖造像调查简报》,《敦煌研究》2019年第2期,第76—84页。

张颌:《古代少数民族在今山西遗踪拾遗》,《晋阳学刊》2009年第1期,第122—123页。

陈祚龙:《刘萨诃研究——敦煌佛教文献解析之一》,《华冈佛学学报》第3册,1973年,第33—57页。

林幹:《稽胡(山胡)略考》,《社会科学战线》1984年第1期,第148—156页。

林梅村:《中国与近东文明的最初接触——2012年伊朗考察记之五》,《紫禁城》2012年第10期,第30—41页。

林梅村:《稽胡史迹考——太原新出隋代虞弘墓志的几个问题》,《中国史研究》2002年第1期,第71—84页。

尚丽新:《从刘萨诃和番禾瑞像看中古丝路上民间佛教的变迁》,《西南民族大学学报》(人文社会科学版)2018年11期,第68—72页。

尚丽新:《刘萨诃信仰解读——关于中古民间佛教信仰的一点探索》,《东方丛刊》2006年第3期,第6—23页。

尚丽新:《敦煌本〈刘萨诃因缘记〉解读》,《文献》2007年第1期,第65—74页。

罗丰:《北周大利稽氏墓砖》,《考古与文物》2003年第4期,第68—70页。

罗新:《王化与山险——中古早期南方诸蛮历史命运之概观》,《历史研究》2009年第2期,第4—20页。

季爱民:《唐元和三年〈先藏禅师塔铭〉考释》,《文物》2020年第2期,第59—65页。

周伟洲:《论魏晋南北朝时期北方的民族融合》,《社会科学战线》1990年第3期,第161—166页。

周连宽：《丁零的人种和语言及其与漠北诸族的关系》，《中山大学学报》（社会科学版）1957年第2期，第49—73页。

周国琴：《十六国时期太行山区丁零翟魏政权初探》，《内蒙古社会科学》（汉文版）2015年1月，第54—57页。

周国琴：《浅谈丁零在十六国时期北方政权博弈中的作用》，《黑龙江民族丛刊》2016年第5期，第85—89页。

郑庆春、王进：《山西隰县七里脚千佛洞石窟调查》，《文物》1998年第9期，第71—80页。

陕西省文物管理委员会：《陕西省三原县双盛村隋李和墓清理简报》，《文物》1966年第1期，第27—42页。

段志凌、吕永前：《唐〈拓跋驮布墓志〉——党项拓跋氏源于鲜卑新证》，《中国国家博物馆馆刊》2018年第1期，第49—56页。

俄玉楠：《甘肃省博物馆藏卜氏石塔图像调查研究》，《敦煌学辑刊》2011年第4期，第67—78页。

侯旭东：《北魏境内胡族政策初探——从〈大代持节豳州刺史山公寺碑〉说起》，《中国社会科学》2008年第5期，第168—208页。

郭物：《青铜鍑在欧亚大陆的初传》，《欧亚学刊》第1辑，1999年，第122—150页。

黄敏枝：《唐代民间的弥勒信仰及其活动》，《大陆杂志》1989年第6期，第7—19页。

程有为：《内迁丁零与翟魏政权》，《许昌师专学报》（社会科学版）1988年第4期，第69—74页。

程林泉、张翔宇、山下将司：《北周康业墓志考略》，《文物》2008年第6期，第82—84页。

鲁西奇：《观念与制度：魏晋十六国时期的"杂胡"与"杂户"》，《思想战线》2018年第4期，第35—49页。

谢剑：《匈奴的宗教信仰及其流变》，《历史语言研究所集刊》第42本第4分，第571—614页。

靳之林：《延安地区发现一批佛教造像碑》，《考古与文物》1984年第5期，第32—45页。

靳之林：《陕北发现一批北朝石窟和摩崖造像》，《文物》1989年第4期，第60—67、83页。

楼宇烈：《〈法华经〉与观世音信仰》，《世界宗教研究》1998年第2期，第64—69页。

雷家骥：《汉赵国策及其一国两制下的单于体制》，《中正大学学报（人文分册）》1992年第1期，第51—96页。

雷家骥：《后赵文化适应及其两制统治》，《中正大学学报（人文分册）》1994年第1期，第173—231、233—235页。

廖幼华：《丹州稽胡汉化之探讨——历史地理角度的研究》，《中正大学学报（人文分册）》1996年第1期，第281—313页。

（三）学位论文（依姓氏笔画为序）

付珺：《隋李和墓研究》，北京：中央民族大学硕士论文，2013年。

吕思静：《稽胡史研究》，武汉：华中师范大学硕士论文，2012年。

周国琴：《十六国时期太行山区丁零翟氏研究》，呼和浩特：内蒙古师范大学硕士论文，2003年。

曹丽娟：《大同沙岭北魏壁画墓研究》，北京：中央美术学院硕士论文，2009年。

潘丰娇：《山西北朝隋唐时期小型石窟的研究》，太原：山西大学硕士论文，2019年。

三、汉译著作

《法国汉学》丛书编委会编：《粟特人在中国：历史、考古、语言的新探索》，北京：中华书局，2005年。

余大钧译注：《蒙古秘史》，石家庄：河北人民出版社，2001年。

周一良著，钱文忠译：《唐代密宗》，上海：上海远东出版社，1996年。

陈浩：《西方突厥学研究文选》，北京：商务印书馆，2020年。

刘俊文主编，辛德勇等译：《日本学者研究中国史论著选译》，北京：中华书局，1993年。

［日］白鸟库吉著，傅勤家译：《康居粟特考》，太原：山西人民出版社，2015。

［日］前田正名著，李凭等译：《平城历史地理学研究》，上海：上海古籍出版社，2012年。

［日］谷川道雄著，李济沧译：《隋唐帝国形成史论》，上海：上海古籍出版社，2004年。

［日］三石善吉著，李遇玫译：《中国的千年王国》，上海：上海三联书店，1997年。

［日］仁井田升著，栗劲等编译：《唐令拾遗》，长春：长春出版社，1989年。

［日］石见清裕著，胡鸿译：《唐代北方问题与国际秩序》，上海：复旦大学出版

社，2019年。

〔美〕Mark Edward Lewis著，李磊译：《分裂的帝国：南北朝》，北京：中信出版社，2016年。

〔美〕拉铁摩尔著，唐晓峰译：《中国的亚洲内陆边疆》，南京：江苏人民出版社，2005年。

〔美〕巴菲尔德著，袁剑译：《危险的边疆：游牧帝国与中国》，南京：江苏人民出版社，2011年。

〔美〕班茂燊著，耿协峰译：《唐代中国的族群认同》，北京：人民出版社，2016年。

〔美〕詹姆士·斯科特著，王晓毅译：《逃避统治的艺术》，北京：生活·读书·新知三联书店，2020年。

〔美〕露丝·本尼迪克特著，王炜译：《文化模式》，北京：社会科学文献出版社，2009年。

〔美〕米尔顿·M.戈登著，马戎译：《美国生活中的同化》，南京：译林出版社，2015年。

〔加〕Steven J. Heine著，张春妹等译：《文化心理学》，北京：中国轻工业出版社，2012年。

〔芬〕E. A.韦斯特马克著，李彬等译：《人类婚姻史》，北京：商务印书馆，2015年。

〔法〕谢和耐等著，耿升等译：《法国学者敦煌学论文选萃》，北京：中华书局，1993年。

〔英〕巴克尔著，向达、黄静渊译：《鞑靼千年史》，太原：山西人民出版社，2015年。

〔英〕E. E.埃文思·普里查德著，褚建芳译：《努尔人——对一个尼罗特人群生活方式和政治制度的描述》，北京：商务印书馆，2014年。

〔英〕M. Aurel Stein著，巫新华等译：《古代和田——中国新疆考古发掘的详细报告》，济南：山东人民出版社，2009年。

〔德〕威廉·冯·洪堡特著，姚小平译：《论人类语言结构的差异及其对人类精神发展的影响》，北京：商务印书馆，2008年。

四、其他语言

（一）日文

石见清裕：《ソグド人墓誌研究》，东京：汲古书院，2016年。

江上波夫：《エウラシア古代北方文化》，东京：山川出版社，1948年。

百桥明穂、田林启：《神異僧と美術伝播》，东京：中央公论美术出版，2021年。

松下宪一：《北魏胡族体制论》，札幌：北海道大学出版会，2007年。

仓本尚德：《北朝佛教造像铭研究》，京都：株式会社法藏馆，2016年。

内田吟风：《北朝政局に於ける鲜卑及諸北族系貴族の地位》，《东洋史研究》1936年第1期，第209—225页。

河地重造：《北魏王朝の成立とその性格について——徙民政策の展開かり均田制へ》，《东洋史研究》1953年第5期，第394—422页。

护雅夫：《二四大臣——匈奴国家の统治機構の研究》，《史学杂志》1971年第1期，第43—60页。

江上波夫：《匈奴の経済活動：牧畜と掠奪の場合》，《东洋文化研究所纪要》1956年第9期，第45—69页。

佐藤智水：《中国における初期の「邑义」について（中）》，龙谷大学佛教文化研究所：《龙谷大学仏教文化研究所纪要》2007年46号，第181—237页。

滝川正博：《北周における「稽胡」の創設》，《史观》160期，第37—56页。

（二）西文

［英］E. A. Thompson，*The Huns*，Wiley-Blackwell，1996.

［美］Mallory，J. P.，*Encyclopedia of Indo-European Culture*，Taylor & Francis，1997.

［苏俄］Академия Наук *СССР: Всемирная история*，TOM I，стр. 458，M. 1956.

［苏俄］Леонид Романович Кызласов，*Очерки по истории Сибирии и Центральной Азии*，Изд-во Красноярского университета，1992.

［苏俄］Таскин B. C.，Материалы по истории сюнну (по китайским источникам)，Предисловие，перевод и примечания В. С. Таскина M.，1968.

Sanping Chen（陈三平），*Multicultural China in the Early Middle Ages*，University of Pennsylvania Press，2012.

［美］Peter A. Boodberg（卜弼德），"Two Notes on The History of The Chinese Frontier"，*Harvard Journal of Asiatic Studies*，Harvard-Yenching Institute，Nov.，1936，Vol. 1，No. 3/4，pp.283-307.

［加］E. G. Pulleyblank（蒲立本），"JI HU稽胡: Indigenous Inhabitants of Shanbei and Western Shanxi"，in E. H. Kaplan and D. W. Whisenhunt (ed.)，*Opuscula Altaica : Essays Presented in Honor of Henry Schwarz*，Western Washington，1994，pp.499-531.

（三）蒙古文

ᠤᠴᠢᠷᠠᠯᠲᠤ，《ᠬᠦᠩᠨᠦ ᠬᠡᠯᠡ ᠶᠢᠨ ᠰᠤᠳᠤᠯᠤᠯ》，ᠬᠥᠬᠡᠬᠣᠲᠠ᠄ ᠡᠪᠦᠷ ᠮᠣᠩᠭᠣᠯ ᠤᠨ ᠶᠡᠬᠡ ᠰᠤᠷᠭᠠᠭᠤᠯᠢ ᠶᠢᠨ ᠬᠡᠪᠯᠡᠯ ᠤᠨ ᠬᠣᠷᠢᠶ᠎ᠠ，2013。

（乌其拉图：《匈奴语研究》，呼和浩特：内蒙古大学出版社，2013年）

五、工具书

《羌族词典》编委会编：《羌族词典》，成都：巴蜀书社，2004年。

中国大百科全书出版编辑部编：《中国大百科全书》，北京：中国大百科全书出版社，1986年。

内蒙古大学蒙古学研究院蒙古语文研究所编：《蒙汉词典》，呼和浩特：内蒙古大学出版社，1999年。

方诗铭：《中国历史纪年表》，上海：上海人民出版社，2007年。

郭锡良：《汉字古音手册》，北京：商务印书馆，2015年。

陈垣：《二十史朔闰表：附西历回历》北京：中华书局，1962年。

麻赫默德·喀什噶里著，校仲彝等译：《突厥语大辞典》，北京：民族出版社，2002年。

谭其骧：《中国历史地图集》，上海：地图出版社，1982年。

六、电子资源

"中研院"史语所：《汉籍全文资料库》。

北京爱如生数字化技术研究中心：《中国基本古籍库》。

甘肃省古籍文献整理编译中心：《中国金石总录》。

刘泽民、李玉明等主编：《三晋石刻大全》。

北京籍古轩图书数位技术公司：《中国数位方志库》。

丁零、稽胡活动大事记

时间 （公元）	丁 零	稽 胡
10	新莽始建国二年，严尤领乌桓、丁零兵屯代郡。	
48		建武廿四年，南匈奴附汉。
211	建安十六年，酒泉苏衡与丁零、羌攻边郡。	
231	太和五年，大人儿禅至幽州贡马。	
266—289	晋初，白山（祁连山）丁令归附。	
295		元康五年，猗卢出并州，迁杂胡北徙云中、五原、朔方。
304		汉元熙元年，刘渊建汉（前赵）。
307		永嘉元年，刘琨上表"群胡数万，周匝四山"，为"山胡"之名来源之一。
310		永嘉四年，猗卢、刘琨陉岭分界，迁鲜卑、杂胡实之。

时间（公元）	丁　　零	稽　　胡
314		建兴二年，温峤"西讨山胡"，"山胡"之名首次出现。匈奴杂胡谋叛猗卢。
316	汉麟嘉元年，翟鼠叛，为石勒所败。	
329		后赵太和二年，匈奴前赵亡。
330	后赵建平元年，翟斌入朝石勒，封句町王。	
350	后赵永宁二年，翟鼠降燕，封归义王。	
353		前秦皇始三年三月，刘康反于平阳；四月为苻飞平定。
354		前燕元玺三年，刘萨诃（释慧达）出生。
365		前秦建元元年七月，匈奴刘卫辰、曹毂攻杏城。八月，苻坚破曹毂，邓羌擒刘卫辰。九月，苻坚巡抚朔方胡。
367		建元三年五月，曹毂使燕。六月（？），曹毂卒，长子曹玺受封洛川侯，居贰城西；少子曹寅为力川侯，居贰城东。
371	建元七年，苻坚徙翟斌于新安、渑池。	
384	建元十九年十二月（384年1月），翟斌反于河南。后燕燕元元年正月（384年2月），翟斌奉慕容垂为主，封河南王。二月，翟斌助燕攻邺城。	建元二十年，刘萨诃出家，法名慧达。

478

时间 （公元）	丁　　零	稽　　胡
384	七月，翟斌谋通苻丕，与弟翟檀、翟敏为慕容垂所杀。翟真走邯郸，败慕容楷。 八月，翟真屯承营。 十一月，慕容农败翟辽于鲁口，辽退至无极。	
385	燕元元年十二月（385年1月），慕容麟、慕容农破翟辽，辽投翟真。 燕元二年二月，慕容农、慕容麟破翟真，克承营。 三月，翟真袭中山，为慕容温击退。 四月，翟真屯行唐，为鲜于乞所杀。鲜于乞自立赵王，为部下所杀，翟成得立。 闰月（7月），慕容垂围翟成于行唐。 七月，鲜于得杀翟成降燕。	
386	燕元二年正月，翟辽据黎阳。 后燕建兴元年三月，泰山太守张愿降翟辽。 八月，鲜于乞反，为慕容麟所擒；翟辽攻谯，为晋将朱序所败。	
387	太元十二年（燕建兴二年）正月，翟钊攻陈、颍，为朱序击退；齐涉叛燕，得张愿、翟辽响应。 四月，翟畅以高平降翟辽。 五月，后燕讨翟辽，辽降。北山丁零翟遥袭中山，为慕容宙、慕容宝所败。 十月，翟辽叛燕，攻清河、平原。	

续　表

时间 （公元）	丁　零	稽　胡	
388	太元十三年（燕建兴三年）二月，翟辽请降于燕，遭拒，自称天王，国号魏。 五月，翟辽徙滑台。		
389	太元十四年（燕建兴四年）四月，翟辽攻荥阳。 十月，翟辽遣故堤杀燕冀州刺史王温，谋奔西燕，为慕容农所败。		
		后　秦	**北　魏**
390	太元十五年正月，翟辽图洛阳，为朱序击退。 八月，刘牢之败翟钊于甄城，败翟辽于滑台。	建初五年，曹寅、王达献马于后秦。	
391	太元十六年（燕建兴六年）十月，翟辽卒，翟钊立，攻邺为慕容农击退。		
392	太元十七年（燕建兴七年）二月，翟都攻馆陶。 三月，慕容垂攻翟钊。 四月，翟都走滑台；翟钊求救于西燕未果。 六月，慕容垂破翟钊于黎阳，翟钊走滑台，入白鹿山，后奔西燕。		登国六年十二月（392年1月）胡酋幡颓、业易于降魏，居马邑。
393	后燕建兴八年三月，翟钊攻河南，后为西燕所杀。	建初八年夏，曹寅（曹覆寅）遭三城薛干部袭击。	登国八年六月，拓跋虔、庾岳破类拔部刘曜，徙其于秀容。
394			登国九年八月，拓跋虔、庾岳破山胡高车门。

480

时间 （公元）	丁 零	稽 胡
396		皇始元年九月，魏将奚牧俘获燕离石护军高秀和。
397	后燕永康二年元年三月，慕容麟奔西山，依丁零。	
398		天兴元年三月，离石胡呼延铁、西河胡张崇叛，为庾岳讨平。
399	北魏天兴二年三月，中山太守仇儒引丁零等为乱，为长孙肥讨平 八月，西河丁零帅翟同附魏。	天兴二年八月，西河胡帅护诺于附魏。
402	天兴五年二月，鲜于次保与沙门张翘反于行唐。 四月，楼伏连斩鲜于次保。 十一月，莫题讨翟都于壶关，翟都走林虑。	十一月，秀容胡帅刘曜叛，败亡。
404		天赐元年正月，魏遣离石护军刘托袭蒲子。
408	天赐五年（秦弘始十年），魏臣贾彝为胡劫持，送于后秦。	
410	弘始十二年三月，郝连勃勃遣侄罗提攻定阳，前秦戍将曹炽、曹云、王炽佛率部内徙。	

481

时间 （公元）	丁　　零	稽　　胡
411		永兴二年十二月（411年1月）周观镇抚西河、离石山胡。
	二月，安同循行慰劳并、定二州丁零、山胡。	
413		永兴五年五月，西河胡张外叛。 七月，河西胡曹龙、张大头入蒲子，逼张外。 八月，曹龙降，斩张外。 十月，离石胡出以眷叛，引夏军。 同月，元屈、刘洁等讨吐京胡失利。
414		神瑞元年二月，西河胡曹成、吐京民刘初原破夏吐京护军，擒叛胡阿度支等。 六月，河西胡刘遮、刘退孤附魏。

时间 （公元）	丁 零	稽 胡
415	弘始十七年四月，北魏欲与秦洛阳戍守将合图上党反胡，未果。	神瑞二年二月，河西胡刘云附魏。 三月，河西胡刘虎、白亚栗斯反于上党，立白亚栗斯为单于。 四月，魏遣五将讨胡，胡废白亚栗斯，立刘虎。
416	泰常元年，翟猛雀驱吏民入白涧山起事，为冀州刺史长孙道生等平定。	永和元年六月，定阳胡叛秦，入平阳，推曹弘为大单于，攻匈奴堡。为姚懿平定，迁豪右于雍州（安定）。 九月，叔孙建等破刘虎。
417	泰常二年四月，榆山丁零翟蜀、洛支通刘裕。 十一月，长孙嵩破翟蜀等。	
418		泰常三年正月，河东胡、蜀附魏。
420		泰常五年五月，三城胡酋王珍、曹栗与降魏晋宗室谋外叛，被杀。
409—424	明元时，并州丁零多次骚扰山东。	
427		始光四年五月，三城胡鹞子附魏。

483

时间 （公元）	丁　零	稽　胡
428	神麚元年闰月（428年12月），定州丁零鲜于台阳、翟乔等叛入西山。	二月，俘赫连昌，以其胡户作胡地城。 六月，并州胡酋卜田谋反被杀，魏以王倍斤镇虑虒抚慰余众。
429	神麚二年正月，鲜于台阳等降。	
430	神麚三年，上党丁零反，为公孙轨平定。	
430—440？		太武时，离石胡反，为周观等平定。
432	延和元年七月，北魏发密云丁零运攻具攻北燕。	
434		延和三年七月，拓跋焘讨白龙于西河。 九月，破白龙于西河。 十月，破白龙于五原（五城？）。
435		太延元年，刘萨诃圆寂。
437		太延三年七月，长孙道生讨白龙余党与西河。
444	太平真君五年，景穆监国，刘黄为丁零护军。	六壁胡反。 五城胡反，为源贺等平定（时在太武击柔然、吐京之间，系于此年）。
445		太平真君六年二月，吐京胡反，为拓跋焘镇压。 十一月（445年12月15日—446年1月12日），安定诸族响应卢水胡盖吴部将白广平。

时间 （公元）	丁　零	稽　胡
446	太平真君七年三月，徙定州丁零三千家于平城。	正月，吐京胡反，拓跋提、拓跋他讨之不克。吐京胡曹仆浑渡河西，结连朔方胡。 二月，拓跋提、拓跋他破朔方胡，攻杀曹仆浑。
448		太平真君九年二月，徙西河、离石民五千余家于平城。
456	太安二年二月，并陉丁零为盗，许宗之、乞伏成龙平之。	
460		和平元年二月，皮豹子讨河西叛胡。 六月，叛胡归降。
462		和平三年六月，贺略孙反于石楼，为陆真平定。
466—470中	献文时，广阿镇大将韩均剿抚西山丁零。	献文时，彭城戍胡呼延笼达谋叛未遂。
471—488中		孝文时，刘什婆掠郡县，为穆罴平定。 河西定阳胡人渡河，魏设定阳郡。
471		延兴元年十月，朔方曹平原反，破石楼。
472		延兴二年正月，统万胡北走，为韩拔攻灭。 三月，石城郡获曹平原。
473		延兴三年，李洪之讨河西山胡。 降宋胡将王敕懃率军骚扰魏边境。
?—488		孝文时，刘升为吐京太守治胡。

时间（公元）	丁　　零	稽　　胡
496		太和二十年十月，吐京胡反，号辛支王，为元彬平定。 汾州胡去居等反，为元彬平定。 李彪慰喻汾州胡（当在此年）。
497		太和二十年闰十一月（497年1月），元隆破汾州胡。 太和二十一年三月，离石胡降于孝文。
511		永平四年正月，汾州胡刘龙驹反，扰华州、夏州。 四月，薛和平刘龙驹。 封轨慰劳汾州山胡（当在此年）。
516—526中		孝明时，并州刺史元徽治胡。
518		神龟元年，稽胡怀化，置大斌县。
?—518		宣武、孝明时，檀宾为西河内史治胡。
512—523		宣武、孝明时，李谋为介休县令，平山胡。
524		正光五年七月，呼延雄等据凉州反。 十月，源子雍招降朔方胡帅曹阿各拔、曹桑生。 源子雍锯谷擒康维摩。
524—526		正光、孝昌之交，内附胡乞扶□、步落坚胡刘阿如扰汾、肆，稽胡始有"部落稽"之名。同时秀容胡民乞扶莫于破郡县。

续　表

时间 （公元）	丁　零	稽　胡
525		正光五年十二月（525年1月），吐京胡薛羽反，正平、平阳山胡反，元融讨之。 五城胡冯宜都、贺悦回成反。 吐京胡薛悉公、马牒腾自立为王。 裴庆孙讨吐京胡，斩郭康儿、范多。
526	孝昌二年正月，鲜于修礼反于定州。 八月，元洪业杀鲜于修礼降魏。	孝昌元年十二月（526年1月），刘蠡升反。 孝昌二年五月，宗正珍孙讨汾州胡。 山胡破西河。 王椿慰劳汾胡。
523— 528中	孝明时，山胡破介休。	
531	普泰元年，于谨破贺遂有伐于夏州。	
533？	永熙、天平时，韩轨晋州抚胡。	
534	**东魏—北齐**	**西魏—北周—隋唐**
	天平元年，尧奋为南汾州刺史，胡人惮之。	
534— 537中		永熙、大统时，杨标抚慰稽胡。
535	天平二年三月，高欢破刘蠡升。	
536	天平三年正月，西魏灵州刺史曹泥、刘丰附东魏。 九月，汾州胡王迢触、曹贰龙反，为高欢平定，綦连猛追其余党至覆钵山（疑为覆甑山）。	

时间 （公元）	丁　零	稽　胡
537	天平四年，秀容民叛入山胡，为高市贵平定。	
539	兴和元年十一月，刘贵卒。	大统五年，黑水稽胡反，为杨忠、李远所破。
540	兴和二年，晋州刺史薛修义招降胡酋胡垂黎，置五城郡。	大统六年，李弼、宇文深破白额稽胡。
541	兴和三年，高欢、斛律金破山胡。	大统七年三月，夏州刺史刘平伏反于上郡，于谨、侯莫陈崇等平之。
544	武定二年十一月，高欢讨山胡。	
546	武定四年二月，山胡反，侵扰数州，为晋州刺史薛修义平定。	
548		大统十四年，北稽胡（汾州）反，赵昶慰劳后，李弼率韩果等平之。
552	天保三年十月，北齐修筑黄栌岭至社干戍之长城防胡。	
553	天保四年正月，山胡围离石，高洋讨之未果。	
554	天保五年正月，高洋、斛律金、高演讨胡，平石楼。	
559	天保十年，文庆安为石楼戍主。	武成元年，延州胡郝阿保、刘桑德附齐，豆卢宁平之。
560		武成二年，郝阿保部将郝狼皮叛，韩果破之。
561		保定元年，辛威讨丹州反胡。 二月，韦孝宽南汾州筑城防胡。 夏州总管赫连达怀柔胡民。

时间（公元）	丁 零	稽 胡
563	河清二年，房豹为西河太守治胡。	
564		保定四年十月，杨忠于胡中征粮。
565		保定、天和之交，丹、绥、银州胡与蒲川胡帅郝三郎屡反。
566		天和元年，稽胡破临真县。 达奚震破叛胡。
567		天和二年，白郁久同、乔是罗袭银州，为宇文盛败。 宇文盛破胡别帅乔三勿同。 蒲川胡帅郝三郎攻丹州，为于寔击杀。
570		天和五年，刘雄破川路稽胡帅乔白郎、乔素勿同。
571		天和六年，郭荣于上郡、延安筑五城防胡。
573		建德二年二月，贺遂礼使齐。
576	武平七年（周建德五年）十月，胡人立刘蠡升孙刘没铎为帝。	
577		建德六年十一月，稽胡反，宇文宪督宇文逍、宇文盛、宇文招、宇文俭、宇文庆等军讨胡，斩刘没铎。
578	宣政元年九月，汾州胡帅刘受逻干反，宇文盛、高颎等讨平 虞庆则为石州总管，稽胡八千户归化。	
579	大象元年，石州（离石）设定胡、窟胡郡。	
581	开皇元年四月，隋文帝发胡筑长城，韦冲安抚之。	
583	开皇二年十二月（583年1月），虞庆则屯弘化备胡。	
581—617中	隋时，张思道祖父治定胡（或窟胡）。	

489

续　表

时间 （公元）	丁　零	稽　胡
约600	开皇末，释法通出家，于胡区弘法。	
602	仁寿二年，西河胡遇风灾，遇难。	
604	仁寿四年八月，豆卢毓迁稽胡守并州。	
612	大业八年，朝请大夫郝伏颠卒（？—612）。	
613	大业九年正月，灵武白榆妄反，号"奴贼"。	
614	大业十年五月，刘迦论据雕阴反，与胡帅刘拔真、刘鹞子通，为屈突通平定。 十一月，离石胡刘苗王（刘龙儿）反，次年为梁德击杀。 胡帅郝仁郎攻破汾州县（丹州）。	
614—617中	隋末，昙韵禅师于离石遭遇稽胡袭击。	
615	大业十一年，刘季真、刘六儿复反，为杨子崇所弹压。	
617	大业十三年正月，弘化胡帅刘仚成反。 离石胡再乱，七月，张纶将兵徇稽胡，克石州、文城、龙泉，刘季真降。 九月，李世民破刘鹞子于泾阳。 刘步禄据丹州。 延州临真胡酋降唐。[1]	
618	武德元年四月，稽胡入富平，为王师仁所破；胡入宜君，为窦轨所破。 夏，马三宝破刘拔真于北山。[2]	
619	武德二年五月，刘季真、刘六儿再叛，引刘武周兵陷石州。六儿降唐，为岚州刺史。 十月，李琛为隰州总管，镇抚稽胡。 十一月，徐善才长安回醴泉途中遇稽胡劫持。[3]	

1　或即刘步禄。

2　马三宝破北山稽胡刘拔真在其授太子监门与征薛仁杲之间，故系于此时。

3　当为刘仚成部。

时间 （公元）	丁　零	稽　胡
620	武德三年三月，刘季真降唐，为石州总管。 四月，李世民杀刘六儿于介休，刘季真奔马邑，为高满政所杀。 七月，延州总管段德操破梁师都之稽胡、突厥兵。 九月，叛胡陷岚州。	
621	武德四年正月，李建成讨刘仚成。 二月，延州总管段德操败刘仚成。 三月，李建成坑胡众，刘仚成奔梁师都。 十一月，林州总管刘旻破刘仚成，降其部落，刘仚成逃走，后为梁师都所杀。	
622？	武德中，隰州大宁贺悦永兴牛舌事件。	
623	武德六年三月，梁师都将贺遂降唐。	
唐初	卜冲为定胡县令（具体时间不详）。	
637—638	贞观十一年，道宣律师入胡两年，巡礼慧达（刘萨诃）故迹。	
644	贞观十八年，延州胡白伏原造弥勒、阿弥陀像。	
651	永徽二年二月，贺遂亮撰《益州学馆庙堂记》。	
654	永徽五年，海禅师圆寂（589—654）。	
660	显庆五年八月，刘仁愿征百济，贺遂亮撰《大唐平百济国碑铭》。 十月，延州胡刘细利造阿弥陀像。	
683	永淳二年四月，绥州白铁余据城平反，攻绥德、大斌，为程务挺、王方翼平定。	
753？	天宝末，先藏禅师入汾曲讲经。	
763	广德元年八月，鄜、坊二州稽胡起事。	
772？	大历中，普满和尚入胡弘法。	
774	大历九年四月，发稽胡兵备边。	
790	贞元六年正月，校尉刘明德卒（725—790）。	
唐中后期	释金和尚入胡弘法（时间不详）。	

附录二

金石资料中稽胡婚姻关系表

姓名	配偶			年代	发现地点	出处	备注
	姓名	关系	族裔				
白颜容	孟永兴	夫	汉	西魏大统元年（535）	陕西宜君	《福地水库石窟造像》	龟兹裔
张□?	曹奴?	妻?	稽胡	西魏大统十四年（548）	陕西延安	《张迥兴造像记》	
梁俗男	王洛容	妻	屠各/羌	西魏	甘肃庄浪	《梁俗男等造像题名》	休屠裔
梁□	王阿妃	妻	屠各/羌	西魏	甘肃庄浪	《梁俗男等造像题名》	休屠裔
呼延卒□	焦故曹	夫	氐	西魏	陕西富平	《焦延昌造像记》	
呼延虎	焦拔拔	夫	氐	西魏	陕西富平	《焦延昌造像记》	
张丑奴	路女妃	妻	屠各	北周保定四年（564）	甘肃华亭	《张丑奴造像记》	屠各裔
刘贵（刘懿）	元氏	妻	鲜卑	东魏	河北临漳	《刘懿墓志》	

姓名	配偶			年代	发现地点	出处	备注
	姓名	关系	族裔				
刘元孙	元氏	妻	鲜卑	东魏	河北临漳	《刘懿墓志》	
刘洪徽	高氏	妻	汉	北齐	河北临漳	《刘懿墓志》	
盖里□	似先土□	妻	高丽	北朝	陕西黄陵	《香坊石窟造像题名》	卢水裔
	王阿清	妻	屠各/羌				
	王明姬	妻	屠各/羌				
盖阿默	李女□	妻	汉	北朝	陕西黄陵	《香坊石窟造像题名》	卢水裔
	孟三姬	妻	汉				
白显景	刘□	妻	稽胡	隋开皇三年（583）	陕西彬县	《白显景造像记》	龟兹裔
白洪善	盖磨	妻	卢水	隋开皇三年（583）	陕西彬县	《白显景造像记》	龟兹裔
贺遂氏	叱奴延辉	夫	鲜卑	隋开皇十三年（593）	陕西榆林	《叱奴延辉墓志》	
王洪晖	□□□	夫	不详	隋仁寿三年（603）	陕西洛川	《卫道进造像记》	
呼延牒陁	刘细利	妻	稽胡	唐显庆五年（660）	陕西安塞	《刘细利造像记》	
张药师	卜氏	妻	稽胡	唐永隆二年（681）	山西乡宁	《张善思造像记》	
刘保	席氏	妻	汉	唐景龙三年（709）	陕西榆林	《刘保墓志》	
曹恽	贾氏	妻	汉	唐开元十四年（726）	陕西榆林	《曹恽墓志》	
刘明德	高氏	妻	稽胡	唐贞元六年（790）	山西临县	《刘明德墓志》	

后 记

从新冠肆虐之时博士论文开始动笔到最终书稿修改完成，前前后后也经历了三年。一场新冠无疑给两岸、给世界带来了极大的冲击与损失，但也拜新冠所赐，两岸高昂的往返成本令笔者不得不在这段时间放弃录影活动，全力投入博士论文的撰写之中。现在回想起搜集、整理史料的眼花缭乱，"疫情常态化管理"期间赴冀、山、陕等地实地考察、查找文献的种种"奇遇"，一言难尽。

说来也好笑，之所以会对稽胡这个问题产生兴趣竟然是源于小学时期在旧书摊上淘到的一本"闲书"，虽然书早不知去向，书名也已记不清，可是对于其中作为域外殊俗呈现的稽胡族群的记载却至今历历在目。虽然以现在的知识层次知道其不过是照搬《周书·稽胡传》，可是对于当时只是小学生的笔者而言，匈奴后裔的种种习俗却点燃了幼小心灵中的好奇之火。

从小学到大学一直带着对此族群的兴趣却长期未有深入，大四时终于以其族弥勒信仰为主题，撰写了个人第一篇关于此族的论文，一不小心还在"上海汽车教育杯"论文大赛中意外获得二等奖。到花莲东华交换后，后山的山（交）水（通）田（不）园（便）令笔者徜（难）徉（以）其（北）中（上），所以利用闲暇时间又撰写一篇关于稽胡的论文，幸蒙系刊采纳。进入政大读博后，得蒙藏会原主任秘书刘学铫教授错爱，新撰之稽胡论文有幸为《中国边政》收入。以此为基础，博二在长沙岳麓书院举行的论坛中又发表了关于稽胡之论文。

虽然在博论动笔之前，已撰写多篇关于稽胡的论文，可是以现在的眼光来看，不得不说其中幼稚之处颇多，不少细节未加考订，在此深表歉意。纵使撰写了多篇有关稽胡的论文，可是直到新冠之前，笔者却仍未确定毕业论文主题。一来是因为笔者长期往返两岸参与各类综艺摄影，无心向学；二来不经意间在知网见到吕思静的大作《稽胡史研究》，自觉无力超越。于是有一段时间自暴自弃，甘于沉沦，直到无意间翻到琉球学者高良仓吉先生《琉球王国》一书的某一页。高良先生提到史料就像乐器，不同的乐手可以吹出不同的乐曲。顿时醍醐灌顶，如梦初醒，何必拘泥于史料的相近？即使史料相同，可撰文者的视角可以不一样。

于是又重新拾起史料，试着从其他方面加以解读，又加入了同一时期的另一山居族群丁零予以对比，终于完成了论文初稿。不得不感谢那时疫情尚称稳定，故笔者得以在此之后赴河北、山西、陕西、内蒙古、宁夏诸地实地探访，更正了一些望文生义的浅见。在两年间经历了研究计划发表、毕业论文发表等一系列程序之后，毕业论文终于完成并递交。不过至今不明白为何原本拟订的论文题目在计划发表时被毙掉后，正式发表时又被要求换回被毙掉题目？而且均出自同一位学问很大的教授之强烈建议。

由于定稿上传时间仓促，文中一些细节无法令笔者释怀，同时也存在校对等问题。于是利用毕业到赴日间的一段赋闲时光，对一些细节进行了补强，材料及图表重新进行了修订，撰成书稿。感谢元华文创错爱，令此涂鸦之作有望付梓。由于笔者之志并不在学界，资质愚钝，故其中讹误之处恐怕车载斗量，还望方家批判之时笔下留情。

在论文、书稿撰写过程中，指导教授王德权老师、"中研院"张广达院士、原"蒙藏会"主任秘书刘学铫教授、台湾师范大学陈登武教授、台北市立教育大学王怡辰教授、华东师范大学牟发松教授等前辈学者在专业方面给予了大力支持，在此鞠躬感谢。由于本书涉及学门较多，笔者才疏学浅，缺乏某些方面之学术训练，故在这些学门有向众多专家学者请益。如南开大学江沛教授在交通史方面予以的指导，上海政法学院张可创教授在心理、社会学方面的教导，中国社科院边疆所范恩实教授、土耳其 Izmir Katip Celebi 大学 Rysbek Alimov 教授、东华大学贾尚轩博士、内蒙古大学朝鲁孟博士（蒙）、新疆社科院刘国俊研究员、原乔治城大学宾哲汉先生（满）、原中央民族大学吴音萃女士（羌）、知名文史学者杨立强先生等在比较语言学方面给予的帮助，也少不了赛德克文史工作者田贵实先生（Kimi Sibal）以及走访村庄的耆老等在民俗传统方面予以的解答。李欣静女士等善长仁翁的慷慨解囊也使笔者能够完成部分田野考察，在此深表感谢。当然感谢人群中少不了ぽぽちゃん，虽然疫情三年无法赴日相见，不过每到手指酸痛之际，想想音容笑貌就多少恢复了斗志。在此向本书撰写过程中所有直接间接予以帮助的人士致谢：

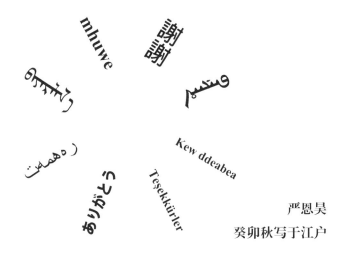

严恩昊

癸卯秋写于江户